Heather Lodinsky

150 „Granny Squares“ einmal anders

Blätter, Blüten, Sterne ...

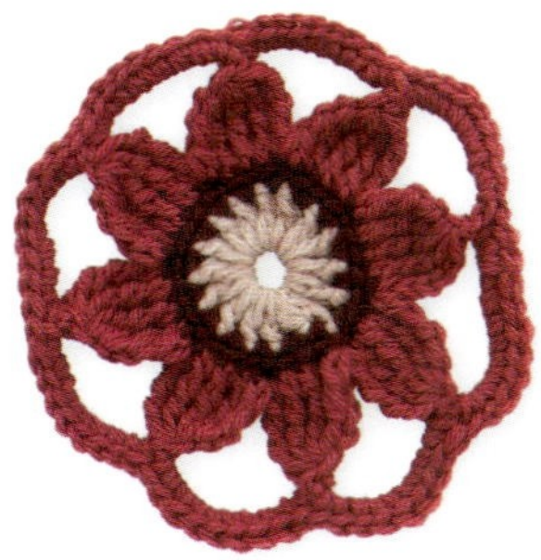

Leopold Stocker Verlag
Graz – Stuttgart

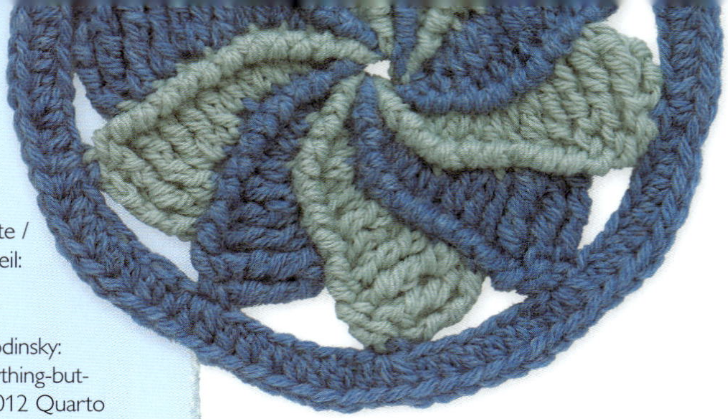

Umschlaggestaltung:
DSR Werbeagentur Rypka GmbH,
8143 Dobl, www.rypka.at

Bildnachweis: Umschlagabb. Vorderseite / Umschlagabb. Rückseite / Abb. Innenteil: siehe S. 144

Titel der Originalausgabe: Heather Lodinsky: 150 Blocks to knit & crochet. The anything-but-the-square collection. Copyright © 2012 Quarto Publishing plc, The Old Brewery, 6 Blundell Street, London N7 9BH, United Kingdom, www.quarto.com

Aus dem Englischen ins Deutsche übertragen von Nina Schön

Bibliografische Information der Deutschen Nationalbibliothek
Die Deutsche Nationalbibliothek verzeichnet diese Publikation in der Deutschen Nationalbibliografie; detaillierte bibliografische Daten sind im Internet unter http://dnb.d-nb.de abrufbar.

Hinweis: Dieses Buch wurde auf chlorfrei gebleichtem Papier gedruckt. Die zum Schutz vor Verschmutzung verwendete Einschweißfolie ist aus Polyethylen chlor- und schwefelfrei hergestellt. Diese umweltfreundliche Folie verhält sich grundwasserneutral, ist voll recyclingfähig und verbrennt in Müllverbrennungsanlagen völlig ungiftig.

Auf Wunsch senden wir Ihnen gerne kostenlos unser Verlagsverzeichnis zu:
Leopold Stocker Verlag GmbH
Hofgasse 5/Postfach 438
A-8011 Graz
Tel.: +43 (0)316/82 16 36
Fax: +43 (0)316/83 56 12
E-Mail: stocker-verlag@stocker-verlag.com
www.stocker-verlag.com

ISBN 978-3-7020-1395-0

Printed in China

VORWORT

Sowohl Häkel- als auch Strickarbeiten sind, wenn sie in kleineren Teilen angefertigt werden, wunderbare Arbeiten für unterwegs. In diesem Buch finden Sie eine Fülle von ausgefallenen und interessanten Formen, die zusammen größere Teile ergeben oder aber für sich allein Prachtstücke darstellen.

Ich stricke schon einige Jahre länger als ich häkle, aber ich dachte immer, dass die hinreißendsten Pullover und Decken, aber auch andere Arbeiten, aus beidem, also Strick- und Häkelelementen, bestehen. Natürlich wurde ich auch eine leidenschaftliche Häklerin! Ein Buch mit Mustern wäre einfach nicht vollständig, wenn nicht sowohl

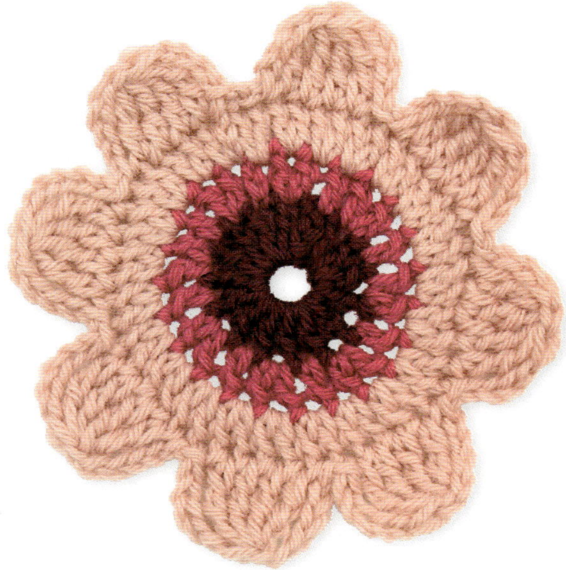

gestrickte als auch gehäkelte Formen darin enthalten wären.
Dieses Buch ist ein wertvolles Nachschlagewerk für Stricker/innen, Häkler/innen und alle, die neue Techniken erlernen möchten. Als Strick- und Häkellehrerin habe ich Muster für Anfänger wie für Fortgeschrittene ausgesucht, die in ihrer Machart variieren – ob rund, in Reihen, von innen nach außen oder von oben nach unten gearbeitet.
Es ist für jede/n etwas dabei!

Heather Lodinsky

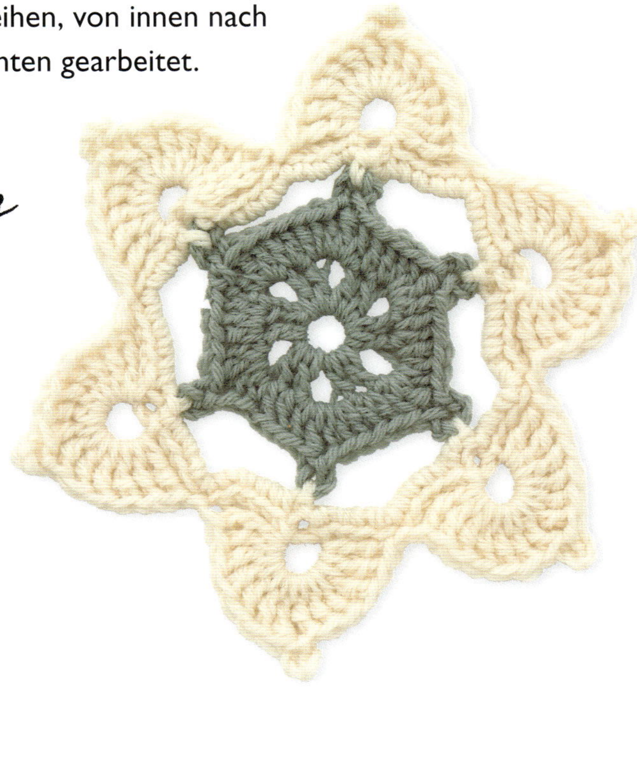

ÜBER DIESES BUCH

VERZEICHNIS (Seite 6–15)

Schmökern Sie in diesem farbenfrohen Verzeichnis, wählen Sie Ihr Design aus und schlagen Sie das Buch auf der Seite mit den entsprechenden Anleitungen auf, um das gewählte Stück zu beginnen. Das Verzeichnis ist nach Formen und diese sind wiederum nach Farben sortiert. Sie können die vorgegebenen Farben oder auch Ihre eigene Farbwahl wählen.

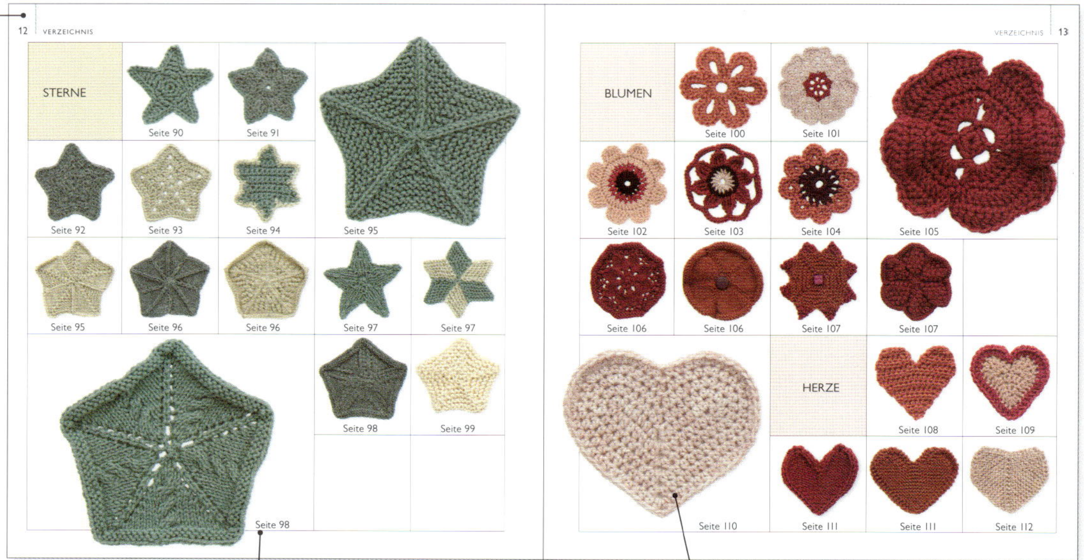

Jedes Muster ist mit einer Seitenzahl und einer Nummer versehen, die der entsprechenden Anleitung im Kapitel „Die Muster" entspricht.

Jedes Muster ist abgebildet.

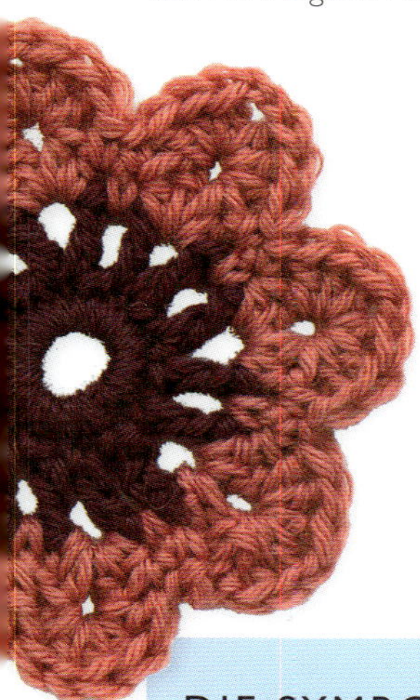

DIE SYMBOLE VERSTEHEN

Jedes Muster ist mit einem oder mehreren Symbolen für den Schwierigkeitsgrad versehen; diese zeigen, wie das Muster gearbeitet wird und ob gestrickt oder gehäkelt wird.

In Reihen

Die Arbeit wird hin und zurück in Reihen gefertigt.

In Runden

Die Arbeit wird von innen nach außen in Runden gefertigt.

Die Arbeit wird von außen nach innen in Runden gefertigt.

Sie werden einige Anleitungen wie z. B. Nr. 30 (S. 40) finden, die mit beiden Symbolen versehen sind, wenn ein Teil des Musters in Reihen und der andere in Runden gearbeitet wird.

Stricken/Häkeln, Schwierigkeitsgrad

Häkeln für Anfänger

Häkeln für Fortgeschrittene

Häkeln für Anspruchsvolle

Stricken für Anfänger

Stricken für Fortgeschrittene

Stricken für Anspruchsvolle

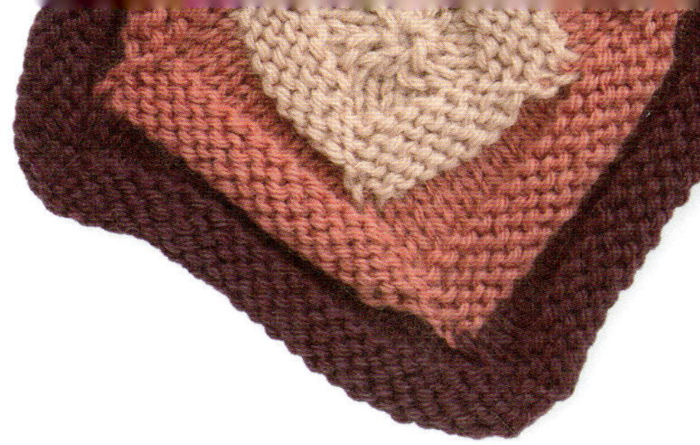

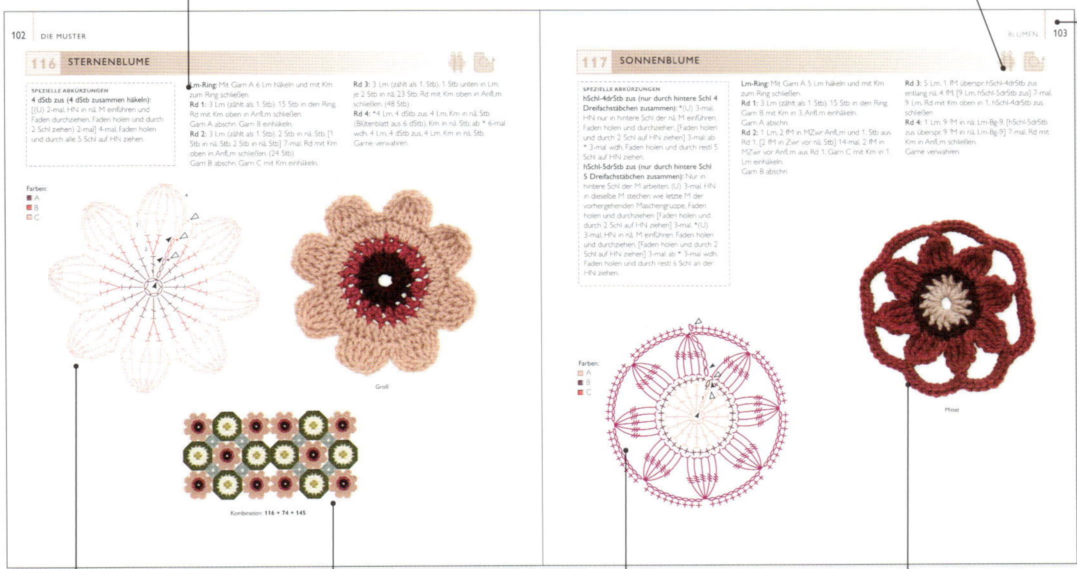

DIE MUSTER (Seite 18–125)

Hier finden Sie die Anleitungen für die im Verzeichnis gezeigten Häkel- oder Strickstücke. Dieses Kapitel enthält – nach Formen geordnet – vollständige Anleitungen mit Foto und Symbolen, die Ihnen beim Erarbeiten des gewählten Musters helfen. Mitunter sind auch Vorschläge für Mosaike und Kombinationen angegeben.

DIE PROJEKTE (Seite 128–131)

Der Abschnitt Projekte beinhaltet Anleitungen für zwei Tagesdecken, eine Tasche, einen Schal und ein Kissen, wobei verschiedene Designs aus diesem Buch verwendet werden. Jede Kombination umfasst sowohl die Details der fertigen Handarbeit, die Wahl des richtigen Garns und die benutzten Farben als auch die Namen und die Anzahl der zu arbeitenden Einzelstücke.

TECHNIKEN (Seite 132–139)

In diesem Abschnitt wird erklärt, wie verschieden geformte Einzelstücke zusammengefügt und Verbindungselemente für Ihre Arbeit im Speziellen verwendet werden. Näheres zum Spannen und Verbinden einzelner Stücke wird gezeigt, und Sie erhalten Tipps für Wahl und Berechnung von Garnen.

MUSTER UND DIAGRAMME LESEN (Seite 140–141)

Dieser Abschnitt beinhaltet eine Liste von Abkürzungen und Symbolen sowie Hinweise, wie Strick- und Häkeldiagramme zu lesen sind.

GRÖSSE

- Alle Muster in diesem Buch wurden mit Kammgarn auf Stricknadelgröße 4, 5 bzw. auf Häkelnadeln Größe 6 hergestellt. Sie fallen in vier Größen aus:
  1. **Klein:** (9–12 cm)
  2. **Mittel:** (12–15 cm)
  3. **Groß:** (15–18 cm)
  4. **Sehr groß:** (18–21 cm)
- Die Größe Ihrer Arbeiten hängt von dem Garn, das Sie verwenden, und der Spannung, mit der Sie stricken, ab. Siehe auch Wahl des Garns (S. 137) und Spannen (S. 138) für nähere Hinweise.
- Abhängig von ihrer Form ist es möglich, verschiedene Muster derselben Größe zu kombinieren (siehe Muster kombinieren auf den Seiten 132–133).

INHALT

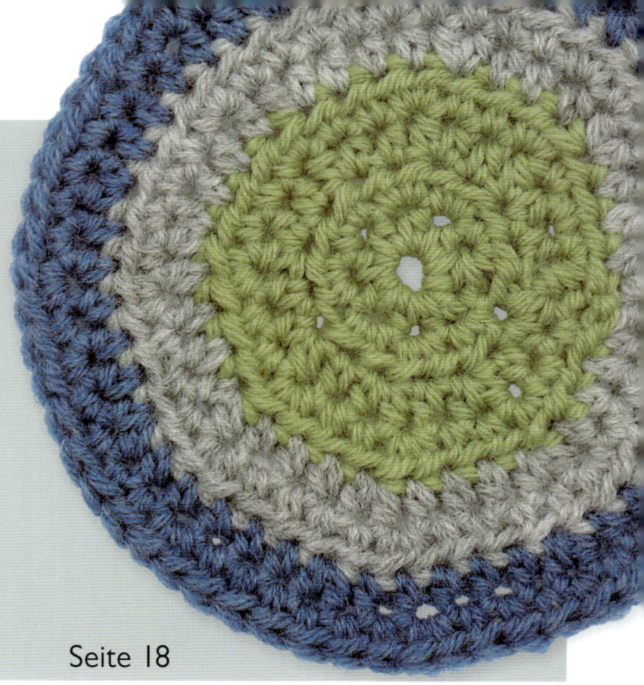
Seite 18

KREISE

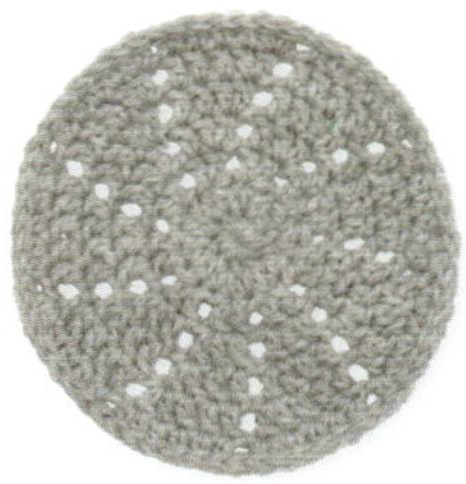
Seite 19

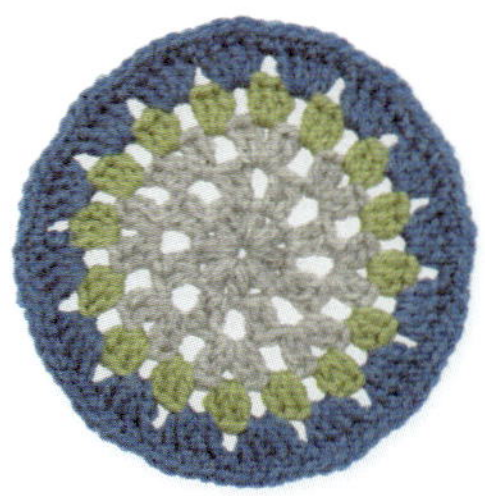
Seite 20

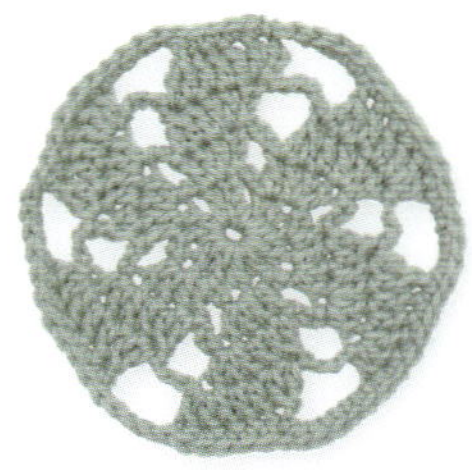
Seite 21

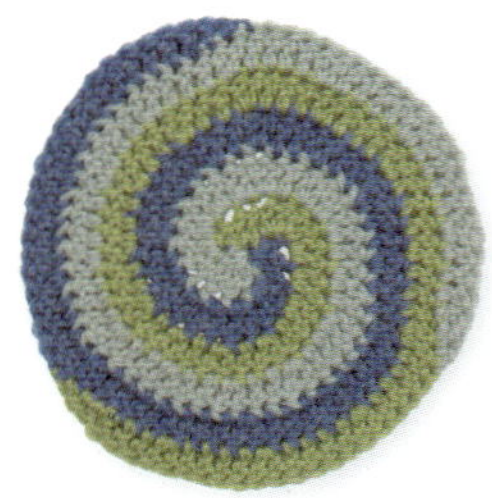
Seite 22

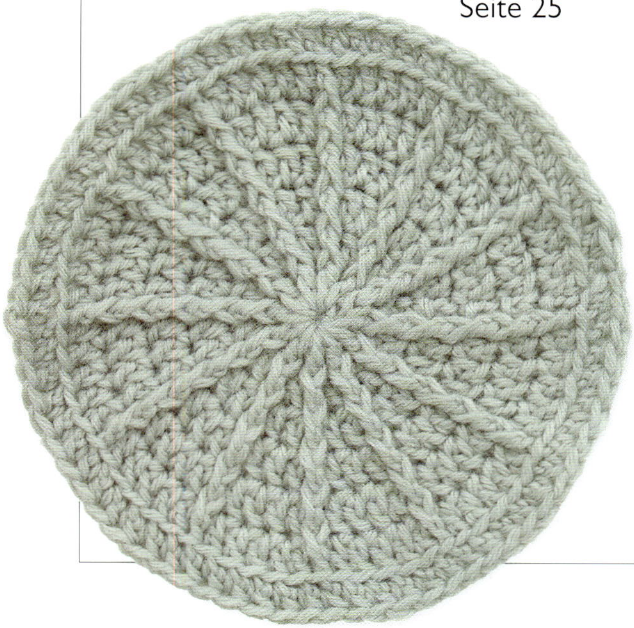
Seite 25

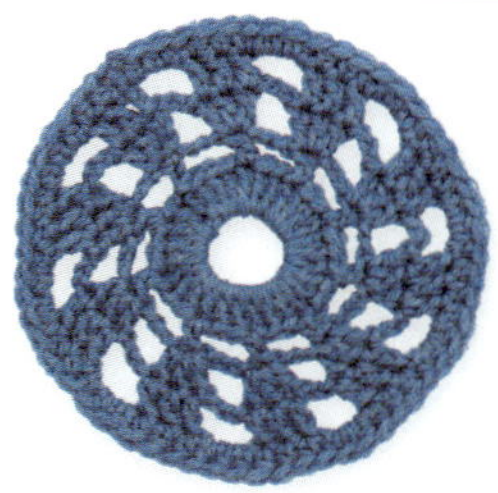
Seite 23

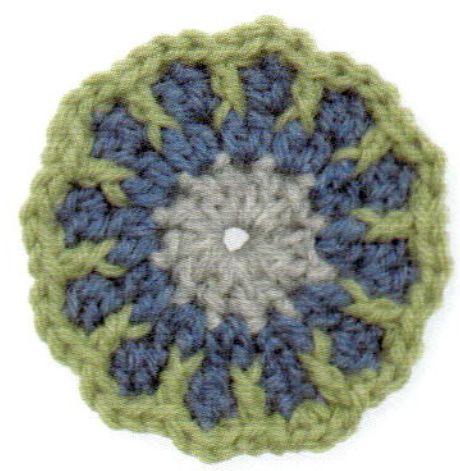
Seite 23

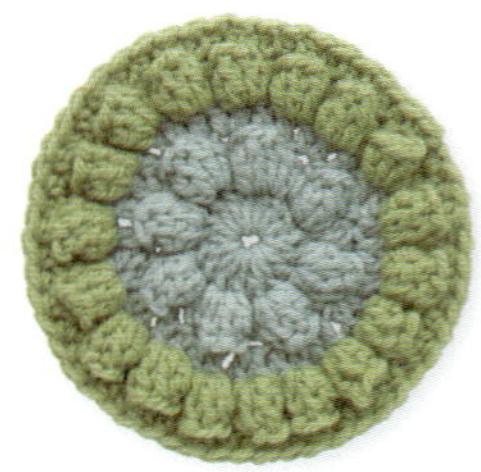
Seite 24

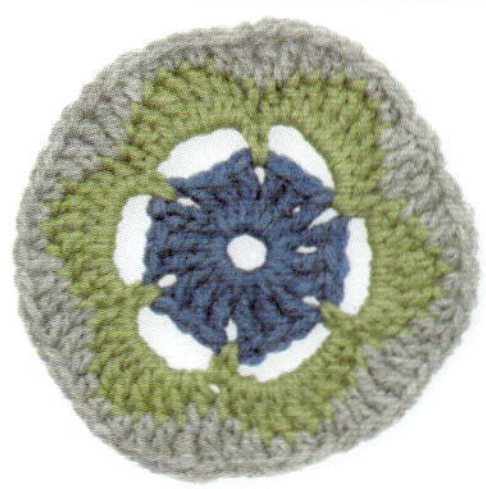
Seite 26

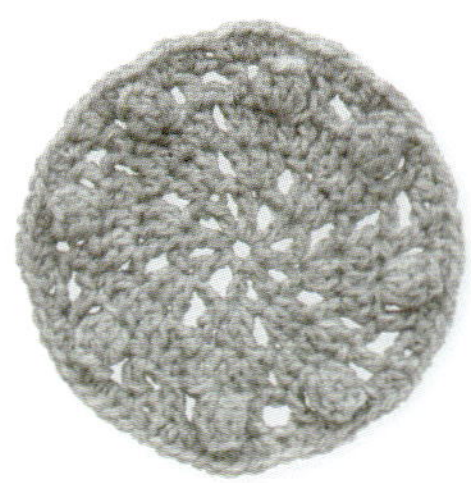
Seite 26

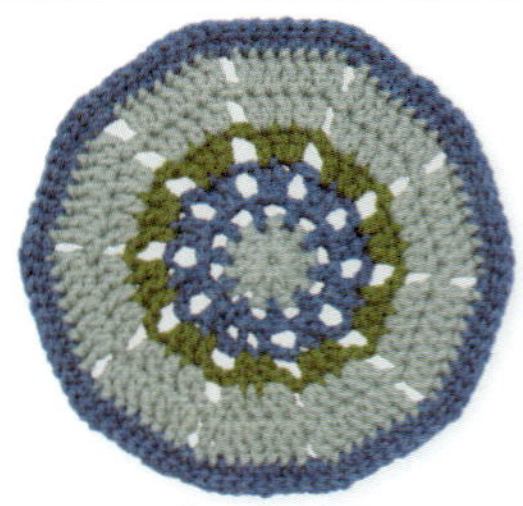
Seite 27

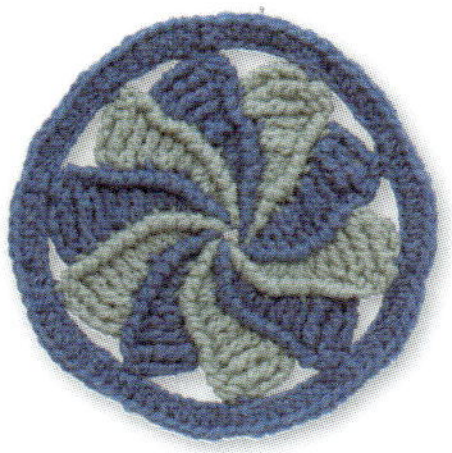
Seite 28

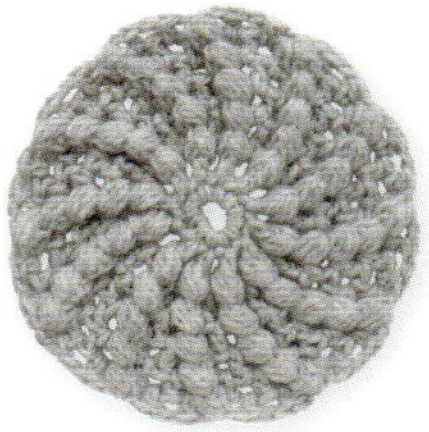
Seite 29

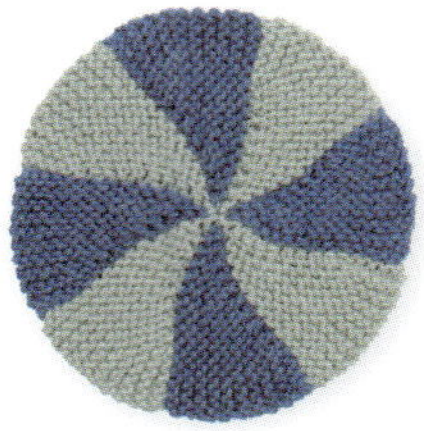
Seite 30

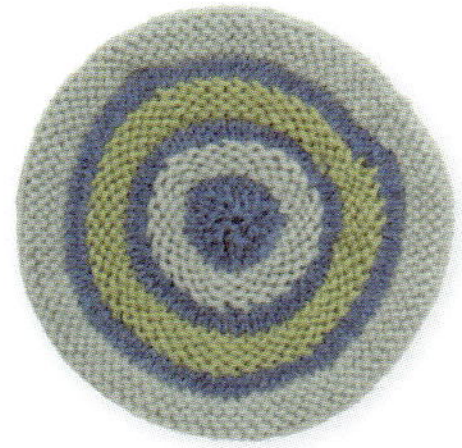
Seite 30

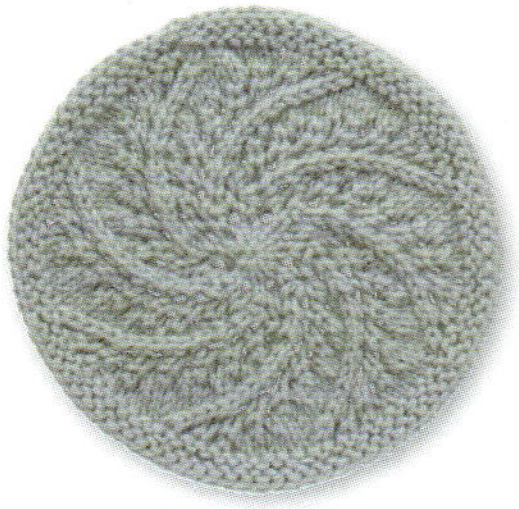
Seite 31

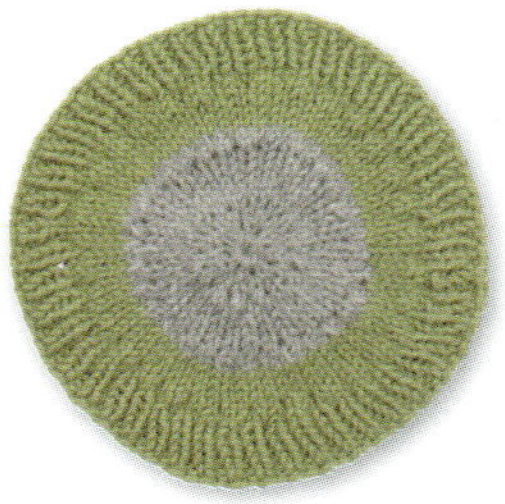
Seite 31

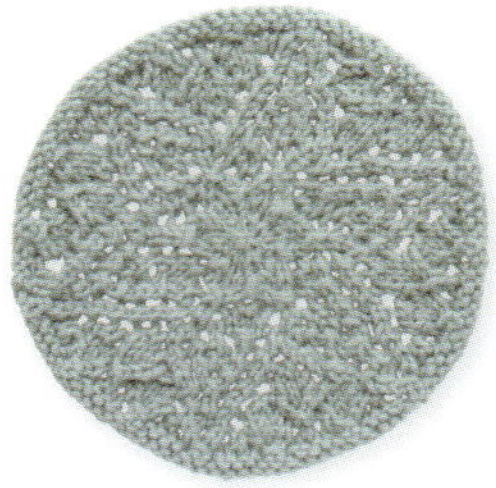
Seite 32

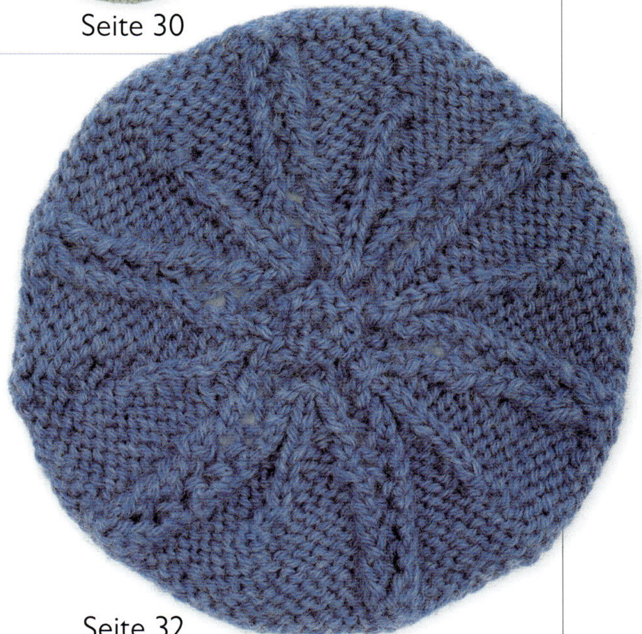
Seite 32

RAUTEN

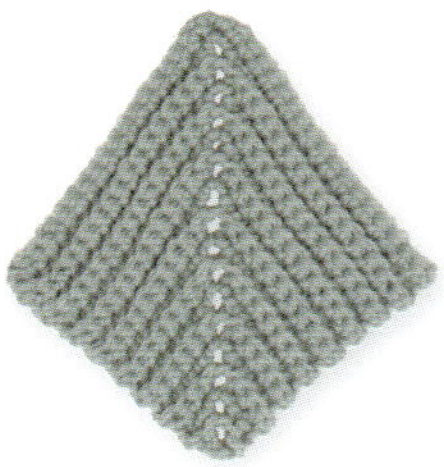
Seite 33

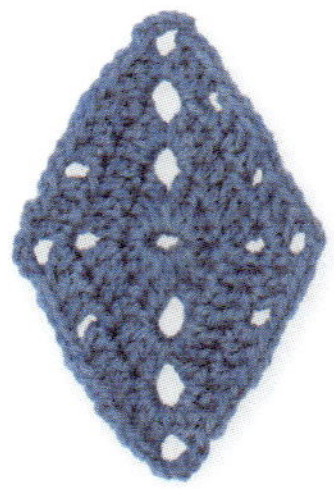
Seite 34

Seite 35

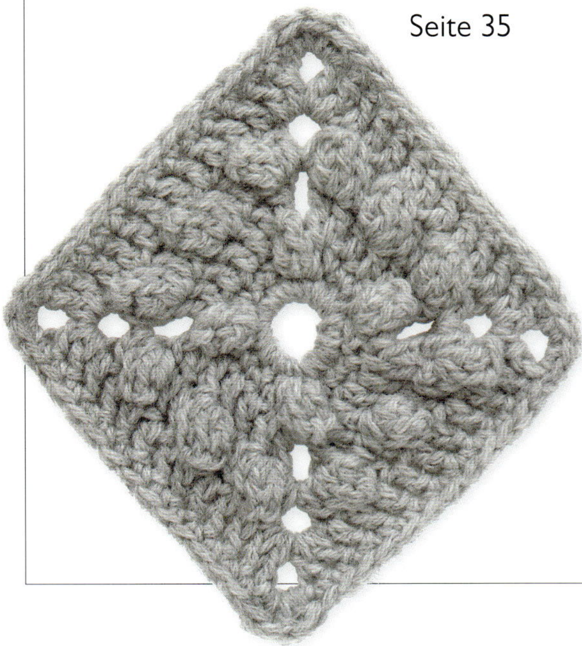

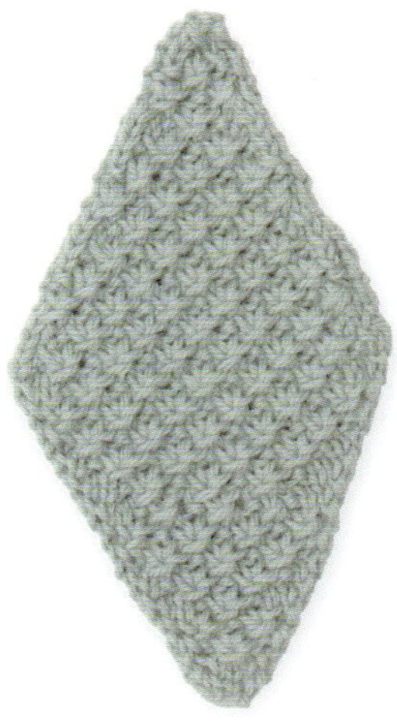
Seite 36

Seite 36

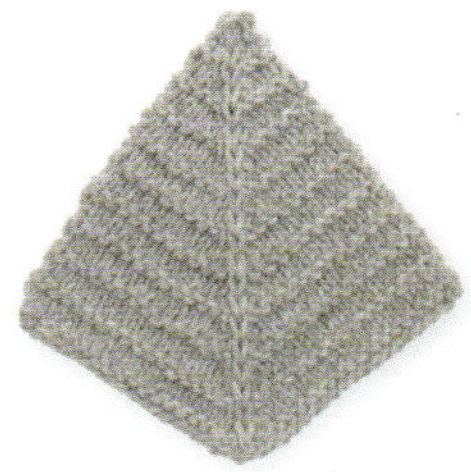
Seite 37

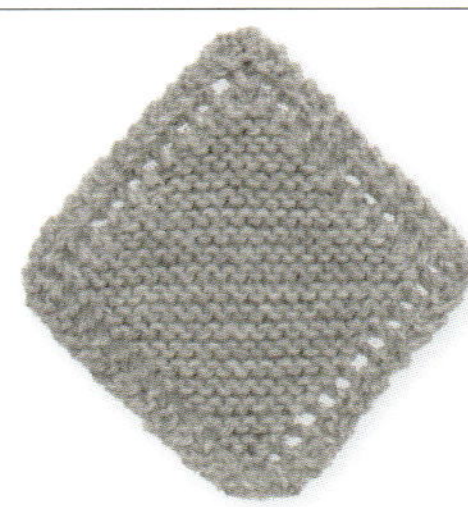
Seite 37

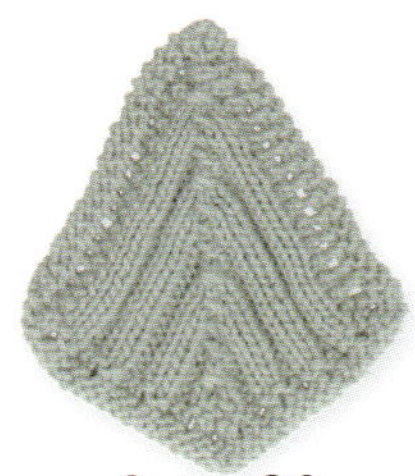
Seite 38

QUADRATE

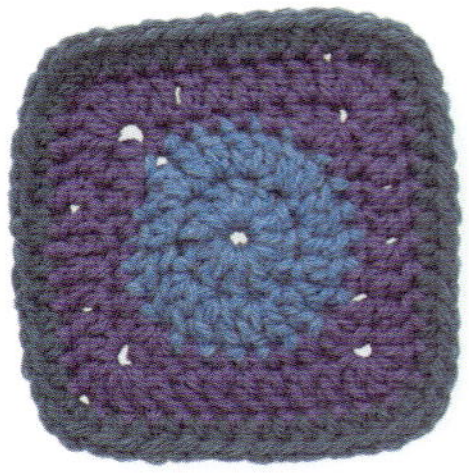
Seite 39

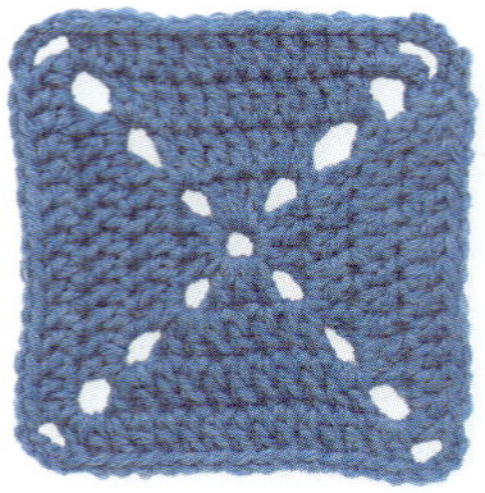
Seite 40

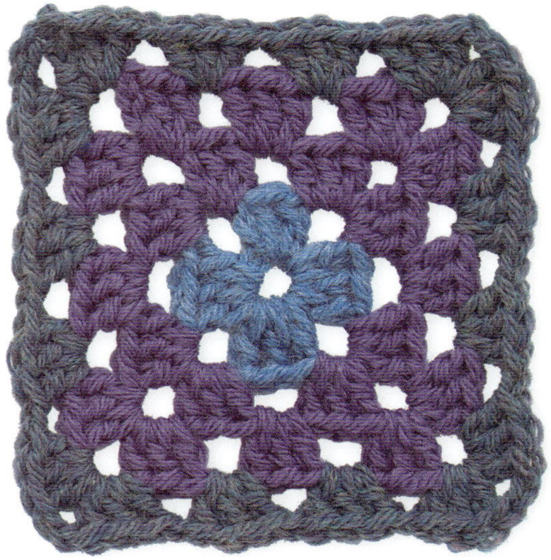
Seite 41

Seite 42

Seite 43

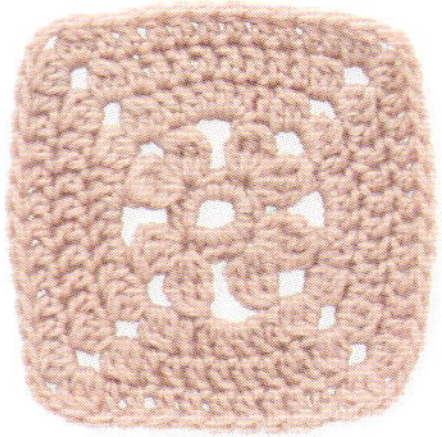
Seite 44

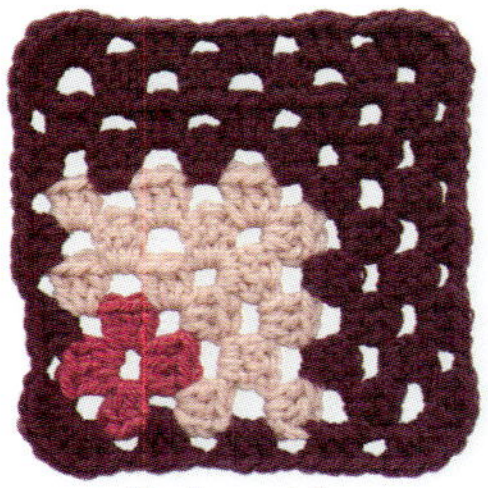
Seite 45

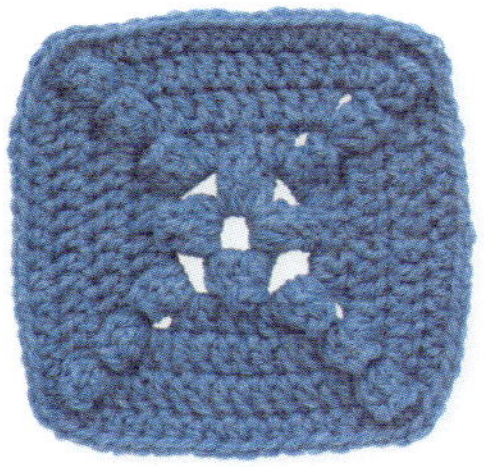
Seite 46

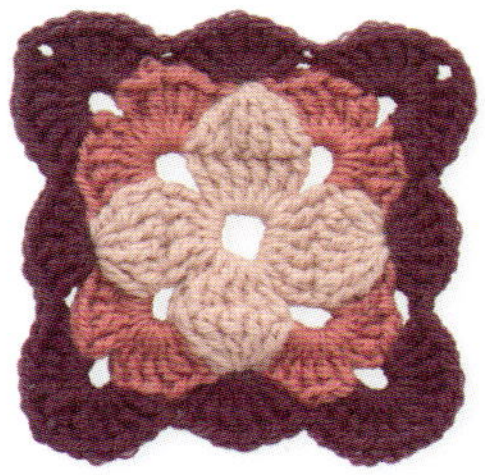
Seite 47

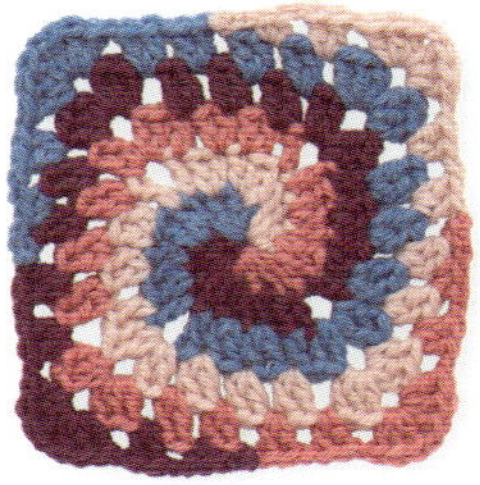
Seite 48

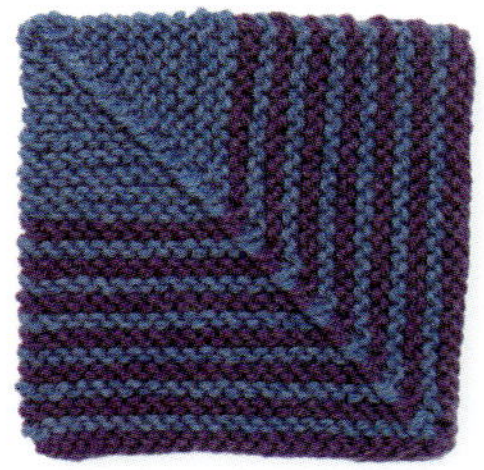
Seite 49

Seite 51
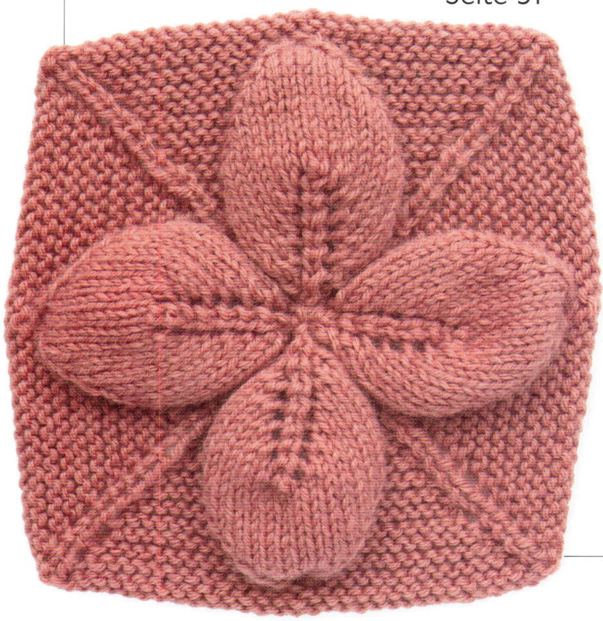

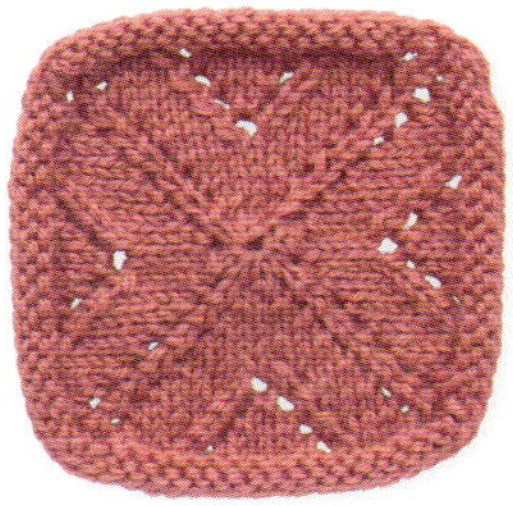
Seite 49

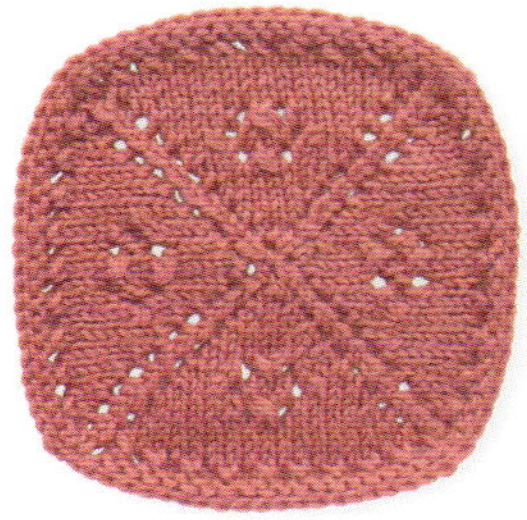
Seite 50

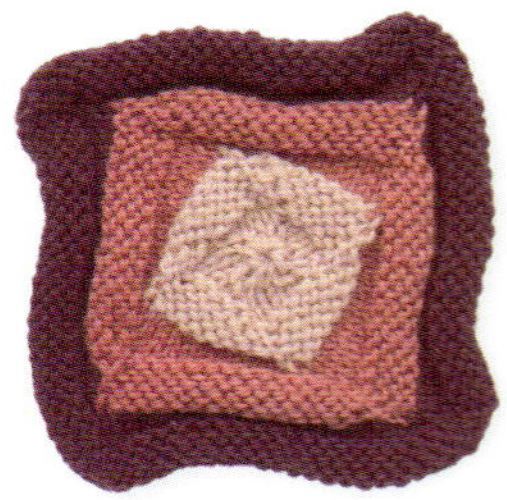
Seite 50

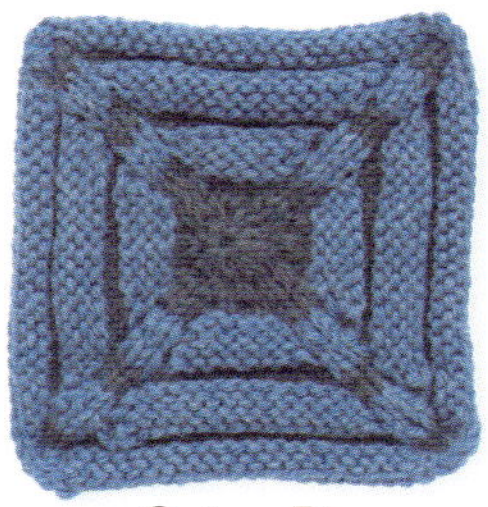
Seite 51

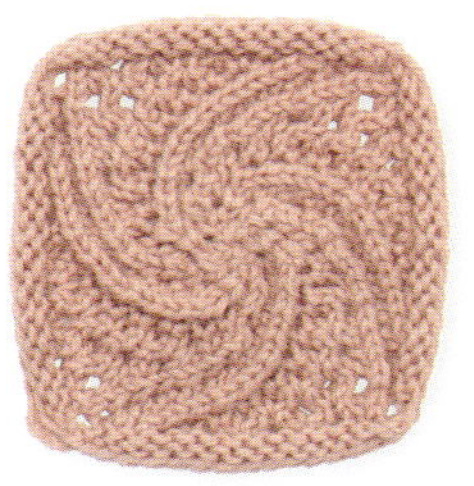
Seite 52

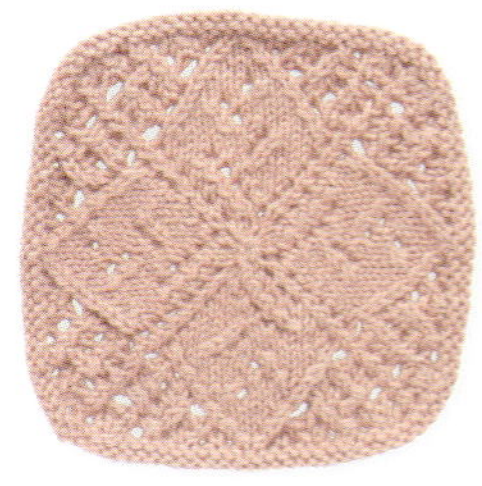
Seite 52

DREIECKE

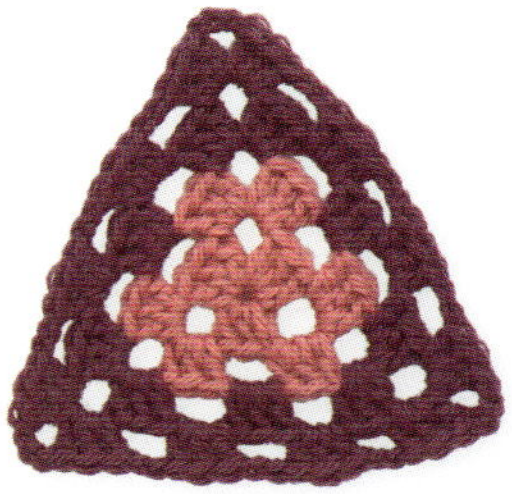
Seite 53

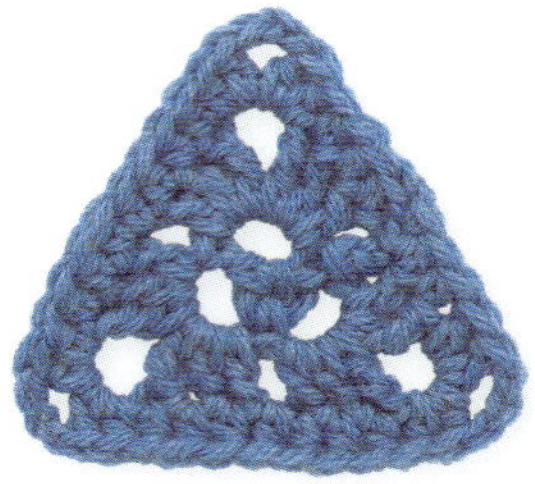
Seite 54

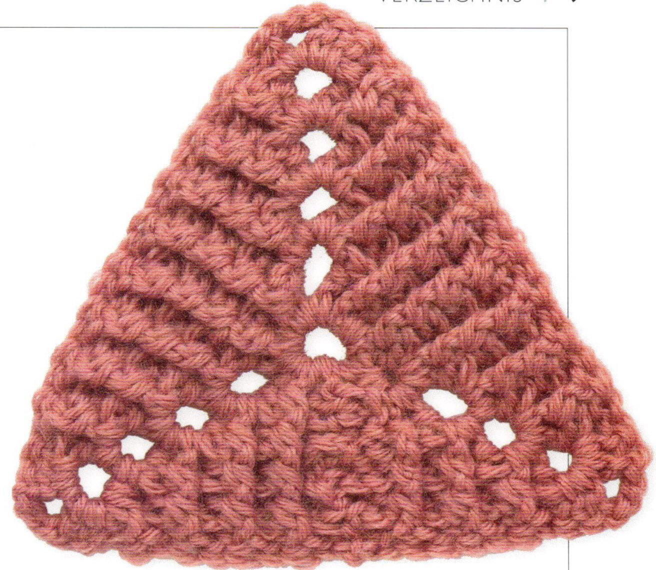
Seite 57

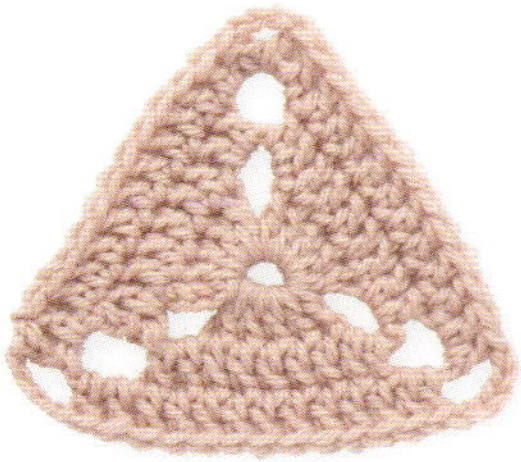
Seite 54

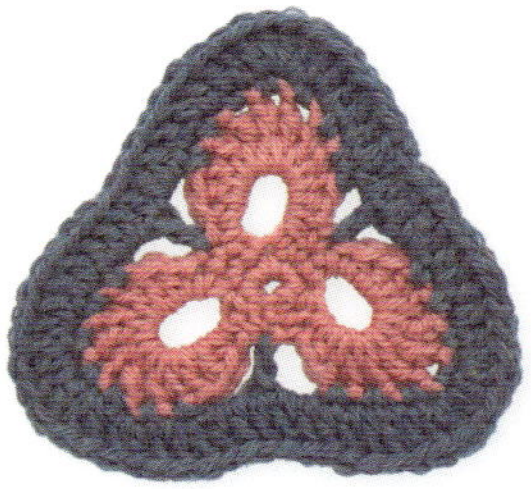
Seite 55

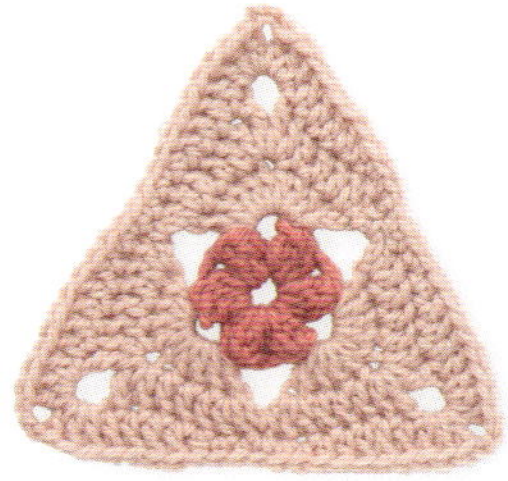
Seite 56

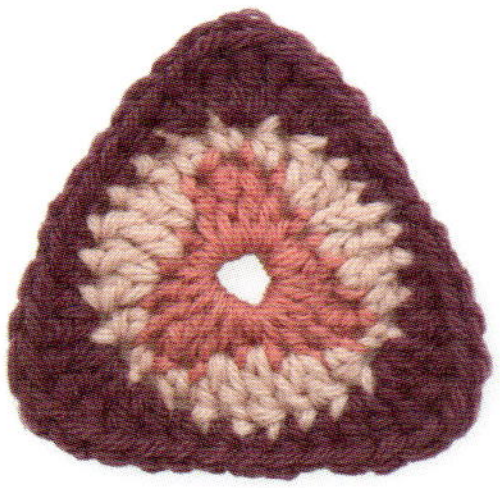
Seite 58

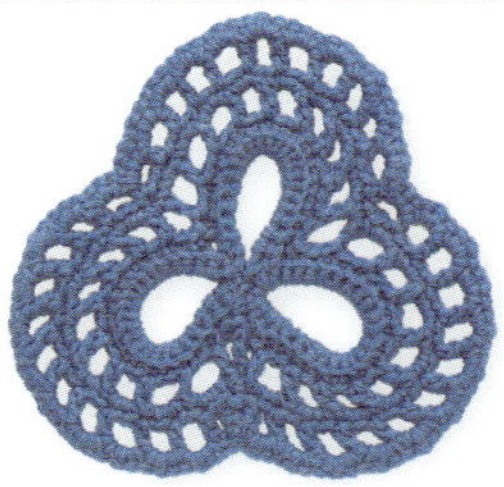
Seite 59

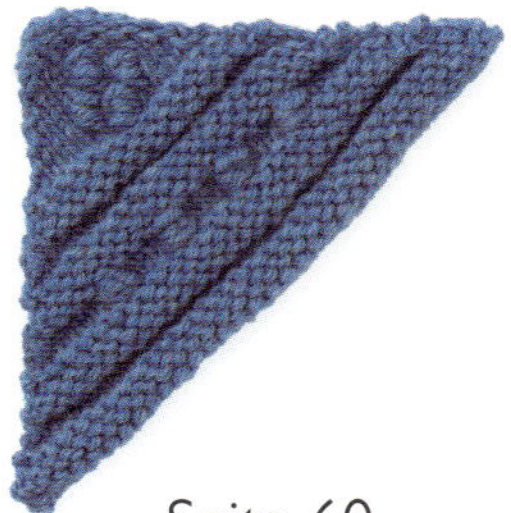
Seite 60

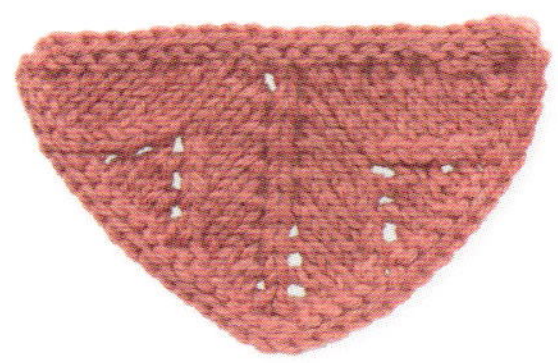
Seite 60

SECHSECKE

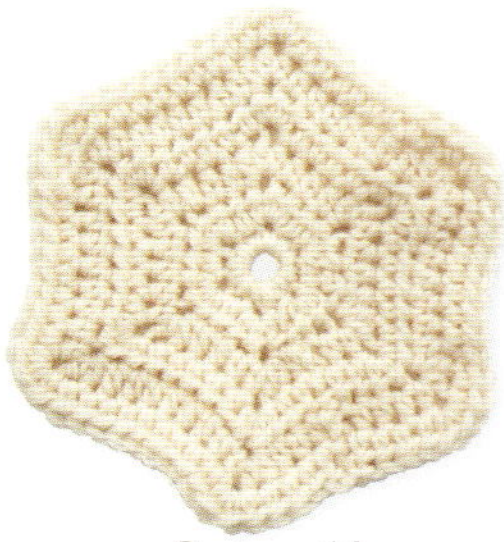
Seite 61

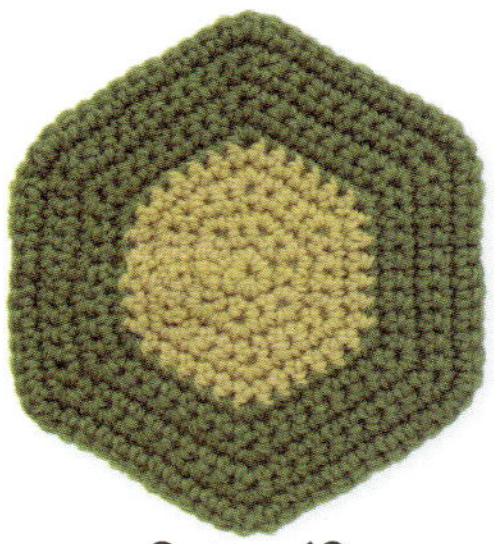
Seite 62

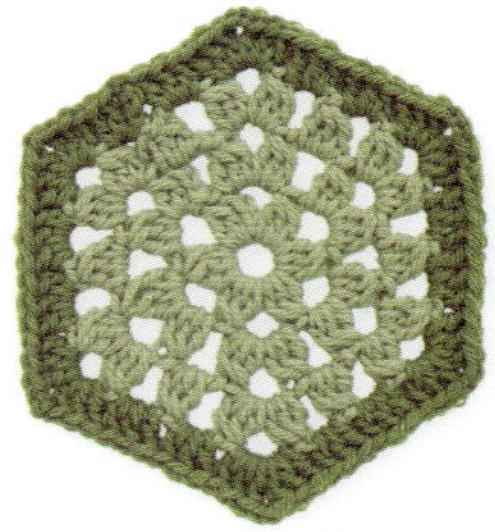
Seite 63

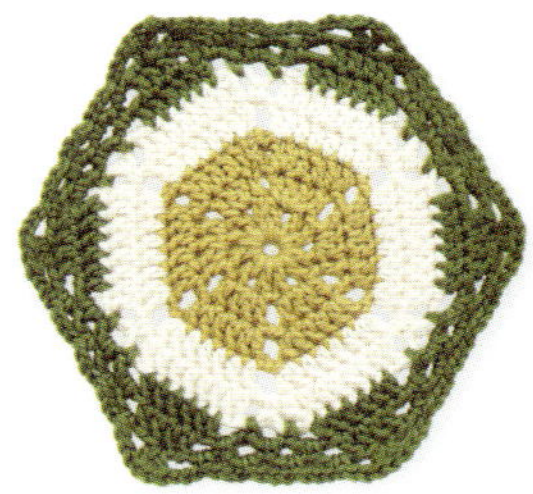
Seite 64

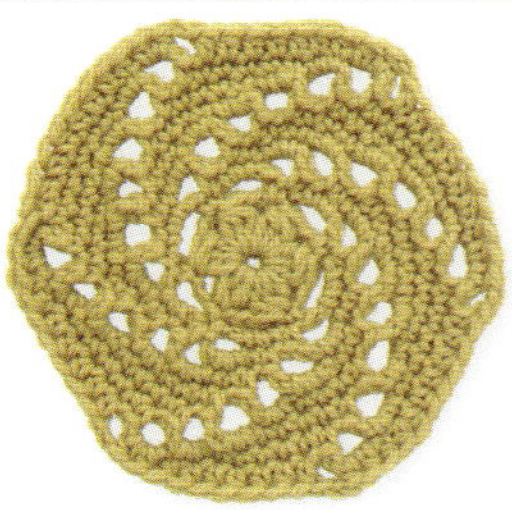
Seite 65

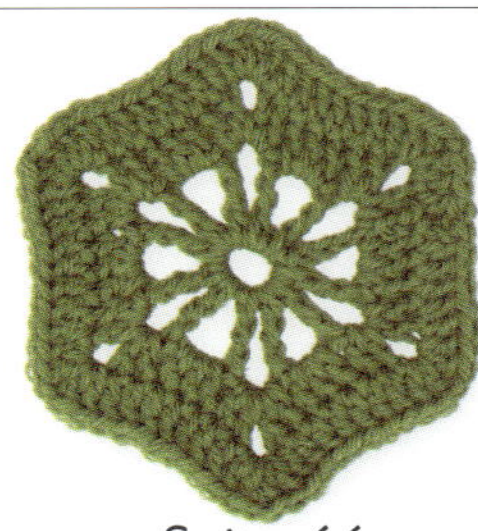
Seite 66

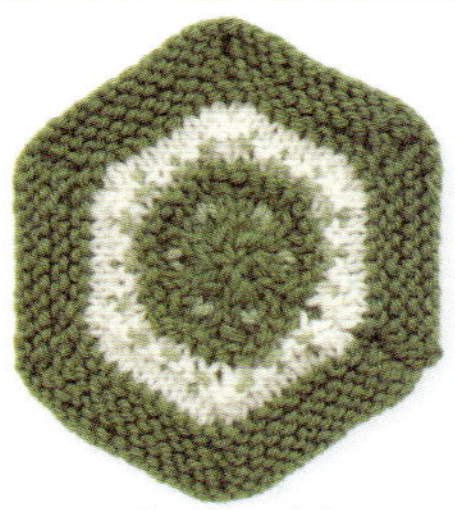
Seite 66

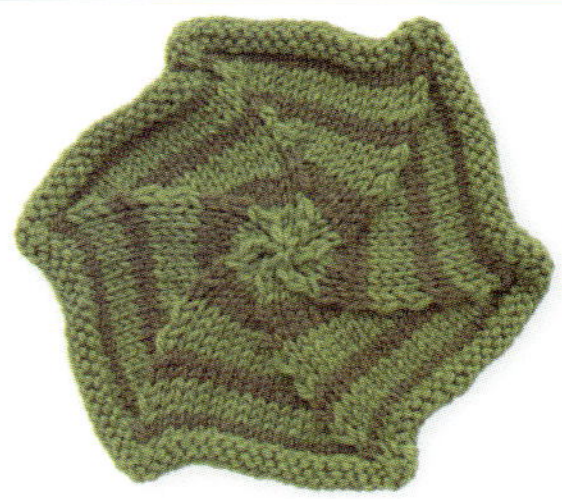
Seite 67

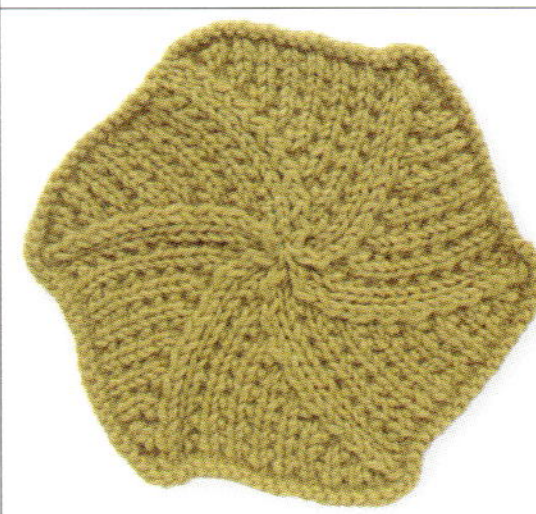
Seite 67

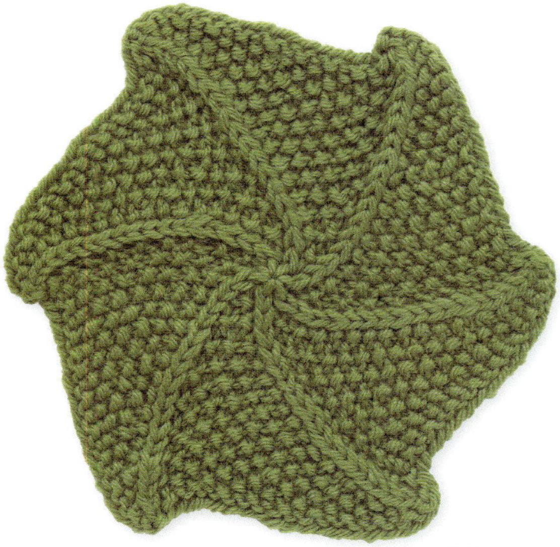

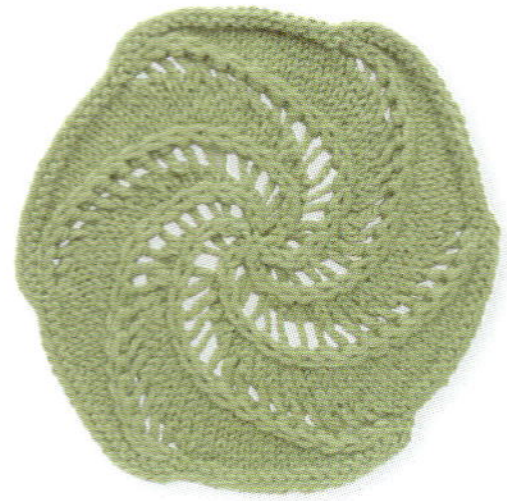

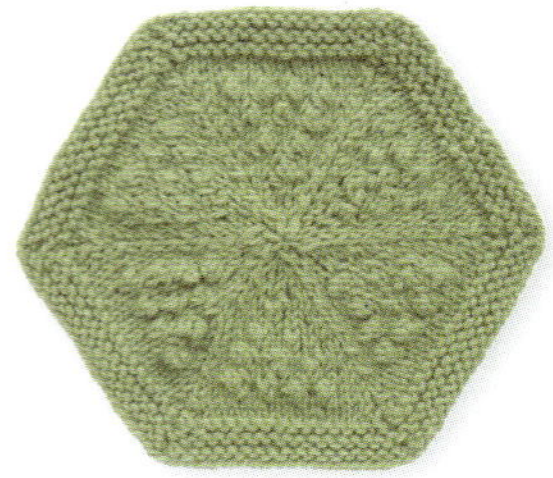

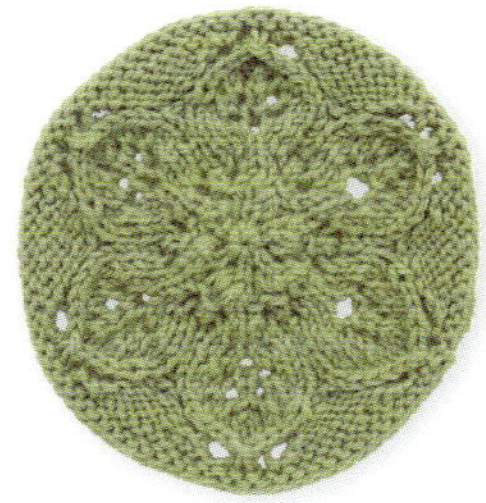

ACHTECKE

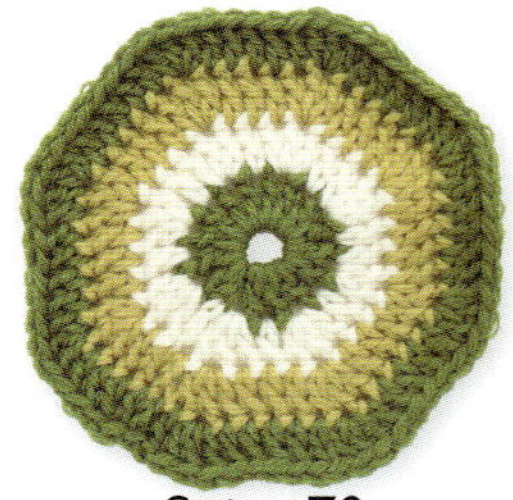

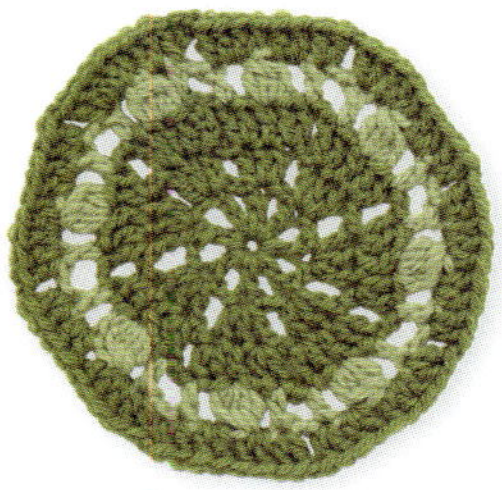

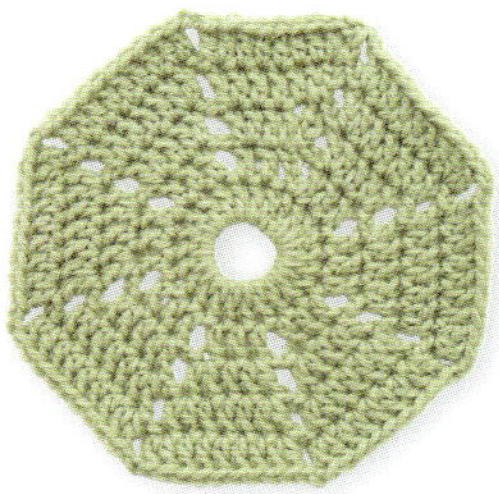

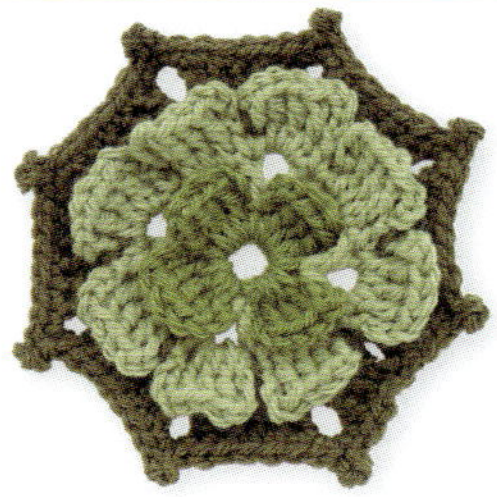

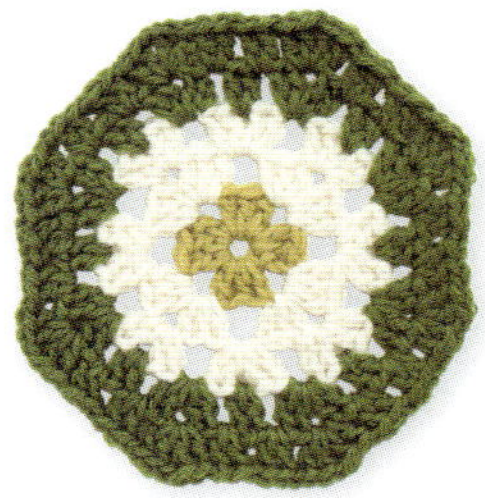

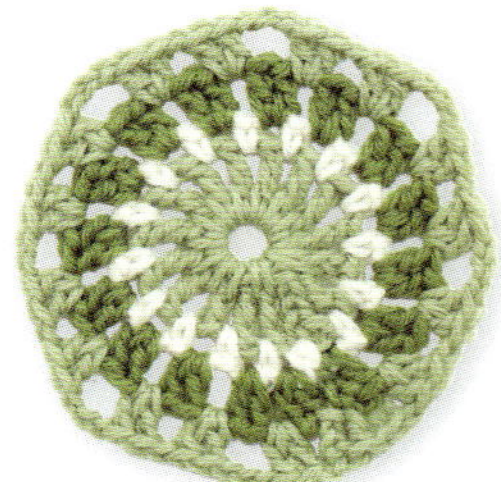

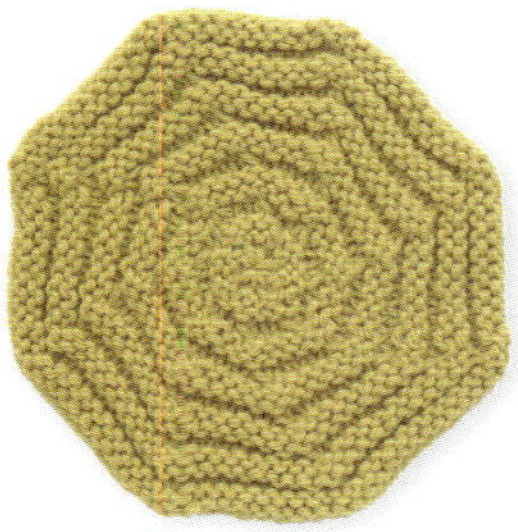

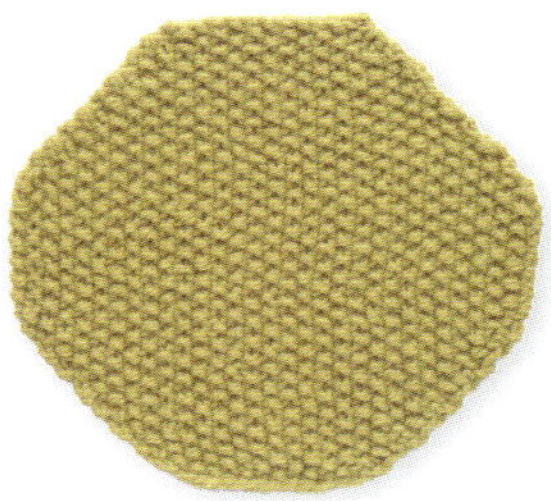

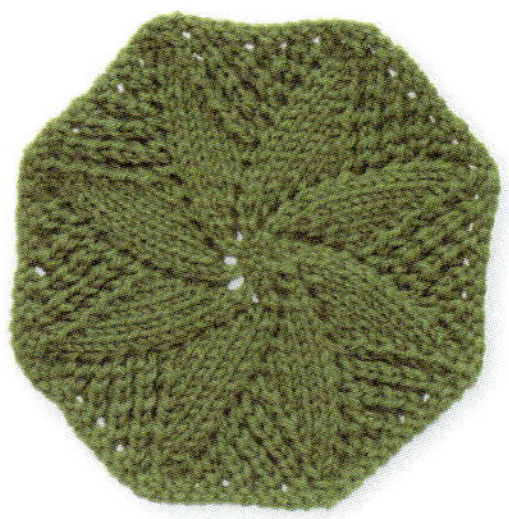

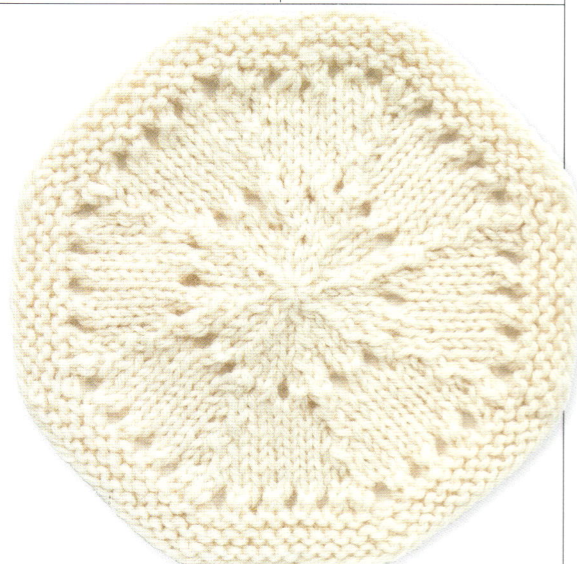

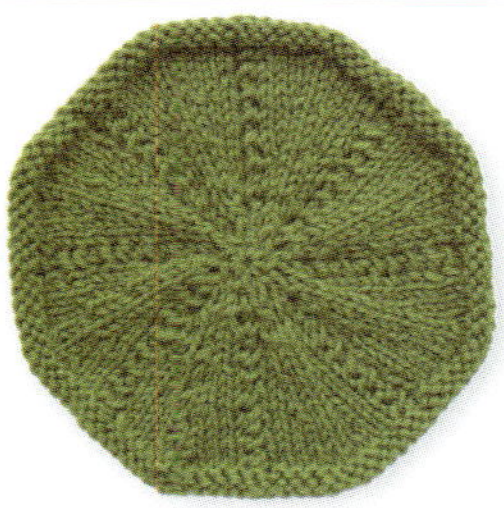

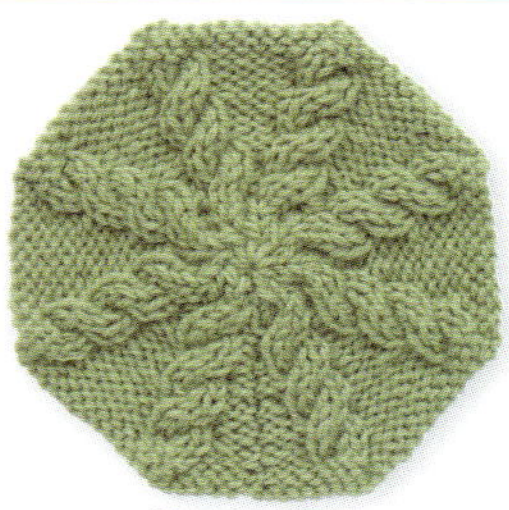

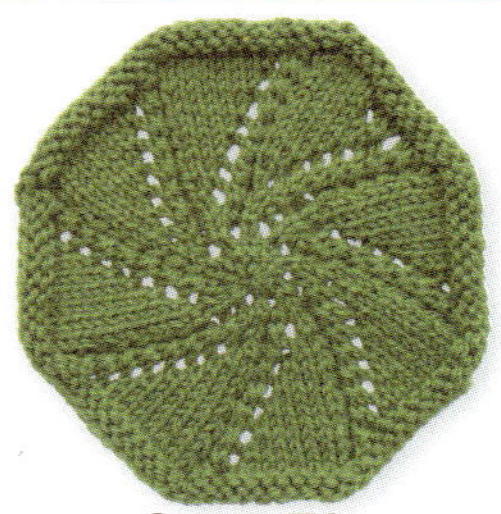

FÜNFECKE

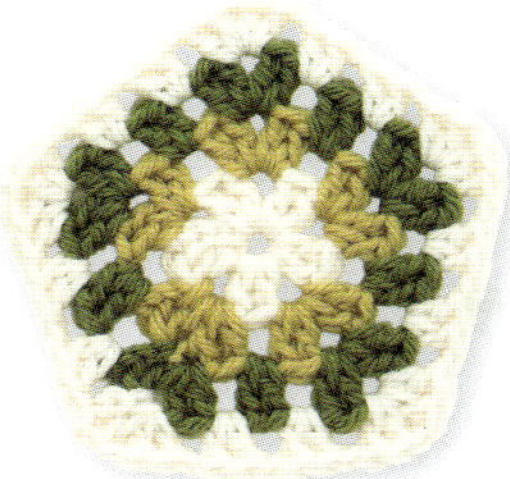
Seite 79

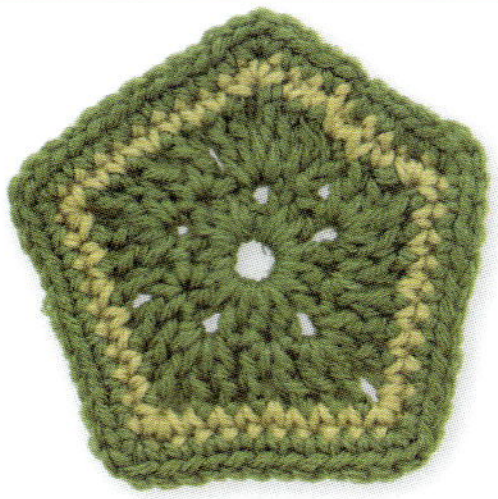
Seite 80

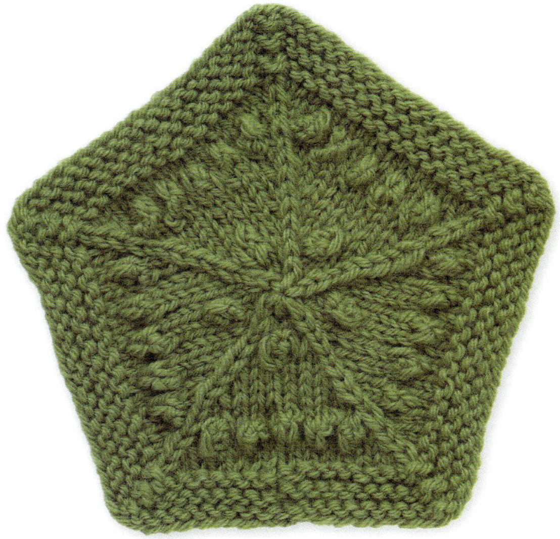
Seite 82

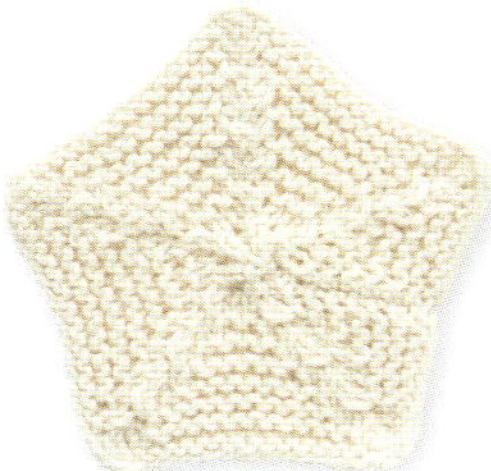
Seite 81

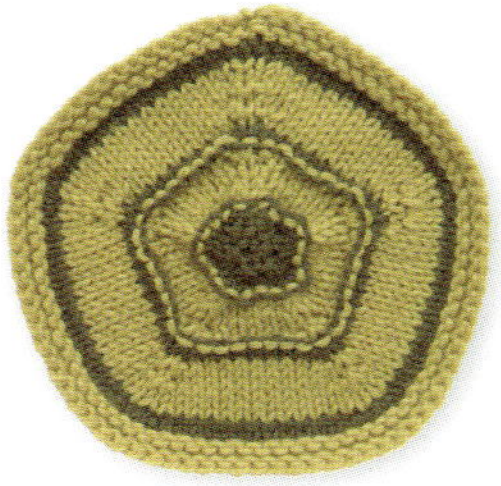
Seite 81

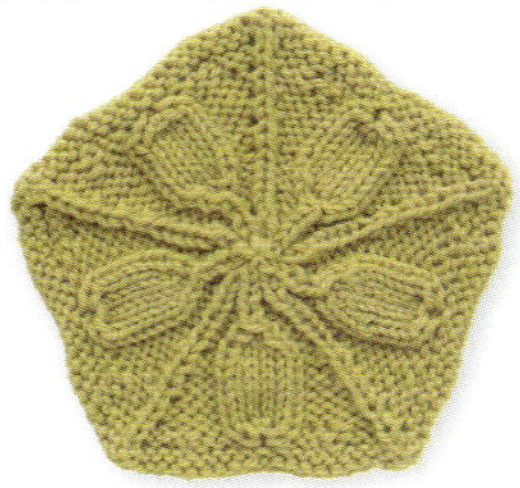
Seite 82

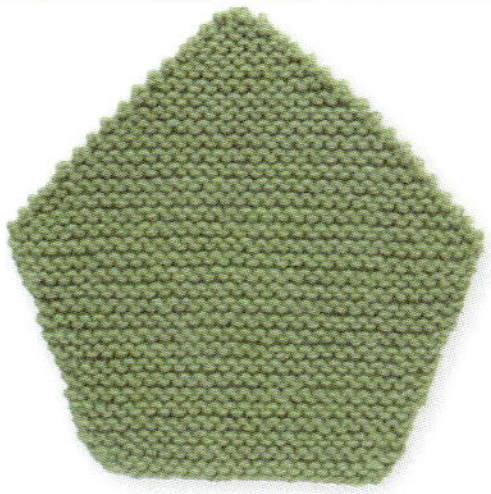
Seite 83

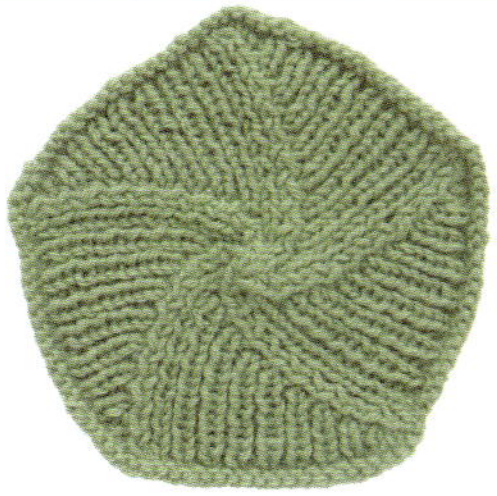
Seite 83

SCHNEE-FLOCKEN

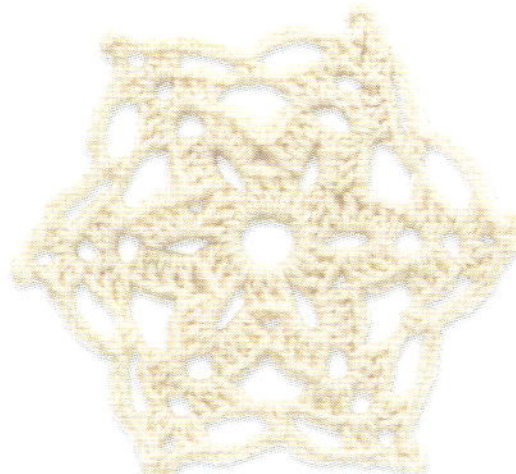
Seite 84

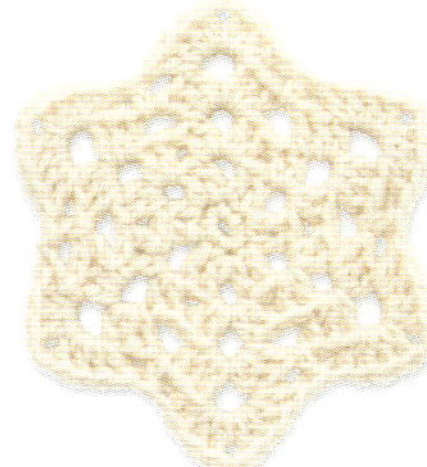
Seite 85

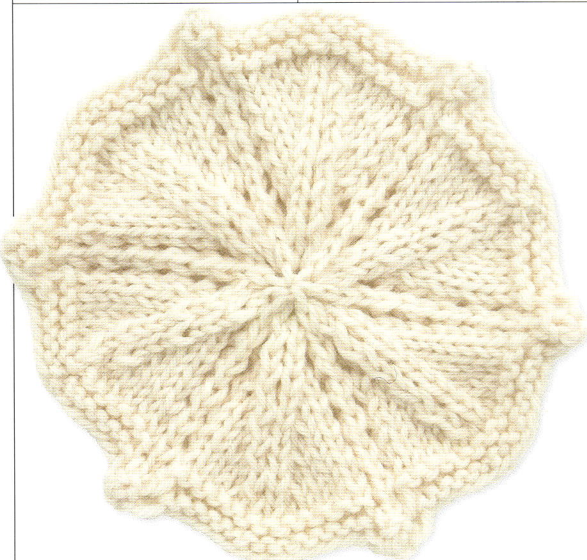
Seite 88

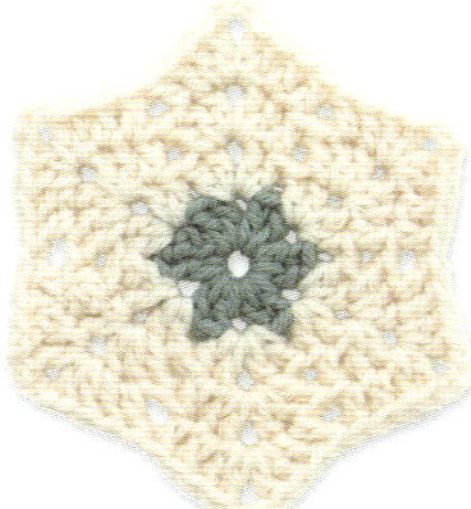
Seite 86

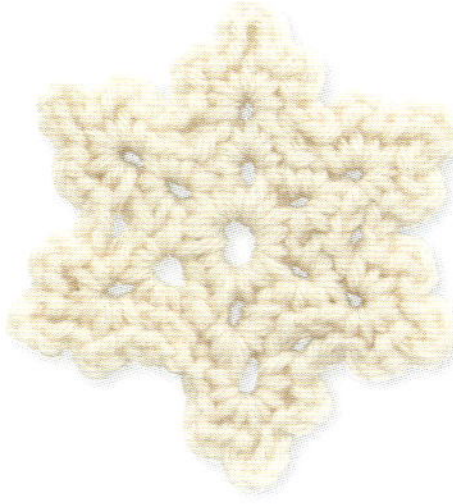
Seite 86

Seite 87

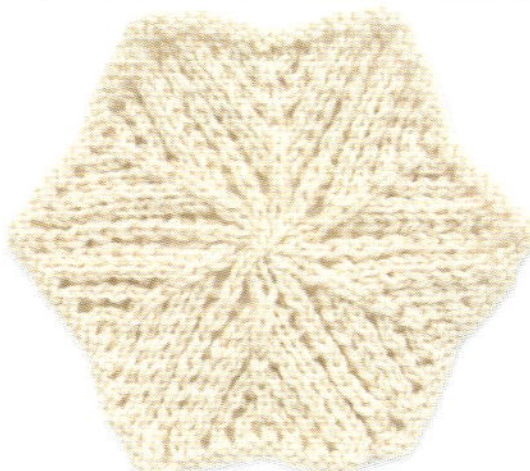
Seite 88

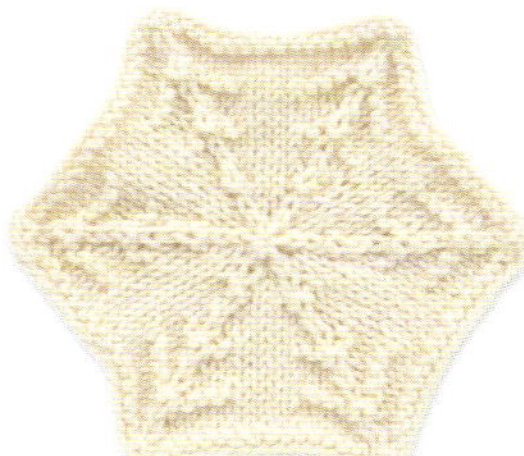
Seite 89

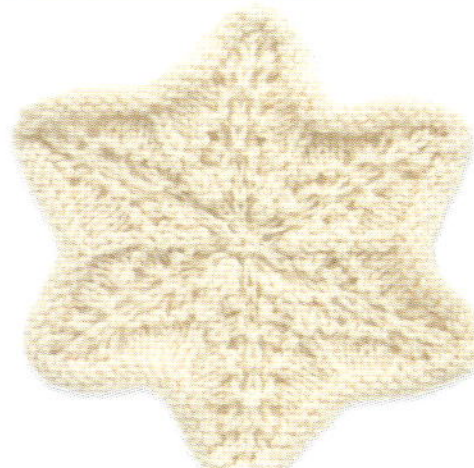
Seite 89

STERNE

Seite 90

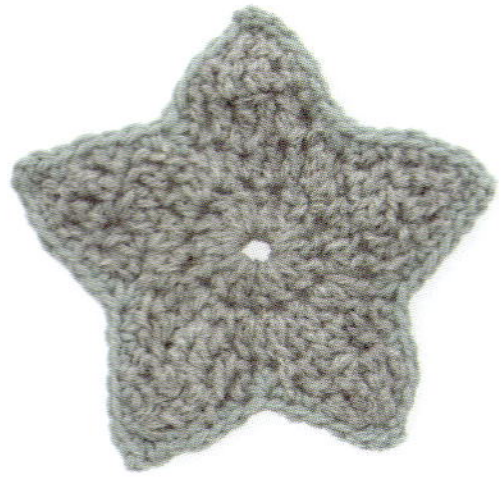
Seite 91

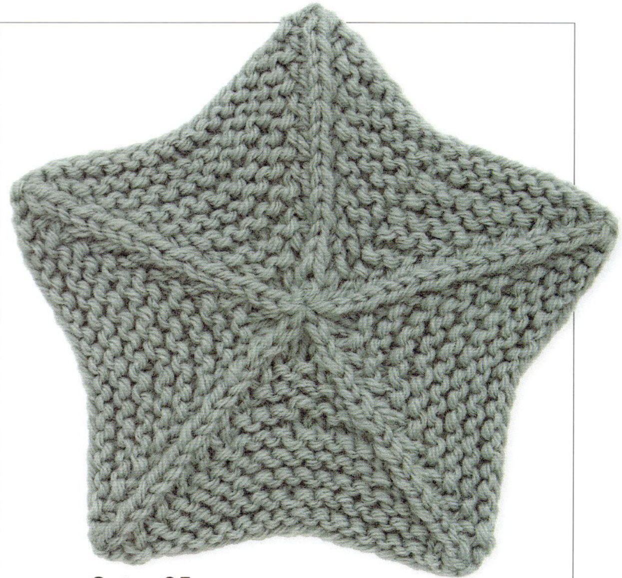
Seite 95

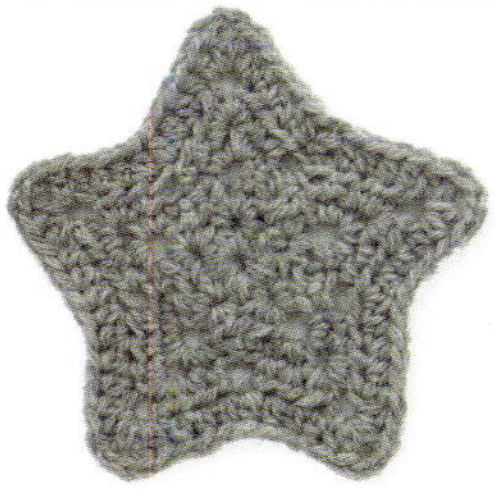
Seite 92

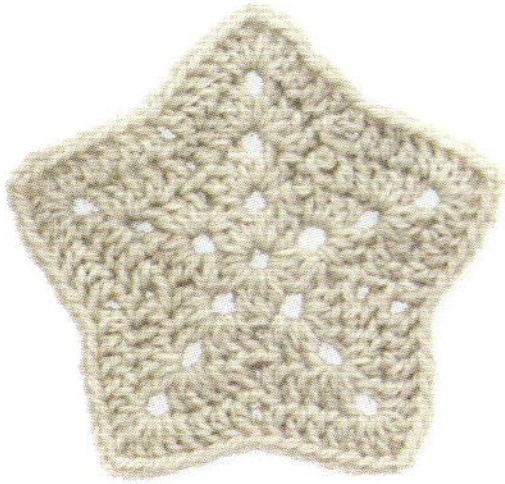
Seite 93

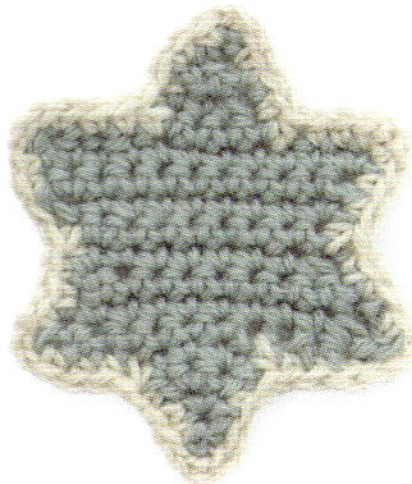
Seite 94

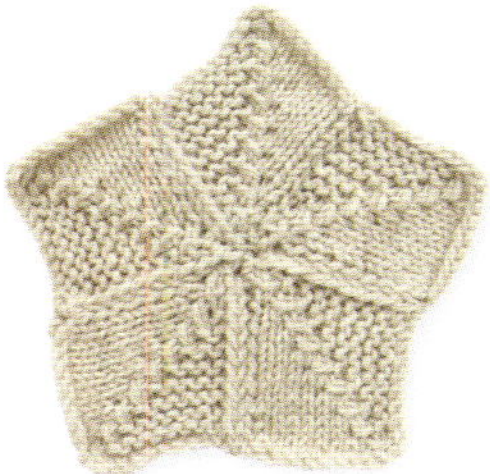
Seite 95

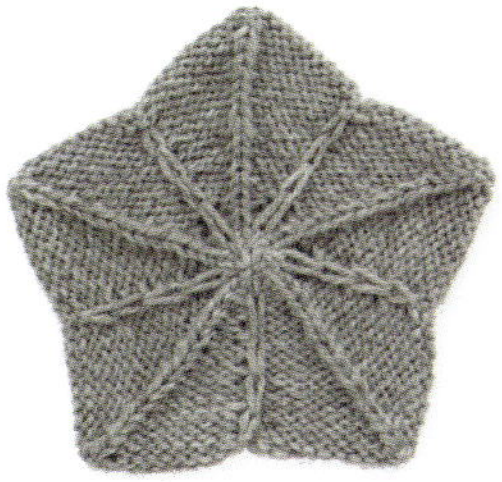
Seite 96

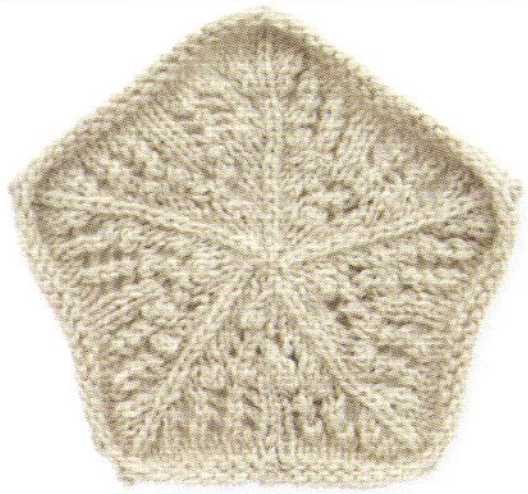
Seite 96

Seite 97

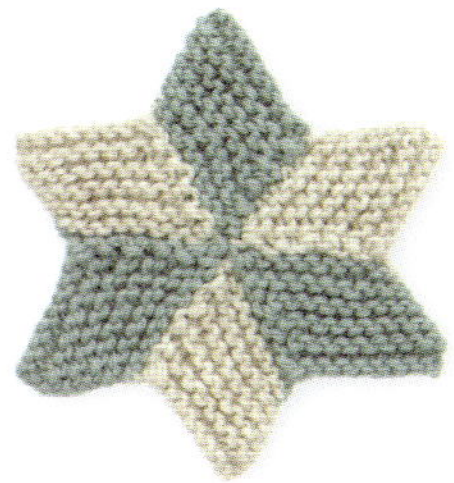
Seite 97

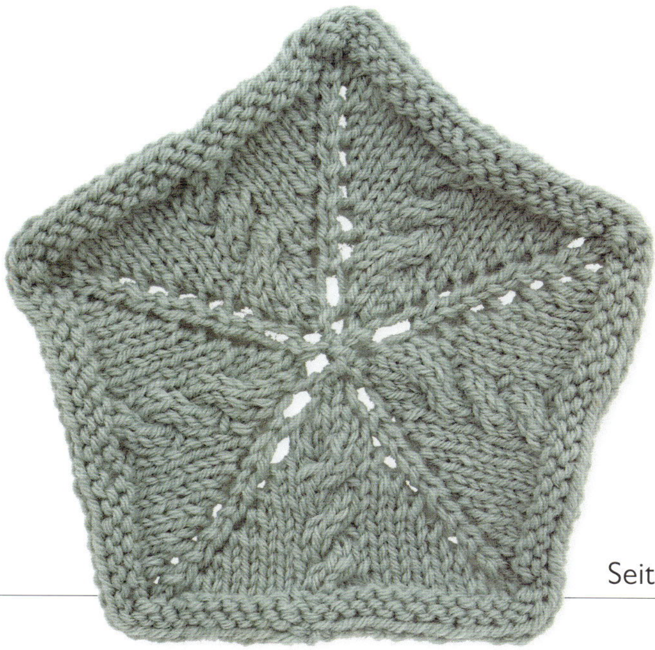
Seite 98

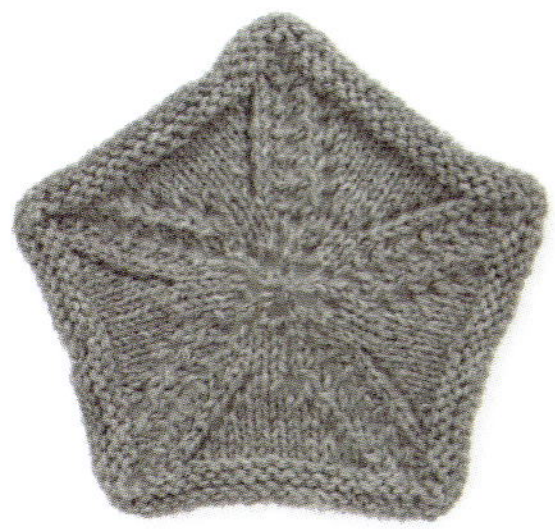
Seite 98

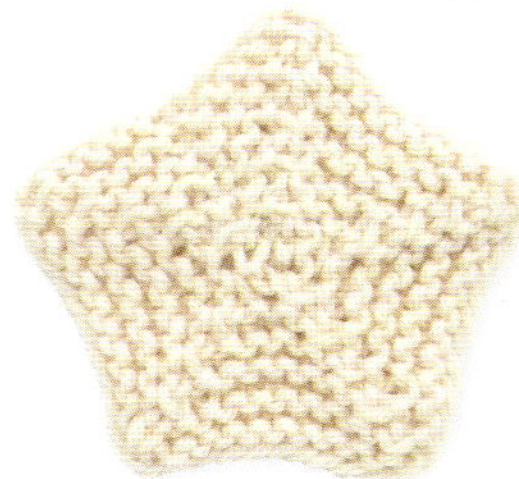
Seite 99

BLUMEN

Seite 100

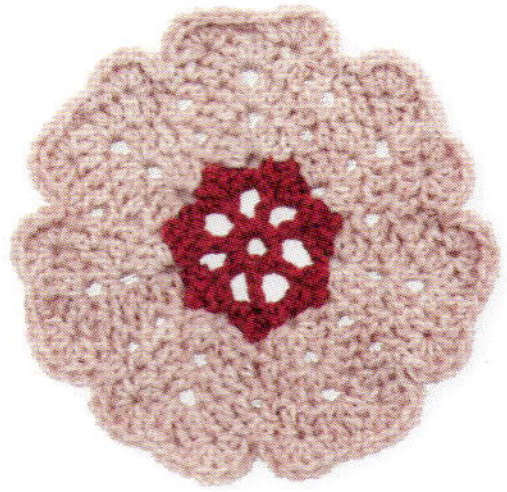
Seite 101

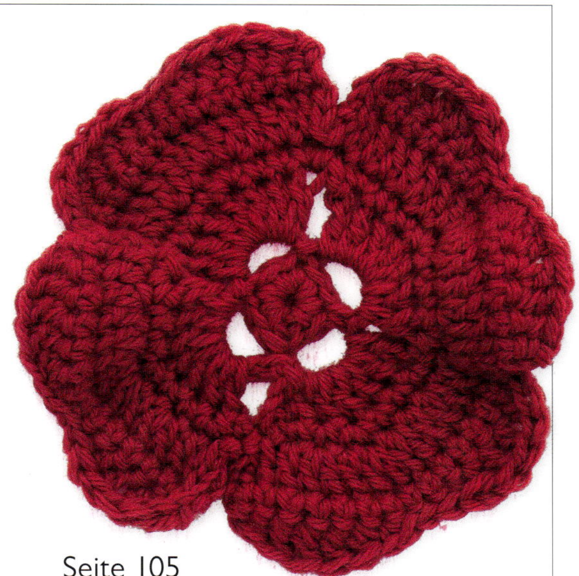
Seite 105

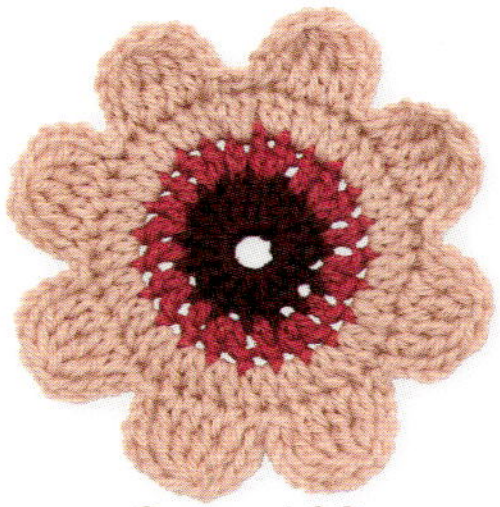
Seite 102

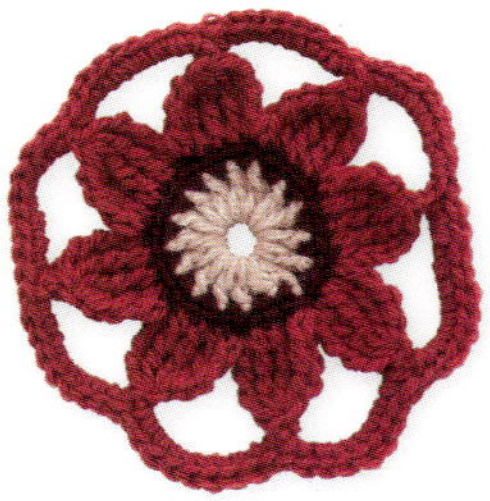
Seite 103

Seite 104

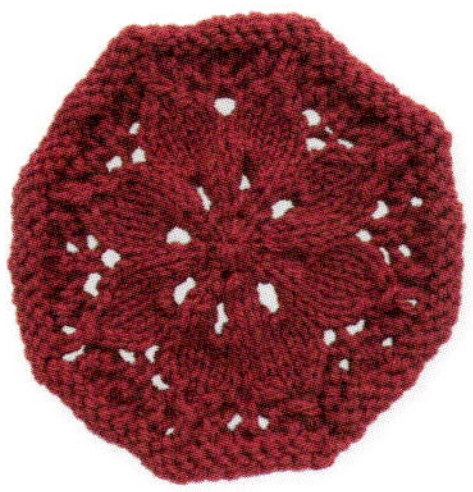
Seite 106

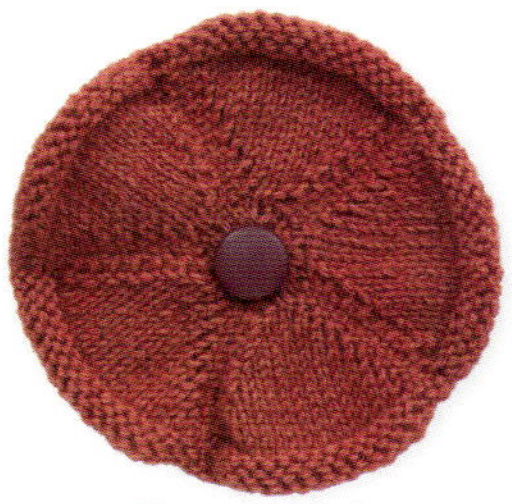
Seite 106

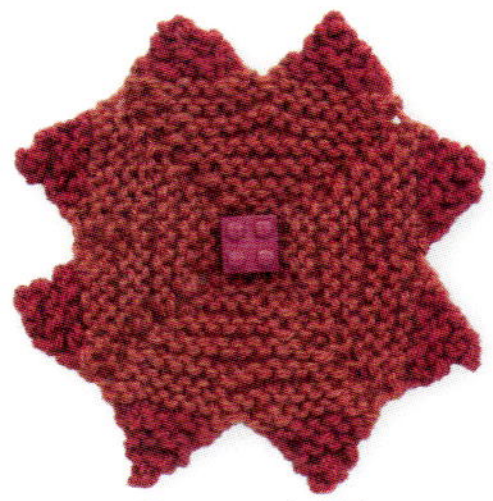
Seite 107

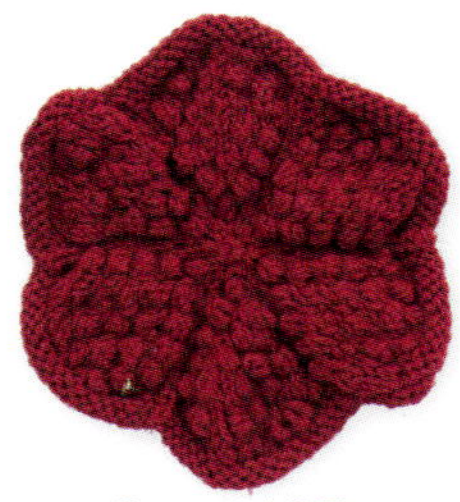
Seite 107

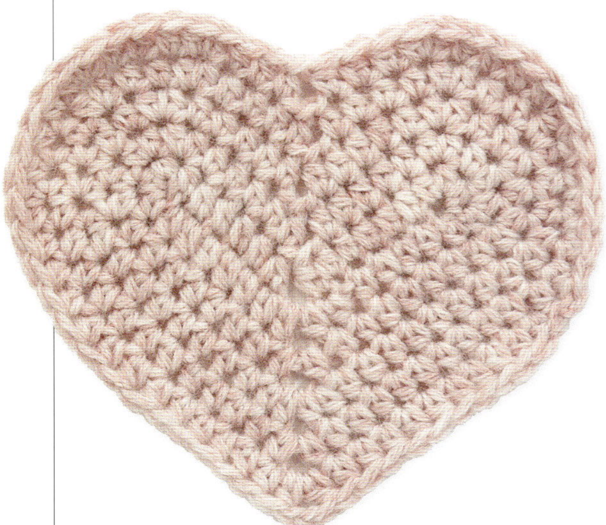
Seite 110

HERZE

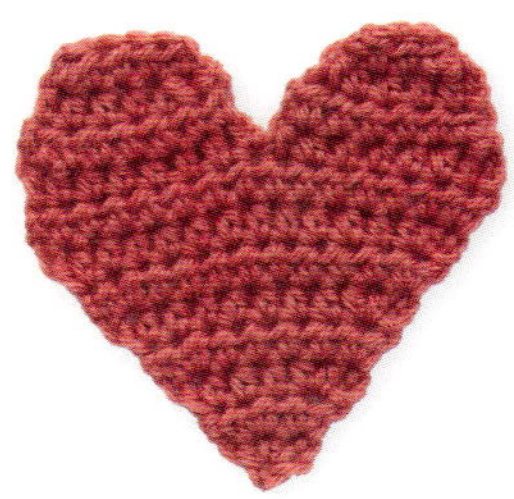
Seite 108

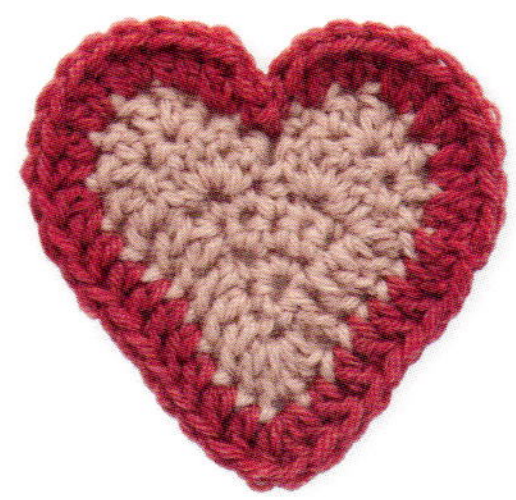
Seite 109

Seite 111

Seite 111

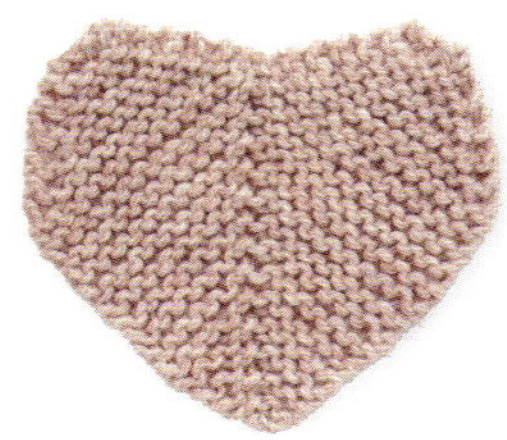
Seite 112

MUSCHELN

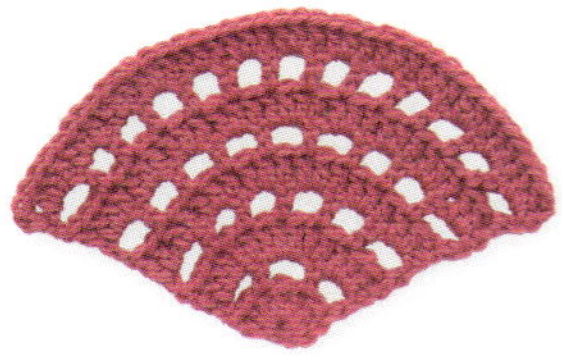
Seite 113

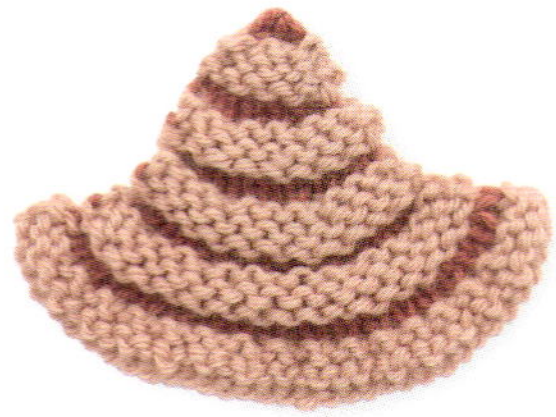
Seite 114

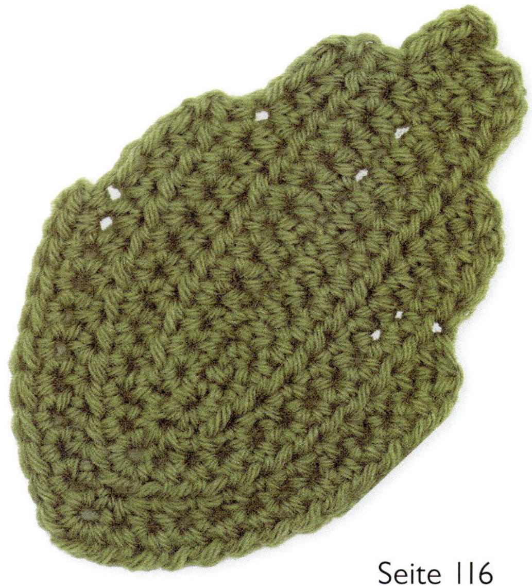
Seite 116

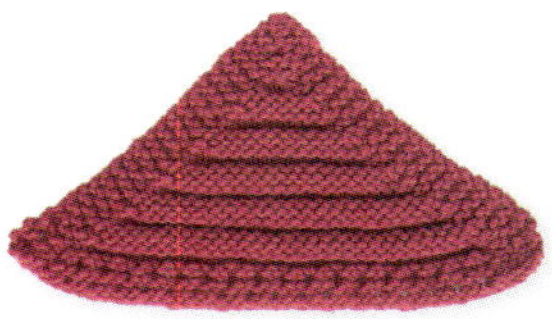
Seite 114

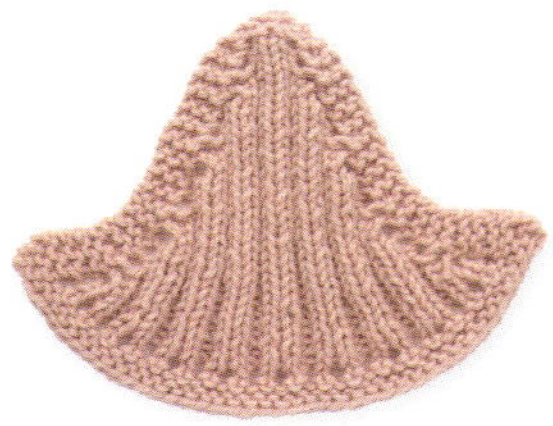
Seite 115

BLÄTTER

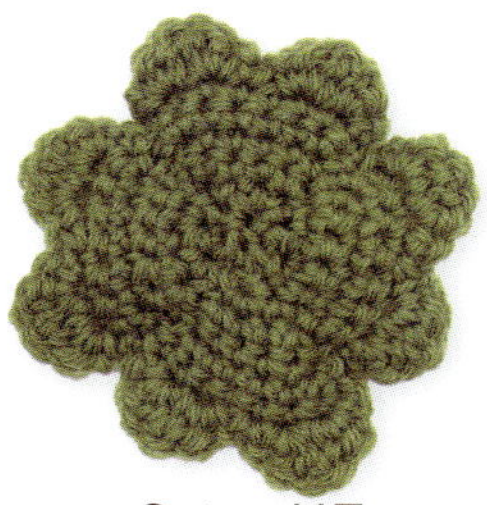
Seite 117

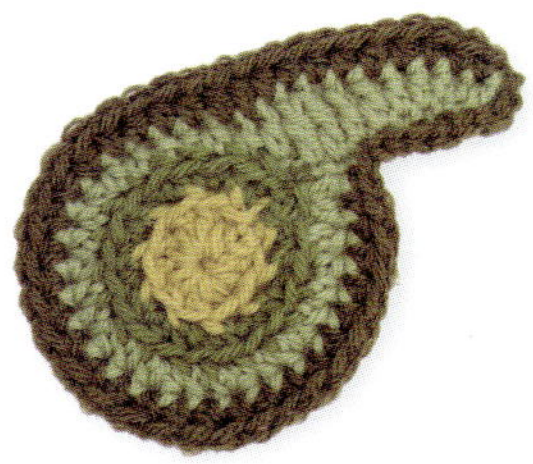
Seite 117

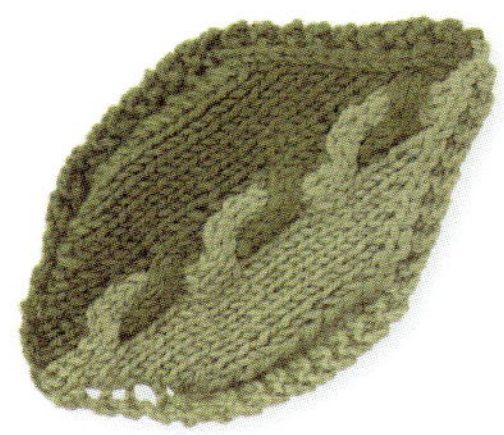
Seite 118

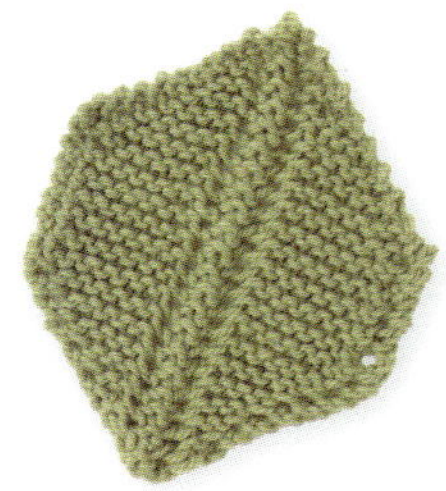
Seite 119

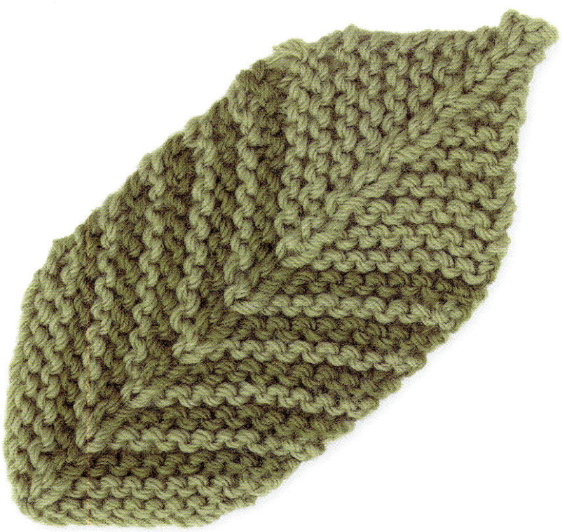
Seite 121

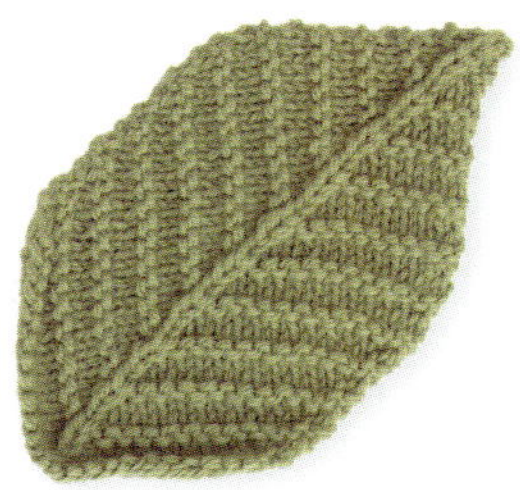
Seite 119

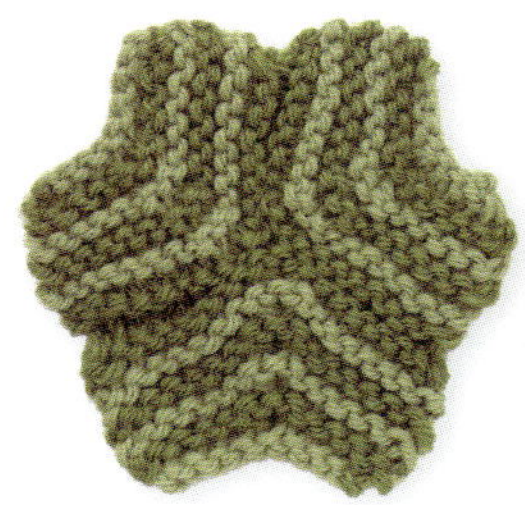
Seite 120

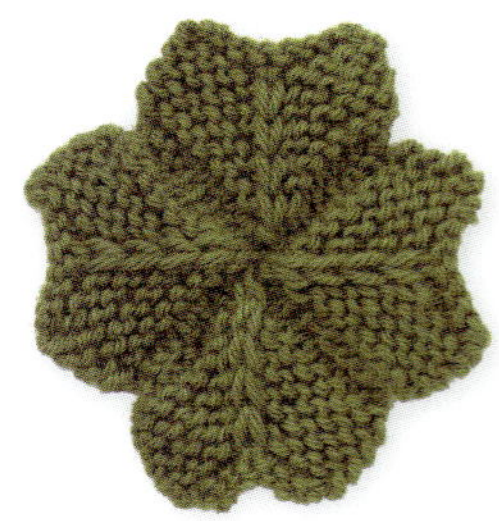
Seite 120

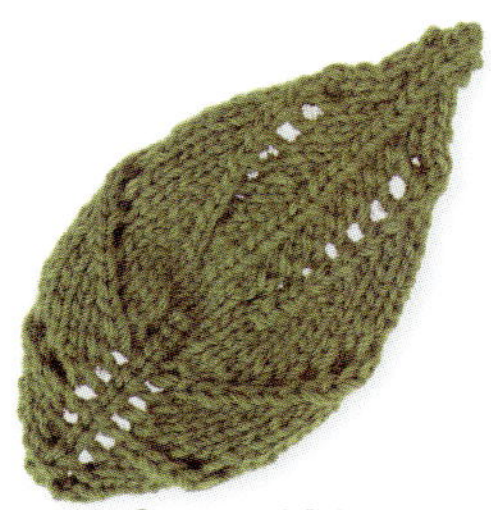
Seite 121

VERBINDUNGS-ELEMENTE	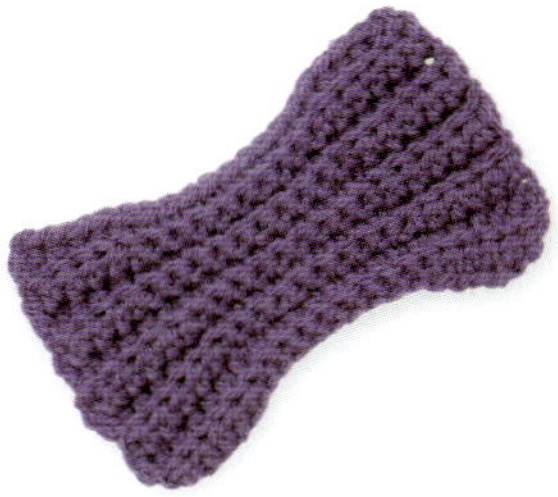 Seite 122	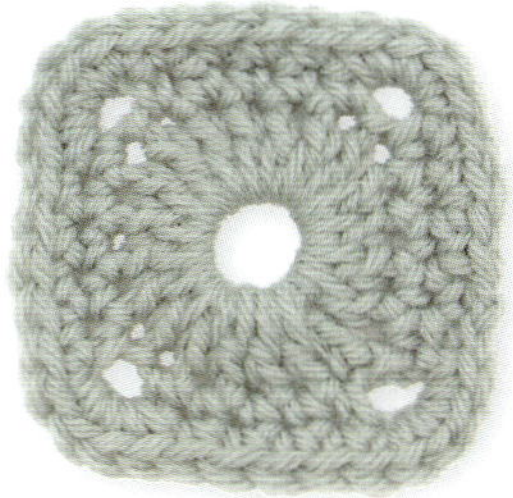 Seite 123	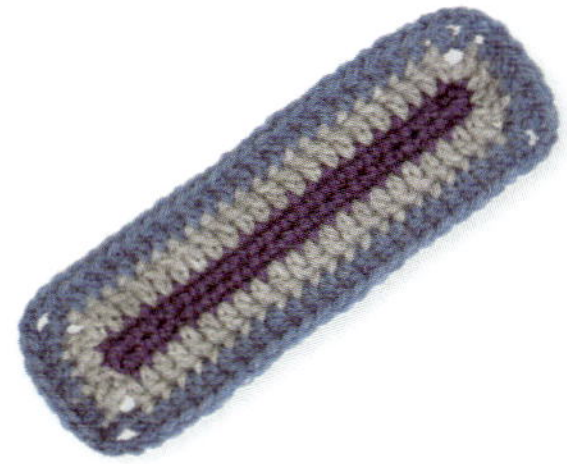 Seite 123	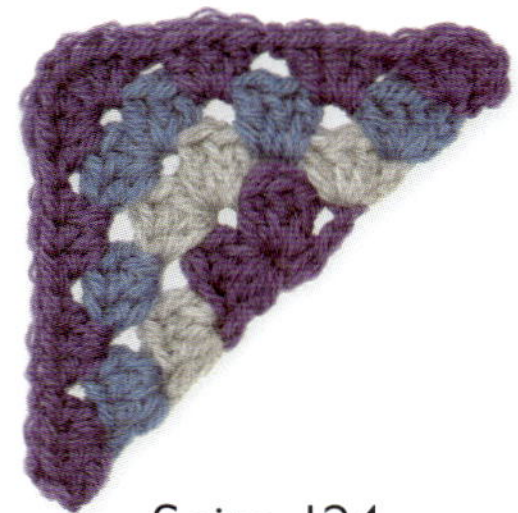 Seite 124
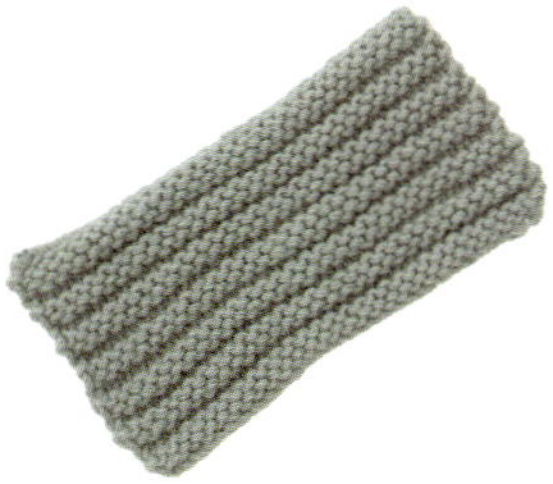 Seite 124	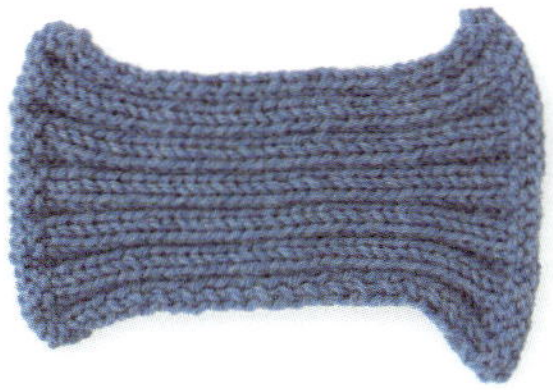 Seite 125	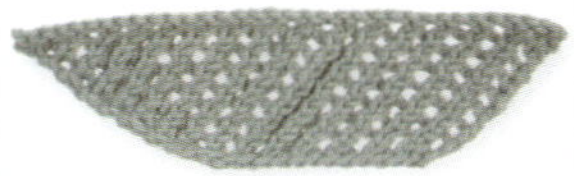 Seite 125		

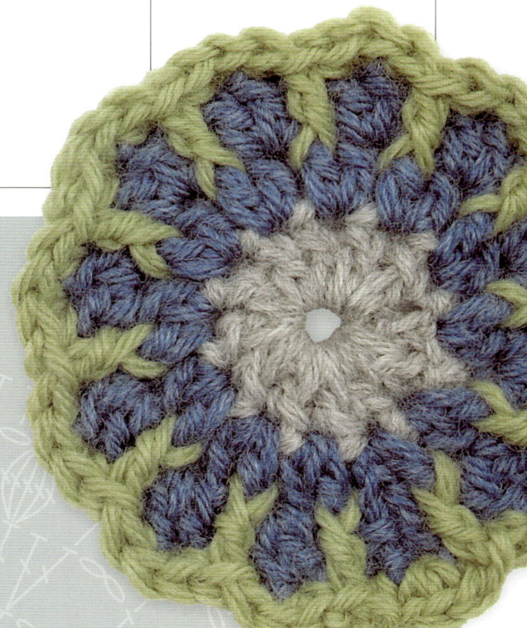

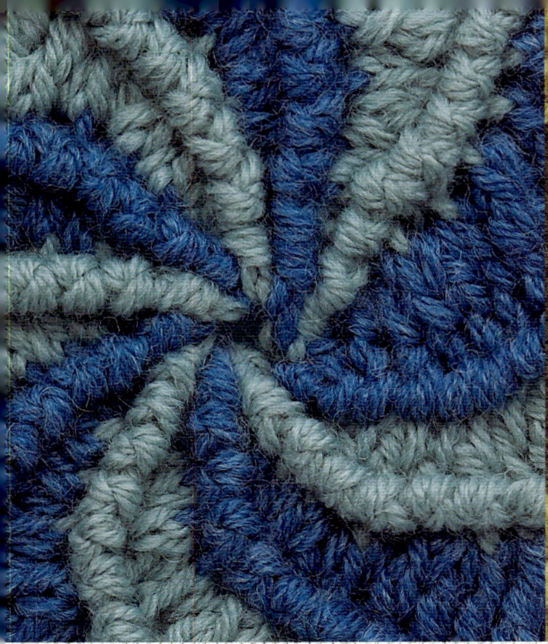
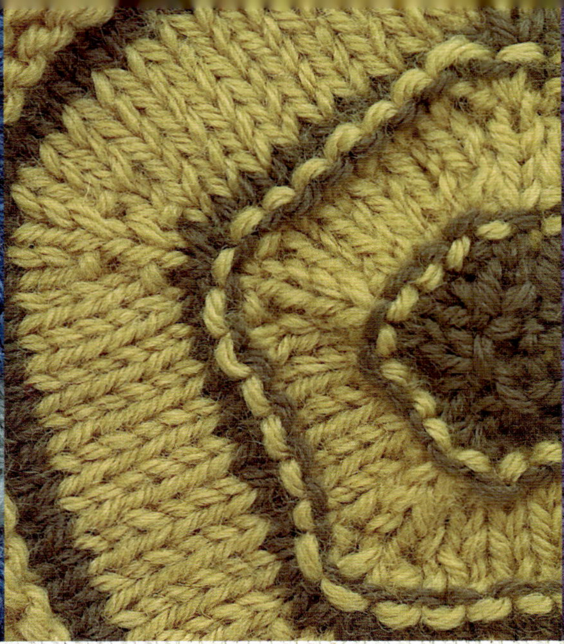
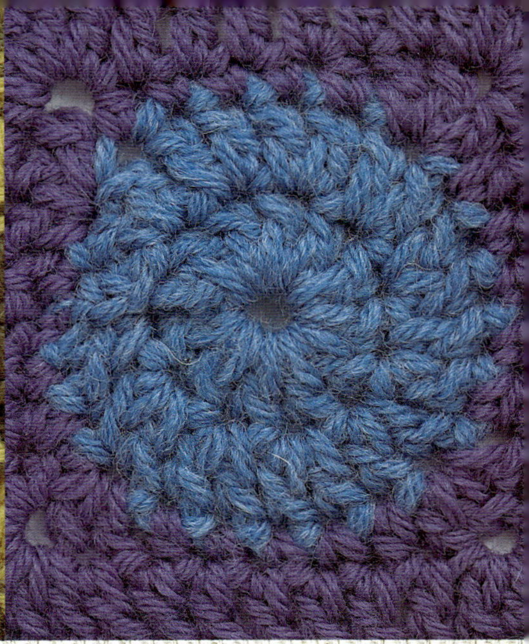

KAPITEL EINS

DIE MUSTER

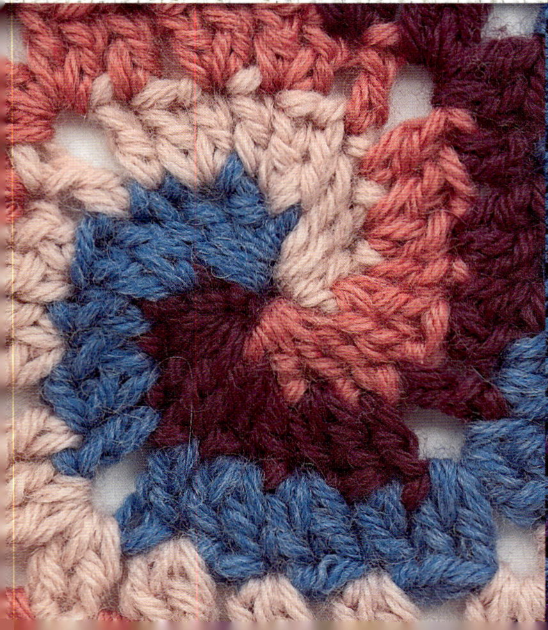
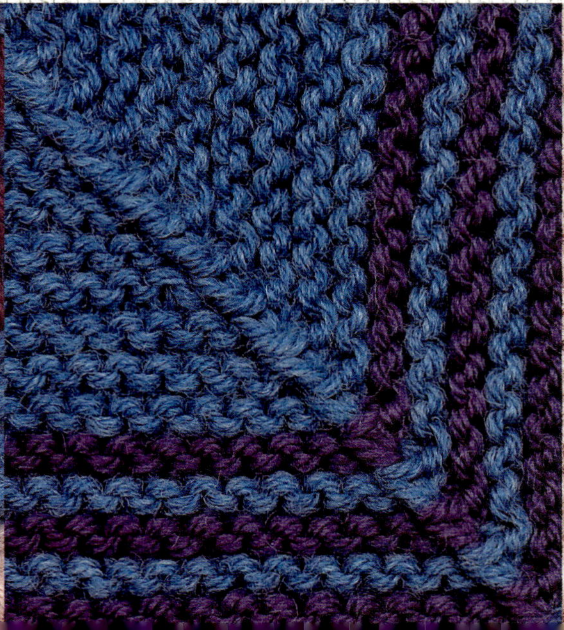
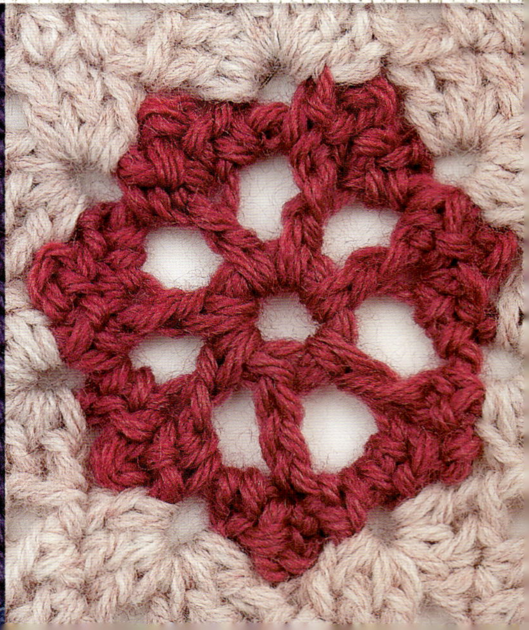

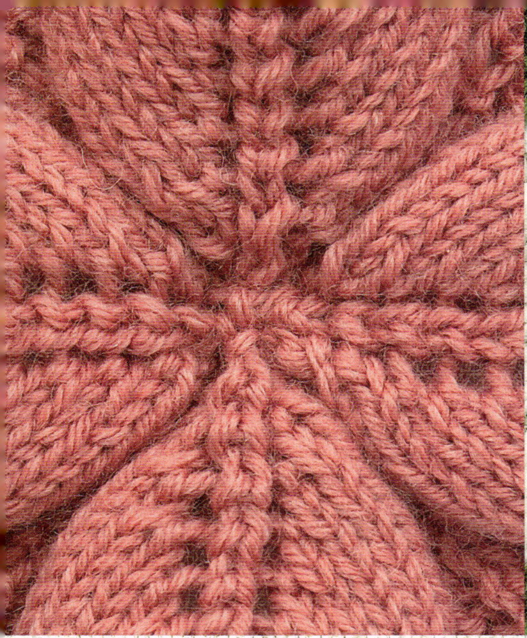 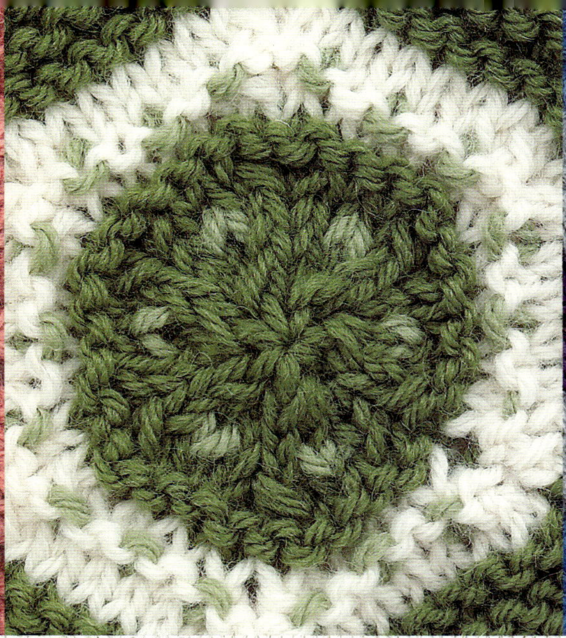 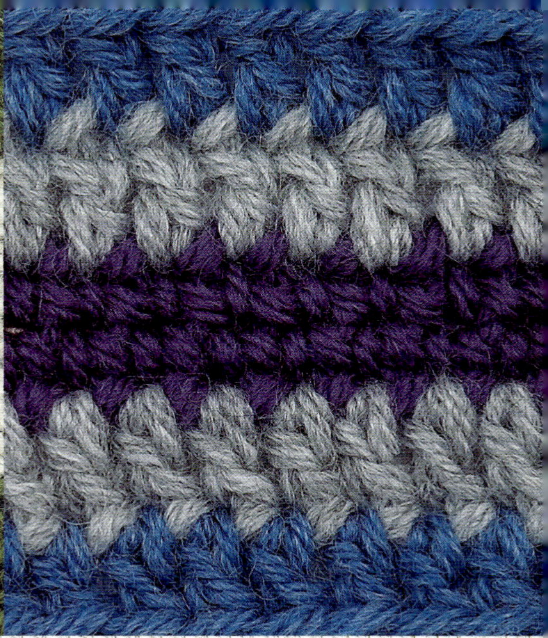

Dieses Kapitel enthält vollständige Anleitungen mit Fotos und hilfreichen Symbolen, die Ihnen beim Erarbeiten des gewählten Musters helfen.

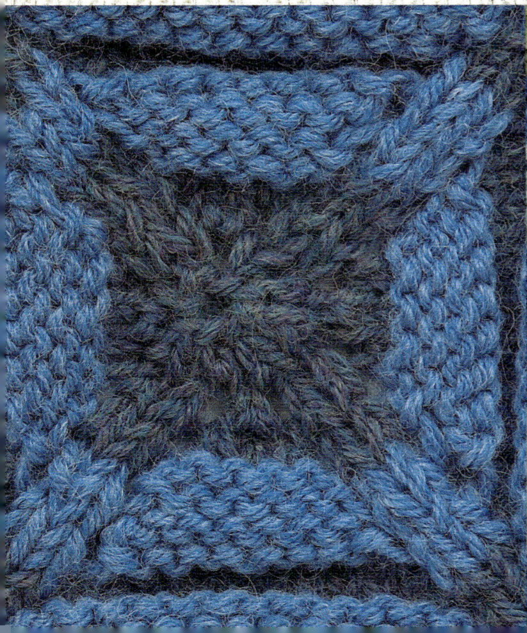 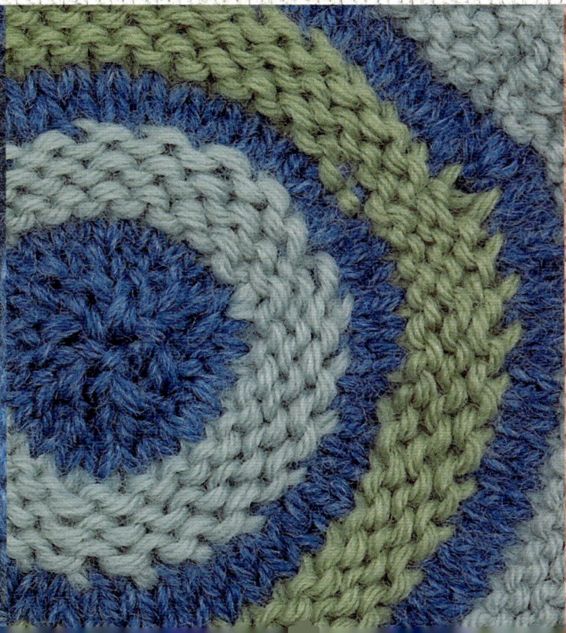 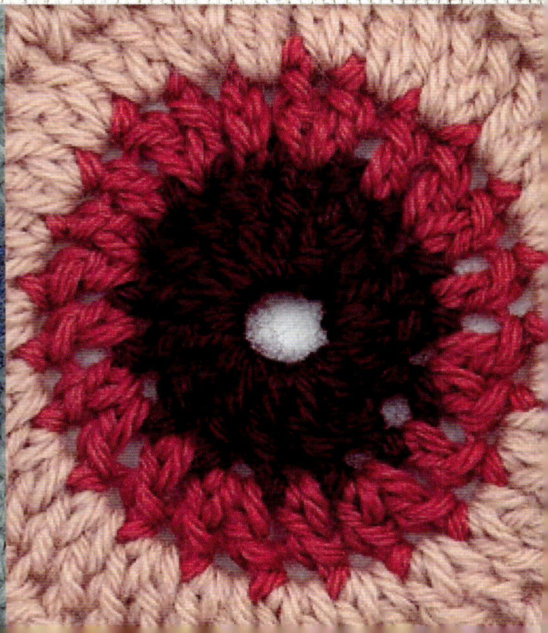

1 DREIFARBIGES BULLAUGE

Lm-Ring: Mit Garn A 4 Lm häkeln und mit Km zum Ring schließen.
Rd 1: 2 Lm häkeln, dann 8 hStb in den Ring und Rd mit Km in die 2 AnfLm schließen, wenden.
Rd 2: 2 Lm häkeln, dann 2 hStb in jd hStb häkeln und Rd mit Km in die 2 AnfLm schließen, wenden. (16 hStb)
Rd 3: 2 Lm, [1 hStb in nä. hStb, 2 hStb in nä. hStb] 8-mal, Rd mit Km in die 2 AnfLm schließen, wenden. (24 hStb)
Rd 4: 2 Lm, [je 1 hStb in nä. 2 hStb, 2 hStb in nä. hStb] 8-mal, Rd mit Km in die 2 AnfLm schließen, wenden. (32 hStb)
Garn A abschn. und Garn B einhäkeln.
Rd 5: 2 Lm, [je 1 hStb in nä. 3 hStb, 2 hStb in nä. hStb] 8-mal, Rd mit Km in die 2 AnfLm schließen, wenden. (40 hStb)
Rd 6: 2 Lm, [je 1 hStb in nä. 4 hStb, 2 hStb in nä. hStb] 8-mal, Rd mit Km in die 2 AnfLm schließen, wenden. (48 hStb)
Garn B abschn. und Garn C einhäkeln.
Rd 7: 2 Lm, je 1 hStb in nä. 3 hStb, 2 hStb in nä. hStb, [je 1 hStb in nä. 5 hStb, 2 hStb in nä. hStb] 7-mal, je 1 hStb in nä. 2 hStb, Rd mit Km in die 2 AnfLm schließen, wenden. (56 hStb)
Rd 8: 2 Lm häkeln, je 1 hStb in nä. 4 hStb, 2 hStb in nä. hStb, [je 1 hStb in nä. 6 hStb, 2 hStb in nä. hStb] 7-mal, je 1 hStb in die restl 2 hStb, Rd mit Km in die 2 AnfLm schließen, wenden. (64 hStb)
Garne verwahren.

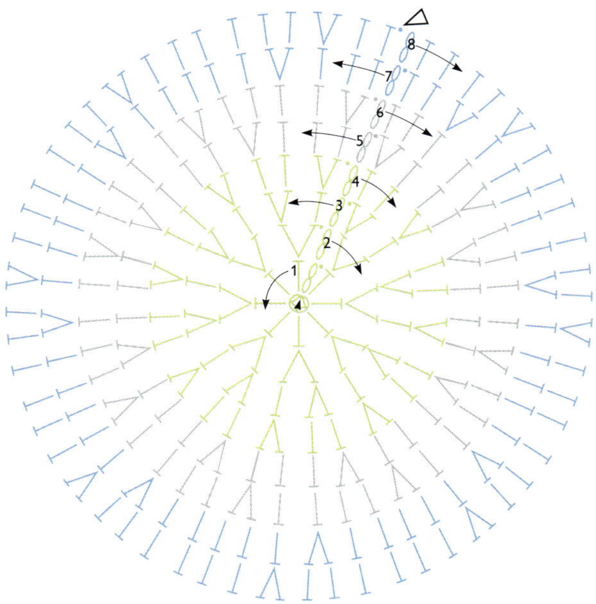

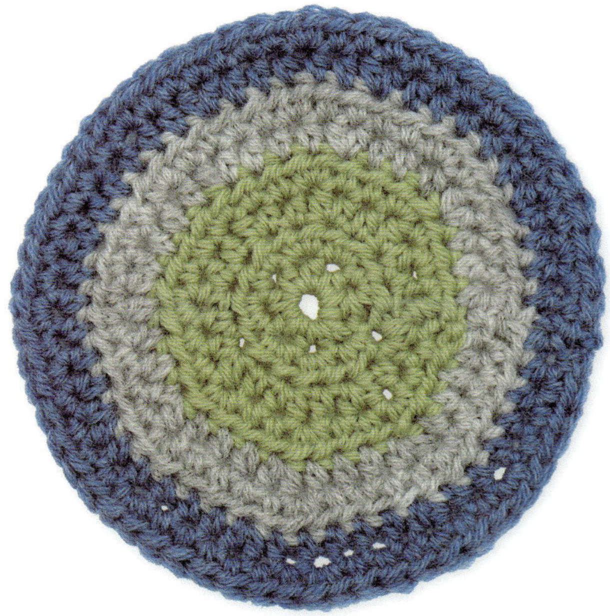
Groß

Farben:
- A
- B
- C

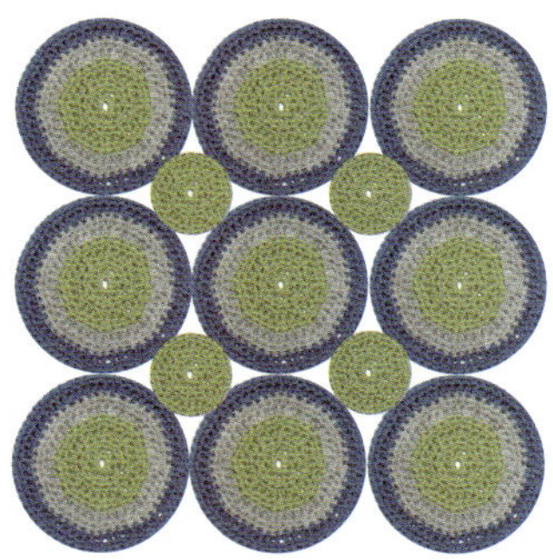
Kombination: **1 + Rd 1–4 von 1**

Abkürzungen und Symbole: Schlagen Sie für die vollständige Erklärung der verwendeten Abkürzungen und Symbole auf S. 140–141 nach!

2 PICOT-SPIRALE

ANMERKUNG
Setzen Sie eine Markierung, am Beg der Rd. Rücken Sie die Markierung mit jdr beendeten Runde nach oben.

Lm-Ring: 4 Lm häkeln und mit Km zum Ring schließen.
Rd 1: 1 Lm, und 9 fM in den Ring, Rd nicht schließen.
Rd 2: [2 hStb in nä. fM] 9-mal. (18 hStb)
Rd 3: [2 Stb in nä. hStb, 1 Lm, nä. hStb überspr] 9-mal. (18 Stb, 9 Lm-Bg-1)
Rd 4: [2 Stb in nä. Stb, 1 Stb in nä. Stb, 1 Lm, Lm-Bg-1 überspr] 9-mal.
Rd 5: [2 Stb in nä. Stb, je 1 Stb in nä. 2 Stb, 1 Lm, Lm-Bg-1 überspr] 9-mal.
Rd 6: [2 Stb in nä. Stb, je 1 Stb in nä. 3 Stb, 1 Lm, Lm-Bg-1 überspr] 9-mal.
Rd 7: [2 hStb in nä. Stb, je 1 hStb in nä. 4 Stb, 1 Lm, Lm-Bg-1 überspr] 9-mal.
Rd 8: 1 fM in nä. hStb, 1 Km in jd hStb und in Lm-Bg-1 am Ende der Rd.
Garn verwahren.

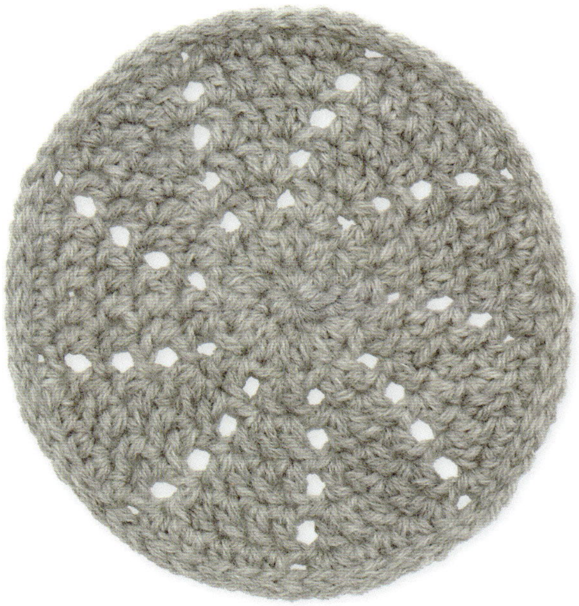

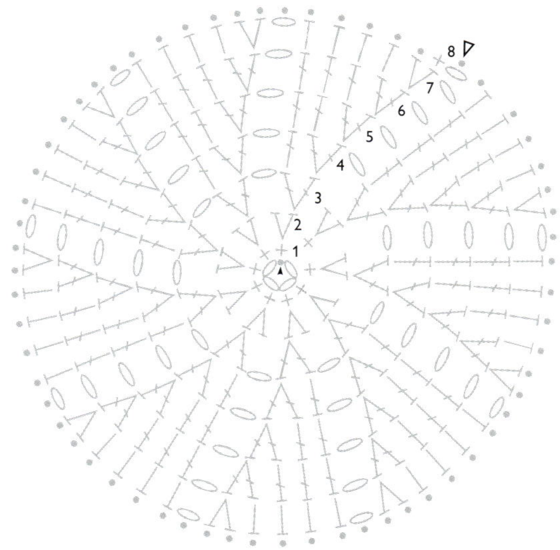

Farbe:
A ■

Groß

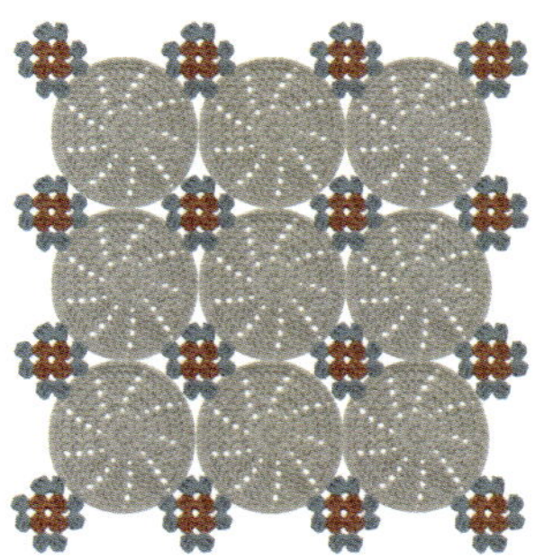

Kombination: **2 + Rd 1–2 von 24**

3 DREIFARBIGES GRANNY-MUSTER

SPEZIELLE ABKÜRZUNGEN
Bm (Büschelmasche): [U, HN in Lm-Ring und Schl durchziehen] 2-mal, Faden holen und durch alle 5 Schl auf der Nadel ziehen.

Lm-Ring: Mit Garn A 4 Lm häkeln und mit Km zum Ring schließen.
Rd 1: 3 Lm häkeln, 1 hStb den Ring (zählt als 1. Bm), 1 Lm, [1 Bm in Ring, 1 Lm] 7-mal, mit Km oben in 1. Bm schließen.
Rd 2: Km in nä. Lm-Bg-1, 3 Lm, 1 Stb unten in AnfLm, 2 Lm [2 Stb in nä. Lm-Bg-1, 2 Lm] 7-mal, Rd mit Km oben in AnfLm schließen.
Rd 3: Km in nä. Lm, 3 Lm, [1 Stb, 1 Lm, 2 Stb, 1 Lm] unten in AnfLm, 1 Lm, *[2 Stb, 1 Lm] 2-mal in nä. Lm-Bg-2; ab * 6-mal wdh Rd mit Km in AnfLm schließen.
Garn A abschn. Garn B mit Km in nä. Lm-Bg-1 einhäkeln.
Rd 4: 3 Lm, 2 Stb unten in AnfLm, 1 Lm [3 Stb in nä. Lm-Bg-1, 1 Lm] 15-mal, Rd mit Km oben in AnfLm schließen.
Garn B abschn., und Garn C mit Km in nä. Lm-Bg-1 einhäkeln.
Rd 5: 3 Lm, 3 Stb unten in AnfLm, 1 Lm [4 Stb in nä. Lm-Bg-1, 1 Lm] 15-mal, Rd mit Km oben in AnfLm schließen.
Rd 6: 1 Lm (zählt als 1. fM), je 1 fM in jd Stb und jd Lm bis zum Ende der Rd, Rd mit Km schließen. Garne verwahren.

Farben:
- A
- B
- C

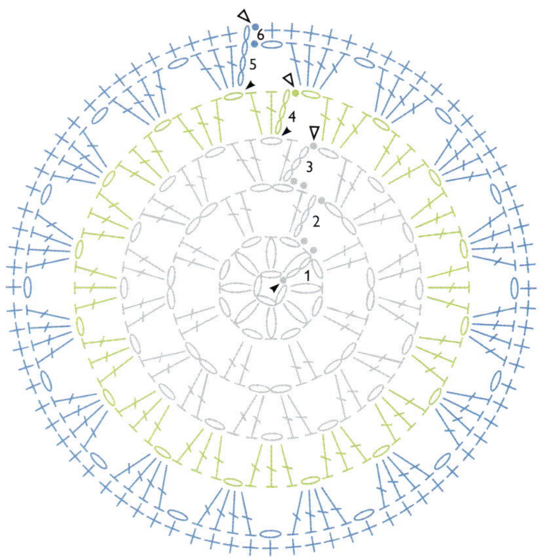

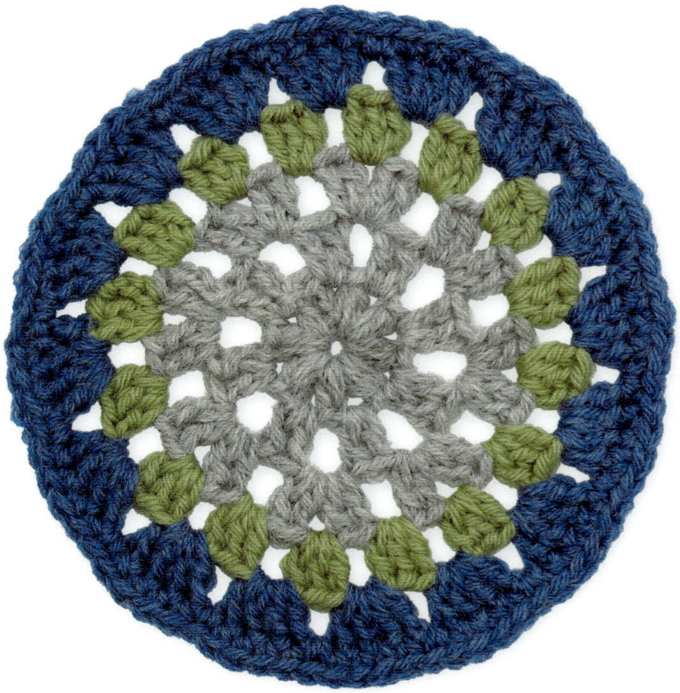

Groß

4 WASSERRAD

Lm-Ring: Mit Garn A 4 Lm häkeln und mit Km zum Ring schließen.
Rd 1: 3 Lm (zählt als 1. Stb), 1 Stb in den Ring, [2 Lm, 2 Stb in Ring] 5-mal, 2 Lm, Rd mit Km oben in Lm schließen.
Rd 2: 3 Lm (zählt als 1. Stb), 2 Stb unten in 3 AnfLm, 1 Stb in nä. Stb, *3 Lm, Lm-Bg-2 überspr, 3 Stb in nä. Stb, 1 Stb in nä. Stb; ab * 4-mal wdh, 3 Lm, Lm-Bg-2 überspr, Rd mit Km oben in Lm schließen. (6 Wdh von 4 Stb und 3 Lm)
Rd 3: 3 Lm häkeln (zählt als 1. Stb), 2 Stb unten in 3 AnfLm, 1 Stb in nä. Stb, 2 Stb zus über nä. 2 Stb,*4 Lm, Lm-Bg-3 überspr, 3 Stb in nä. Stb, 1 Stb in nä. Stb, 2 Stb zus über nä. 2 Stb; ab * 4-mal wdh, 4 Lm, Lm-Bg-3 überspr, Rd mit Km oben in Lm schließen.
Rd 4: 3 Lm häkeln (zählt als 1. Stb), 2 Stb unten in 3 AnfLm, je 1 Stb in nä. 2 Stb, 2 Stb zus in nä. 2 Stb,*5 Lm, Lm-Bg-4 überspr, 3 Stb in nä. Stb, je 1 Stb in nä. 2 Stb; 2 Stb zus in nä. 2 Stb; ab * 4-mal wdh, 5 Lm, Lm-Bg-4 überspr, Rd mit Km oben in Lm schließen.
Rd 5: 1 Lm häkeln (zählst als 1. fM), je 1 fM in jd Stb und jd Lm bis zum Ende der Rd, mit Km in AnfLm schließen.
Garn verwahren.

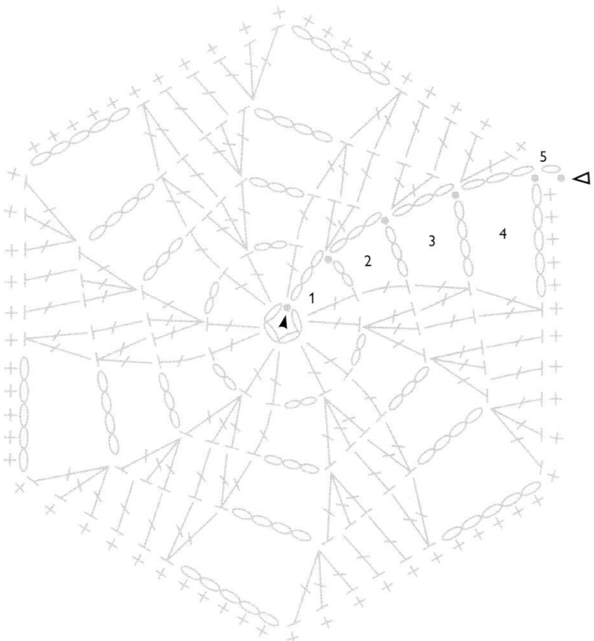

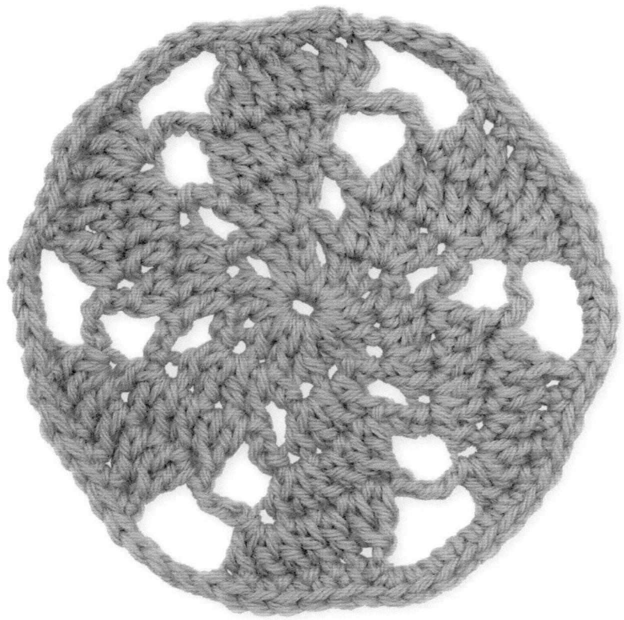

Groß

Farbe:
A

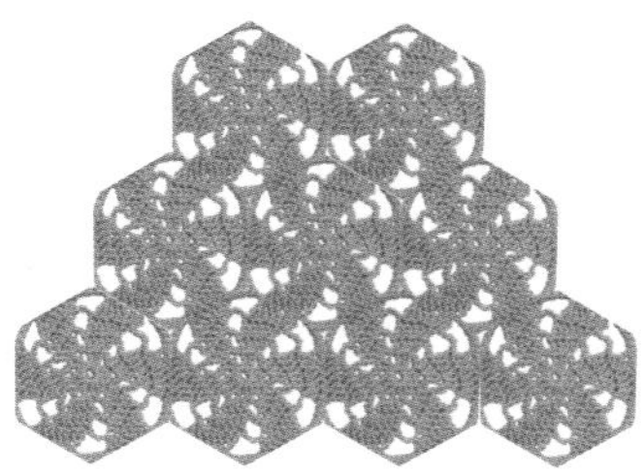

Mosaik nur aus Muster **4**

5 BUNTER FARBSTRUDEL

ANMERKUNG
Schieben Sie nicht verwendete Arbeitsmaschen auf einen offenen Ring-Markierer oder eine Sicherheitsnadel.

Lm-Ring: Mit Garn A 2 Lm häkeln.
Rd 1: HN in 2. Lm an der HN einführen [1 fM, 1 hStb, 2 Stb], HN aus Schl A herausnehmen, Garn B mit fM in dieselbe Lm einhäkeln, [1 hStb, 2 Stb] HN aus Schl B herausnehmen und Garn C mit fM in dieselbe Lm einhäkeln, [1 hStb, 2 Stb] in dieselbe Lm, HN aus Schl C herausnehmen, die 2. AnfLm vorsichtig festziehen. (Je 4 M mit A, B und C)
Rd 2: Mit Garn A *2 Stb in nä. 4 M, HN aus Schl A herausnehmen; ab * mit Garn B und C wdh. (Je 8 M mit A, B und C)
Rd 3: Mit Garn A *[2 Stb in nä. M, 1 Stb in nä. M] 4-mal, HN aus Schl A herausnehmen; ab * mit Garn B und C wdh. (Je 12 M mit A, B, C)
Rd 4: Mit Garn A *[2 Stb in nä. M, 1 Stb in nä. 2 M] 4-mal, HN aus Schl A herausnehmen; ab * mit Garn B und C wdh. (Je 16 M mit A, B, C)
Rd 5: Mit Garn A *[2 Stb in nä. M, 1 Stb in nä. 3 M] 4-mal, HN aus Schl A herausnehmen; ab * mit Garn B und C wdh. (Je 20 M mit A, B, C)
Rd 6: Mit Garn A *[2 Stb in nä. M, 1 Stb in nä. 4 M] 4-mal, HN aus Schl A herausnehmen; ab * mit Garn B und C wdh. (Je 24 M mit A, B, C)
Rd 7: Mit Garn A *[2 Stb in nä. M, 1 Stb in nä. 5 M] 4-mal, HN aus Schl A herausnehmen; ab * mit Garn B und C wdh. (Je 28 M mit A, B, C)
Rd 8: Mit Garn A *1 hStb in nä. M, 1 fM in nä. M, Km in nä. M, Garn verwahren und Hn aus Schl herausnehmen; ab * mit Garn B und C wdh. Garne verwahren.

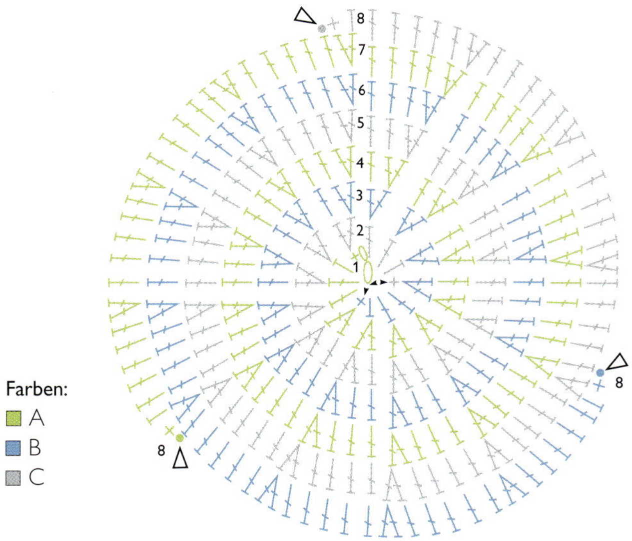

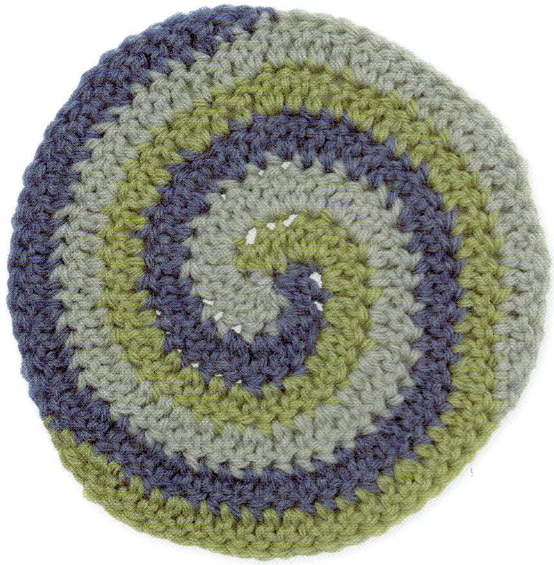

Groß

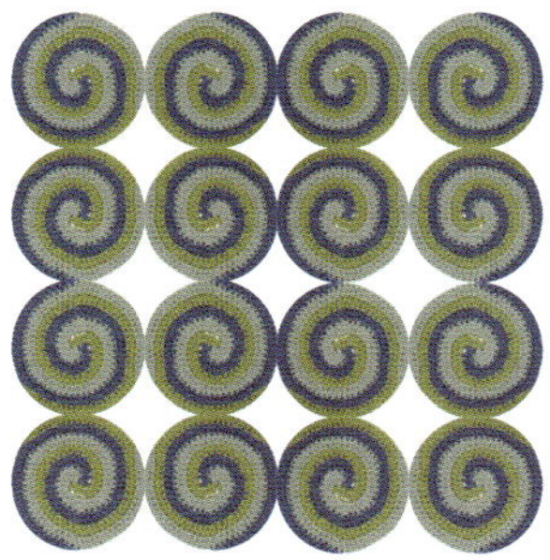

Mosaik nur aus Muster **5**

6 RAD DER FORTUNA

Lm-Ring: 10 Lm häkeln und mit Km zum Ring schließen.
Rd 1: 3 Lm (zählt als 1. Stb) und 29 Stb in den Lm-Ring häkeln, Rd mit Km oben in AnfLm schließen. (30 Stb)
Rd 2: 6 Lm (zählt als 1. Stb und Lm-Bg-3), nä. 2 Stb überspr, 1 Stb, [1 Stb in nä. Stb, 3 Lm, nä. 2 Stb überspr] 9-mal, Rd mit Km in 3. AnfLm schließen.
Rd 3: 3 Lm (zählt als 1. Stb), 2 Stb unten in AnfLm, 3 Lm, [3 Stb in nä. Stb, 3 Lm] 9-mal, Rd mit Km oben in AnfLm schließen.
Rd 4: 3 Lm (zählt als 1. Stb), je 1 Stb in die nä. 2 Stb, 4 Lm, [je 1 Stb in die nä. 3 Stb, 4 Lm] 9-mal, Rd mit Km oben in AnfLm schließen.
Rd 5: 2 Lm (zählt als 1. hStb), je 1 hStb in jd Stb und jd Lm bis zum Ende der Rd, mit Km schließen.
Garn verwahren.

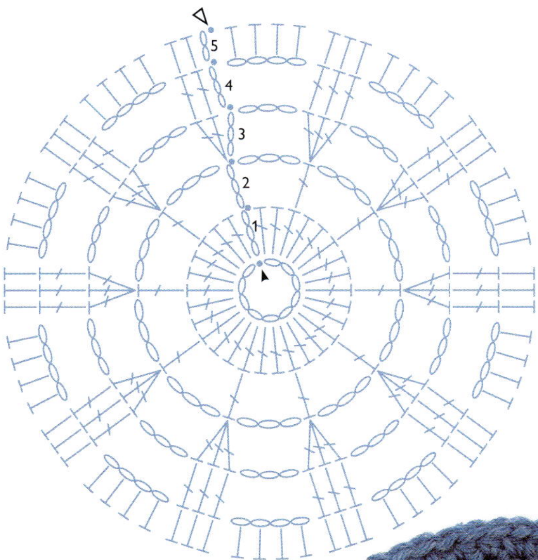

Farbe:
■ A

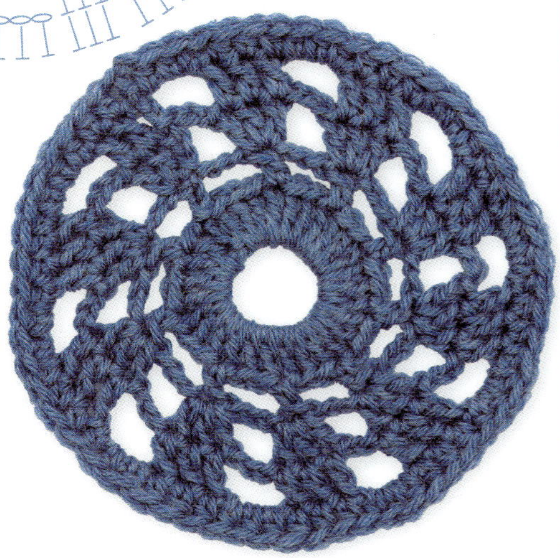

Groß

7 DREIFARBIGES MEDAILLON

SPEZIELLE ABKÜRZUNGEN:
RStbv (Reliefstäbchen vor der Arbeit): U, HN von vorne nach hinten und wieder nach vorne um die entsprechende M führen; holen und Faden durchziehen, Faden holen und durch die 2 M auf der HN ziehen] 2-mal.

Lm-Ring: Mit Garn A 4 Lm häkeln und mit Km zum Ring schließen.
Rd 1 (VS): 3 Lm (zählt als 1. Stb), 11 Stb in Ring, Ring oben mit Km schließen. (12 Stb)
Garn A abschn. Garn B in ein Stb einhäkeln.
Rd 2: 3 Lm (zählt als 1. Stb), 1 Stb unten in AnfLm, je 2 Stb in jd Stb bis zum Ende der Rd, Rd mit Km oben in AnfLm schließen. (24 M)
Rd 3: 3 Lm (zählst als 1. Stb), 1 Stb unten in AnfLm, 1 Lm, nä. M überspr, *2 Stb in nä. M, 1 Lm, nä. M überspr; ab *10-mal wdh, Rd mit Km oben in AnfLm schließen. (12 Lm-Bg-1 und 24 Stb)
Garn B abschn. Garn C einhäkeln.
Rd 4: 2 Lm, 2 fM in nä. Stb, RStbv in nä. Lm-Bg-1 und um die überspr M aus Rd 3, *1 fM in nä. Stb, 2 fM in nä. Stb, RStbv in nä. Lm-Bg-1 und um die überspr M 2 Runden tiefer; ab * 10-mal wdh, mit Km oben in AnfLm schließen.
Garne verwahren.

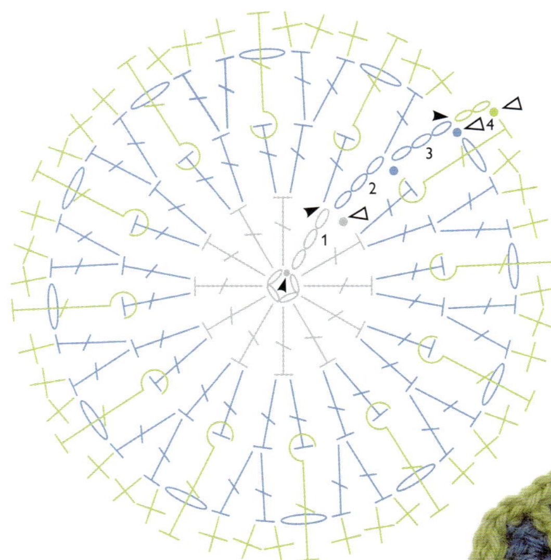

Farben:
■ A
■ B
■ C

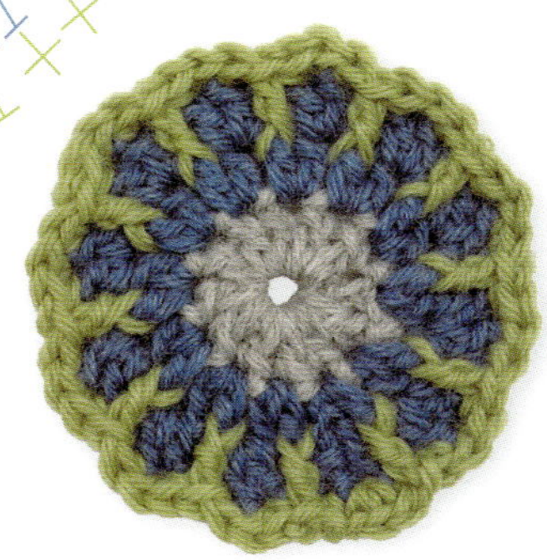

Klein

8 POPCORN-KREIS

SPEZIELLE ABKÜRZUNGEN

Beg PN (Beginn Popcorn-Noppe): 3 Lm, 4 Stb in 4. Lm aus Vorrd, HN aus Schl ziehen, HN von vo nach hi in 1. Stb der Popcornmasche stechen und ArbSchl wieder aufn, Faden holen und durch Schl und M ziehen.

PN (Popcorn-Noppe): 5 Stb in nä. M, Schl von HN fallenlassen, Nadel von vo nach hi in 1. Stb der Popcornmasche stechen und ArbSchl wieder aufn, Faden holen und durch Schl und M ziehen.

Rd 1: Mit Garn A 4 Lm häkeln (zählt als 1 Lm und 1. Stb), 15 Stb in 4. Lm an der HN, Rd mit Km in 3. Lm schließen. (16 Stb)

Rd 2: Beg PN, 2 Stb in nä. Stb, [PN in nä. 2 Stb, 2 Stb in nä. Stb] 7-mal, Rd mit Km an Beg PN schließen. (8 PN)

Rd 3: 3 Lm (zählt als 1. Stb), 1 Stb oben in Beg PN, 1 Stb in nä. Stb, [2 Stb in nä. M oder PN, 1 Stb in nä. M oder PN] 11-mal, Rd mit Km in 3. Lm schließen. (36 Stb).

Garn A abschn. Garn B einhäkeln.

Rd 4: 3 Lm (zählt als 1. Stb), 1 Stb unten in AnfLm, PN in nä. Stb, [2 Stb in nä. Stb, PN in nä. Stb] 17-mal, Rd mit Km in 3. Lm schließen. (18 PN)

Rd 5: 1 Lm (zählt als erste fM), je 1 fM in jd M oder jd PN bis zum Ende der Rd, mit Km an Lm schließen.

Garne verwahren.

Farben:
- A
- B

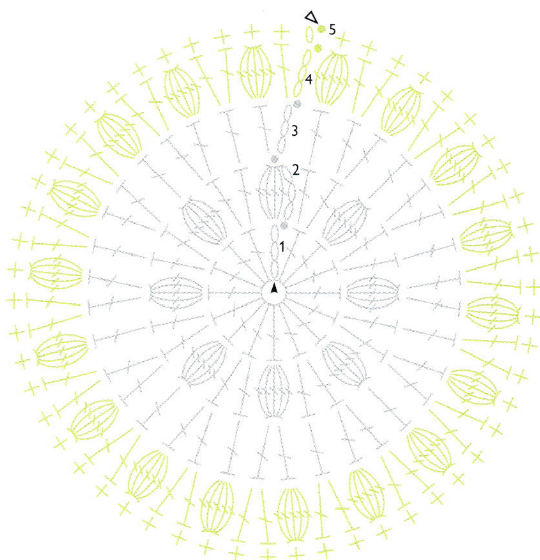

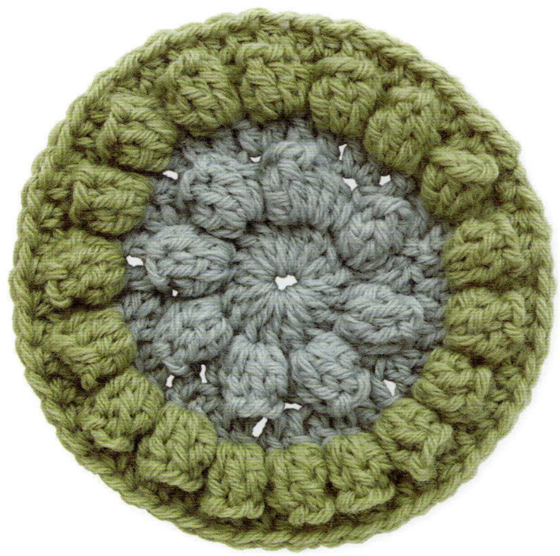

Mittel

9 SPEICHENRAD MIT RELIEFSTÄBCHEN

SPEZIELLE ABKÜRZUNGEN

RStbv (Reliefstäbchen vor der Arbeit): U, HN von vorne nach hinten und wieder nach vorne um die entsprechende M führen; Faden holen und durchziehen, Faden holen und durch die 2 M auf HN ziehen] 2-mal

Lm-Ring: Mit Garn A 4 Lm häkeln und mit Km zum Ring schließen.

Rd 1: 3 Lm (zählt als 1. Stb), 11 Stb in den Ring, Rd mit Km oben in AnfLm schließen. (12 Stb)

Rd 2: 3 Lm (zählt als 1. Stb), RStbv um Lm-Bg aus Rd 1, [1 Stb in nä. Stb, RStbv um Stb unter zuletzt gehäkeltem Stb] 11-mal, Rd mit Km oben in AnfLm schließen. (24 M)

Rd 3: 3 Lm (zählt als 1. Stb), 1 Stb in nä. M, RStbv um darunterliegendes RStbv, [je 1 Stb in nä. 2 M, RStbv um darunterliegendes RStbv] 11-mal Rd mit Km oben in AnfLm schließen. (36 M)

Rd 4: 3 Lm (zählt als 1. Stb), je 1 Stb in nä. 2 M, RStbv um darunterliegendes RStbv, [je 1 Stb in nä. 3 M, RStbv um darunterliegendes RStbv] 11-mal, Rd mit Km oben in AnfLm schließen. (48 M)

Rd 5: 3 Lm (zählt als 1. Stb), je 1 Stb in nä. 3 M, RStbv um darunterliegendes RStbv, [je 1 Stb in nä. 4 M, RStbv um darunterliegendes RStbv] 11-mal, Rd mit Km oben in AnfLm schließen. (60 M)

Rd 6: 3 Lm (zählt als 1. Stb), je 1 Stb in nä. 4 M, RStbv um darunterliegendes RStbv, [je 1 Stb in nä. 5 M, RStbv um darunterliegendes RStbv] 11-mal, Rd mit Km oben in AnfLm schließen. (72 M)

Rd 7: 2 Lm (zählt als 1. hStb), 1 hStb in hSchl der nä. M bis zum Ende der Rd, Rd mit Km oben in AnfLm schließen.

Garn verwahren.

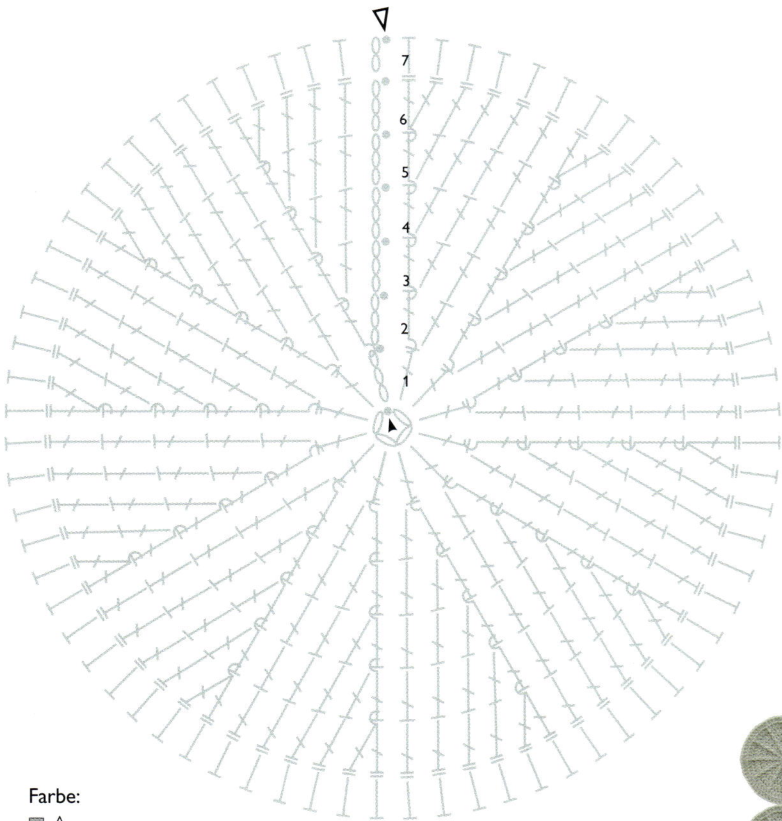

Farbe:
■ A

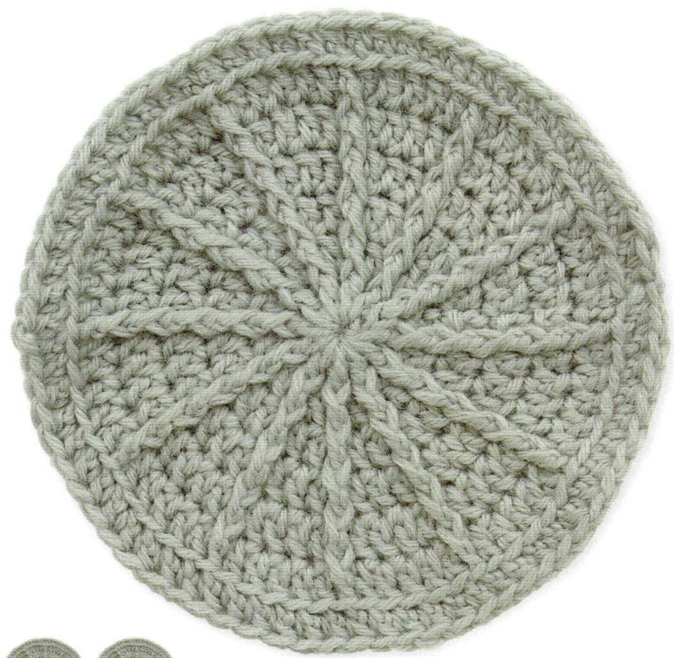

Groß

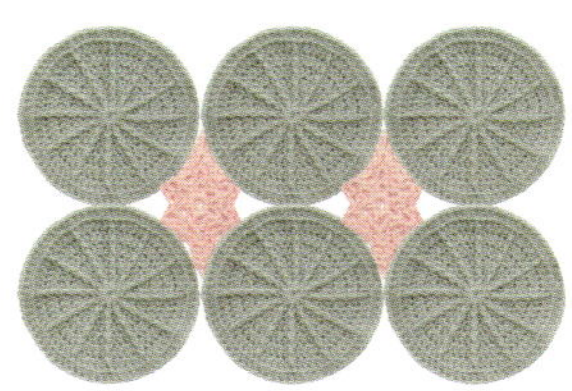

Kombination: **9 + 94 (in letzter Rd Lm verlängern um Größe anzupassen)**

10 BLUMENMEDAILLON

Lm-Ring: Mit Garn A 6 Lm häkeln und mit Km zum Ring schließen.
Rd 1: 4 Lm (zählt als 1. dStb), 2 dStb in den Ring [1 Lm, 3 dStb in den Ring] 5-mal, 1 Lm, Rd mit Km oben in AnfLm schließen.
Garn A abschn., Garn B einhäkeln, wenden.
Rd 2: Km in 1. Lm-Bg-1 häkeln, 7 Lm, [1 fM in nä. Lm-Bg-1, 6 Lm] 5-mal, Rd mit Km in 1. Lm schließen.
Nicht wenden.
Rd 3: Km in 1. Lm-Bg-6 häkeln, je [1 hStb, 2 Stb, 3 dStb, 2Stb, 1 hStb] in jd Lm-Bg-6 und mit Km in 1. hStb schließen. (6 Blütenblätter)
Garn abschn. Wenden und Garn C am 1. hStb eines Blütenblattes einhäkeln.
Rd 4: 4 Lm (zählt als 1. dStb), *je 1 Stb in nä. 2 Stb, je 1 hStb in nä. 3 dStb, je 1 Stb in nä. 2 Stb, je 1 dStb in nä. 2 hStb; ab * 5-mal wdh, das letzte hStb der letzten Wdh überspr und mit Km oben an AnfLm schließen.
Garne verwahren.

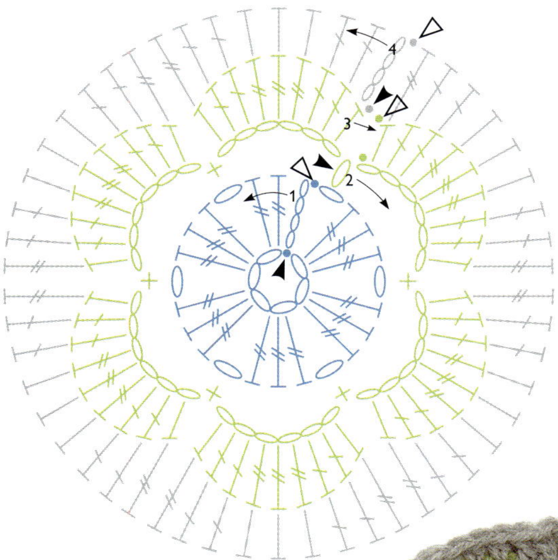

Farben:
- A
- B
- C

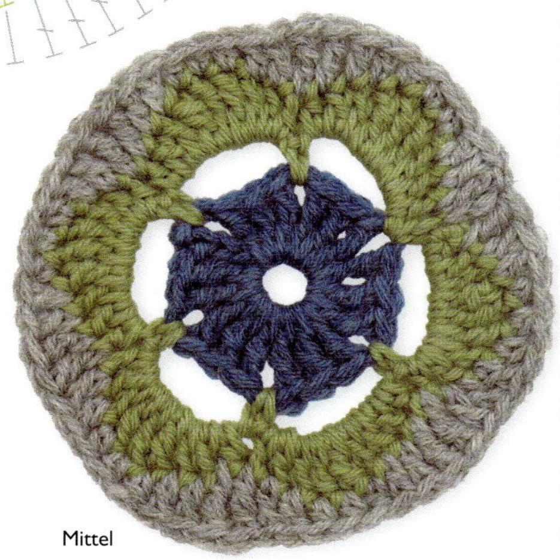

Mittel

11 RAD MIT NOPPENBORTE

SPEZIELLE ABKÜRZUNGEN
N (Noppe häkeln): 5 Stb in nä. M häkeln bis von jd M nur noch 1 Schl übrig bleibt, Faden holen und durch alle 6 M auf der HN ziehen.

Lm-Ring: 4 Lm häkeln und mit Km zum Ring schließen.
Rd 1: 5 Lm (zählt als 1. Stb und 2 Lm), [1 Stb in Ring, 2 Lm] 7-mal, Rd mit Km in 3. Lm der AnfLm schließen.
Rd 2: 3 Lm (zählt als 1. Stb), 2 Stb unten in AnfLm, 2 Lm, [3 Stb in nä. Stb, 2 Lm] 7-mal, Rd mit Km oben in AnfLm schließen.
Rd 3: 3 Lm, 1 Stb unten in AnfLm, 1 Stb in nä. Stb, 2 Stb in nä. Stb, 2 Lm [2 Stb in nä. Stb, 1 Stb in nä. Stb, 2 Stb in nä. Stb, 2 Lm] 7-mal, Rd mit Km oben in AnfLm schließen.
Rd 4: 5 Lm (zählt als 1. Stb und 2 Lm), nä. Stb überspr, N in nä. Stb, 2 Lm, nä. Stb überspr, 1 Stb in nä. Stb, 2 Lm, [1 Stb in nä. Stb, 2 Lm, 1 Stb überspr, N in nä. Stb, 2 Lm, 1 Stb überspr, 1 Stb in nä. Stb 2 Lm] 7-mal, Rd mit Km oben in AnfLm schließen.
Rd 5: 2 Lm (zählt als 1. hStb), je 1 hStb in jd M und jd Lm bis zum Ende der Rd, Rd mit Km oben in AnfLm schließen. Garn verwahren.

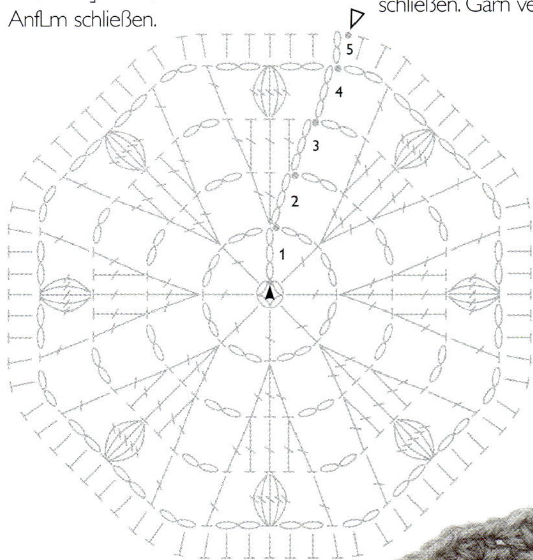

Farbe:
- A

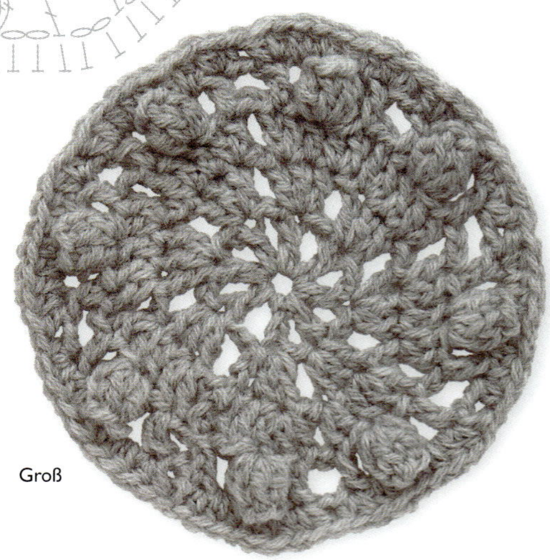

Groß

12 DREIFARBIGES SPEICHENRAD

Lm-Ring: Mit Garn A 4 Lm häkeln und mit Km zum Ring schließen.
Rd 1: 3 Lm (zählt als 1. Stb), 9 Stb in den Ring, Rd mit Km oben in AnfLm schließen. (10 Stb)
Garn A abschn. Garn B einhäkeln.
Rd 2: 4 Lm (zählt als 1. Stb und 1 Lm), [1 Stb in nä. Stb, 1 Lm] 9-mal, Rd mit Km oben in AnfLm schließen.
Rd 3: 3 Lm, 1 Stb unten in AnfLm, 2 Lm, [2 Stb in nä. Stb, 2 Lm] 9-mal, mit Km oben in AnfLm schließen.
Garn B abschn. Garn C einhäkeln.
Rd 4: 3 Lm, 1 Stb unten in AnfLm, 1 Stb in nä. Stb, 2 Lm, [2 Stb in nä. Stb, 1 Stb in nä. Stb, 2 Lm] 9-mal, Rd mit Km oben in AnfLm schließen.
Garn C abschn. Garn A einhäkeln.
Rd 5: 3 Lm, 1 Stb unten in AnfLm, 1 Stb in nä. Stb, 2 Stb in nä. Stb, 2 Lm, [2 Stb in nä. Stb, 1 Stb in nä. Stb, 2 Stb in nä. Stb, 2 Lm] 9-mal, Rd mit Km oben in AnfLm schließen.
Rd 6: 3 Lm (zählt als 1. Stb), 1 Stb unten in AnfLm, je 1 Stb in nä. 3 Stb, 2 Stb in nä. Stb, 2 Lm, [2 Stb in nä. Stb, je 1 Stb in nä. 3 Stb, 2 Stb in nä. Stb, 2 Lm] 9-mal, Rd mit Km oben in AnfLm schließen.
Garn A abschn. Garn B mit Km oben in AnfLm aus Rd 6 einhäkeln.
Rd 7: 2 Lm (zählt als 1. hStb), je 1 hStb in jd M und 2 hStb in jd Lm-Bg-2 bis zum Ende der Rd, mit Km oben in AnfLm schließen.
Rd 8: Km in jd M bis zum Ende der Rd.
Garne verwahren.

Farben:
- A
- B
- C

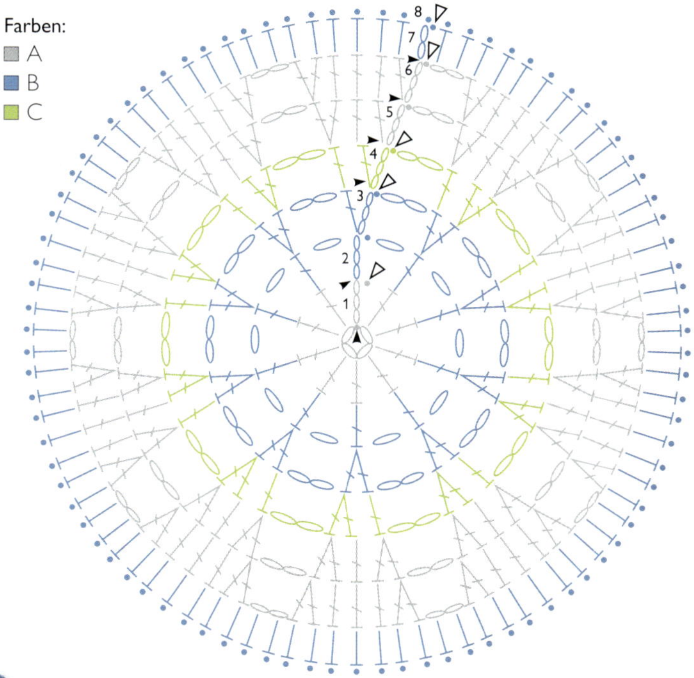

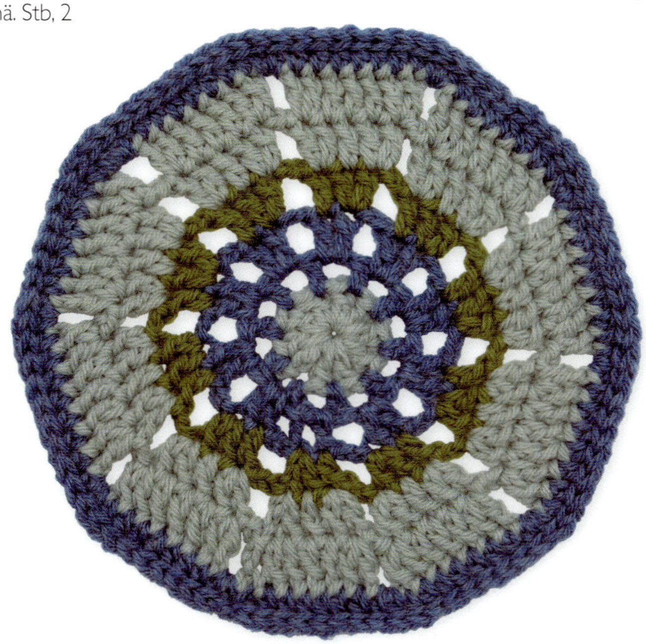

Sehr groß

13 ZWEIFARBIGER PROPELLER

Lm-Ring: Mit Garn A 17 Lm häkeln und zum Ring mit Km in 8. Lm schließen.

R 1: In restl 9 Lm häkeln: 1 fM in 2. Lm von der Nadel, 1 hStb in nä. Lm, 1 Stb in nä. Lm, 2 Stb in nä. Lm, 1 Stb in nä. Lm, 2 dStb in nä. Lm, 1 dStb in nä. Lm, 2 drStb in nä. Lm, 1 drStb in nä. Lm häkeln. Nicht wenden. (12 M)

R 2: Je 1 fM nur in vSchl häkeln und mit Km in Ring enden. Nicht wenden. HN herausnehmen und Schl stehen lassen, Garn B mit Km im Ring einhäkeln.

R 3: In hSchl jd M 2 R tiefer häkeln (unter der fMR): 1 fM in nä. M, 1 hStb in nä. M, 1 Stb in nä. M, 2 Stb in nä. M, 1 Stb in nä. M, 2 dStb in nä. M, 1 dStb in nä. M, 2 drStb in nä. M und 1 drStb in nä. M.

Wiederholen Sie R 2 und R 3 abwechselnd mit Garn A und Garn B, bis 10 Wdh fertiggestellt sind. Faden durchziehen und nach 30 cm abschn. In R 19 erstes und zehntes Muster in den hSchl zusammennähen. Garn B mit Km in drStb an einem der Endpunkte der Wdh einhäkeln.

Rd 1: 1 Lm (zählt als erste fM), 1 fM unten in das drStb, 7 Lm, [1 fM in nä. drStb, 7 Lm] 9-mal, Rd mit Km in AnfLm schließen.

Rd 2: 2 Lm (zählt als erstes hStb), 1 hStb unten in AnfLm, 7 hStb in Lm-Bg-7, [2 hStb in nä. fM, 7 hStb in Lm-Bg-7] 9-mal, Rd. mit Km in AnfLm schließen.

Garne verwahren.

Farben:
- A
- B

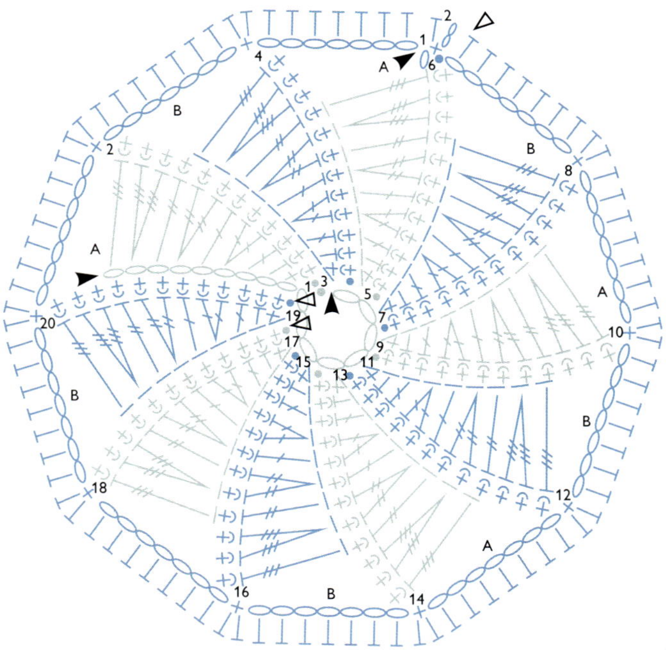

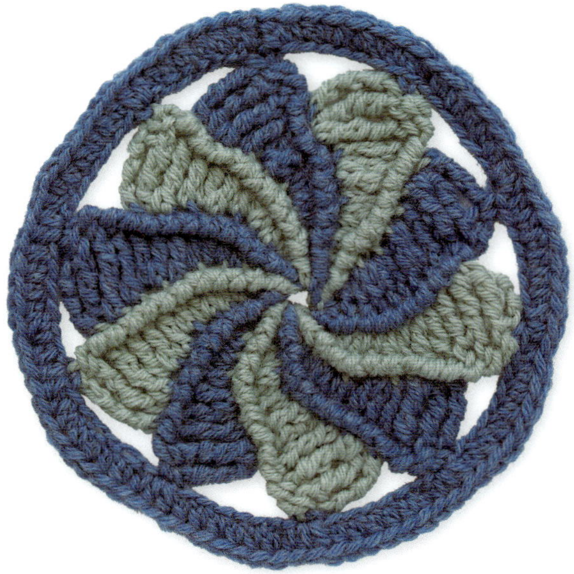

Groß

14 SONNENRAD

SPEZIELLE ABKÜRZUNGEN

RBm (Relief-Büschelmasche): [U, HN von vo nach hi wieder nach vorne um die entsprechende M herum führen, Faden durchziehen] 4-mal in dieselbe M, Faden holen und durch alle 9 Schl auf HN ziehen.

Lm-Ring: 6 Lm häkeln und mit Km zum Ring schließen.
Rd 1: 12 fM in den Ring häkeln und mit Km an 1. Km schließen.
Rd 2: 4 Lm (zählt als 1. Stb und 1 Lm), [1 Stb in nä. fM, 1 Lm] 11-mal, Rd mit Km in 3. AnfLm schließen.
Rd 3: RBm um Lm-Bg-4 aus Rd 2, *[1 Lm, 1 Stb, 1 Lm, 1 Stb] in nä. Lm-Bg-1, RBM um nä. Stb, ab * 10-mal wdh, [1 Lm, 1 Stb, 1 Lm, 1 Stb] in den nä. Lm-Bg-1, Rd mit Km in 1. RBm schließen.
Rd 4: *RBm um nä. RBm, 1 Stb zwischen die 2 Stb, 1 Lm, 1 Stb zw 2. Stb und RBM, 1 Lm; ab * 11-mal wdh, mit Km in 1. RBm schließen.
Rd 5–7: Rd 4 wdh.
Garn verwahren.

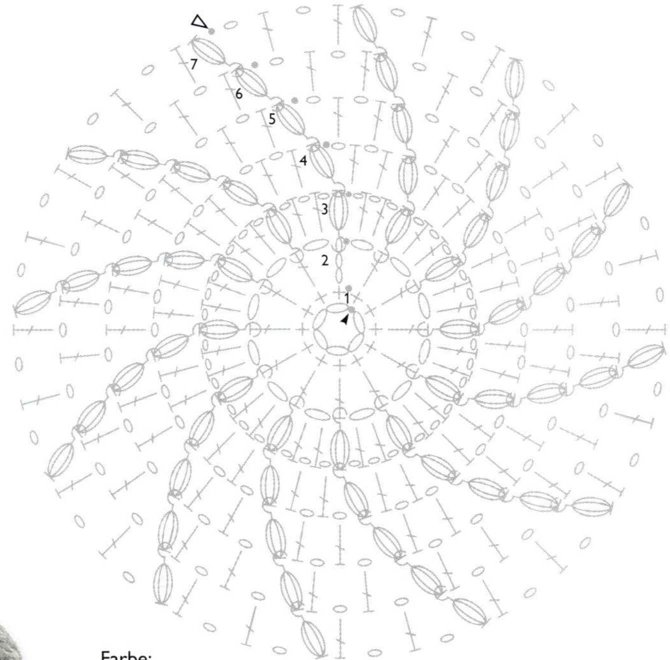

Farbe:
A

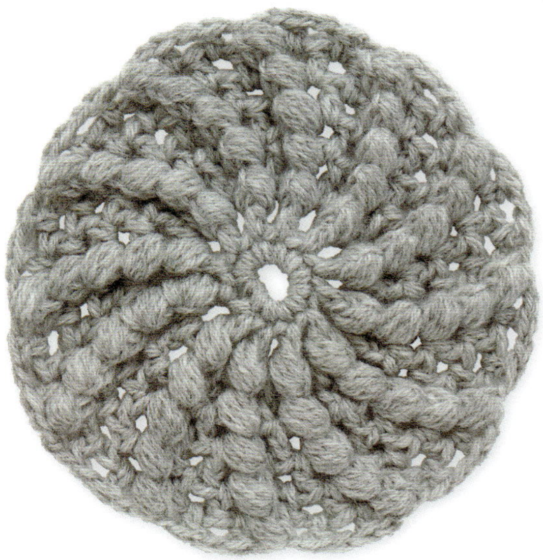

Groß

Für eine Blumen-Applikation

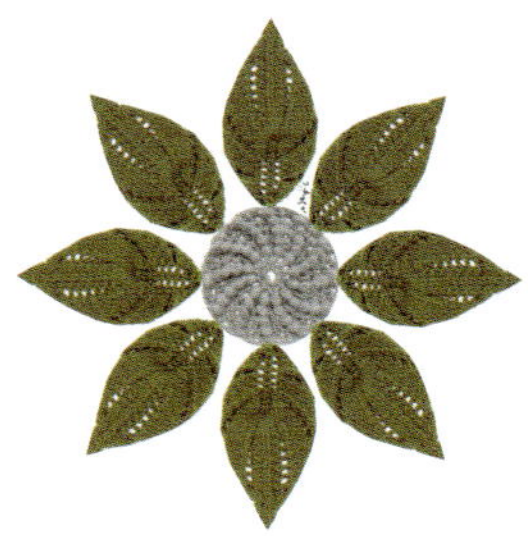

Kombination: **14 + 143**

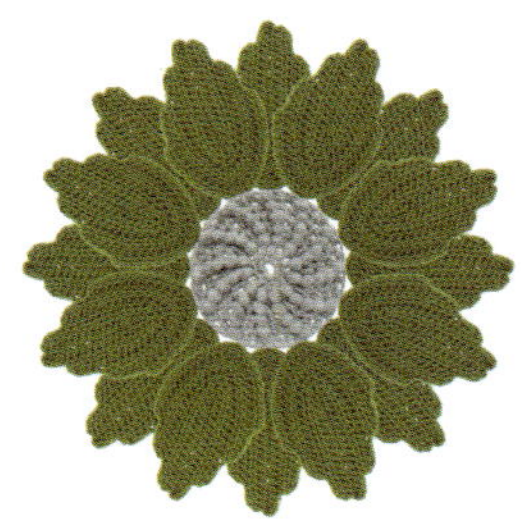

Kombination: **14 + 134**

15 ZWEIFARBIGES WINDRÄDCHEN

Mit Garn A 15 M anschl.
R 1 (RS): Re str.
R 2 (VS): 14 M re, wenden.
R 3 (und alle ungeraden R): Re str.
R 4: 13 M re, wenden.
R 6: 12 M re, wenden.
R 8: 11 M re, wenden.
R 10: 10 M re, wenden.
R 12: 9 M re, wenden.
R 14: 8 M re, wenden.
R 16: 7 M re, wenden.
R 18: 6 M re, wenden.
R 19: Re str.
Zu Garn B wechseln.
R 20: Re str.
R 1–20 7-mal wdh und dabei abwechselnd Garn A und B verwenden, mit R 19 endend. Abk. und langen Faden zum Vernähen lassen. Mit stumpfer Sticknadel Anschlagsreihe mit Abkettreihe vernähen, durch die Mitte verwahren und festziehen.

Farben:
- A
- B

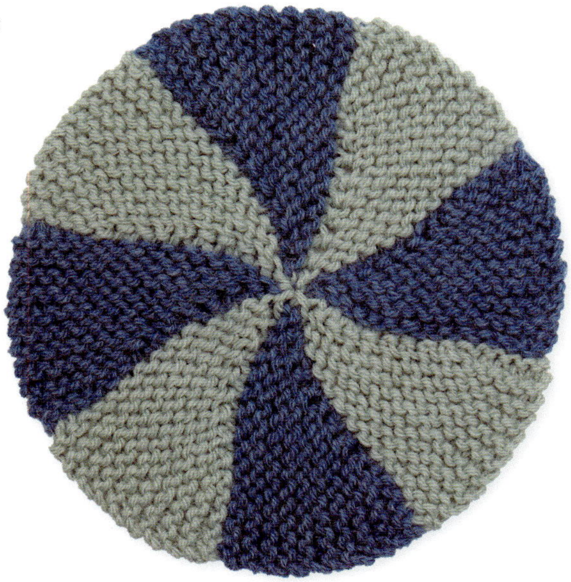

Sehr groß

16 DREIFARBIGE ZIELSCHEIBE

Mit Garn A 6 M anschl und gleichmäßig auf 3 SSN verteilen. Verbinden und darauf achten, M nicht zu verdrehen.
Rd 1: Re str.
Rd 2: [1 M re, 1 M re zn] 6-mal. (12 M)
Rd 3: Re str.
Rd 4: [1 M re, 1 M re zn] 12-mal. (24 M)
Zu Garn B wechseln.
Rd 5: Re str.
Rd 6–8: Li str.
Garn B abschn. Zu Garn A wechseln.
Rd 9: Re str.
Rd 10: [1 M re, 1 M re zn] bis zum Ende der Rd. (48 M)
Rd 11: Re str.
Zu Garn C wechseln.
Rd 12: Re str.
Rd 13–15: Li str.
Garn C abschn. Garn A einstr.
Rd 16: Re str.
Rd 17: [1 M re, 1 M re zn] bis zum Ende der Rd. (96 M)
Rd 18: Re str.
Garn A abschn. Garn B einstr.
Rd 19: Re str.
Rd 20–22: Li str.
Locker wie zum Rechtsstricken abK.

Farben:
- A
- B
- C

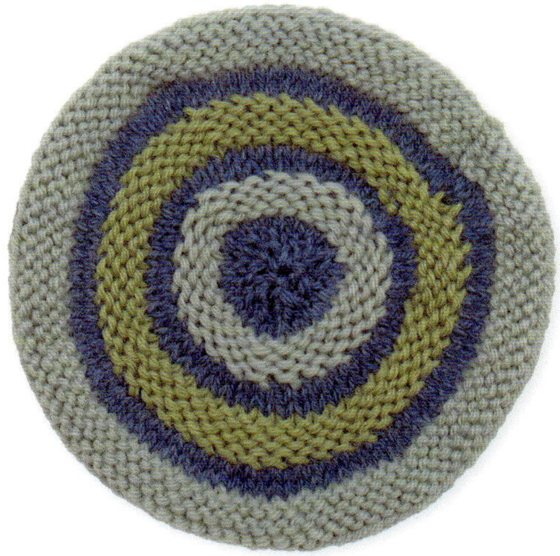

Groß

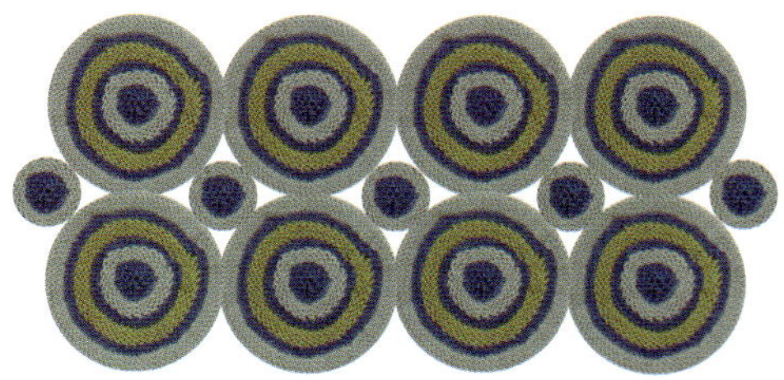

Kombination: **16 + Rd 1–4 von 16**

17 SPITZENSPIRALE

8 M anschl. und gleichmäßig auf 4 SSN verteilen. Verbinden und darauf achten, M nicht zu verdrehen.
Rd 1 und 2: Re str
Rd 3: [U, 1 M re] 8-mal. (16 M)
Rd 4: Re str
Rd 5: [U, 1 M re] 16-mal. (32 M)
Rd 6: [2 M re, 2 M re zus str] 8-mal. (24 M)
Rd 7: [U, 1 M re, U, 2 M re zus str] 8-mal. (32 M)
Rd 8: Re str
Rd 9: [U, 1 M re, U, 1 M re, U, 2 M re zus str] 8-mal. (48 M)
Rd 10: [4 M re, 2 M re zus str] 8-mal. (40 M)
Rd 11: [(U, 1 M re) 3-mal, 2 M re zus str] 8-mal. (56 M)
Rd 12: [5 M re, 2 M re zus str] 8-mal. (48 M)
Rd 13: [U, 1 M re, U, 1 M re, U, 2 M re, 2 M re zus str] 8-mal. (64 M)
Rd 14: [6 M re, 2 M re zus str] 8-mal. (56 M)
Rd 15: [U, 1 M re, U, 1 M re, U, 3 M re, 2 M re zus str] 8-mal. (72 M)
Rd 16: [7 M re, 2 M re zus str] 8-mal. (64 M)
Rd 17: [U, 1 M re, U, 1 M re, U, 4 M re, 2 M re zus str] 8-mal. (80 M)
Rd 18: [8 M re, 2 M re zus str] 8-mal. (72 M)
Rd 19: [U, 1 M re, U, 1 M re, U, 5 M re, 2 M re zus str] 8-mal. (88 M)
Rd 20: [9 M re, 2 M re zus str] 8-mal. (80 M)
Rd 21: [U, 1 M re, U, 1 M re, U, 6 M re, 2 M re zus str] 8-mal. (96 M)
Rd 22: [10 M re, 2 M re zus str] 8-mal. (88 M)
Rd 23: Li M str
Rd 24: Re M str
Rd 25: Li M str
Mit li M locker abketten.

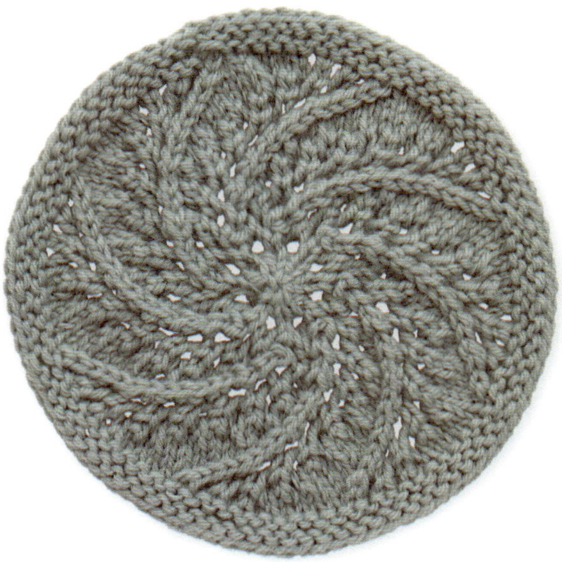

Groß

Farbe:
A

18 ZWEIFARBIGER SONNENKREIS

8 M anschl. und gleichmäßig auf SSN verteilen. Verbinden und darauf achten, M nicht zu verdrehen.
Rd 1: Re str
Rd 2: [1 M re, 1 M re zn] 8-mal. (16 M)
Rd 3–5: Re str
Rd 6: [1 M re, 1 M re zn] 16-mal. (32 M)
Rd 7–11: Re str
Rd 12: [1 M re, 1 M re zn] bis zum Ende der Rd. (64 M)
Garn A abschn, Garn B einstr.
Rd 13–19: Re str
Rd 20: [2 M re, 1 M re zn] bis zum Ende der Rd. (96 M)
Rd 21: Re str
Rd 22–25: [1 M re, 1 M li] bis zum Ende der Rd.
Locker im Bündchenmuster abketten.

Farben:
A
B

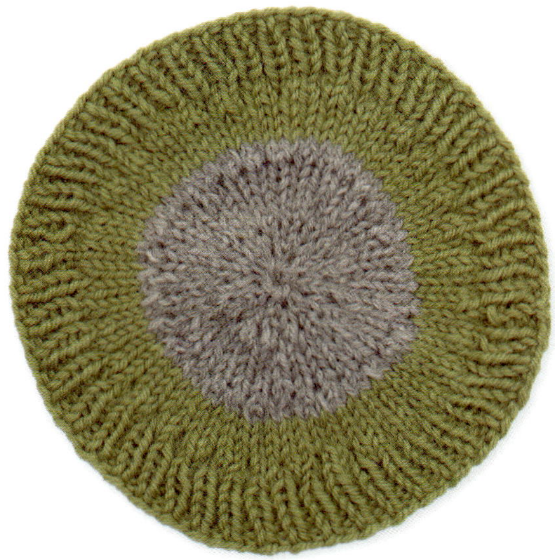

Groß

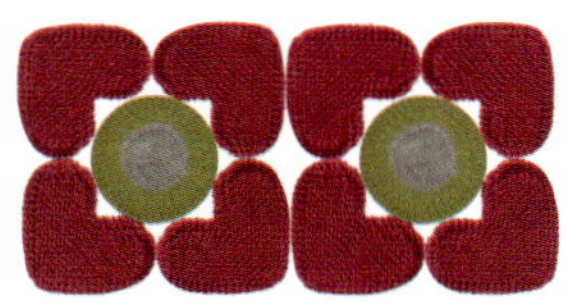

Kombination: **18 + 128**

19 SPITZEN-STERNMEDAILLON

6 M anschl und gleichmäßig auf 3 SSN verteilen. Verbinden und darauf achten, M nicht zu verdrehen.
Rd 1: [1 M re zn] 6-mal. (12 M)
Rd 2 (und alle geraden Rd): Alle M und U re str; re und li str bei jd dop U.
Rd 3: *[1 M re, 1 M li, 1 M re] in nä. M, 1 M re zn in nä. M; ab * wdh bis zum Ende der Rd. (30 M)
Rd 5: [1 M abh, 1 M re, 1 abgeh M übz, 1 M re, 2 M re zus str, U] 6-mal. (24 M)
Rd 7: [1 M abh, 2 M re zus str, 1 abgeh M übz, U, 1 M re, U] 6-mal. (24 M)
Rd 9: [1 M re, U, 3 M re, U] 6-mal. (36 M)
Rd 11: [1 M re, U, 1 M abh, 1 M re, 1 abgeh M übz, 1 M re, 2 M re zus str, U] 6-mal. (36 M)
Rd 13: [U, Zun, U, 1 M re, U, 1 M abh, 2 M re zus str, 1 abgeh M übz, U, 1 M re] 6-mal. (54 M)
Rd 15: [1 M abh, 1 M re, 1 abgeh M übz, U, 1 M abh, 1 M re, abgeh M übz, U, Zun, U, 2 M re zus str, U, 2 M re zus str, U] 6-mal. (66 M)
Rd 17: [1 M abh, 1 M re, 1 abgeh M übz, U, 1 M abh, 2 M re zus str, 1 abgeh M übz, U, 1 M abh, 2 M zus str, 1 abgeh M übz, U 2 M re zus str, U, 1 M re, U] 6-mal. (60 M)
Rd 19: [1 M abh, 1 M re, 1 abgeh M übz, U, 1 M abh, 2 M re zus str, 1 abgeh M übz, U, 2 M re zus str, dop U, 3 M re, dop U] 6-mal. (72 M)
Rd 21: [1 M abh, 1 M re, 1 abgeh M übz, U, 1 M re, U, 2 M re zus str, U, 1 M re, U, 1 M abh, 1 M re, 1 abgeh M übz, 1 M re, 2 M re zus str, U, 1 M re, U] 6-mal. (84 M)
Rd 23: [1 M abh, 1 M re, 1 abgeh M übz, Zun, 2 M zus str, dop U, 2 M re, U, 1 M abh, 2 M zus str, 1 abgeh M übz, U, 3 M re, dop U] 6-mal. (102 M)
Rd 25: [1 M abh, 1 M re, 1 abgeh M übz, U, 2 M zus str, U, 1 M re, U, 1 M abh, 1 M re, 1 abgeh M übz, 1 M re, 2 M zus str, U, 1 M re, U, 1 M abh, 1 M re, 1 abgeh M übz, 1 M re, 2 M zus str, U, 1 M re, U] 6-mal. (108 M)
Rd 27: [U, 1 M abh, 2 M zus str, 1 abgeh M übz, U, 2 M re, U, 1 M abh, 2 M zus str, 1 abgeh M übz, U, 2 M re, U, 1 M abh, 2 M zus str, 1 abgeh M übz, U, 2 M re] 6-mal.
Rd 28: Li str.
Locker links abketten.

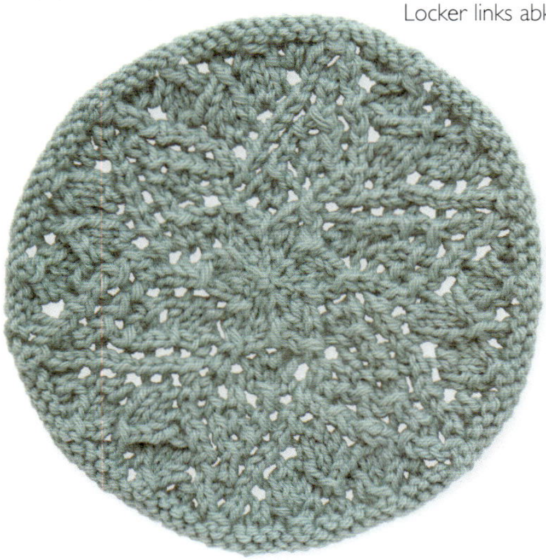

Sehr groß

Farbe:
A

Kombination für ein Applikationsdesign:

19 + kleine Version von 89 (S. 83) + 109

20 RAD MIT SPITZENSPEICHEN

98 locker anschl.
R 1 (VS): Re str.
R 2 (RS): 1 M li, *7 M re, 1 M li, U, 2 M li zus str, 6 M re; ab * 5-mal wdh, 1 M li.
R 3: 1 M re, *6 M li, 1 M re, U, 1 M abn verschr, 7 M li; ab * 5-mal wdh, 1 M re.
R 4: 1 M li, *7 M re, 1 M li, U, 2 M li zus str, 6 M re; ab * 5-mal wdh, 1 M li.
R 5: 1 M re, 2 M li zus str, 4 M li, *1 M re, U, 1 M abn verschr, 5 M li, 3 M li zus str, 5 M li; ab * 4-mal wdh, 1 M re, U, 1 M abn verschr, 5 M li, 2 M li zus str, 1 M re. (86 M)
R 6: 1 M li, *6 M re, 1 M li, U, 2 M li zus str, 5 M re; ab * 5-mal wdh, 1 M li.
R 7: 1 M re, 2 M li zus str, 3 M li, *1 M re, U, 1 M abn verschr, 4 M li, 1 M abh, 2 M re zus str, 1 abgeh M übz, 4 M li; ab * 4-mal wdh, 1 M re, U, 1 M abn verschr, 4 M li, 2 M re zus str, 1 M re. (74 M)
R 8: 2 M li, 4 M re, *1 M li, U, 2 M li zus str, 4 M re, 1 M li, 4 M re; ab * 4-mal wdh, 1 M li, U, 2 M li zus str, 4 M re, 1 M li.
R 9: 1 M re, 2 M li zus str, 2 M li, *1 M re, U, 1 M abn verschr, 3 M li, 1 M abh, 2 M re zus str, abgeh M übz, 3 M li; ab * 4-mal wdh, 1 M re, U, 1 M abn verschr, 3 M li, 2 M zus str, 1 M re. (62 M)
R 10: 2 M li, 3 M re, *1 M li, U 2 M li zus str, 3 M re, 1 M li, 3 M re; ab * 4-mal wdh, 1 M li, U, 2 M li zu str, 3 M re, 1 M li.
R 11: 1 M re, 2 M li zus str, 1 M li, *1 M re, U, 1 M abn verschr, 2 M li, 1 M abh, 2 M re zus str, 1 abgeh M übz, 1 M li; ab * 4-mal wdh, 1 M re, U, 1 M abn verschr, 2 M li, 2 M re zus str, 1 M re. (50 M)
R 12: 2 M li, 2 M re, *1 M li, U, 2 M li zus str, 2 M re, 1 M li, 2 M re; ab * 4-mal wdh, 1 M li, U, 2 M li zus str, 2 M re, 1 M li.
R 13: 1 M re, 2 M li zus str, *1 M re, U, 1 M abn verschr, 1 M li, 1 M abh, 2 M zus str, 1 abgeh M übz, 1 M li; ab * 4-mal wdh, 1 M re, U, 1 M abn verschr, 1 M li, 2 M zus str, 1 M re. (38 M)
R 14: 2 M li, 1 M re, *1 M li, U 2 M li zus str, 1 M re, 1 M li, 1 M re; ab * 4-mal wdh, 1 M li, U, 2 M li zus str, 1 M re, 1 M li.
R 15: 2 M re zus str, *1 M re, U, 1 M abn verschr, 1 M abh, 2 M re zus str, abgeh M übz; ab * 5-Mal wdh. (25 M)
R 16: *2 M li, U, 2 M li zus str; ab * 5-mal wdh, 1 M li.
R 17: 2 M re, *U, 1 M re, 1 M abh, 2 M re zus str, abgeh M übz; ab * 4-mal wdh, mit U enden, 3 M re. (21 M)
R 18: Li str.
R 19: [2 M re zus str] 10-mal, 1 M re. (11 M)
R 20: Re str.
R 21: [2 M re zus str] 5-mal, 1 m re. (6 M)
Garn nach ca 25 cm abschn. Garn durch restl 6 M mit stumpfer Sticknadel festziehen und verwahren. RandM zus.nähen, um Kreis zu bilden.

Farbe:
A

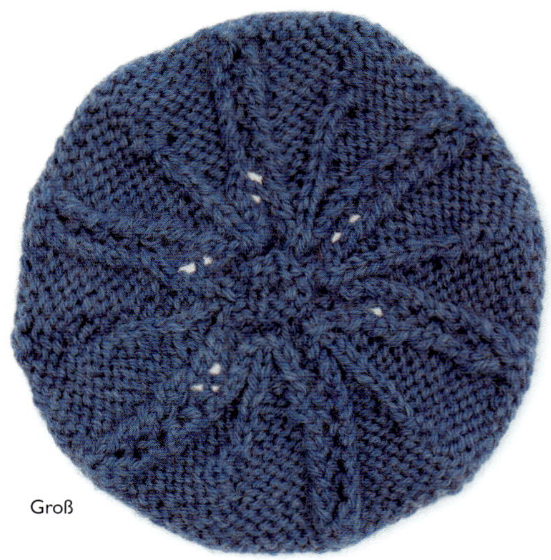

Groß

RAUTEN

21 MITRA-DIAMANT

ANMERKUNG
Benutzen Sie eine Markierung, um die mittlere fM (in der Mitte der 3-fM-Gruppe) und die VS-Reihe zu kennzeichnen!

Lm-Kette: 4 Lm häkeln.
R 1 (VS): In die 2. Lm an der HN stechen, 1 fM, 3 fM in nä. Lm, 1 fM in nä. Lm, wenden. (5 M)
R 2: 1 Lm, je 1 fM nur in hSchl in jd fM bis 3-fM-Gruppe häkeln, 3 fM in die mittlere fM, je 1 fM nur in hSchl in jd fM bis zum Ende der R, wenden.
R 2 15-mal wdh. Garn verwahren.

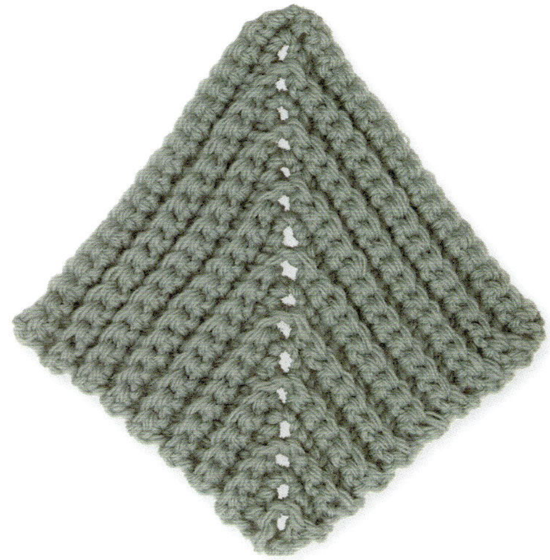

Groß

Farbe:
■ A

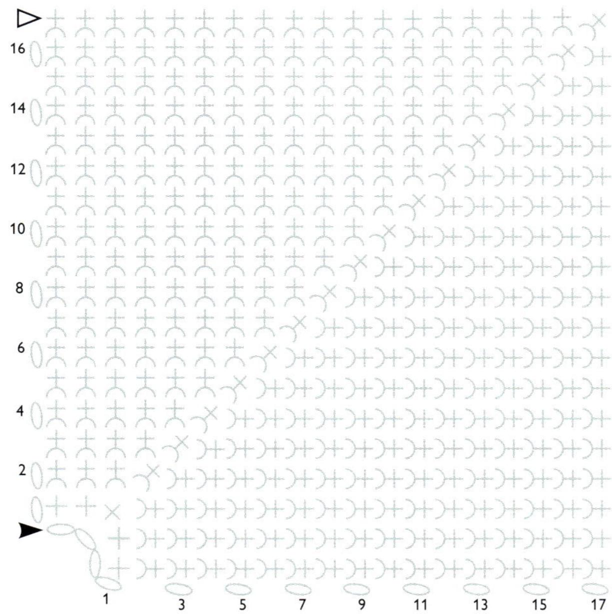

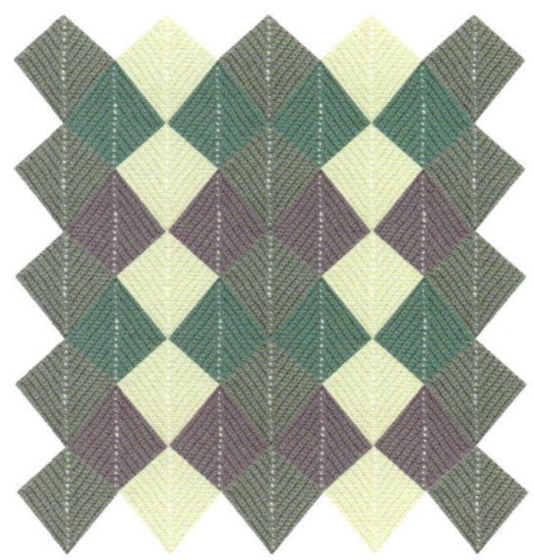

Mosaik nur aus Muster **21**

Abkürzungen und Symbole: Schlagen Sie auf S. 140–141 für die vollständige Erklärung der verwendeten Abkürzungen und Symbole nach!

22 SYMMETRISCHE RAUTE

Lm-Ring: 4 Lm häkeln und mit Km zum Ring schließen.
Rd 1: 1 Lm, [1 fM, 1 hStb, 1 Stb, 1 dStb, 3 Lm, 1 dStb, 1 Stb, 1 hStb] 2-mal in den Ring häkeln, Rd mit Km oben in AnfLm schließen.
Rd 2: 5 Lm (zählt als 1. Stb und 2 Lm), 1 Stb in fM, je 1 Stb in nä. 3 M, [3 Stb, 4 Lm, 3 Stb] in Lm-Bg-3, je 1 Stb in nä. 3 M, [1 Stb, 2 Lm, 1 Stb] in nä. fM, je 1 Stb in jd der nä. 3 M, [3 Stb, 4 Lm, 3 Stb] in Lm-Bg-3, je 1 Stb in nä. 3 M, Rd mit Km in 3. AnfLm schließen.
Rd 3: 3 Lm (zählt als 1. Stb), *[1 Stb, 3 Lm, 1 Stb] in Lm-Bg-2, je 1 Stb in nä. 2 M, 1 Lm, nä. Stb überspr, je 1 Stb in nä. 3 Stb, 1 Lm, nä. Stb überspr, [3 Stb, 5 Lm, 3 Stb] in Lm-Bg-4, 1 Lm, nä. Stb überspr, je 1 Stb in nä. 3 Stb, 1 Lm, nä. Stb überspr, je 1 Stb in nä. 2 Stb; ab * 1-mal wdh, letztes Stb überspr am Ende der letzten Wdh, Rd mit Km oben in AnfLm schließen.
Garn verwahren.

Farbe:
A

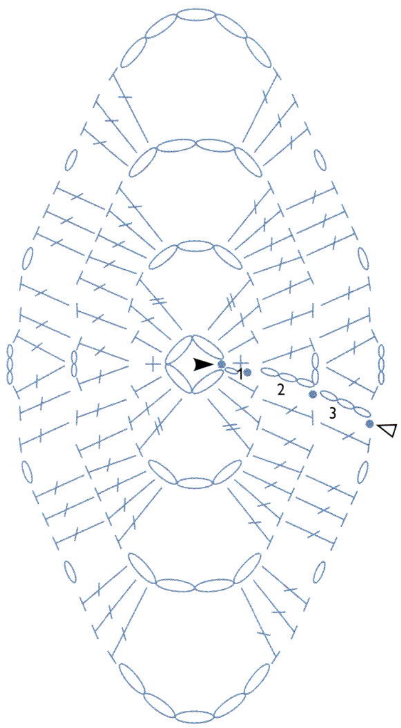

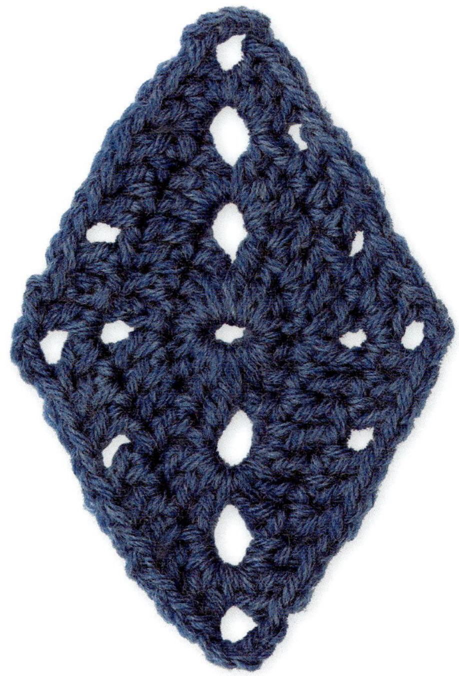

Mittel

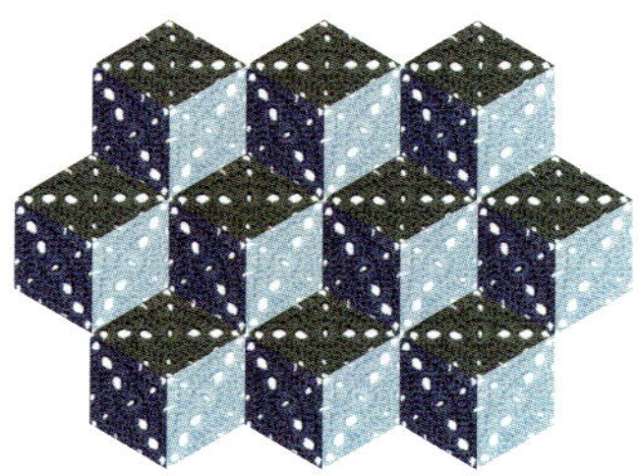

Mosaik nur aus Muster **22**

23 RAUTEN MIT POPCORN-NOPPEN

SPEZIELLE ABKÜRZUNGEN

Beg PN (Beginn Popcorn-Noppe): [1 fM, 2 Lm, 3 Stb] in Lm, HN herausnehmen und in 2. Lm stechen, ArbSchl holen und durch M ziehen, um Popcorn-Masche zu beenden.

PN (Popcorn-Noppe): 4 Stb, HN aus der ArbSchl herausnehmen und in 1. Stb führen, ArbSchl holen und durch M ziehen, um PN zu beenden.

Lm-Ring: 8 Lm häkeln, Ring mit Km schließen.

Rd 1: 1 Lm, 16 fM in Ring häkeln und Rd mit Km in 1. Lm schließen.

Rd 2: 1 Lm, Beg PN, [1 Lm, je 1 fM in die nä. 3 fM, 1 Lm, PN in nä. fM] 3-mal, 1 Lm, je 1 fM in nä. 3 fM, 1 Lm, Rd mit Km oben an Beg PN schließen.

Rd 3: 1 Lm, 1 Km in Lm-Bg-1 vor Km aus Rd 2, 5 Lm (zählt als 1. Stb und 3 Lm), [2 Stb in nä. Lm-Bg-1, je 1 Stb in nä. 3 fM, 2 Stb in Lm-Bg-1, 3 Lm] 3-mal, 2 Stb in nä. Lm-Bg-1, Rd mit Km in 2. der 5 Lm schließen.

Rd 4: 1 Lm, Beg PN [1 Stb, 3 Lm, 1 Stb] in nä. Lm-Bg-3, [PN in nä. Stb, je 1 Stb in nä. 2 Stb] 2-mal, PN in nä. Stb, [1 dStb, 3 Lm, 1 dStb] in nä. Lm-Bg-3, [PN in nä. Stb, je 1 Stb in nä. 2 Stb] 2-mal, PN in nä. Stb [1 Stb, 2 Lm, 1 Stb] in nä. Lm-Bg-3, [PN in nä. Stb, je 1 Stb in nä. 2 Stb] 2-mal, PN in nä. Stb, [1 dStb, 3 Lm, 1 dStb] in letzten Lm-Bg-3, [PN in nä. Stb, je 1 Stb in nä. 2 Stb] 2-mal, mit Km oben an Beg PN schließen.

Rd 5: 1 Km in 1. Stb aus Rd 4, [1 Km, 1 Lm, 1 fM, 5 Lm (zählt als 1. Stb und 3 Lm), 2 Stb] in nä. Lm-Bg-3, je 1 Stb in nä. 9 M, [2 dStb, 3 Lm, 2 dStb] in nä. Lm-Bg-3, je 1 Stb in nä. 9 M, [2 Stb, 3 Lm, 2 Stb] in nä. Lm-Bg-3, je 1 Stb in nä. 9 M, [2 dStb, 3 Lm, 2 dStb] in nä. Lm-Bg-3, je 1 Stb in nä. 9 M, 1 Stb in 1. Lm-Bg-3, Rd mit Km in 2. der 5 Lm schließen.

Rd 6: 1 Lm, *3 fM in Lm-Bg-3, je 1 fM in nä. 13 M, 3 Stb in nä. Lm-Bg-3, je 1 dStb in die nä. 13 M; ab * 1-mal wdh, Rd mit Km in 1. fM schließen. Garn verwahren.

Farbe:
■ A

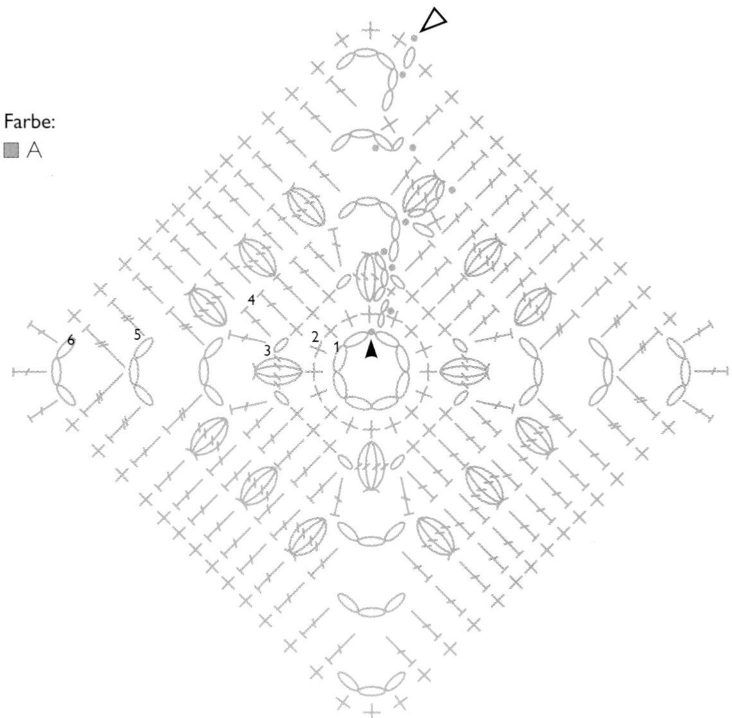

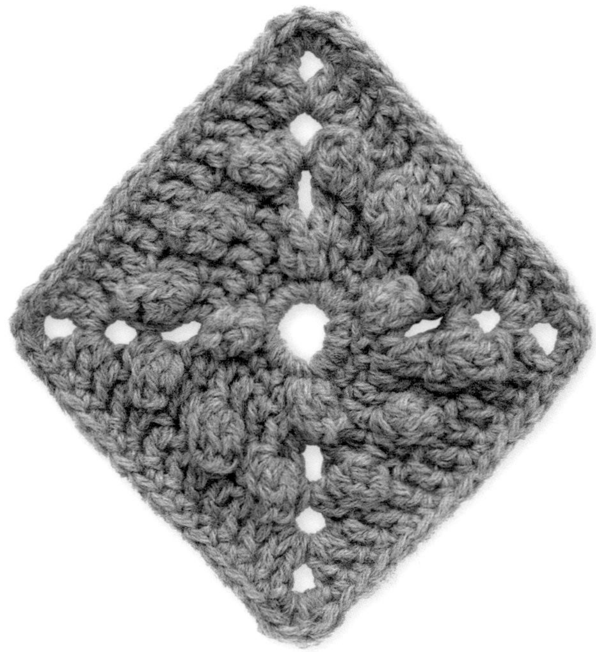

Groß

24 DREIFARBIGE GRANNY-RAUTE

Lm-Ring: Mit Garn A 4 Lm häkeln und mit Km zum Ring schließen.
Rd 1: 3 Lm (zählt als 1. Stb), 2 Stb in Ring, 2 Lm, [3 Stb in Ring, 2 Lm] 3-mal, Rd mit Km oben in AnfLm schließen.
Garn A abschn. Garn B an einem Lm-Bg-2 einhäkeln.
Rd 2: 3 Lm, [2 Stb, 2 Lm, 3 Stb] in Lm-Bg-2 (Ecke re), 1 Lm, [2 Stb, 1 dStb, 2 Lm, 1 dStb, 2 Stb] in nä. Lm-Bg-2 (Ecke oben), 1 Lm, [3 Stb, 2 Lm, 3 Stb] in nä. Lm-Bg-2 (Ecke li), 1 Lm, [3 Stb, 1 dStb, 2 Lm, 1 dStb, 2 Stb] in nä. Lm-Bg-2 (Ecke unten), 1 Lm, Rd mit Km oben in AnfLm schließen.
Garn B abschn. Garn C in Lm-Bg-2 in re Ecke einhäkeln.
Rd 3: 3 Lm, (2 Stb, 2 Lm, 3 Stb) in Lm-Bg-2, 1 Lm, 3 Stb in nä. Lm-Bg-1, 1 Lm, [2 Stb, 1 dStb, 3 Lm, 1 dStb, 2 Stb] in nä. Lm-Bg-2 (Ecke oben), 1 Lm, 3 Stb in nä. Lm-Bg-1, 1 Lm [3 Stb, 2 Lm, 3 Stb] in nä. Lm-Bg-2 (Ecke li), 1 Lm, 3 Stb in nä. Lm-Bg-1, 1 Lm, [2 Stb, 1 dStb, 3 Lm, 1 dStb, 2 Stb] in nä. Lm-Bg-2 (Ecke unten), 1 Lm, 3 Stb in nä. Lm-Bg-1, 1 Lm, Rd mit Km oben in AnfLm schließen.
Garne verwahren.

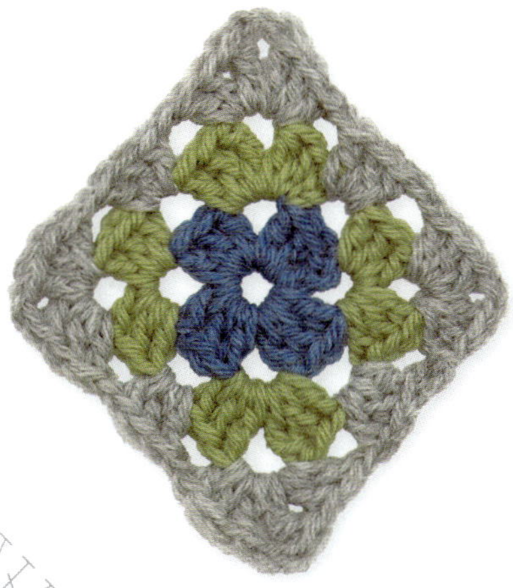

Mittel

Farben:
- A
- B
- C

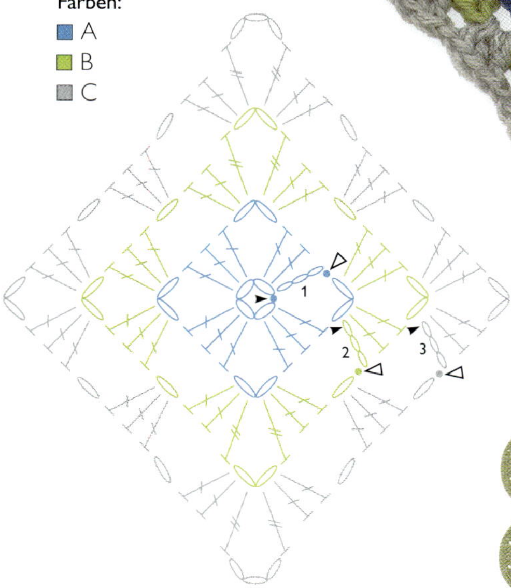

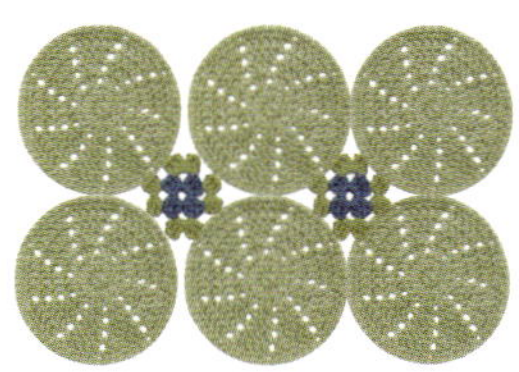

Kombination: **Rd 1–2 von 24 + 2**

25 STERNENRAUTE

SPEZIELLE ABKÜRZUNGEN
Stern: 3 M li zus str, M nicht von der Nd schieben, U, dieselben 3 M erneut li zus str, M von Nd abh.

3 M anschl.
R 1 (VS): Re str.
R 2: Li str.
R 3: [1 M li, 1 Zun] 2-mal, 1 M re. (5 M)
R 4: Li str.
R 5: 1 M re, 1 Zun, re str bis zur letzten M, 1 Zun, 1 M re. (7 M)
Diese R bestimmt die Zun: Jd 2. R bis R 25 wdh.
R 6: 1 M li, 1 M re, Stern, 1 M re, 1 M li.
R 8: 1 M li, Stern, 1 M re, Stern, 1 M li.
R 10: 3 M li, 1 M re, Stern, 1 M re, 3 M li.
R 12: 2 M li, [1 M re, Stern] 2-mal, 1 M re, 2 M li.
R 14: 1 M li, [1 M re, Stern] 3-mal, 1 M re, 1 M li
R 16: 1 M li, [Stern, 1 M re] 3-mal, Stern, 1 M li.
R 18: 3 M li, [1 M re, Stern] 3-mal, 1 M re, 3 M li.
R 20: 2 M li, [1 M re, Stern] 4-mal, 1 M re, 2 M li.
R 22: 1 M li, [1 M re, Stern] 5-mal, 1 M re, 1 M li.
R 24: 1 M li, [1 M re, Stern] 5-mal, Stern, 1 M li.
R 26: 3 M li, [1 M re, Stern] 5-mal, 1 M re,3 M li.
R 27: 1 M re, 1 Zun, 25 M re, 1 Zun, 1 M re. (29 M)
R 28: 2 M li, [1 M re, Stern] 6-mal, 1 M re, 2 M li.
R 29: 1 M re, 1 M abn verschr, re str bis zu den letzten 3 M, 2 M re zus str, 1 M re. (27 M)
Diese R bestimmt die Abn: Jd 2. R bis R 51 wdh.
R 30: R 26 wdh.
R 32: R 24 wdh.
R 34: R 22 wdh.
R 36: R 20 wdh.
R 38: R 18 wdh.
R 40: R 16 wdh.
R 42: R 14 wdh.
R 44: R 12 wdh.
R 46: R 10 wdh.
R 48: R 8 wdh.
R 50: R 6 wdh.
R 52: Li str.
R 53: 1 M re, 1 M abh, 2 M re zus str, abgeh M übz, 1 M re. (3 M)
R 54: 3 M li zus str. Garn verwahren

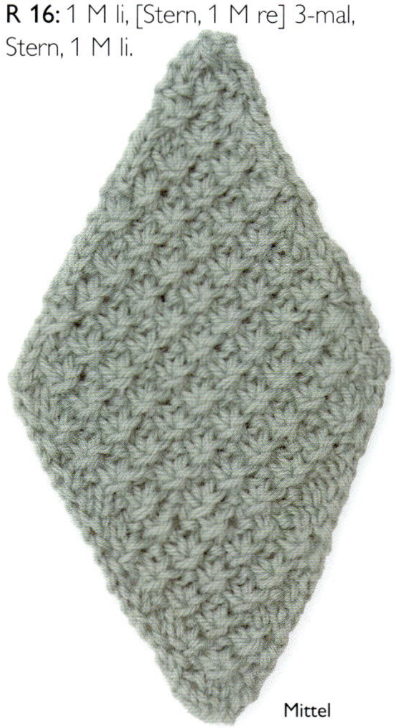

Mittel

Farbe:
- A

26 GESTRICKTER MITRA-DIAMANT

41 M anschl.
R 1 (VS): 20 M re, 1 M abh, 2 M re.
R 2: 20 M re, 1 M li, 20 M re.
R 3: 18 M re, 2 M re verschr zus str, 1 M abh, 2 M re zus str, 18 M re. (39 M)
R 4: Li str.
R 5: 17 M re, 2 M re verschr zus str, 1 M abh, 2 M re zus str, 17 M re. (37 M)
R 6: Li str.
R 7: 16 M re, 2 M re verschr zus str, 1 M abh, 2 M re zus str, 16 M re. (35 M)
R 8: 17 M re, 1 M li, 17 M re
R 9: 15 M re, 2 M re verschr zus str, 1 M abh, 2 M re zus str, 15 M re. (33 M)
R 10: Li str.
R 11: 14 M re, 2 M re verschr zus str, 1 M abh, 2 M re zus str, 14 M re. (31 M)
R 12: Li str.
R 13: 13 M re, 2 M re verschr zus str, 1 M abh, 2 M re zus str, 13 M re. (29 M)
R 14: 14 M re, 1 M li, 14 M re.
Im vorgegebenen Muster fortfahren bis nur noch 7 M übrig bleiben.
R 36: Li str.
R 37: 1 M re, 2 M re verschr zus str, 1 M abh, 2 M re zus str, 1 M re. (5 M)
R 38: 2 M re, 1 M li, 2 M re.
R 39: 2 M re verschr zus str, 1 M abh, 2 M re zus str. (3 M)
R 40: Li str.
R 41: 3 M re verschr zus str. (1 M) Garn verwahren.

Farbe:
■ A

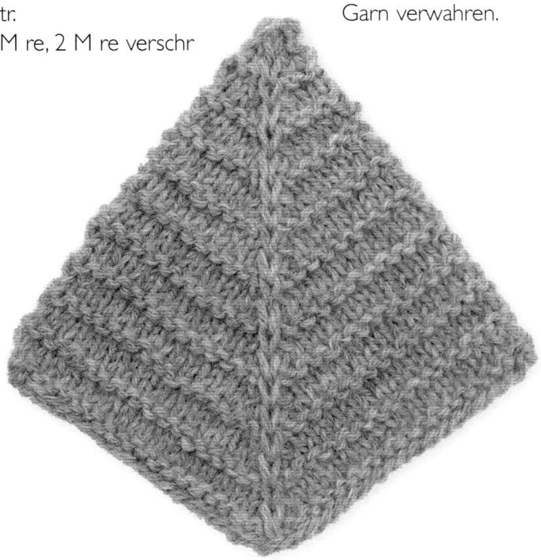

Groß

Für einen Schal

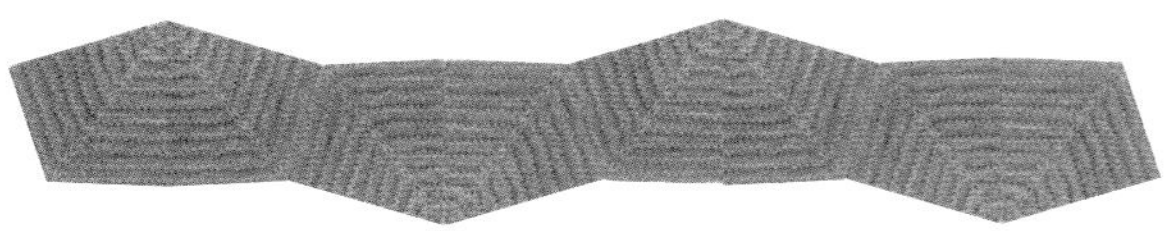

Mosaik nur aus Muster **26**

27 RAUTE IM KRAUS-RECHTS-STRICK

4 M anschl.
R 1: Re str.
R 2 (VS): 2 M re, U, 2 M re. (5 M)
R 3: Re str.
R 4: 2 M re, U, 1 M re, U, 2 M re. (7 M)
R 5: Re str.
R 6: 2 M re, U, re str bis zu den letzten 2 M, U, 2 M re. (9 M)
Die letzten beiden R 9-mal wdh. (27 M)
R 25: Re str.
R 26: 1 M re, 2 M re zus str, U, 2 M re zus str, 17 M re, 1 M abn verschr, U, 1 M abn verschr, 1 M re.
R 27: Re str.
R 28: 1 M re, 2 M re zus str, U, 2 M re zus str, re str bis zu den letzten 5 M, 1 M abn verschr, U, 1 M abn verschr, 1 M re. (23 M)
Die letzten beiden R 7-mal wdh. (9 M)
R 43 (und alle ungeraden R): Re str.
R 44: 1 M re, 2 M re zus str, U, 3 M re zus str, U, 1 M abn verschr, 1 M re. (7 M)
R 46: 1 M re, 2 M re zus str, 3 M re zus str, 1 M re. (5 M)
R 48: 1 M re, 3 M re zus str, 1 M re. (3 M)
Abketten.

Farbe:
■ A

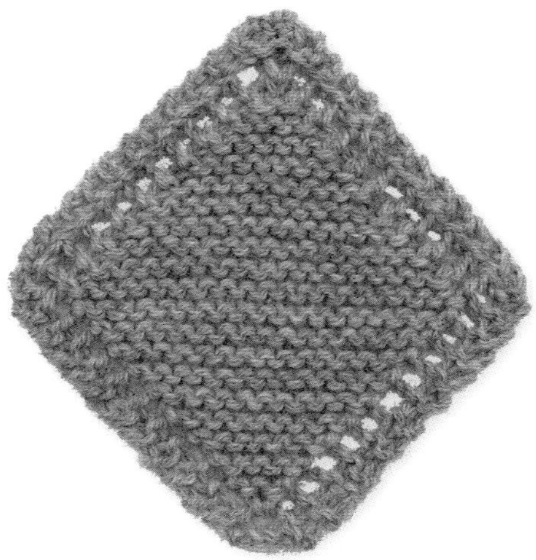

Mittel

28 BÜNDCHEN-RAUTE

39 M anschl.
R 1 (VS): 18 M li, 3 M li zus str, 18 M li. (37 M)
R 2 und 4: Re str.
R 3: 2 M re, [U, 2 M re zus str] 8-mal, U, 3 M re zus str, [U, 2 M re zus str] 7-mal, U, 2 M re.
R 5: 2 M re, U, 2 M re zus str, [2 M re, 2 M li] 3-mal, 2 M re, 1 M li, [2 M re, 2 M li] 3-mal, 6 M re.
R 6: 2 M re, U, 2 M re zus str, [2 M li, 2 M re] 3-mal, 1 M li, 3 M re zus str, 1 M li, [2 M re, 2 M li] 3-mal, 4 M re. (35 M)
R 7: 2 M re, U, 2 M re zus str, [2 M re, 2 M li] 3-mal, 3 M re, [2 M li, 2 M re] 2-mal, 2 M li, 6 M re.
R 8: 2 M re, U, 2 M re zus str, [2 M li, 2 M re] 3-mal, 3 M re zus str, [2 M re, 2 M li] 3-mal, 4 M re. (33 M)
R 9: 2 M re, U, 2 M re zus str, [2 M re, 2 M li] 3-mal, 1 M re, [2 M li, 2 M re] 2-mal, 2 M li, 6 M re.
R 10: 2 M re, U, 2 M re zus str, [2 M li, 2 M re] 2-mal, 2 M li, 1 M re, 3 M re zus str, 1 M re, [2 M li, 2 M re] 2-mal, 2 M li, 4 M re. (31 M)
R 11: 2 M re, U, 2 M re zus str, [2 M re, 2 M li] 2-mal, 2 M re, 3 M li, [2 M re, 2 M li] 2-mal, 6 M re.
R 12: 2 M re, U, 2 M re zus str, [2 M li, 2 M re] 2-mal, 2 M li, 3 M re zus str, [2 M li, 2 M re] 2-mal, 2 M li, 4 M re. (29 M)
R 13: 2 M re, U, 2 M re zus str, [2 M re, 2 M li] 2-mal, 2 M re, 1 M li [2 M re, 2 M li] 2-mal, 6 M re.

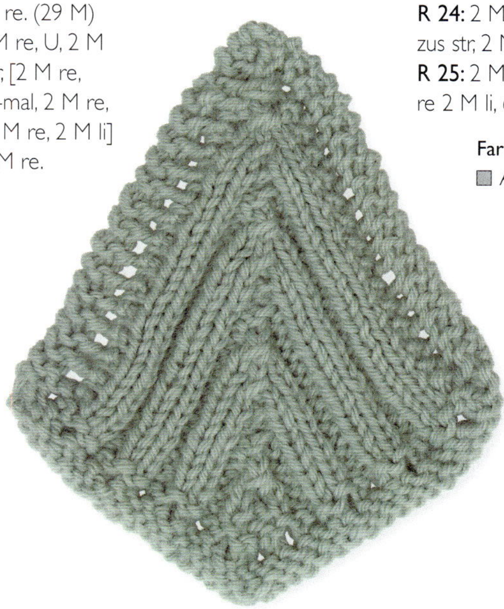

Mittel

R 14: 2 M re, U, 2 M re zus str, [2 M li, 2 M re] 2-mal, 1 M li, 3 M li zus str, [2 M re, 2 M li] 2-mal, 4 M re. (27 M)
R 15: 2 M re, U, 2 M re zus str, [2 M re, 2 M li] 2-mal, 3 M re, 2 M li, 2 M re, 2 M li, 6 M re.
R 16: 2 M re, U, 2 M re zus str, [2 M li, 2 M re] 2-mal, 3 M li zus str, [2 M re, 2 M li] 2-mal, 4 M re. (25 M)
R 17: 2 M re, U, 2 M re zus str, [2 M re, 2 M li] 2-mal, 1 M re, 2 M li, 2 M re, 2 M li, 6 M re.
R 18: 2 M re, U, 2 M re zus str, 2 M li, 2 M re, 2 M li, 1 M re, 3 M re zus str, 1 M re, 2 M li, 2 M re, 2 M li, 4 M re. (23 M)
R 19: 2 M re, U, 2 M re zus str, 2 M re, 2 M li, 2 M re, 3 M li, 2 M re, 2 M li, 6 M re.
R 20: 2 M re, U, 2 M re zus str, 2 M li, 2 M re, 2 M li, 3 M re zus str, 2 M li, 2 M re, 2 M li, 4 M re. (21 M)
R 21: 2 M re, U, 2 M re zus str, 2 M re, 2 M li, 2 M re, 1 M li, 2 M re, 2 M li, 6 M re.
R 22: 2 M re, U, 2 M re zus str, 2 M li, 2 M re, 1 M li, 3 M li zus str, 1 M li, 2 M re, 2 M li, 4 M re. (19 M)
R 23: 2 M re, U, 2 M re zus str, 2 M re, 2 M li, 3 M re, 2 M li, 6 M re.
R 24: 2 M re, U, 2 M re zus str, 2 M li, 2 M re, 3 M li zus str, 2 M re, 2 M li, 4 M re. (17 M)
R 25: 2 M re, U, 2 M re zus str, 2 M re, 2 M li, 1 M re 2 M li, 6 M re.

Farbe:
▪ A

R 26: 2 M re, U, 2 M re zus str, 2 M li, 1 M re, 3 M re zus str, 1 M re, 2 M li, 4 M re. (15 M)
R 27: 2 M re, U, 2 M re zus str, 2 M re, 3 M li, 6 M re.
R 28: 2 M re, U, 2 M re zus str, 2 M li, 3 re M zus str, 2 M li, 4 M re. (13 M)
R 29: 2 M re, U, 2 M re zus str, 2 M re, 1 M li, 6 M re.
R 30: 2 M re, U, 2 M re zus str, 1 M li, 3 M li zus str, 1 M li, 4 M re. (11 M)
R 31: 2 M re, U, 2 M re zus str, 7 M re.
R 32: 2 M re, U, 2 M re zus str, 3 M li zus str, 4 M re. (9 M)
R 33: 2 M re, U, 2 M re zus str, 5 M re.
R 34: 2 M re, U, 2 M re zus str, 1 M re, 2 M re zus str, 2 M re. (8 M)
R 35: 2 M re, U, 3 M re zus str, 3 M re. (7 M)
R 36: 2 M re, U, 3 M re zus str, 2 M re. (6 M)
R 37: 2 M re, U, 3 M re zus str, 1 M re. (5 M)
R 38: 1 M re, 3 M re zus str, 1 M re. (3 M)
R 39: 3 M re zus str.
Garn verwahren.

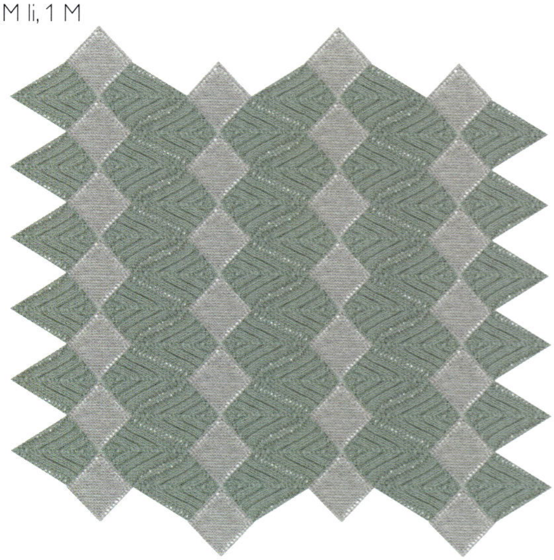

Kombination: **28 + 27**

QUADRATE

29 TÜPFELCHEN IM QUADRAT

Lm-Ring: Mit Garn A 4 Lm häkeln und mit Km zum Ring schließen.
Rd 1: 3 Lm (zählt als 1. Stb), 11 Stb in den Ring, Rd mit Km oben in AnfLm schließen. (12 M)
Rd 2: 3 Lm (zählt als 1. Stb), 1 Stb unten in AnfLm, je 2 Stb in jd Stb, Rd mit Km oben in AnfLm schließen. (24 M)
Garn A abschn. Zu Garn B wechseln.
Rd 3: 1 Lm, 1 fM unten in AnfLm, 1 fM in nä. M, 1 hStb in nä. M, *3 Stb in nä. M, 1 hStb in nä. M, je 1 fM in nä. 3 M, 1 hStb in nä. M; ab * 2-mal wdh, 3 Stb in nä. M, 1 hStb in nä. M, 1 fM in nä. M, Rd mit Km in 1. fM schließen. (32 M)
Rd 4: 3 Lm, je 1 Stb in die nä. 3 M, *5 Stb in nä. M, 1 Stb in nä. 7 M; ab * 2-mal wdh, 5 Stb in nä. M, je 1 Stb in nä. 3 M, Rd mit Km oben in AnfLm schließen. (48 M)
Garn B abschn. Zu Garn C wechseln.
Rd 5: 2 Lm (zählt als 1. hStb), je 1 hStb in nä. 5 M, *3 hStb in nä. M, je 1 hStb in die nä. 11 M; ab * 2-mal wdh, 3 hStb in nä. M, je 1 hStb in nä. 5 M, Rd mit Km oben in AnfLm schließen. Garne verwahren.

Farben:
- A
- B
- C

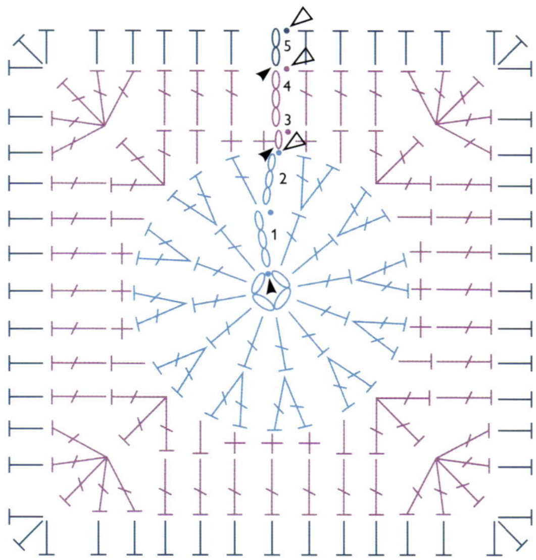

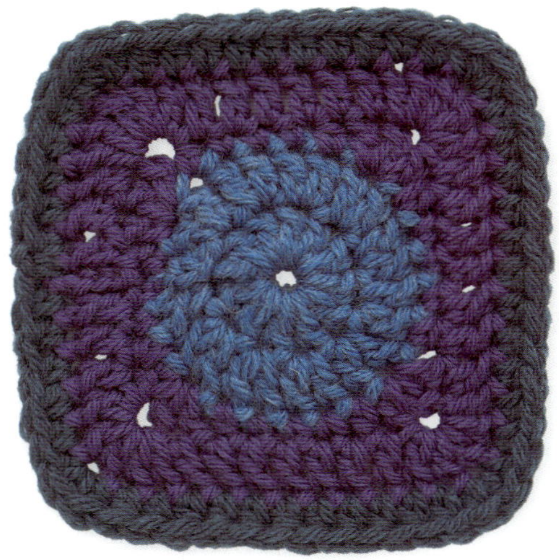

Mittel

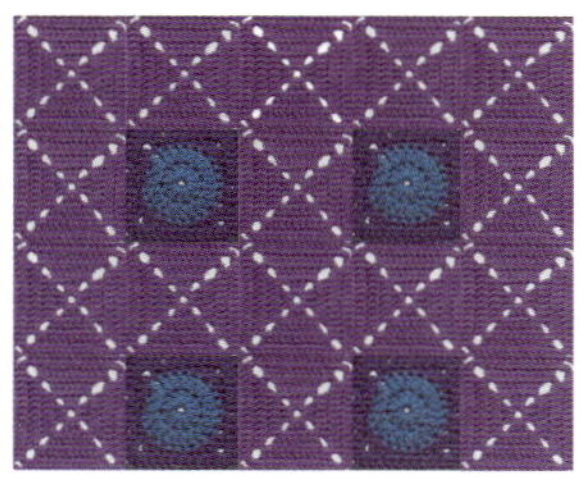

Kombination: **29 + 30**

Abkürzungen und Symbole: Schlagen Sie auf S. 140–141 für die vollständige Erklärung der verwendeten Abkürzungen und Symbole nach!

30 DOPPELTES HÄKELQUADRAT

Lm-Ring: 4 Lm häkeln und mit Km zum Ring schließen.
Rd 1: 5 Lm (zählt als 1. Stb und 2 Lm), [3 Stb in Ring, 2 Lm] 3-mal, 2 Stb in Ring, Rd mit Km oben in 3. AnfLm schließen.
Rd 2: Km in nä. Zwr, 7 Lm (zählt als 1. Stb und 4 Lm), 2 Stb unten in Lm-Bg-7, *je 1 Stb in die nä. 3 Stb, [2 Stb, 4 Lm, 2 Stb] in nä. Zwr; ab * 2-mal wdh, je 1 Stb in nä. 3 Stb, 1 Stb in dieselbe Lm wie Lm-Bg-7, Rd mit Km in 3. Lm von Lm-Bg-7 schließen.
Rd 3: Km in nä. Zwr, 7 Lm (zählt als 1. Stb und 4 Lm), 2 Stb unten in Lm-Bg-7, *je 1 Stb in die nä. 7 Stb, [2 Stb, 4 Lm, 2 Stb] in nä. Lm-Bg-4; ab * 2-mal wdh, je 1 Stb in nä. 7 Stb, 1 Stb dieselbe Lm wie Lm-Bg-7, Rd mit Km in 3. Lm von Lm-Bg-7 schließen.
Rd 4: Km in nä. Zwr, 7 Lm (zählt als 1. Stb und 4 Lm), 2 Stb unten in Lm-Bg-7, *je 1 Stb in die nä. 11 Stb, [2 Stb, 4 Lm, 2 Stb] in nä. Lm-Bg-4; ab * 2-mal wdh, je 1 Stb in nä. 11 Stb, 1 Stb in dieselbe Lm wie Lm-Bg-7, Rd mit Km in 3. Lm von lm-Bg-7 schließen. Garn verwahren.

Farbe:
A

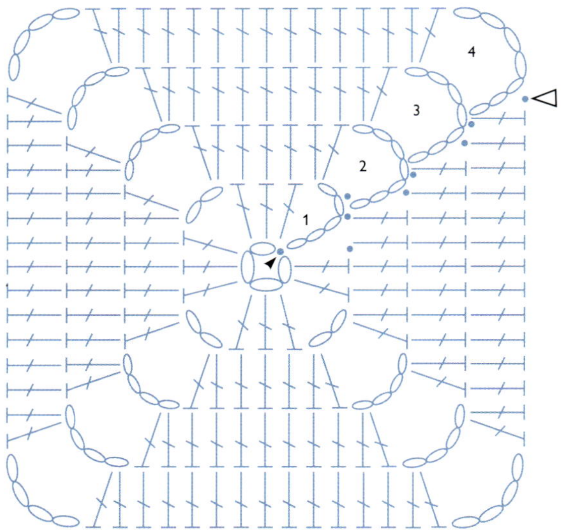

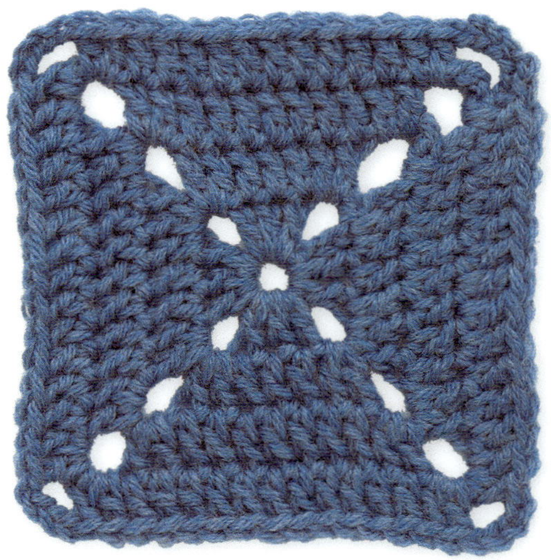

Mittel

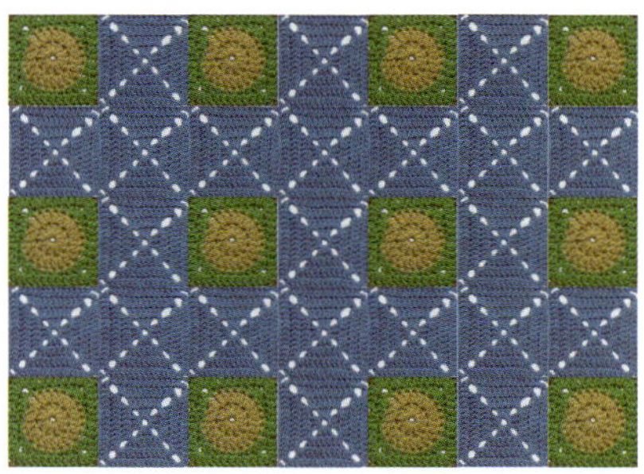

Kombination: **30 + 29**

31 DREIFARBIGES GRANNY-QUADRAT

Lm-Ring: Mit Garn A 4 Lm häkeln und mit Km zum Ring schließen.
Rd 1: 5 Lm (zählt als 1. Stb und 2 Lm), [3 Stb in den Ring, 2 Lm] 3-mal, 2 Stb in den Ring, Rd mit Km in 3. AnfLm schließen. Garn A abschn. Garn B in einen der Lm-Bg-2 einhäkeln.
Rd 2: 5 Lm (zählt als 1. Stb und 2 Lm), 3 Stb unten in AnfLm, *1 Lm, 3 Stb überspr [3 Stb, 2 Lm, 3 Stb] in nä. Lm-Bg-2; ab * 2-mal wdh, 1 Lm, 3 M überspr, 2 Stb unten in AnfLm-Bg-5, Rd mit Km in 3. AnfLm schließen.
Rd 3: Km in nä. Zwr, 5 Lm (zählt als 1. Stb und 2 Lm), 3 Stb unten in AnfLm-Bg-5, *1 Lm, 3 Stb überspr, 3 Stb in nä. Lm-Bg-1, 1 Lm, 3 Stb überspr, [3 Stb, 2 Lm, 3 Stb] in nä. Lm-Bg-2; ab * 2-mal wdh, 1 Lm, 3 Stb überspr, 3 Stb in nä. Lm-Bg-1, 1 Lm, 3 Stb überspr, 2 Stb unten in AnfLm-Bg-5, Rd mit Km in 3. AnfLm schließen.
Garn B abschn. Garn C in einen der Lm-Bg-2 einhäkeln.
Rd 4: 5 Lm (zählt als 1. Stb und 2 Lm), 3 Stb unten in AnfLm-Bg-5, *[1 Lm, 3 Stb überspr, 3 Stb in nä. Lm-Bg-1] 2-mal, 1 Lm, 3 Stb überspr, [3 Stb, 2 Lm, 3 Stb] in nä. Lm-Bg-2; ab * 2-mal wdh, [1 Lm, 3 Stb überspr, 3 Stb in nä. Lm-Bg-1] 2-mal, 1 Lm, 3 Stb überspr, 2 Stb unten in AnfLm-Bg-5, Rd mit Km in 3. AnfLm schließen.
Garne verwahren.

Farben:
- A
- B
- C

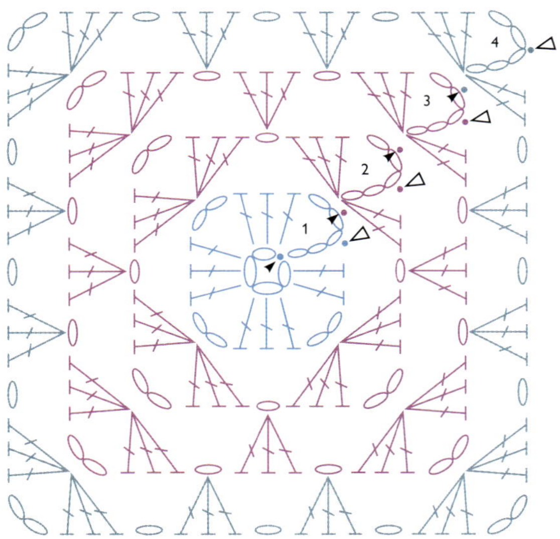

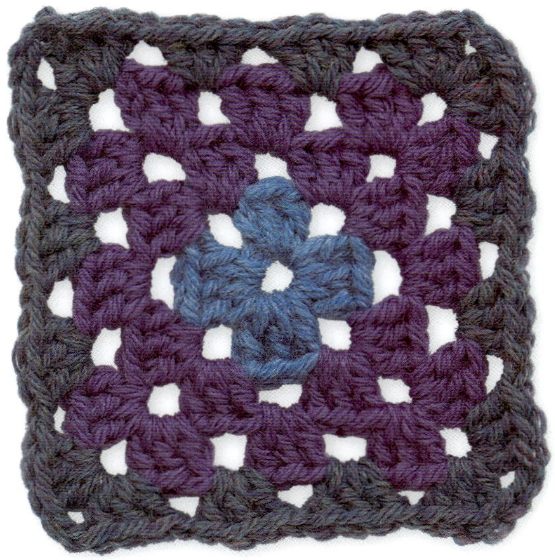

Klein

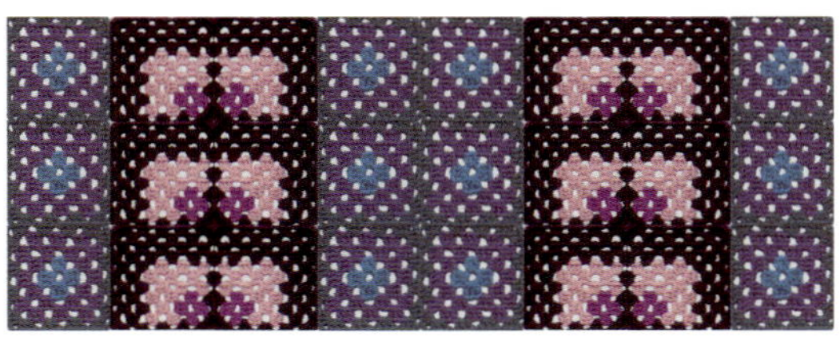

Kombination: **31 + 35**

Mit diesem Mustermix vergrößern Sie das Muster. Um die Muster anzupassen, häkeln Sie eine weitere Rd von Muster 31.

32 KREISE IM QUADRAT

ANMERKUNG
Arbeiten Sie von innen nach außen. Die erste Reihe bildet die inneren 4 Teile der inneren 4 Kreise. Die 1. Reihe geht in eine Runde über, die 2. Runde vervollständigt die inneren 4 Kreise. Die äußeren Kreise werden genauso gearbeitet. Die 3. Reihe verbindet die Innenteile der äußeren Kreise mit den 4 Innenkreisen und die letzte Runde vervollständigt die äußeren Kreise.

Farben:
A
B

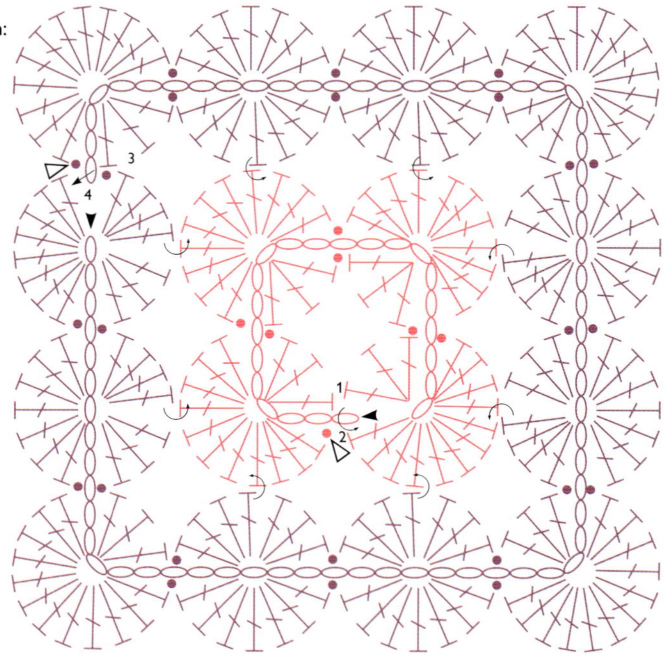

DIE INNEREN 4 KREISE

Lm-Ring: Mit Garn A 22 Lm häkeln. Diese Reihe bildet das inneren Viertel der inneren Kreise.
R 1: Beginnend mit der 4. Lm auf der HN, *3 Stb in nä. Lm, 2 Lm überspr, Km in nä. Lm (¼ Kreis), 2 Lm überspr; ab * 2-mal wdh, 3 Stb in nä. Lm. HN aus ArbSchl herausnehmen, in AnfLm des Lm-Ringes einführen, ArbSchl holen und durchziehen. Mit der Arbeit entlang der äußeren Seite des Lm-Ringes fortfahren, dabei die HN in Lm aus R 1 belassen.
Rd 2: 12 Stb in dieselbe Lm wie die letzten 3 Stb aus R 1, HN durch Lm und letzte Km aus R 1 führen, Km häkeln. *11 Stb in Lm unten in 3 Stb Gruppe, Km in die nä. Km aus R 1; ab * 2-mal wdh, Rd mit Km in letzer Lm des Lm-Ringes schließen. Garn A verwahren.

DIE ÄUSSEREN 12 KREISE

Lm-Ring: Mit Garn B 70 Lm häkeln.
R 3: Beginnend mit der 4. Lm an der HN, 3 Stb in nä. Lm, 2 Lm überspr, Km in die nä. Lm (¼ Kreis), 2 Lm überspr, *3 Stb in nä. Lm, HN aus ArbSchl herausnehmen und oben in 4. Stb des linken Kreises aus Rd 2 einführen, dann die ArbSchl holen und durch das Stb ziehen, 4 Stb unten in dieselbe Lm wie die 3 Stb (½ Kreis), 2 Lm überspr, Km in nä. Lm, 2 Lm überspr, einen weiteren Halbkreis, der an den nä. Kreis anschließt, ausarbeiten, 2 M überspr, Km, 2 M überspr; ab * 3-mal wdh.
HN aus ArbSchl herausnehmen und in letzte Lm des Lm-Ringes einführen, ArbSchl holen und durchziehen. Entlang der anderen Seite des Lm-Ringes fortfahren, dabei HN in Lm aus R 3 belassen.
Rd 4: 8 Stb in dieselbe Lm wie letzter Halbkreis aus R 3 arbeiten, HN durch Lm und letzte Km führen und Km häkeln, *7 Stb in die Lm, der der nä. Halbkreis zugrunde liegt, Km in nä. Km, 11 Stb in die Lm, der nä. Gruppe von 3 Stb zugrunde liegt, Km in nä. Km, 7 Stb in die Lm, der nä. Gruppe von 3 Stb zugrunde liegt, Km in nä. Km, ab * 2-mal wdh, 7 Stb in die Lm, der nä. Halbkreis zugrunde liegt, Km in nä. Km, 11 Stb in die Lm, der nä. Gruppe von 3 Stb zugrunde liegt, mit Km an letzter Lm des Lm-Ringes schließen, Garn B verwahren.

Groß

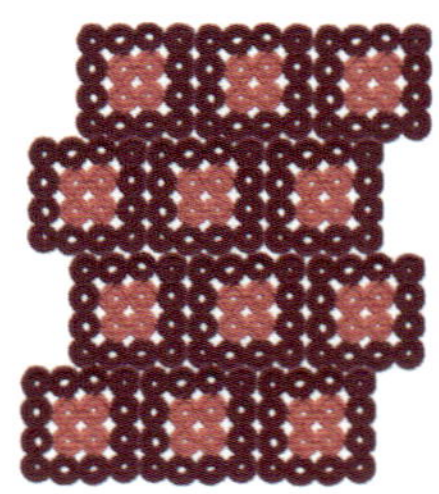

Mosaik nur aus Muster **32**

33 RAD IM QUADRAT

SPEZIELLE ABKÜRZUNGEN

Stb-Zwr: Zwischenraum zwischen 2 Stäbchen.

Lm-Ring: Mit Garn A 4 Lm häkeln und mit Km zum Ring schließen.
Rd 1: 5 Lm (zählt als 1. Stb und 2 Lm), [1 Stb in den Ring, 2 Lm] 7-mal, Rd mit Km in 3. AnfLm schließen. (8 Stb und Lm-Bg-2).
Rd 2: Km in Lm-Bg-2, 3 Lm (zählt als 1. Stb), 2 Stb unten in Lm-Bg-2, 1 Lm, [3 Stb in nä. Lm-Bg-2, 1 Lm] 7-mal, Rd mit Km oben in 3. AnfLm schließen.
Garn A abschn. Garn B in nä. Lm-Bg-1 einhäkeln.
Rd 3: 3 Lm häkeln (zählt als 1. Stb), 2 Stb unten in Lm-Bg-1, 1 Lm, 3 Stb in nä. Lm-Bg-1, 5 Lm, [3 Stb in nä. Lm-Bg-1, 1 Lm, 3 Stb in nä. Lm-Bg-1, 5 Lm] 3-mal, Rd mit Km oben in AnfLm schließen.
Rd 4: Km zw nä. 2 Stb, 3 Lm (zählt als 1. Stb), 1 Stb in nä. Stb-Zwr, 3 Stb in nä. Lm-Bg-1, je 1 Stb in 2 nä. Stb-Zwr, [3 Stb, 2 Lm, 3 Stb] in nä. Lm-Bg- 5, * je 1 Stb in 2 nä. Stb-Zwr, 3 Stb in nä. Lm-Bg-1, je 1 Stb in 2 nä. Stb-Zwr, [3 Stb, 2 Lm, 3 Stb] in nä. Lm-Bg-5; ab * 2-mal wdh, Rd mit Km oben in AnfLm schließen.
Rd 5: 1 Km zw letztes Stb und Lm-Bg-3 aus Rd 4, 3 Lm, 1 Stb in nä. Stb-Zwr, nä. Stb-Zwr überspr, je 1 Stb in nä. Stb-Zwr, 1 Stb-Zwr überspr, je 1 Stb in nä. 4 Stb-Zwr, *[3 Stb, 2 Lm, 3 Stb] in nä. Lm-Bg-2, je 1 Stb in nä. 4 Stb-Zwr, 1 Stb-Zwr überspr, je 1 Stb in nä. 2 Stb-Zwr, 1 Stb-Zwr überspr, je 1 Stb in nä. 4 Stb-Zwr; ab * 2-mal wdh, [3 Stb, 2 Lm, 3 Stb] in nä. Lm-Bg-2, je 1 Stb in die nä. 2 Stb-Zwr, Rd mit Km oben in AnfLm schließen. Garn B abschn. Garn C einhäkeln.
Rd 6: 1 Lm häkeln, dann je 1 fM in jd Stb und je 3 fM in jd Lm-Bg-2 häkeln. Rd mit Km in 1. fM schließen. Garne verwahren.

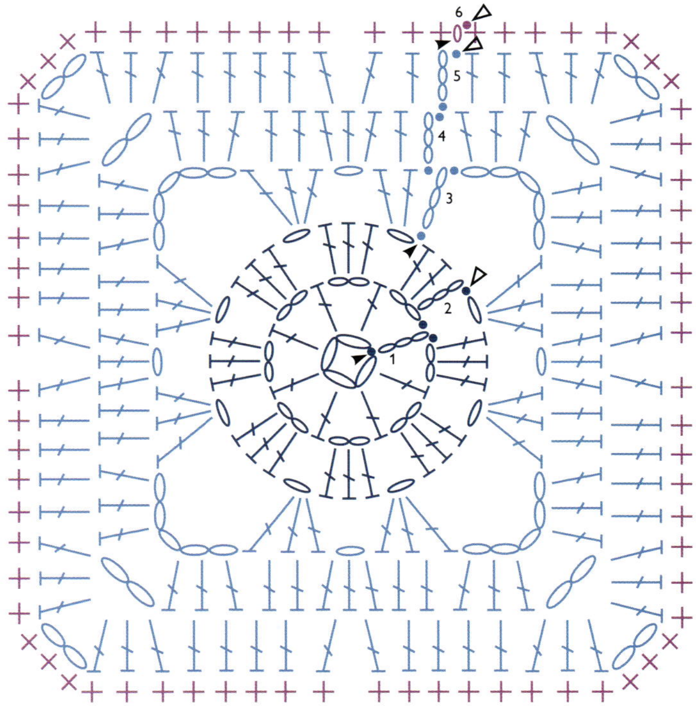

Farben:
- A
- B
- C

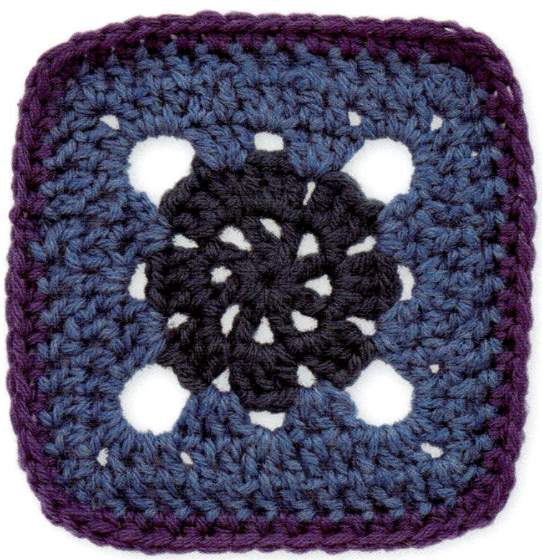

Groß

34 BLUMENQUADRAT

SPEZIELLE ABKÜRZUNGEN

Beg 2-dStb-Mg (Beginn Maschengruppe aus 2 dStb): *2 U, HN in M einführen, Faden holen und durchziehen, [Faden holen und durch 2 Schl auf der HN ziehen] 2-mal; ab * 1-mal wdh in derselben M, Faden holen und durch alle 3 Schl auf der HN durchziehen.

3-dStb-Mg (Maschengruppe aus 3 dStb): *2 U, HN in M einführen, Faden holen und durchziehen, [Faden holen und durch 2 Schl auf der HN ziehen] 2-mal; ab * 2-mal wdh in derselben M, Faden holen und durch alle 4 Schl auf der HN durchziehen.

3-Stb-Mg (Maschengruppe aus 3 Stb): [U, HN in M einführen, Faden holen und durchziehen, Faden holen und durch 2 Schl auf der HN ziehen] 3-mal; Faden holen und durch alle 4 Schl auf der HN durchziehen.

Farbe:
A

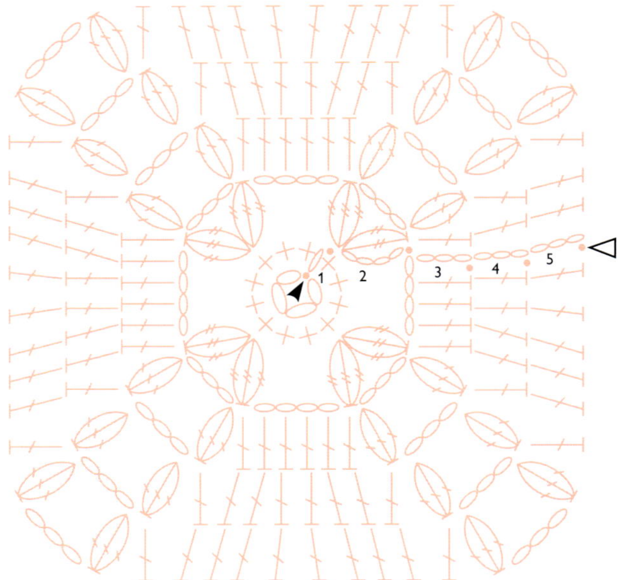

Lm-Ring: 4 Lm häkeln und mit Km zum Ring schließen.

Rd 1: 1 Lm, 12 fM in den Ring, Rd mit Km in fM schließen.

Rd 2: 4 Lm, Beg-2dStb-Mg, 3 Lm, 3 dStb-Mg unten in Beg-2dStb-Mg, *4 Lm, nä. 2 M überspr, [3-dStb-Mg, 3 Lm, 3-dStb-Mg] in nä. M, ab * 2-mal wdh, 4 Lm, Rd mit Km oben in Beg 2-dStb-Mg schließen.

Rd 3: 3 Lm (zählt als 1. Stb), *1 Stb oben in nä. Mg, [3-dStb-Mg, 3 Lm, 3-Stb-Mg] in nä. Lm-Bg-3, 1 Stb oben in nä. Mg, 4 Stb in nä. Lm-Bg-4; ab * 3-mal wdh, letzte Stb ausgelassen und Rd mit Km oben in AnfLm schließen.

Rd 4: 3 Lm, 1 Stb in nä. Stb, *1 Stb oben in nä. Mg, [3-Stb-Mg, 3 Lm, 3-Stb-Mg] in nä. Lm-Bg-3, 1 Stb oben in nä. Mg, je 1 Stb in die nä. 6 M; ab * 2-mal wdh, 1 Stb oben in nä. Mg, [3-Stb-Mg, 3 Lm, 3 Stb-Mg] in nä. Lm-Bg-3, 1 Stb oben in nä. Mg, je 1 Stb in die nä. 4 M, Rd mit Km oben in AnfLm schließen.

Rd 5: 3 Lm, je 1 Stb in nä. 2 Stb, *1 Stb oben in nä. Mg, [3-Stb-Mg, 3 Lm, 3 Stb-Mg] in nä. Lm-Bg-3, 1 Stb oben in nä. Mg, je 1 Stb in die nä. 8 M; ab * 2-mal wdh, 1 Stb auf nä. Mg, [3-Stb-Mg, 3 Lm, 3-Stb-Mg] in nä. Lm-Bg-3, 1 Stb oben in nä. Mg, je 1 Stb in nä. 5 M, Rd mit Km oben in AnfLm schließen. Garn verwahren.

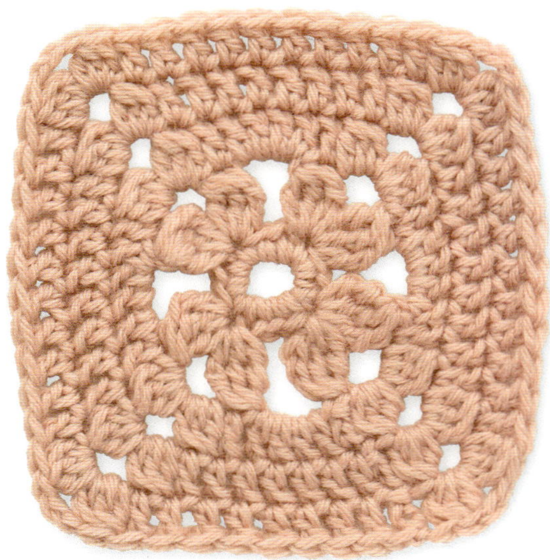

Sehr groß

35 VERSCHOBENES GRANNY-MUSTER

Lm-Ring: Mit Garn A 4 Lm häkeln und mit Km zum Ring schließen.
Rd 1 (VS): 5 Lm (zählt als 1. Stb und 2 Lm), [3 Stb in Ring, 2 Lm] 3-mal, 2 Stb in Ring, Rd mit Km in 3. AnfLm schließen.
Ab jetzt nur 2 Seiten der ursprünglichen Rd in R bis zur letzten Rd häkeln: Garn A abschn. Garn B mit Km an einem Lm-Bg-2 einhäkeln.
R 2 (VS): 2 Lm (zählt als 1. Stb), 2 Stb unten in Lm-Bg-2, 1 Lm, [3 Stb, 2 Lm, 3 Stb] unten in nä. Lm-Bg-2, 1 Lm, 3 Stb in nä. Lm-Bg-2, wenden.
R 3 (RS): 3 Lm (zählt als 1. Stb und 1 Lm), 3 Stb in Lm-Bg-1, 1 Lm, [3 Stb, 2 Lm, 3 Stb] in Lm-Bg-2 in der Ecke, 1 Lm, 3 Stb in nä. Lm-Bg-1, 1 Stb in letzte M aus R 2, wenden.
R 4 (VS): 2 Lm (zählt als 1. Stb), 2 Stb in 1. Lm-Bg-1, Lm, 3 Stb in den nä. Lm-Bg-1, 1 Lm, [3 Stb, 2 Lm, 3 Stb] in Lm-Bg-2 in der Ecke, [1 Lm, 3 Stb in nä. Lm-Bg-1] 2-mal.
Garn B abschn. Garn C einhäkeln.
R 5 (RS): 3 Lm (zählt als 1. Stb und 1 Lm), [3 Stb in nä. Lm-Bg-1, 1 Lm] 2-mal, [3 Stb, 2 Lm, 3 Stb] in nä. Lm-Bg-2, [1 Lm, 3 Stb in nä. Lm-Bg-1] 2-mal, 1 Lm, 1 Stb in letzte M aus R 4, wenden.
R 6 (VS): 2 Lm (zählt als 1. Stb), 2 Stb in 1. Lm-Bg-1, 1 Lm, [3 Stb in nä. Lm-Bg-1, 1 Lm] 2-mal, [3 Stb, 2 Lm, 3 Stb] in nä. Lm-Bg-2, [1 Lm, 3 Stb in nä. Lm-Bg-1] 3-mal, wenden.
R 7 (RS): 3 Lm (zählt als 1. Stb und 1 Lm), [3 Stb in nä. Lm-Bg-1, 1 Lm] 3-mal, [3 Stb, 2 Lm, 3 Stb] in nä. Lm-Bg-2, [1 Lm, 3 Stb in nä. Lm-Bg-1] 3-mal, 1 Lm, 1 Stb in letzte M aus R 6, wenden.
Rd 8 (VS): 2 Lm häkeln (zählt als 1. Stb), 3 Stb in den nä. Lm-Bg-1, *[1 Lm, 3 Stb in nä. Lm-Bg-1] 3-mal, 1 Lm, 7 Stb in nä. Lm-Bg-2; ab * 1-mal wdh, [1 Lm, 3 Stb in AnfLm-Bg-3 der unteren R] 2-mal, 1 Lm, 3 Stb in Lm-Bg-2 aus Rd 1, 1 Lm, 7 Stb in nä. Lm-Bg-2, 1 Lm, 3 Stb in nä. Lm-Bg-2, [1 Lm, 3 Stb um das einzelne Stb am Ende der R] 3-mal, Rd mit Km oben in AnfLm schließen.
Garne verwahren.

Farben:
- A
- B
- C

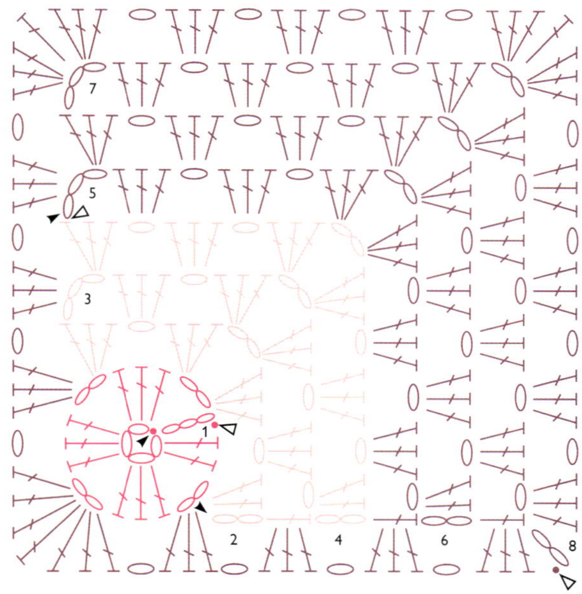

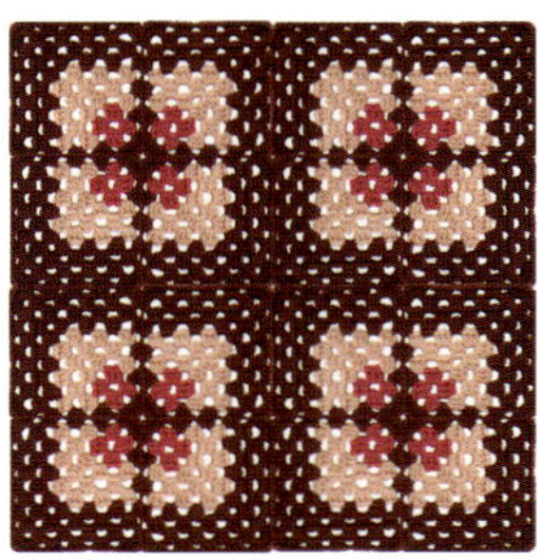

Mosaik nur aus Muster **35**

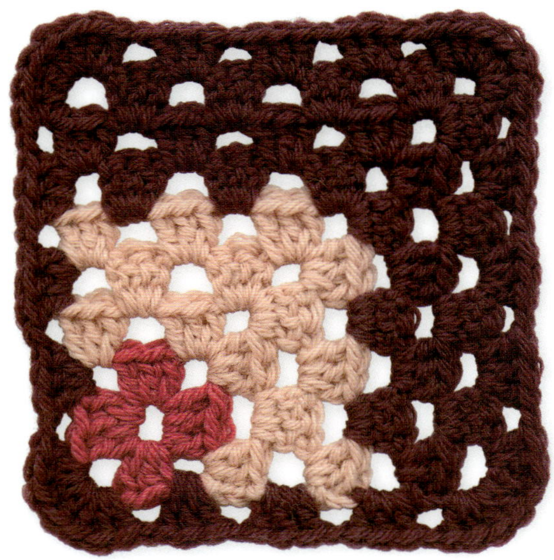

Mittel

36 POPCORN-QUADRAT

SPEZIELLE ABKÜRZUNGEN

Beg PN (Beginn Popcorn-Noppe): 4 Stb in nä. M, HN aus Schl herausnehmen und von vorne nach hinten oben durch AnfLm-Bg-3 stechen. Schl aufnehmen, Faden holen und durch Schl und M ziehen.

PN (Popcorn-Noppe): 5 Stb in nä. M, HN aus Schl herausnehmen und von vorne nach hinten durch 1. Stb führen, Schl aufnehmen, Faden holen und durch Schl und M ziehen.

Lm-Ring: 8 Lm häkeln und mit Km zum Ring schließen.

Rd 1: 3 Lm, Beg PN, [5 Lm, PN in den Ring] 3-mal, 5 Lm, Rd mit Km oben an Beg PN schließen.

Rd 2: 3 Lm (zählt als 1. Stb), *[2 Stb, 2 Lm, PN, 2 Lm, 2 Stb] in nä. Lm-Bg-5, 1 Stb in nä. PN; ab * 2-mal wdh, [2 Stb, 2 Lm, PN , 2 Lm, 2 Stb] in nä. Lm-Bg-5, Rd mit Km oben in AnfLm schließen.

Rd 3: 3 Lm (zählt als 1. Stb), je 1 Stb in nä. 2 Stb, *2 Stb in nä. Lm-Bg-2, 2 Lm, PN oben in PN aus Rd 2, 2 Lm, 2 Stb in nä. Lm-Bg-2, je 1 Stb in nä. 5 Stb; ab * 2-mal wdh, 2 Stb in nä. Lm-Bg-2, 2 Lm, PN oben in PN aus Rd 2, 2 Lm, 2 Stb in nä. Lm-Bg-2, je 1 Stb in nä. 2 Stb, Rd mit Km oben in AnfLm schließen.

Rd 4: 3 Lm (zählt als 1. Stb), je 1 Stb in nä. 4 Stb, *2 Stb in nä. Lm-Bg-2, 2 Lm, PN oben in PN aus Rd 3, 2 Lm, 2 Stb in nä. Lm-Bg-2, je 1 Stb in nä. 9 Stb; ab * 2-mal wdh, 2 Stb in nä. Lm-Bg-2, 2 Lm, PN oben in PN aus Rd 3, 2 Lm, 2 Stb in nä. Lm-Bg-2, je 1 Stb in nä. 4 Stb, Rd mit Km oben in AnfLm schließen.

Rd 5: 2 Lm häkeln (zählt als 1 hStb), je 1 hStb in nä. 5 M, *1 hStb in nä. Lm-Bg-2, 3 hStb oben in PN aus Rd 4, 1 hStb in nä. Lm-Bg-2, je 1 hStb in nä. 13 M; ab * 2-mal wdh, 1 hStb in nä. Lm-Bg-2, je 1 hStb in nä. 6 M, Rd mit Km oben in AnfLm schließen. Garn verwahren.

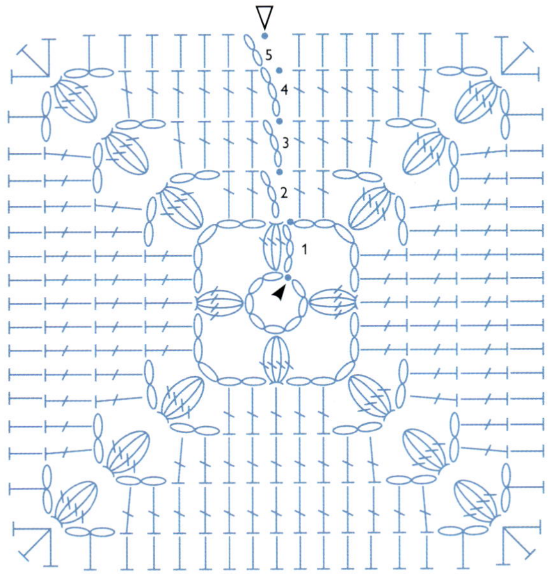

Farbe:
■ A

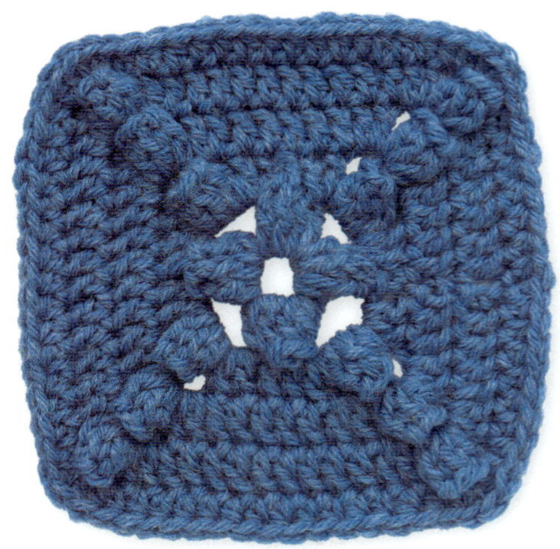

Mittel

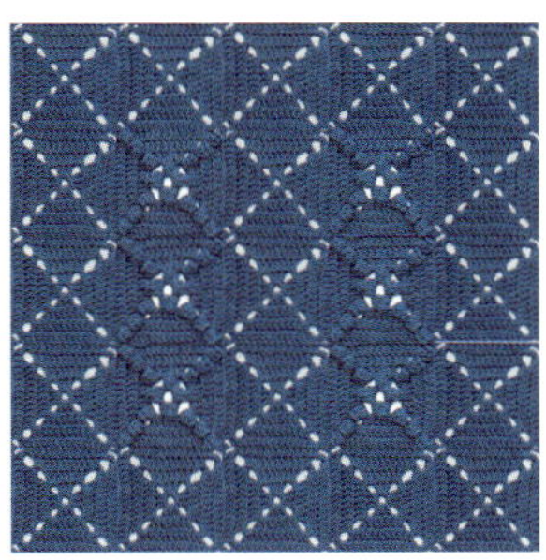

Kombination: **36 + 30**

37 BUNTES GLÜCKSKLEEBLATT

SPEZIELLE ABKÜRZUNGEN

Beg 5-dStb-Mg (Beginn Maschengruppe aus 5 dStb): 4 Lm * 2 U, HN in nä. dStb einführen, Faden holen und Schl hochziehen, [Faden holen und durch 2 Schl auf der HN durchziehen] 2-mal; ab * 4-mal wdh, Faden holen und durch alle 6 Schl auf der HN durchziehen.

6-dStb-Mg (Maschengruppe aus 6 dStb): *2 U, HN in nä. dStb einführen, Faden holen und Schl hochziehen, [Faden holen und durch 2 Schl auf der HN durchziehen] 2-mal; ab * 5-mal wdh, Faden holen und durch alle 7 Schl an der HN durchziehen.

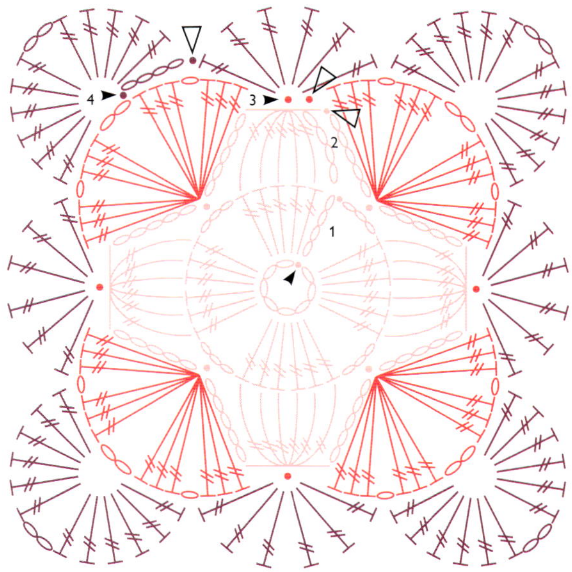

Farben:
A
B
C

Lm-Ring: Mit Garn A 8 Lm häkeln und mit Km zum Ring schließen.

Rd 1 (VS): 4 Lm (zählt als 1. dStb), 5 dStb in den Ring, 3 Lm, [6 dStb in den Ring, 3 Lm] 3-mal, Rd mit Km oben in AnfLm schließen. (24 dStb und 4 Lm-Bg-3)

Rd 2: Beg 5-dStb-Mg, 5 Lm, nä. Lm überspr, Km in nä. Lm, 5 Lm, *6-dStb-Mg, 5 Lm, nä. Lm überspr, Km in nä. Lm, 5 Lm; ab * 2-mal wdh, Rd mit Km oben in Beg 5-dStb-Mg schließen. (4 Mg)

Garn A abschn. Garn B oben an beliebiger Mg einhäkeln.

Rd 3: Um die nä. 2 Lm-Bg-5 und die nä. Km arbeiten, [3 dStb, 1 Lm, 3 dStb, 2 Lm, 3 dStb, 1 Lm, 3 dStb] in nä. Lm-Bg-3 aus Rd 1, *Km oben in nä. Mg aus Rd 2 und um nä. 2 Lm-Bg-5 und nä. Km arbeiten, [3 dStb, 1 Lm, 3 dStb, 2 Lm, 3 dStb, 1 Lm, 3 dStb, 1 Lm, 3 dStb] in nä. Lm-Bg-3 aus Rd 1; ab * 2-mal wdh, Rd mit Km in 1. Km schließen.

Garn B abschn. Garn C an einer Lm-Bg-2-Ecke einhäkeln.

Rd 4: 4 Lm [5 dStb, 2 Lm, 6 dStb] in Lm-Bg-1, nä. 6 dStb überspr, 6 dStb in nä. Km, *nä. 6 dStb überspr, [6 dStb, 2 Lm, 6 dStb] in nä. Lm-Bg-2, nä. 6 dStb überspr, 6 dStb in nä. Km; ab * 2-mal wdh, letzte 6 dStb überspr und Rd mit Km oben in AnfLm schließen.

Garne verwahren.

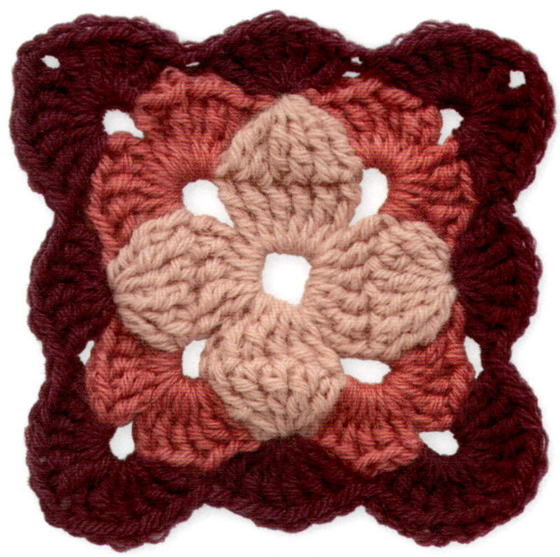

Mittel

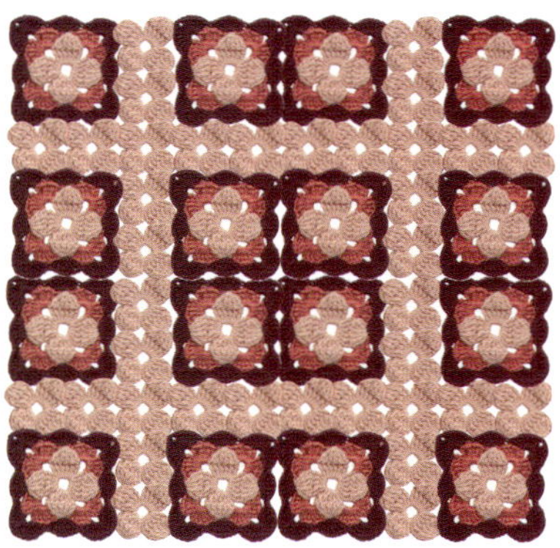

Kombination: **37 + Rd 1–2 von 37**

38 GRANNY-FARBWIRBEL

ANMERKUNG
Schieben Sie nicht verwendete Arbeitsmaschen auf einen offenen Ringmarkierer oder eine Sicherheitsnadel.

Lm-Kette: Mit Garn A 2 Lm häkeln.
Rd 1: In der 2. Lm von der HN aus [1 fM, 1 hStb, 2 Stb], HN aus Schl A herausnehmen, Garn B mit 1 fM in dieselbe Lm einhäkeln, [1 hStb, 2 Stb] in dieselbe Lm, HN aus Schl B herausnehmen und Garn C mit 1 fM in dieselbe Lm einhäkeln, [1 hStb, 2 Stb] in dieselbe Lm, HN aus Schl C herausnehmen und Garn D mit 1 fM in dieselbe Lm einhäkeln, [1 hStb, 2 Stb] in dieselbe Lm, HN aus Schl D herausnehmen und Lm, in die die M eingearbeitet wurden, vorsichtig anziehen. HN in die benötigten ArbSchl einführen.
Rd 2: Mit Garn A *2 Stb in nä. fM, 1 Stb in nä. hStb, 2 Stb in nä. Stb; 1 Stb in nä. Stb, HN aus A herausnehmen und ab * mit Garn B, C und D wdh.
Rd 3: Mit Garn A *2 Lm, 1 Stb in nä. Stb, 1 Stb überspr; je 2 Stb in die nä. 2 Stb; 1 Stb überspr, 1 Stb, HN aus A herausnehmen und ab * mit Garn B, C und D wdh.
Rd 4: Mit Garn A *[2 Stb, 2 Lm, 2 Stb] in nä. Lm-Bg-2, [1 Lm, nä. Stb überspr, 2 Stb in nä. Stb] 3-mal, HN aus A herausnehmen und ab * mit Garn B, C und D wdh.
Rd 5: Mit Garn A *1 Lm, [3 Stb, 2 Lm, 3 Stb] in nä. Lm-Bg-2, [1 Lm, nä. 2 Stb überspr, 2 Stb in nä. Lm-Bg-1] 3-mal, HN aus A herausnehmen und ab * mit Garn B, C und D wdh.
Rd 6: Mit Garn A *1 Lm, 2 Stb in Lm-Bg-1, 1 Lm, [3 Stb, 1 Lm, 3 Stb] in nä. Lm-Bg-2, 3 Stb überspr, 1 Lm, 2 Stb in Lm-Bg-1, 2 Stb überspr, 1 Lm, [1 hStb, 1 fM] in nä. Lm-Bg-1, 2 Stb überspr, 1 Lm, [1 fM, 1 Km] in nä. Lm-Bg-1, Garn A verwahren; HN aus A herausnehmen und ab * mit Garn B, C und D wdh.

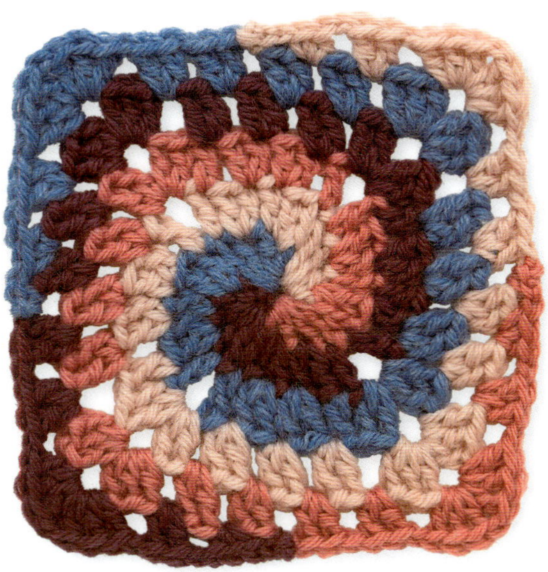

Mittel

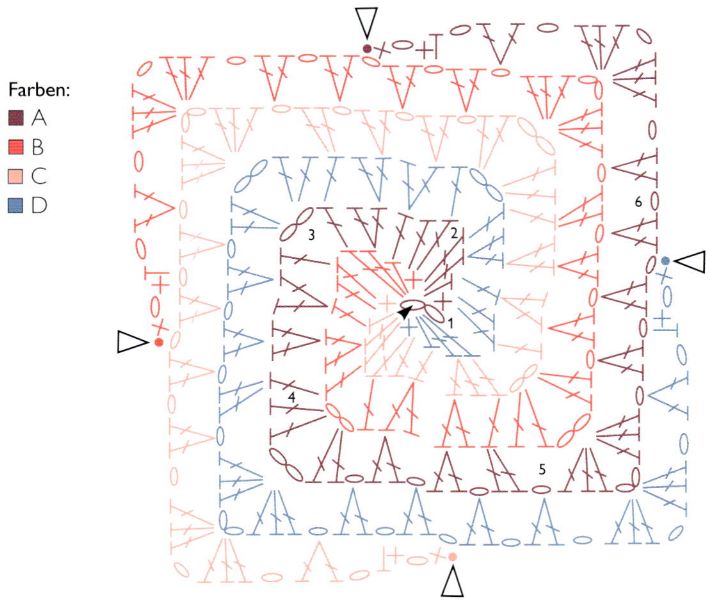

39 QUADRAT IM KRAUS-RECHTS-MUSTER

ANMERKUNG
Kennzeichnen Sie die Masche in der Mitte mit einer verschiebbaren Markierung oder einer Sicherheitsnadel und versetzen Sie diese wie angegeben.

Mit Garn A 49 M anschl.
R 1 (RS): Re str bis zur mittleren M, GvA, 1 M re abh, GhA, bis zum Ende der R re str.
Zu Garn B wechseln.
R 2: Re str bis 1 M vor der mittleren M, 2 M abh, 1 M re, 2 abgeh M übz, bis zum Ende der R str. (47 M)
R 3: Re str bis zur mittleren M, GvA, 1 M re abh, GhA, bis zum Ende der R re str.
Zu Garn A wechseln.
R 4 (VS): Re str bis 1 M vor der mittleren M, 2 M abh, 1 M re, 2 abgeh M übz, bis zum Ende der R str. (45 M)
R 5: Re str bis zur mittleren M, GvA, 1 M re abh, GhA, bis zum Ende der R re str. Zu Garn B wechseln.
Die letzten 4 Reihen und die Garnwechsel wdh bis nur noch 25 M übrigbleiben und mit R auf der RS enden.
Garn A abschn. Zu Garn B wechseln.
R 4–5 wdh, bis nur noch 3 M in einer VS übrigbleiben.
Nä. R (RS): 3 M zus str.
Garne verwahren.

Farben:
A
B

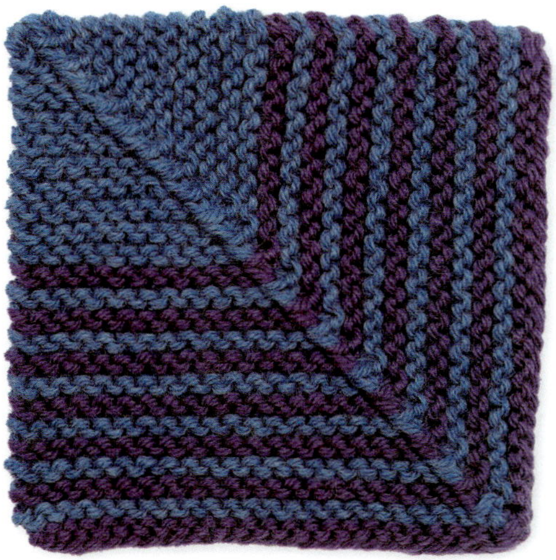

Mittel

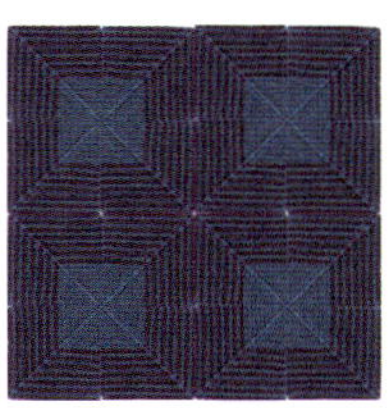

Mosaik nur aus Muster **39**

40 WINKEL-QUADRAT

8 M anschl und gleichmäßig auf SSN verteilen.
Verbinden und darauf achten, M nicht zu verdrehen.
Rd 1 (und alle ungeraden Rd): Re str.
Rd 2: [U, 1 M re] 8-mal. (16 M)
Rd 4: [U, 3 M re, U, 1 M re] 4-mal. (24 M)
Rd 6: [U, 5 M re, U, 1 M re] 4-mal. (32 M)
Rd 8: [U, 7 M re, U, 1 M re] 4-mal. (40 M)
Rd 10: [U, 4 M re, U, 1 M abn verschr, 3 M re, U, 1 M re] 4-mal. (48 M)
Rd 12: [U, 3 M re, 2 M re zus str, U, 1 M re, U, 1 M abn verschr, 3 M re, U, 1 M re] 4-mal. (56 M)
Rd 14: [U, 3 M re, 2 M re zus str, U, 3 M re, U, 1 M abn verschr, 3 M re, U, 1 M re] 4-mal. (64 M)
Rd 16: [U, 3 M re, 2 M re zus str, U, 5 M re, U, 1 M abn verschr, 3 M re, U, 1 M re] 4-mal. (72 M)
Rd 18: [U, 18 M li] 4-mal. (76 M)
Rd 19: [1 M re, 18 M li] 4-mal.
Locker rechts abketten.

Farbe:
A

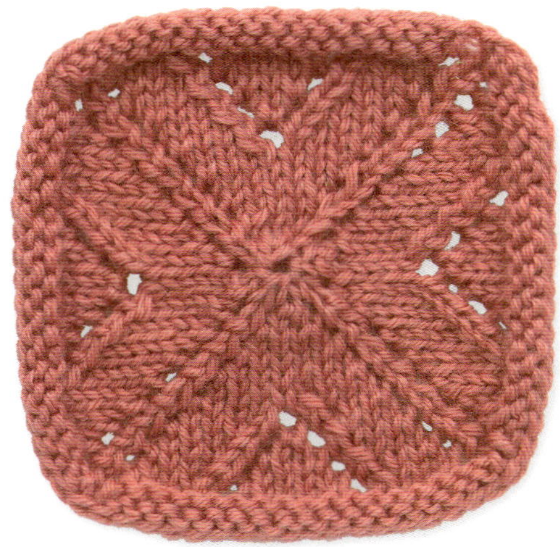

Mittel

41 LOCHMUSTER-QUADRAT

4 M anschl und gleichmäßig auf SSN verteilen.
Verbinden und darauf achten, M nicht zu verdrehen.
Rd 1: [U, 1 M re] 4-mal. (8 M)
Rd 2: [1 M re, 1 M re verschr] 4-mal.
Rd 3: [U, 1 M re, U, 1 M re verschr] 4-mal. (16 M)
Rd 4 (und alle geraden Rd): [Re str bis zur letzten M auf der Nd., 1 M re verschr] 4-mal
Rd 5: [U, 3 M re, U, 1 M re verschr] 4-mal. (24 M)
Rd 7: [U, 5 M re, U, 1 M re verschr] 4-mal. (32 M)
Rd 9: [U, 7 M re, U, 1 M re verschr] 4-mal. (40 M)
Rd 11: [U, 3 M re, U, 1 M abh, 2 M re zus str, abgeh M übz, U, 3 M re, U, 1 M re verschr] 4-mal. (48 M)
Rd 13: [U, 2 M re, 2 M re zus str, U, 3 M re, U, 1 M abn verschr, 2 M re, U, 1 M re verschr] 4-mal. (56 M)
Rd 15: [U, 5 M re, U, 1 M abh, 2 M re zus str, abgeh M übz, U, 5 M re, U, 1 M re verschr] 4-mal. (64 M)
Rd 17: [U, 15 M re, U, 1 M re verschr] 4-mal. (72 M)
Rd 19: [U, 17 M re, U, 1 M re verschr] 4-mal. (80 M)
Rd 21: [U, 1 M abn verschr] bis zum Ende der Rd.
Rd 22: [U, 2 M re] 4-mal. (84 M)
Mit größerer Nd. locker links abketten.

Farbe:
■ A

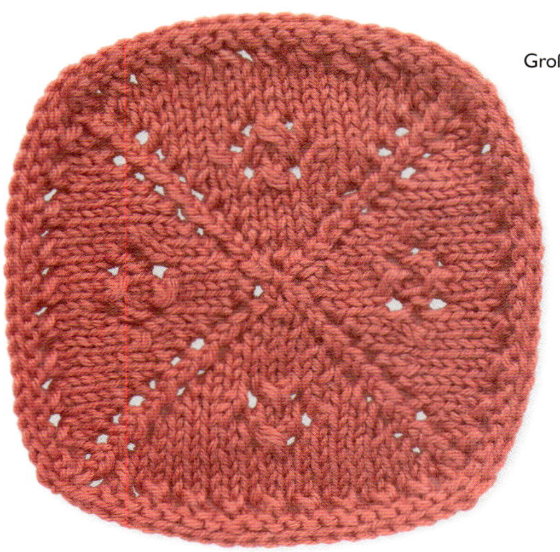

Groß

42 GEKIPPTES QUADRAT

Mit Garn A 8 M anschl und gleichmäßig auf SSN verteilen.
Verbinden und darauf achten, M nicht zu verdrehen.
Rd 1: Re str.
Rd 2: [2 M re, 1 M re zn] 4-mal. (12 M)
Rd 3: [3 M re, 1 M re zn] 4-mal. (16 M)
Rd 4: [4 M re, 1 M re zn] 4-mal. (20 M)
Rd 5: [5 M re, 1 M re zn] 4-mal. (24 M)
Rd 6: [6 M re, 1 M re zn] 4-mal. (28 M)
Rd 7: [7 M re, 1 M re zn] 4-mal. (32 M)
Rd 8: [8 M re, 1 M re zn] 4-mal. (36 M)
Garn A abschn. Garn B einstricken.
Rd 9: [9 M re, 1 M re zn] 4-mal. (40 M)
Rd 10: [10 M re, 1 M re zn] 4-mal. (44 M)
Rd 11: [11 M re, 1 M re zn] 4-mal. (48 M)
Rd 12: [12 M re, 1 M re zn] 4-mal. (52 M)
Rd 13: [13 M li, 1 M re zn] 4-mal. (56 M)
Rd 14: [14 M li, 1 M re zn] 4-mal. (60 M)
Rd 15: [15 M li, 1 M re zn] 4-mal. (64 M)
Rd 16: [16 M li, 1 M re zn] 4-mal. (68 M)
Garn B abschn. Garn C einstricken. Mit dem Muster fortfahren und je 4 Rd re und 4 Rd li str. Dann locker mit größerer Nd. wie zum Rechtsstricken abk.

Farben:
■ A
■ B
■ C

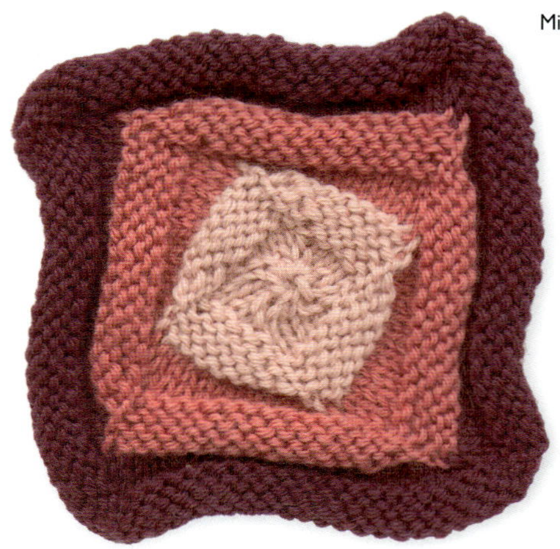

Mittel

Dieses Muster zu einer Decke verarbeitet siehe S. 133

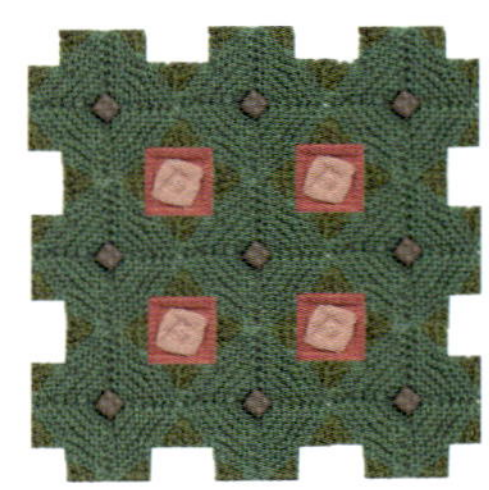

Kombination: **Rd 1–16 von 42 + 122**

43 GLÜCKSKLEE FÜR EINE TAGESDECKE

Mit Garn A 8 M anschl und gleichmäßig auf SSN verteilen.
Verbinden und darauf achten, M nicht zu verdrehen.
Rd 1: [U, 1 M re] 8-mal. (16 M)
Rd 2: Re str.
Rd 3: [U, 1 M re] 16-mal. (32 M)
Rd 4: [1 M li, 5 M re, 1 M li, 1 M re] 4-mal.
Rd 5: [U, 3 M re, U, 1 M re] 8-mal. (48 M)
Rd 6: [2 M li, 7 M re, 2 M li, 1 M re] 4-mal.
Rd 7: [U, 5 M re, U, 1 M re] 8-mal. (64 M)
Rd 8: [3 M li, 9 M re, 3 M li, 1 M re] 4-mal.
Rd 9: [U, 7 M re, U, 1 M re] 8-mal. (80 M)
Rd 10: [4 M li, 11 M re, 4 M li, 1 M re] 4-mal.
Rd 11: [U, 9 M re, U, 1 M re] 8-mal. (96 M)
Rd 12: [5 M li, 13 M re, 5 M li, 1 M re] 4-mal.
Rd 13: [U, 11 M re, U, 1 M re] 8-mal. (112 M)
Rd 14: [6 M li, 15 M re, 6 M li, 1 M re] 4-mal.
Rd 15: [U, 13 M re, U, 1 M re] 8-mal. (128 M)
Rd 16: [7 M li, 17 M re, 7 M li, 1 M re] 4-mal.
Rd 17: [U, 7 M re, 1 M abn verschr, 13 M re, 2 M re zus str, 7 M re, U, 1 M re] 4-mal.
Rd 18: [8 M li, 15 M re, 8 M li, 1 M re] 4-mal.
Rd 19: [U, 8 M re, 1 M abn verschr, 11 M re, 2 M re zus str, 8 M re, U, 1 M re] 4-mal.
Rd 20: [9 M li, 13 M re, 9 M li, 1 M re] 4-mal.
Rd 21: [U, 9 M re, 1 M abn verschr, 9 M re, 2 M re zus str, 9 M re, U, 1 M re] 4-mal.
Rd 22: [10 M li, 11 M re, 10 M li, 1 M re] 4-mal.
Rd 23: [U, 10 M re, 1 M abn verschr, 7 M re, 2 M re zus str, 10 M re, U, 1 M re] 4-mal.
Rd 24: [11 M li, 9 M re, 11 M li, 1 M re] 4-mal.
Rd 25: [U, 11 M re, 1 M abn verschr, 5 M re, 2 M re zus str, 11 M re, U, 1 M re] 4-mal.
Rd 26: [12 M li, 7 M re, 12 M li, 1 M re] 4-mal.
Rd 27: [U, 12 M re, 1 M abn verschr, 3 M re, 2 M re zus str, 12 M re, U, 1 M re] 4-mal.
Rd 28: [13 M li, 5 M re, 13 M li, 1 M re] 4-mal.
Rd 29: [U, 13 M re, 1 M abn verschr, 1 M re, 2 M re zus str, 13 M re, U, 1 M re] 4-mal.
Rd 30: [14 M li, 3 M re, 14 M li, 1 M re] 4-mal.
Rd 31: [U, 14 M re, 3 M re zus str, 14 M re, U, 1 M re] 4-mal.
Rd 32: [Bis zur letzten M auf der Nd li str, 1 M re] 4-mal.
Rd 33: [U, bis zur letzten M auf der Nd li str, U, 1 M re] 4-mal. (136 M)
Locker mit größerer Nd. abk.

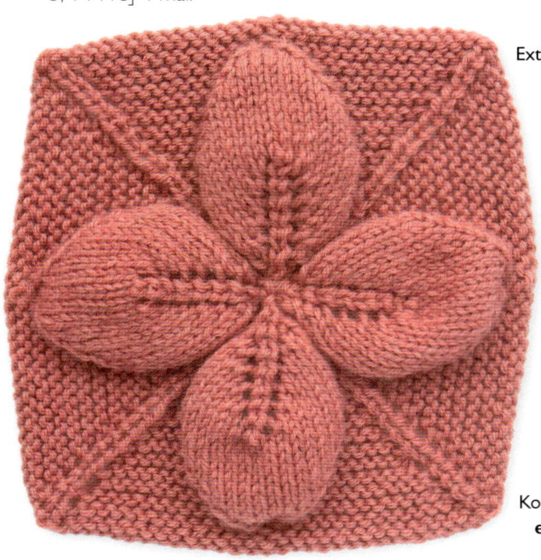

Extra large

Farbe:
■ A

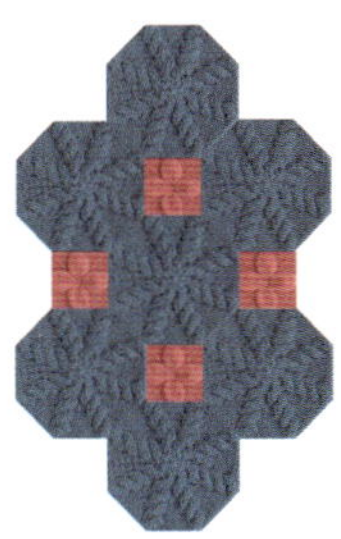

Kombination: **43 so groß, dass es in den Zwischenraum passt + 80**

44 ZWEIFARBIGES RIPPENQUADRAT

Mit Garn A 8 M anschl und gleichmäßig auf SSN verteilen.
Verbinden und darauf achten, M nicht zu verdrehen.
Rd 1: [1 M re, U, 1 M re] 4-mal. (12 M)
Rd 2: Re str.
Rd 3: [1 M re, U, 1 M re, U, 1 M re] 4-mal. (20 M)
Rd 4: Re str.
Rd 5: [1 M re, U, 3 M re, U, 1 M re] 4-mal. (28 M). Zu Garn B wechseln.
Rd 6: Re str.
Rd 7: [1 M re, U, 5 M li, U, 1 M re] 4-mal. (36 M)
Rd 8: [1 M re, 7 M li, 1 M re] 4-mal.
Rd 9: [1 M re, U, 7 M li, U, 1 M re] 4-mal. (44 M)
Rd 10: [1 M re, 9 M li, 1 M re] 4-mal.
Zu Garn A wechseln.
Rd 11: [1 M re, U, 9 M li, U, 1 M re] 4-mal. (52 M)
Rd 12: Re str.
Rd 13: [1 M re, U, 11 M re, U, 1 M re] 4-mal. (60 M).
Zu Garn B wechseln.
Rd 14: Re str.
Rd 15: [1 M re, U, 13 M li, U, 1 M re] 4-mal. (68 M)
Rd 16: [1 M re, 15 M li, 1 M re] 4-mal.
Rd 17: [1 M re, U, 15 M li, U, 1 M re] 4-mal. (76 M)
Rd 18: [1 M re, 17 M li, 1 M re] 4-mal.
Zu Garn A wechseln.
Rd 19: [1 M re, U, 17 M re, U, 1 M re] 4-mal. (84 M).
Rd 20: Re str.
Rd 21: [1 M re, U, 19 M re, U, 1 M re] 4-mal. (92 M)
Rd 22: Re str.
Rd 23: [1 M re, U, 21 M li, U, 1 M re] 4-mal. (100 M)
Rd 24: [1 M re, 23 M li, 1 M re] 4-mal.
Locker abketten.

Farben:
■ A
■ B

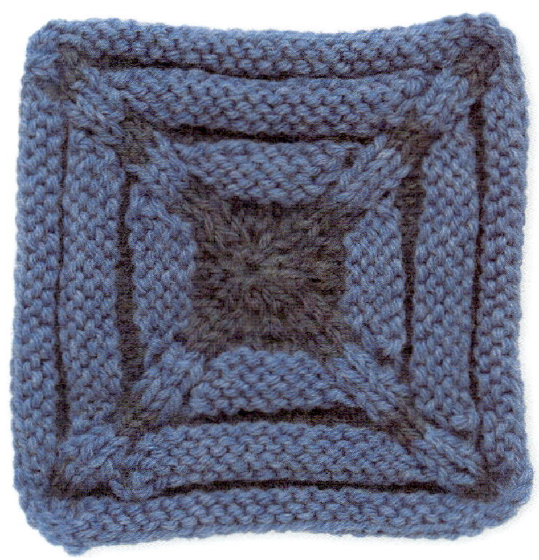

Mittel

45 STRUDEL IM QUADRAT

Mit Garn A 8 M anschl und gleichmäßig auf SSN verteilen. Verbinden und darauf achten, M nicht zu verdrehen.

Rd 1: Re str.

Rd 2: [U, 2 M re] 4-mal. (12 M)

Rd 3 (und alle ungeraden Rd): Re str.

Rd 4: [U, 2 M re zus str, U, 1 M re] 4-mal. (16 M)

Rd 6: [U, 2 M re, U, 2 M re zus str] 4-mal. (20 M)

Rd 8: [U, 1 M re, 2 M re zus str, U, 2 M re] 4-mal. (24 M)

Rd 10: [U, 1 M re, 2 M re zus str, U, 1 M re, U, 2 M re zus str] 4-mal. (28 M)

Rd 12: [U, 1 M re, 2 M re zus str, U, 1 M re, U, 1 M re, 2 M re zus str] 4-mal. (32 M)

Rd 14: [U, 1 M re, 2 M re zus str, U, 1 M re, U, 2 M re, 2 M re zus str] 4-mal. (36 M)

Rd 16: [U, 1 M re, 2 M re zus str, U, 1 M re, U, 1 M re, 2 M re zus str, U, 2 M zus str] 4-mal. (40 M)

Rd 18: [U, 1 M re, 2 M re zus str, U, 1 M re, U, 1 M re, U, 1 M re, 2 M re zus str, U, 1 M re, 2 M re zus str] 4-mal. (44 M)

Rd 20: [U, 1 M re, 2 M re zus str, U, 1 M re, U, 1 M re, 2 M re zus str, U, 2 M re, 2 M re zus str] 4-mal. (48 M)

Rd 22: [U, 1 M re, 2 M re zus str, U, 1 M re, U, 1 M re, 2 M re zus str, U, 1 M re, 2 M re zus str, U, 2 M re zus str] 4-mal. (52 M)

Rd 24: [U, 1 M re, 2 M re zus str, U, 1 M re, U, 1 M re, 2 M re zus str, U, 1 M re, 2 M re zus str, U, 1 M re, 2 M zus str] 4-mal. (56 M)

Rd 26: [U, 1 M re, 2 M re zus str, U, 1 M re, U, 1 M re, 2 M re zus str, U, 1 M re, 2 M re zus str, U, 2 M re, 2 M zus str] 4-mal. (60 M)

Rd 28: [U, 15 M li] 4-mal. (64 M)

Rd 29: [1 M re, 16 M li] 4-mal.

Mit größerer Nd. locker abk.

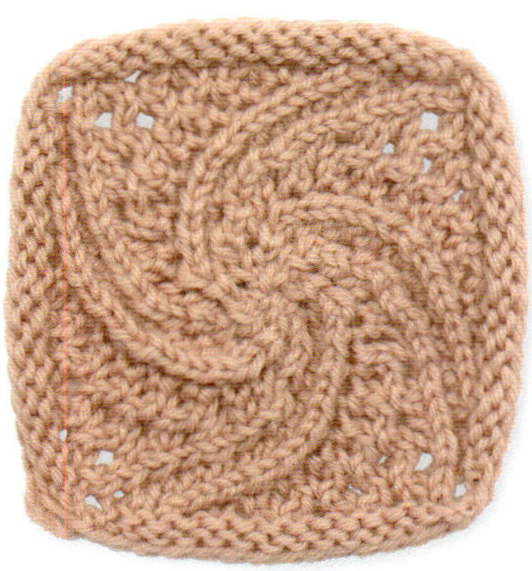

Mittel

Farbe:
□ A

46 SPITZEN-GLÜCKSKLEE

Mit Garn A 8 M anschl und gleichmäßig auf SSN verteilen. Verbinden und darauf achten, M nicht zu verdrehen.

Rd 1: [2 M re, U] 4-mal. (12 M)

Rd 2 (und alle geraden Rd): Alle M und U re str; je 1 M li und 1 M re in jd DopU.

Rd 3: [U, 2 M re, U, 1 M re verschr] 4-mal. (20 M)

Rd 5: [U, 1 M re, U, 1 M abn verschr, 1 M re, U, 1 M re verschr] 4-mal. (28 M)

Rd 7: [U, 3 M re, U, 1 M abn verschr, 1 M re, U, 1 M re verschr] 4-mal. (36 M)

Rd 9: [U, 5 M re, U, 1 M abn verschr, 1 M re, U, 1 M re verschr] 4-mal. (44 M)

Rd 11: [U, 3 M re, 2 M re zus str, U, 2 M re, U, 1 M abn verschr, 1 M re, U, 1 M re verschr] 4-mal. (52 M)

Rd 13: [U, 3 M re, 2 M re zus str, U, 7 M re, U, 1 M verschr] 4-mal. (60 M)

Rd 15: [DopU, 1 M abn verschr, 5 M re, U, 1 M abn verschr, 2 M re, 2 M re zus str, DopU, 1 M verschr] 4-mal. (68 M)

Rd 17: [U, 2 M re, U, 1 M abn verschr, 5 M re, U, 1 M abn verschr, 1 M re, 2 M re zus str, U, 2 M re, U, 1 M re verschr] 4-mal. (76 M)

Rd 19: [U, 1 M re, 2 M re zus str, U, 1 M re, U, 1 M abn verschr, 1 M re, 2 M re zus str, U, 3 M re, 2 M re zus str, U, 1 M re, U , 1 M abn verschr, 1 M re, U, 1 M re verschr] 4-mal. (84 M)

Rd 21: [DopU, 1 M abh, 1 M re zus str, 1 abgeh M übz, U, 1 M re, 2 M re zus str, DopU, 1 M abn verschr, 4 M re, 2 M re zus str, DopU, 1 M abn verschr, 1 M re, U, 1 M abh, 2 M re zus str, 1 abgeh M übz, DopU, 1 M re verschr] 4-mal. (92 M)

Rd 23: [U, 2 M re, U, 1 M abn verschr, 2 M re zus str, U, 2 M re, U, 1 M abn verschr, 2 M re, 2 M re zus str, U, 2 M re, U, 1 M abn verschr, 2 M re zus str, U, 2 M re, U, 1 M re verschr] 4-mal. (100 M)

Rd 25: [U, 1 M re, 2 M re zus str, DopU, 1 M abh, 2 M re zus str, 1 abgeh M übz, U, 1 M re, 2 M re zus str, U, 1 M re, U, 1 M abn verschr, 2 M re zus str, U, 1 M re, U, 1 M abn verschr, 1 M re, U, 1 M abh, 2 M re zus str, 1 abgeh M übz, DopU, 1 M abn verschr, 1 M re, U, 1 M re verschr] 4-mal. (108 M)

Rd 27: Li str.

Mit größerer Nd. locker abk.

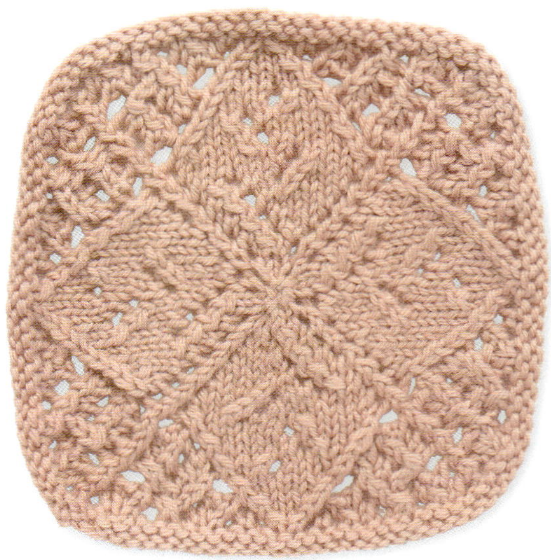

Sehr groß

Farbe:
□ A

DREIECKE

47 GRANNY-DREIECK

Lm-Ring: Mit Garn A 4 Lm häkeln und mit Km zum Ring schließen.
Rd 1: 5 Lm (zählt als 1. Stb und 3 Lm), [3 Stb in Ring, 3 Lm] 2-mal, 2 Stb, Rd mit Km in AnfLm schließen.
Rd 2: Km in 1. Zwr, 1 Lm [1 fM, 5 Lm, 3 Stb] in nä. Lm-Bg-3, *2 Lm, [3 Stb, 3 Lm, 3 Stb] in nä. Lm-Bg-3; ab * 1-mal wdh, 2 Lm, 2 Stb in nä. Zwr, Rd mit Km in 2. Lm von Lm-Bg-5 schließen. Garn A abschn. Garn B mit Km in 1. Zwr einhäkeln.
Rd 3: 1 Lm [1 fM, 5 Lm, 3 Stb] unten in AnfLm, *2 Lm, 3 Stb in nä. Lm-Bg-2, 2 Lm, [3 Stb, 3 Lm, 3 Stb]] in nä.Lm-Bg-3; ab * 1-mal wdh, 2 Lm, 3 Stb in nä. Lm-Bg-2, 2 Lm, 2 Stb in 1. Lm-Bg-3 aus Rd 2, Rd mit Km in 2. Lm von Lm-Bg-5 schließen.
Rd 4: : Km in 1. Zwr, 1 Lm [1 fM, 5 Lm, 3 Stb] unten in AnfLm, *[2 Lm, 3 Stb in nä. Lm-Bg-2] 2-mal, 2 Lm, [3 Stb, 3 Lm, 3 Stb] in nä. Lm-Bg-3; ab * 1-mal wdh, [2 Lm, 3 Stb in nä. Lm-Bg-2] 2-mal, 2 Lm, 2 Stb in 1. Lm von Lm-Bg-3 aus Rd 3, Rd mit Km in 2. Lm von Lm-Bg-5 schließen.
Garne verwahren.

Farben:
A
B

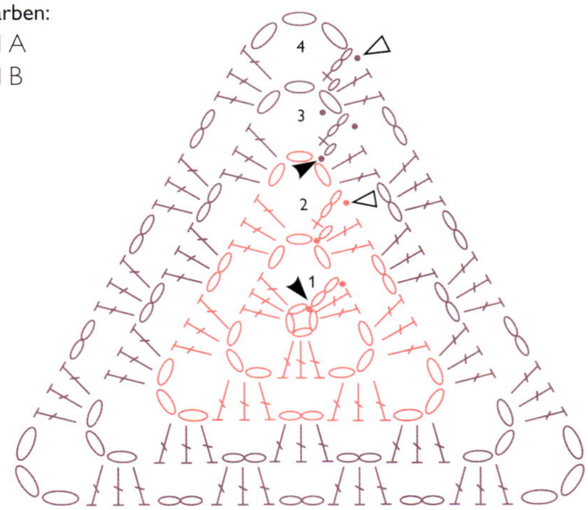

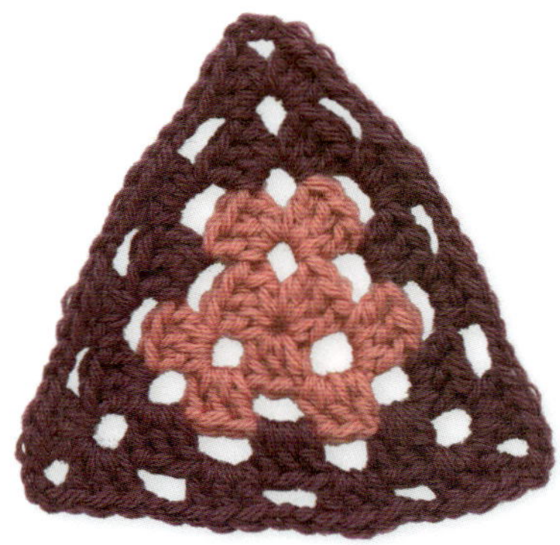

Mittel

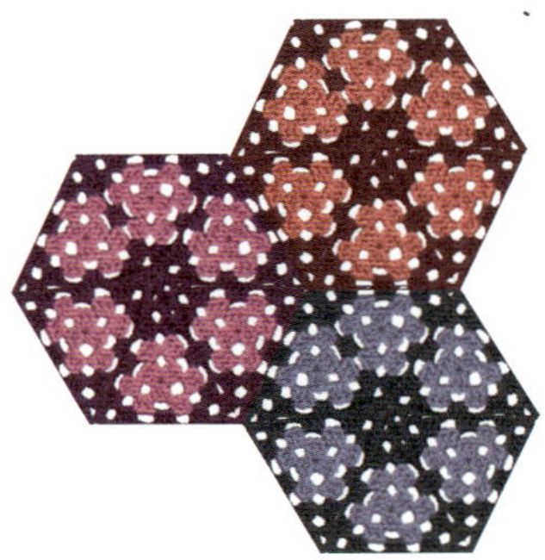

Mosaik nur aus Muster **47**

Abkürzungen und Symbole: Schlagen Sie auf S. 140–141 für die vollständige Erklärung der verwendeten Abkürzungen und Symbole nach!

48 SOLIDES GRANNY-DREIECK

Lm-Ring: 4 Lm häkeln und mit Km zum Ring schließen.
Rd 1: 1 fM in den Ring, [4 Lm, 1 fM in den Ring] 2-mal, 4 Lm, Rd mit Km in 1. fM schließen.
Rd 2: 4 Lm (zählt als 1. Stb und 1 Lm), *[2 Stb 1 dStb, 3 Lm, 1 dStb, 2 Stb] in nä. Lm-Bg-4, 1 Lm; ab * 1-mal wdh, [2 Stb, 1 dStb, 3 Lm, 1 dStb, 1 Stb] in nä. Lm-Bg-4, Rd mit Km in 3. AnfLm schließen.
Rd 3: 2 Lm (zählt als 1. hStb), 1hStb in nä. Lm-Bg-1, je 1 hStb in die nä. 3 M, *[1 hStb, 1 Stb, 3 Lm, 1 Stb, 1hStb] in Lm-Bg-3, je 1 hStb in die nä. 3 M, 1 hStb in nä. Lm-Bg-1, je 1 hStb in die nä. 3 M; ab * 1-mal wdh, [1 hStb, 1 Stb, 3 Lm, 1 Stb, 1hStb] in Lm-Bg-3, je 1 hStb in die nä. 2 M, Rd mit Km oben in AnfLm schließen. Garn verwahren.

Farbe:
A

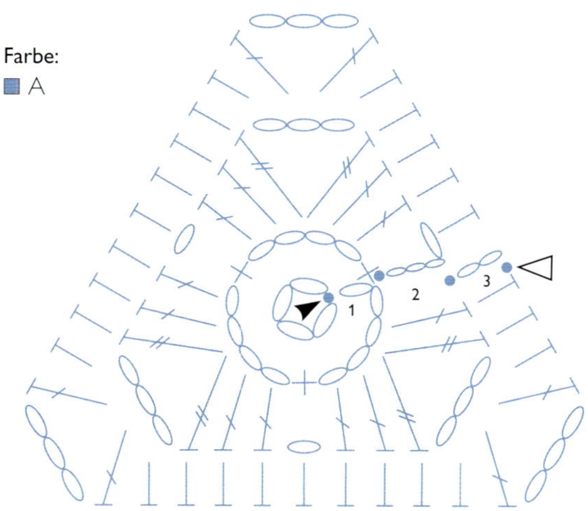

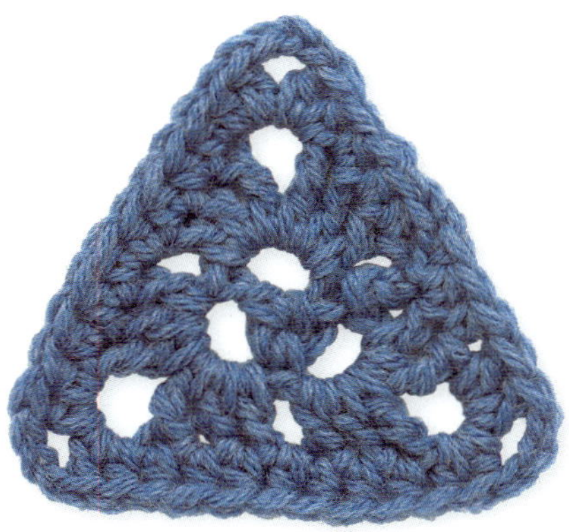

Klein

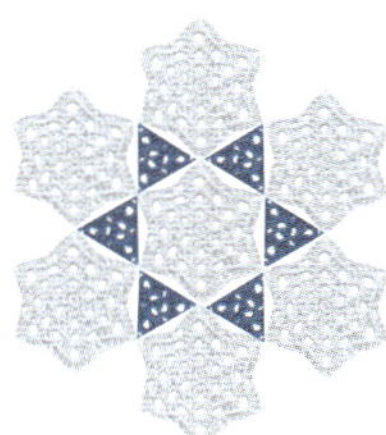

Kombination: **48 + 92**

49 STÄBCHEN-DREIECK

Lm-Ring: 8 Lm häkeln und mit Km zum Ring schließen.
Rd 1: 3 Lm (zählt als 1. Stb), 2 Stb in Ring, 3 Lm, [3 Stb, 3 Lm] 2-mal, Rd mit Km oben in AnfLm schließen. (9 Stb und 3 Lm-Bg-3)
Rd 2: 3 Lm (zählt als 1. Stb), je 1 Stb in nä. 2 M, *[3 Stb, 3 Lm, 3 Stb] in nä. Lm-Bg-3, je 1 Stb in nä. 3 M; ab * 1-mal wdh, [3 Stb, 3 Lm, 3 Stb] in nä. Lm-Bg-3, Rd mit Km oben in AnfLm schließen. (27 Stb und 3 Lm-Bg-3)
Rd 3: 3 Lm (zählt als 1. Stb), je 1 Stb in nä. 5 M, *[3 Stb, 3 Lm, 3 Stb] in nä. Lm-Bg-3, je 1 Stb in nä. 9 M; ab * 1-mal wdh, [3 Stb, 3 Lm, 3 Stb] in nä. Lm-Bg-3, je 1 Stb in nä. 3 M, Rd mit Km oben in AnfLm schließen. Garn verwahren.

Farbe:
A

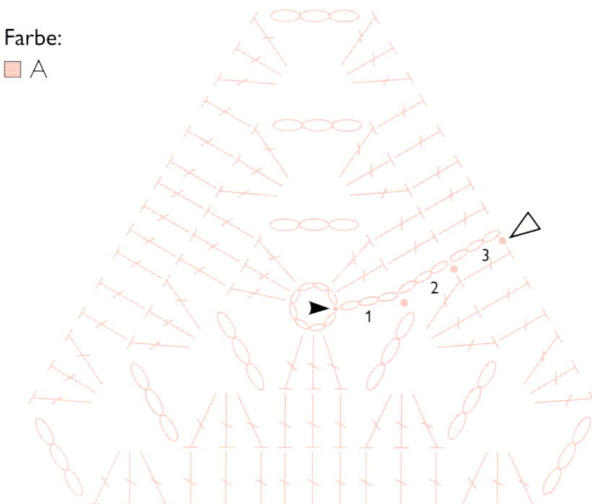

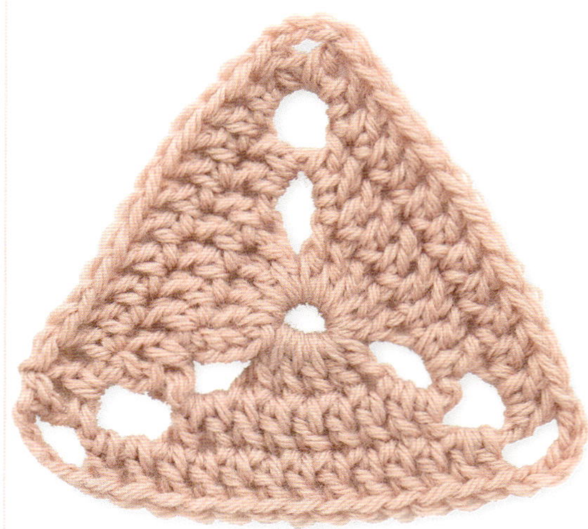

Mittel

50 ZWEIFARBIGES KLEEBLATT

Lm-Ring: Mit Garn A 4 Lm häkeln und mit Km zum Ring schließen.
Rd 1 (VS): 1 Lm, 6 fM in den Ring, Rd mit Km an 1. fM schließen. (6 fM)
Rd 2: 1 Lm, [1 fM, 7 Lm, 1 fM] in 1. fM; *1 fM in nä. fM, [1 fM, 7 Lm, 1 fM] in nä. fM; ab * 1-mal wdh, 1 fM in nä. fM, Rd mit Km in 1. fM schließen. (9 M, 3 Lm-Bg-7)
Rd 3: 1 Lm, 1. fM überspr, [1 fM, 1 hStb, 3 Stb, 3 dStb, 3 Stb, 1 hStb, 1 fM] in nä. Lm-Bg-7 (um Blatt zu häkeln), *nä. fM überspr, 1 fM in nä. fM, nä. fM überspr, [1 fM, 1 hStb, 3 Stb, 3 dStb, 3 Stb, 1 hStb, 1 fM] in nä. Lm-Bg-7; ab * 1-mal wdh, nä. fM überspr, 1 fM in nä. fM, Rd mit Km an 1. fM schließen. (42 M)
Garn A abschn. Garn B am 2. Stb eines beliebigen Blattes einhäkeln.
Rd 4: 1 Lm, 1 fM unten in Lm, [1 Lm, 1 fM in nä. M] 6-mal, *2 Lm, 1 Stb in fM zw Blättern, 2 Lm, 1 fM in 2. Stb des nä. Blattes, [1 Lm, 1 fM in nä. M] 6-mal; ab * 1-mal wdh, 2 Lm, 1 Stb in fM zw Blättern, 2 Lm, Rd mit Km in 1. fM schließen.
Rd 5: 3 Lm (zählt als 1. Stb), *[1 Stb in nä. Lm-Bg-1, 1 Stb in nä. fM] 2-mal, 2 Stb in nä. (Lm-Bg-1, fM und Lm-Bg-1), [1 Stb in nä. fM, 1 Stb in nä. Lm-Bg-1] 2-mal, 1 Stb in nä. fM, 2 Stb in nä. Lm-Bg-2, 1 Stb in nä. Stb, 2 Stb in nä. Lm-Bg-2, 1 Stb in nä. fM; ab * 2-mal wdh, am Ende der letzten Wdh letzte fM auslassen, Rd mit Km oben an AnfLm schließen. Garne verwahren.

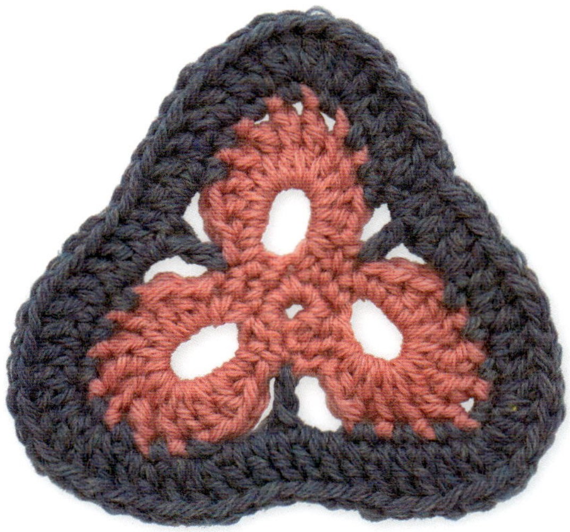

Mittel

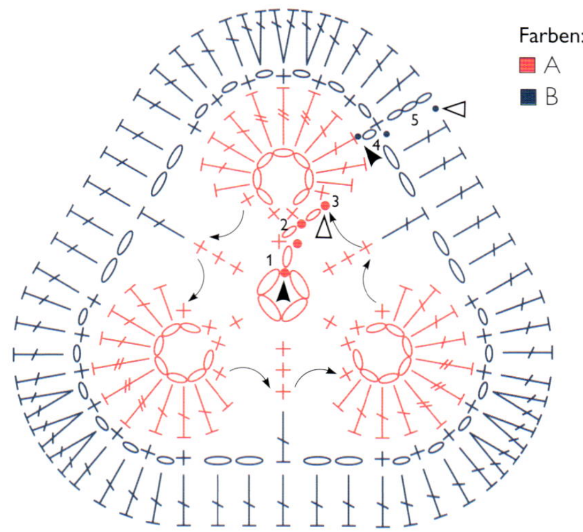

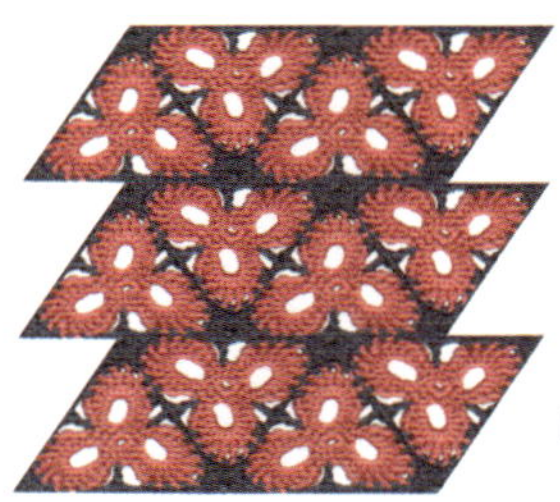

Mosaik nur aus Muster **50**

51 ZIERLICHES BLUMENDREIECK

SPEZIELLE ABKÜRZUNGEN

Beg PN (Beginn Popcorn-Noppe) : 3 Stb in den Ring häkeln, HN aus ArbSchl herausnehmen und oben in Lm-Bg-3 einführen, ArbSchl holen und durchziehen, um Popcornmasche zu schließen.

P (Popcorn-Noppe): 4 Stb in den Ring häkeln, HN aus ArbSchl herausnehmen und oben in 1. Stb einführen, ArbSchl holen und durchziehen, um Popcornmasche zu schließen.

Lm-Ring: Mit Garn A 8 Lm häkeln und mit Km zum Ring schließen.

Rd 1: 3 Lm (zählt als 1. Stb), Beg PN , 3 Lm, [PN , 3 Lm] 5-mal, Rd mit Km oben an AnfLm schließen. (6 PN)

Garn A abschn. Garn B in beliebigen Lm-Bg-3 einhäkeln.

Rd 2: 3 Lm (zählt als 1. Stb), 8 Stb unten in Lm, [4 Lm, nä. Lm-Bg-3 überspr, 9 Stb in nä. Lm-Bg-3] 2-mal, 4 Lm, Rd. mit Km oben in AnfLm schließen.

Rd 3: 3 Lm, 1 Stb unten in Lm, *je 1 Stb in nä. 3 Stb, [1 Stb, 1 dStb, 3 Lm, 1 dStb, 1 Stb] in nä. Stb, je 1 Stb in nä. 3 Stb, 2 Stb in nä. Stb, fM in nä. Lm-Bg-4, 2 Stb in nä. Stb; ab * 1-mal wdh, je 1 Stb in nä. 3 Stb [1 Stb, 1 dStb, 3 Lm, 1 dStb, 1 Stb] in nä. Stb, je 1 Stb in nä. 3 Stb, 2 Stb in nä. Stb, 1 fM in nä. Lm-Bg-4, Rd mit Km oben in AnfLm schließen.

Rd 4: 1 Lm, 1 fM unten in Lm, 1 fM in nä. M, *1 hStb in nä. M, je 1 Stb in nä. 4 M, [3 Stb, 3 Lm, 3 Stb] in Lm-Bg-3, je 1 Stb in nä. 4 M, 1 hStb in nä. M, je 1 fM in nä. 5 M; ab * 1-mal wdh, 1 hStb in nä. M, je 1 Stb in nä. 4 M, [3 Stb, 3 Lm, 3 Stb] in Lm-Bg-3, 1 Stb in nä. 4 M, 1 hStb in nä. M, je 1 fM in nä. 3 M, Rd mit Km oben in 1. fM schließen. Garne verwahren.

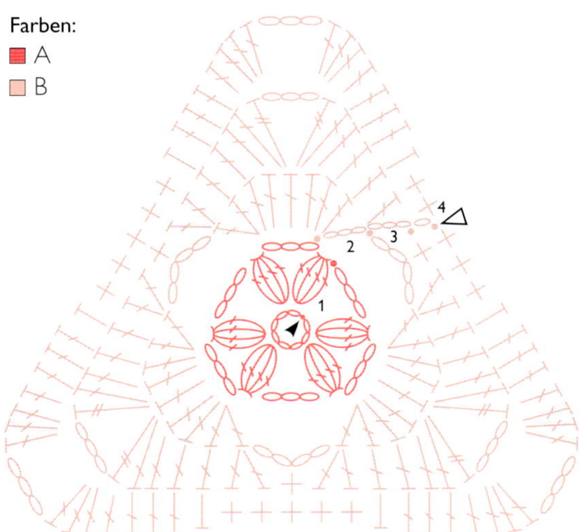

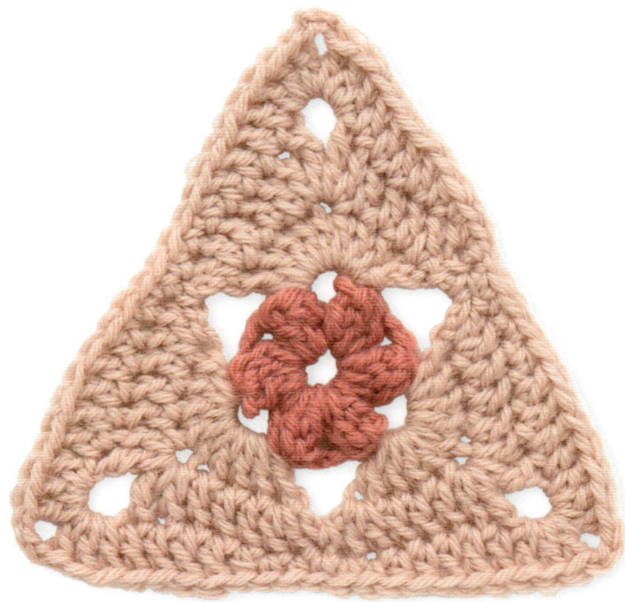

Groß

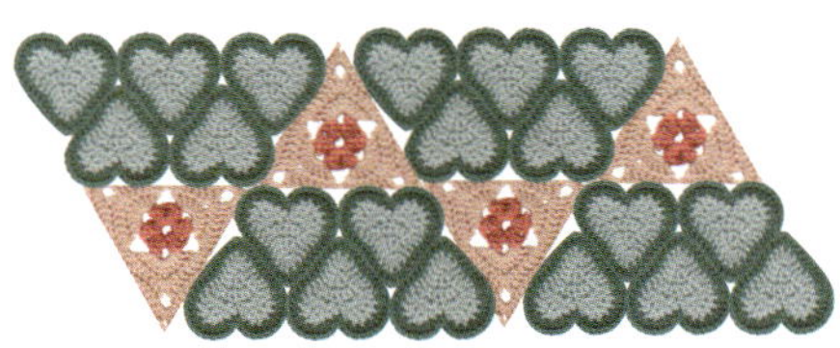

Kombination: **51 + 125**

52 RELIEF-DREIECK

SPEZIELLE ABKÜRZUNGEN

RStbh (Reliefstäbchen hinten): U, HN von hinten nach vorne und wieder nach hinten um die nä. M führen; Faden holen und Schl hochziehen, [Faden holen und durch 2 M auf HN ziehen] 2-mal.

RStbv (Reliefstäbchen vorn): U, HN von vorne nach hinten und wieder nach vorne um die nä. M führen; Faden holen und Schl hochziehen, [Faden holen und durch 2 M auf HN ziehen] 2-mal.

Lm-Ring: 8 Lm häkeln, mit Km zum Ring schließen.

Rd 1: 3 Lm (zählt als 1. Stb), 4 Stb in Ring, 3 Lm, [5 Stb in Ring, 3 Lm] 2-mal, Rd mit Km oben in AnfLm schließen.

Rd 2: Km in nä. Stb, 3 Lm (zählst als 1. RStbh), RStbv, RStbh, RStbv. *[2 Stb, 3 Lm, 2 Stb] in nä. Lm-Bg-3, [RStbv, RStbh] 2-mal, RStbv; ab * 1-mal wdh, [2 Stb, 3 Lm, 2 Stb] in nä. Lm-Bg-3, RStbv, Rd mit Km oben in AnfLm schließen. (9 M je Seite)

Rd 3: 3 Lm (zählt als 1. RStbh), [RStbv, RStbh] 2-mal, RStbv, *[2 Stb, 3 Lm, 2 Stb] in nä. Lm-Bg-3, [RStbv, RStbh] 4-mal, RStbv; ab * 1-mal wdh, [2 Stb, 3 Lm, 2 Stb] in nä. Lm-Bg-3, RStbv, RStbh, RStbv, Rd mit Km oben in AnfLm schließen. (13 M je Seite)

Rd 4: 3 Lm (zählt als 1. RStbh), [RStbv, RStbh] 3-mal, RStbv, *[2 Stb, 3 Lm, 2 Stb] in nä. Lm-Bg-3, [RStbv, RStbh] 6-mal, RStbv; ab * 1-mal wdh, [2 Stb, 3 Lm, 2 Stb] in nä. Lm-Bg-3, [RStbv, RStbh] 2-mal, RStbv, Rd mit Km oben in AnfLm schließen. (17 M je Seite)

Rd 5: 3 Lm (zählt als 1. RStbh), [RStbv, RStbh] 4-mal, RStbv, *[2 Stb, 3 Lm, 2 Stb] in nä. Lm-Bg-3, [RStbv, RStbh] 8-mal, RStbv; ab * 1-mal wdh, [2 Stb, 3 Lm, 2 Stb] in nä. Lm-Bg-3, [RStbv, RStbh] 3-mal, RStbv, Rd mit Km oben in AnfLm schließen. (21 M je Seite)

Garn verwahren.

Farbe:
A

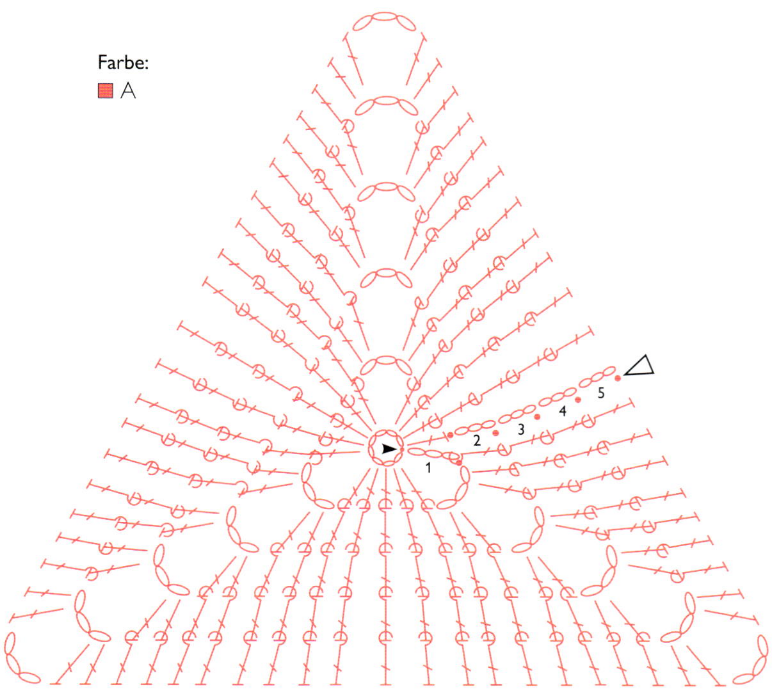

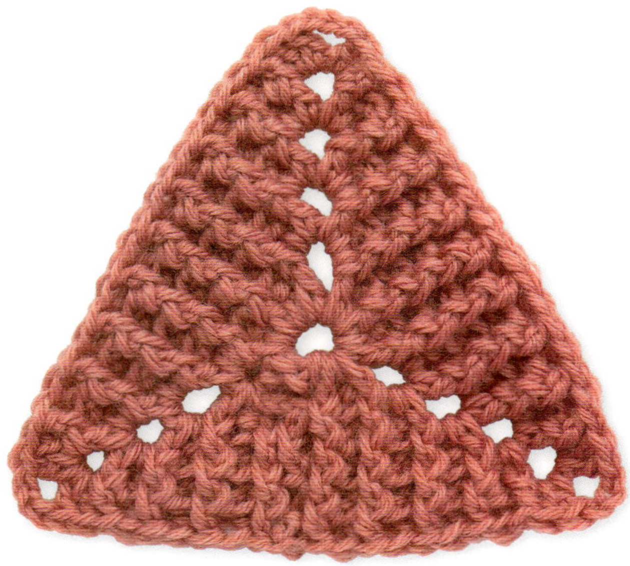

Groß

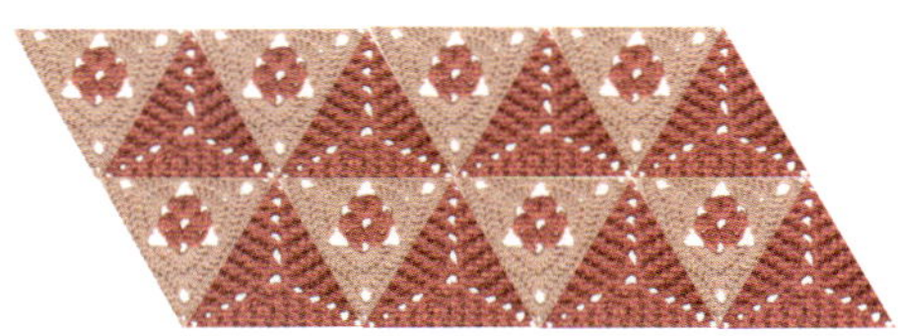

Kombination: **52 + 51**

53 DREIECK IM DREIECK

ECKEN BEI BESONDERS GEFORMTEN STÜCKEN

Egal, ob Sie an einem dreieckigen, quadratischen, sechs- oder achteckigen Stück arbeiten – achten Sie besonders auf die Ecken! Vergewissern Sie sich auch nach jeder Runde, dass Sie die richtige Maschenanzahl entlang jeder Seite ausgearbeitet haben!

Lm-Ring: Mit Garn A 4 Lm häkeln und mit Km zum Ring schließen.

Rd 1 (VS): 1 Lm, *[1 fM, 1 hStb, 1 Stb, 1 dStb, 1 Stb, 1 hStb] in den Ring häkeln; ab * 2-mal wdh, Rd mit Km in 1. fM schließen.

Garn A abschn. Garn B einhäkeln.

Rd 2: 4 Lm (zählt als 1. dStb), 2 Stb in nä. hStb, 1 hStb in nä. Stb, 1fM in nä. dStb, 1 hStb in nä. Stb, 2 Stb in nä. hStb, *1dStb in nä. fM, 2 Stb in nä. hStb, 1 hStb in nä. Stb, 1 fM in nä. dStb, 1 hStb in nä. Stb, 2 Stb in nä. hStb; ab * 1-mal wdh, Rd mit Km oben in AnfLm schließen.

Garn B abschn. Garn C einhäkeln.

Rd 3: 1 Lm, 1 fM unten in Lm, *je 1 hStb in nä. 2 Stb, 2 Stb in nä. hStb, 3 dStb in nä. fM (Eckpunkt ausgearbeitet), 2 Stb in nä. hStb, 1 hStb in nä. 2 Stb, 1 fM in nä. dStb; ab * 1-mal wdh, 1 hStb in nä. 2 Stb, 2 Stb in nä. hStb, 3 dStb in nä. fM, 2 Stb in nä. hStb, 1 hStb in nä. 2 Stb, Rd mit Km in 1. fM schließen.

Garne verwahren.

Farben:
- A
- B
- C

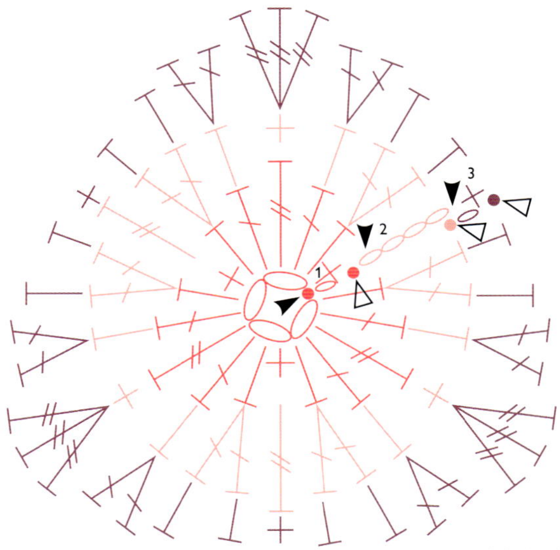

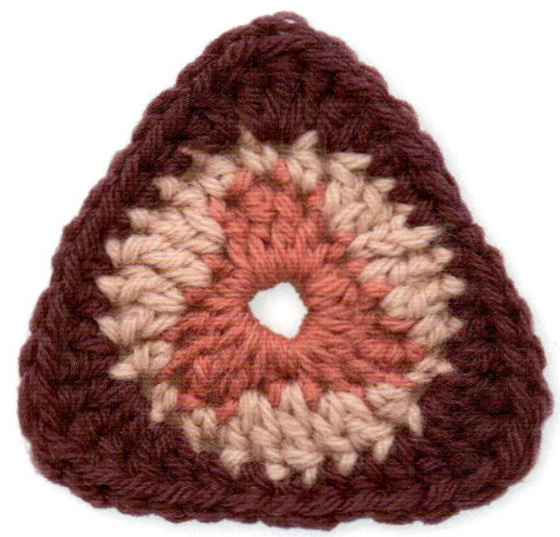

Klein

Auf S. 129 finden Sie dieses Muster zur Gestaltung einer Tasche.

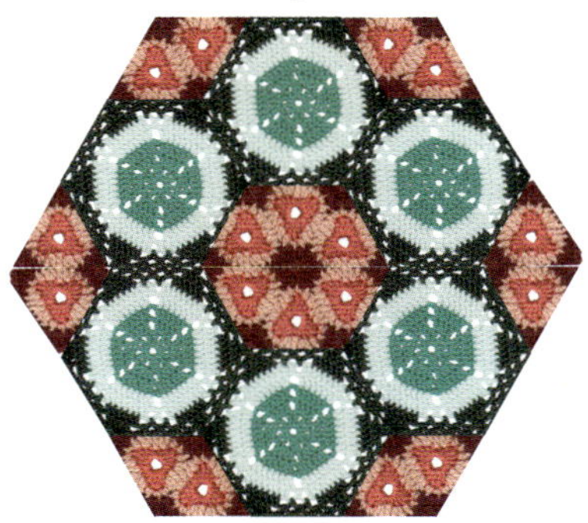

Kombination: **53 + 60**

54 OFFENES KLEEBLATT

Lm-Ring: [16 Lm, 1 Km in 1. Lm] 3-mal, um Basisringe zu häkeln.
Rd 1: In 1. Ring 1 Lm (zählt als 1. fM), 23 fM in den Ring, [24 fM in nä. Ring] 2-mal, Rd mit Km in 1. fM schließen.
Rd 2: Je 1 Km in die nä. 2 fM, 5 Lm (zählt als 1. Stb und 2 Lm), nä. M überspr, [1 Stb in nä. M, 2 Lm, nä. M überspr] 8-mal, 1 Stb in nä. M, 5 M überspr, *[1 Stb in nä. M, 2 Lm, nä. M überspr] 9-mal, ab * 1-mal wdh, Rd mit Km in 3. AnfLm schließen.
Rd 3: 1 Lm, [3 fM in nä. Lm-Bg-2] 9-mal, 2 fM zw nä. 2 Stb; ab * 2-mal wdh, Rd mit Km oben in 1. fM schließen.
Rd 4: 4 Lm (zählt als 1. Stb und 2 Lm), erste 2 M überspr, 1 hStb in nä. M, *[2 Lm, 1 M überspr, 1 Stb in nä. M] 10-mal, 2 Lm, 1 M überspr, 1 hStb in nä. M, 2 Lm, 3 fM überspr, 1 fM zw M vor nä. fM, 3 M überspr, 1 hStb in nä. M; ab * 1-mal wdh, [2 Lm, 1 M überspr, 1 Stb in nä. M] 10-mal, 2 Lm, 1 M überspr, 1 hStb in nä. M, 2 Lm, Rd mit Km in 2. AnfLm schließen.
Rd 5: Je 1 Lm und 3 fM in jd Lm-Bg-2 arbeiten, Rd mit Km in AnfLm schließen.
Garn verwahren.

Farbe:
■ A

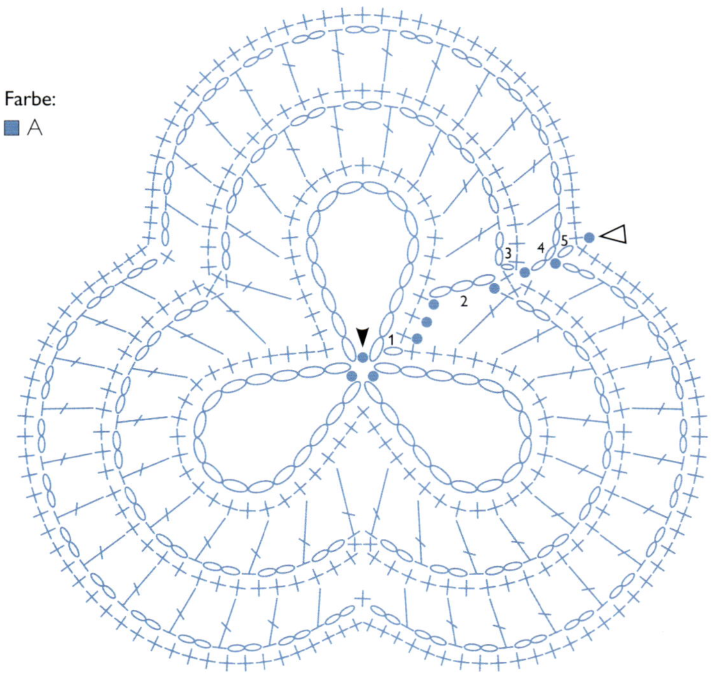

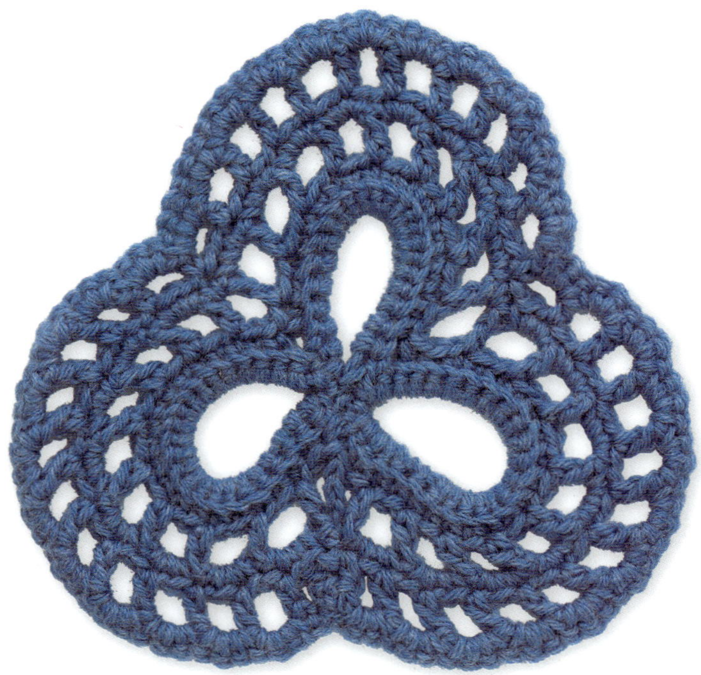

Sehr groß

55 GESTRICKTES NOPPEN-DREIECK

SPEZIELLE ABKÜRZUNGEN

N str (Noppe stricken): In nä. M [1 M re, U, 1 M re, U, 1 M re, U, 1 M re], mit der linken Nd. alle U und M nacheinander über die 1. M auf der re Nd. ziehen. Noppe auf die VS der Arbeit (linke Nd.) schieben.

3 M anschl.
R 1 (VS): Re str.
R 2: Li str. Jd gerade R bis R 12 so wdh.
R 3: 1 M re, 1 M re zn, 1 M re, 1 M re zn, 1 M re. (5 M)
R 5: 1 M re, 1 M re zn, 3 M re, 1 M re zn, 1 M re. (7 M)
R 7: 1 M re, 1 M re zn, 2 M re, N str, 2 M re, 1 M re zn, 1 M re. (9 M)
R 9: 1 M re, 1 M re zn, 2 M re, N str, 1 M re, N str, 2 M re, 1 M re zn, 1 M re. (11 M)
R 11: 1 M re, 1 M re zn, 4 M re, N str, 4 M re, 1 M re zn, 1 M re. (13 M)
R 13: 1 M re, 1 M re zn, 11 M re, 1 M re zn, 1 M re. (15 M)
R 14: Re str.
R 15: 1 M li, 1 M re zn, 13 M li, 1 M re zn, 1 M li. (17 M)
R 16: Li str.
R 17: 1 M re, 1 M re zn, 15 M re, 1 M re zn, 1 M re. (19 M)
R 18: Li str.
R 19: 1 M li, 1 M re zn, 17 M li, 1 M re zn, 1 M li. (21 M)
R 20: Re str.
R 21: 1 M li, 1 M re zn, 19 M li, 1 M re zn, 1 M li. (23 M)
R 22: Li str.
R 23: 1 M re, 1 M re zn, 4 M re, [N str, 3 M re] 3-mal, N str, 4 M re, 1 M re zn, 1 M re. (25 M)
R 24: Li str.
R 25: 1 M li, 1 M re zn, 23 M li, 1 M re zn, 1 M li. (27 M)
R 26: Re str.
R 27: 1 M li, 1 M re zn, 25 M li, 1 M re zn, 1 M li. (29 M)
R 28: Li str.
R 29: 1 M re, 1 M re zn, 27 M re, 1 M re zn, 1 M re. (31 M)
R 30: Li str.
R 31: 1 M li, 1 M re zn, 29 M li, 1 M re zn, 1 M li. (33 M)
R 32: Re str.
R 33: 1 M li, 1 M re zn, 31 M li, 1 M re zn, 1 M li. (35 M)
Locker wie zum Rechtsstricken abk.

Farbe:
■ A

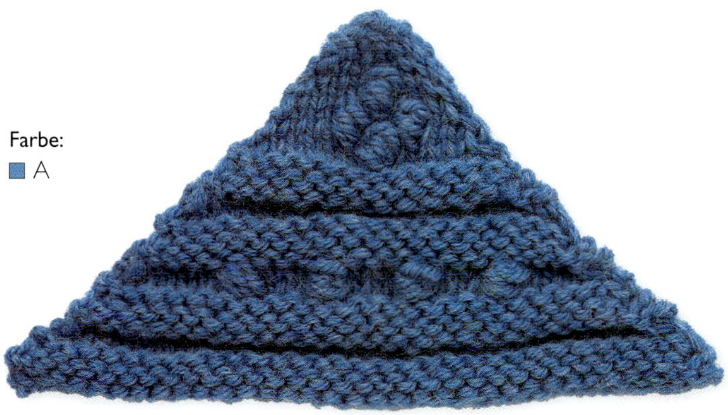

Groß

56 LOCHMUSTER-DREIECK

Mit 2 dünneren SSN 4 M anschl. Bis zum Ende von R 16 in R str, dann in Rd.
R 1 (und alle ungeraden R): Li str.
R 2: [U, 1 M re] 4-mal. (8 M)
R 4: [U, 3 M re, U, 1 M re] 2-mal. (12 M)
R 6: [U, 5 M re, U, 1 M re] 2-mal. (16 M)
R 8: [U, 7 M re, U, 1 M re] 2-mal. (20 M)
R 10: [U, 4 M re, U, 1 M abn verschr, 3 M re, U, 1 M re] 2-mal. (24 M)
R 12: [U, 3 M re, 2 M re zus str, U, 1 M re, U, 1 M abn verschr, 3 M re, U, 1 M re] 2-mal. (28 M)
R 14: [U, 3 M re, 2 M re zus str, U, 3 M re, U, 1 M abn verschr, 3 M re, U, 1 M re] 2-mal. (32 M)
R 16: *U, 3 M re, 2 M re zus str, U, 5 M re, U, 1 M abn verschr, 3 M re, U, 1 M re, auf 1 SSN; ab * auf 3. SSN wdh. (18 M auf jd Nd)
Nicht wenden. 18 M auf 4. SSN gleichmäßig entlang der Unterkante verteilt aufnehmen. Runde stricken.
Rd 1: Li str.
Mit stärkerer SSN locker abk.

Farbe:
■ A

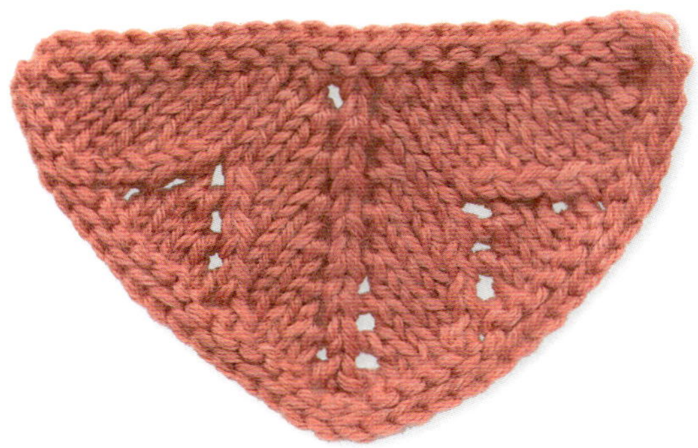

Klein

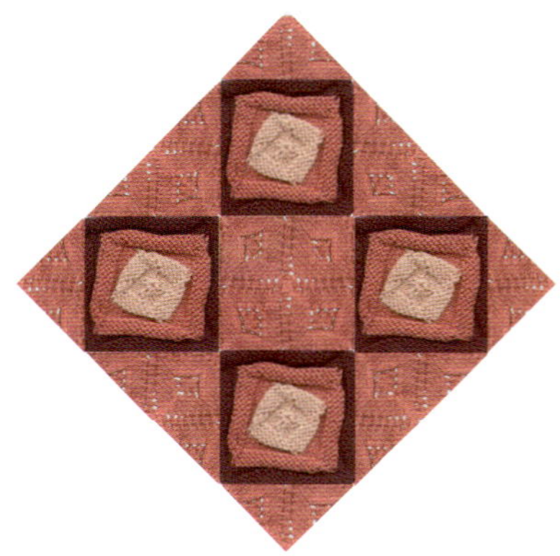

Kombination: **56 + 42**

SECHSECKE

57 SOLIDES SECHSECK

Lm-Ring: 4 Lm häkeln und mit Km zum Ring schließen.
Rd 1: 1 Lm (zählt als 1. fM), 11 fM in den Ring häkeln und mit Km in AnfLm schließen. Wenden. (12 M)
Rd 2: 2 Lm (zählt als 1. hStb), [3 hStb in nä. fM, 1 hStb in nä. fM] 5-mal, 3 hStb in nä. fM, Rd mit Km oben in AnfLm schließen. Wenden. (24 M)
Rd 3: 2 Lm (zählt als 1. hStb), 1 hStb in nä. hStb, [3 hStb in nä. hStb, je 1 hStb in nä. 3 Stb] 5-mal, 3 hStb in nä. hStb, 1 hStb in nä. hStb, Rd mit Km oben in AnfLm schließen. Wenden. (36 M)
Rd 4: 2 Lm (zählt als 1. hStb), je 1 hStb in nä. 2 hStb, [3 hStb in nä. hStb, je 1 hStb in nä. 5 Stb] 5-mal, 3 hStb in nä. hStb, je 1 hStb in nä. 2 hStb, Rd mit Km oben in AnfLm schließen. Wenden. (48 M)
Rd 5: 2 Lm (zählt als 1. hStb), je 1 hStb in nä. 3 hStb, [3 hStb in nä. hStb, je 1 hStb in nä. 7 Stb] 5-mal, 3 hStb in nä. hStb, je 1 hStb in nä. 3 hStb, Rd mit Km oben in AnfLm schließen. Wenden. (60 M)
Rd 6: 2 Lm (zählt als 1. hStb), je 1 hStb in nä. 4 hStb, [3 hStb in nä. hStb, je 1 hStb in nä. 9 Stb] 5-mal, 3 hStb in nä. hStb, je 1 hStb in nä. 4 hStb, Rd mit Km oben in AnfLm schließen. Wenden. (72 M)
Garn verwahren.

Farbe:
■ A

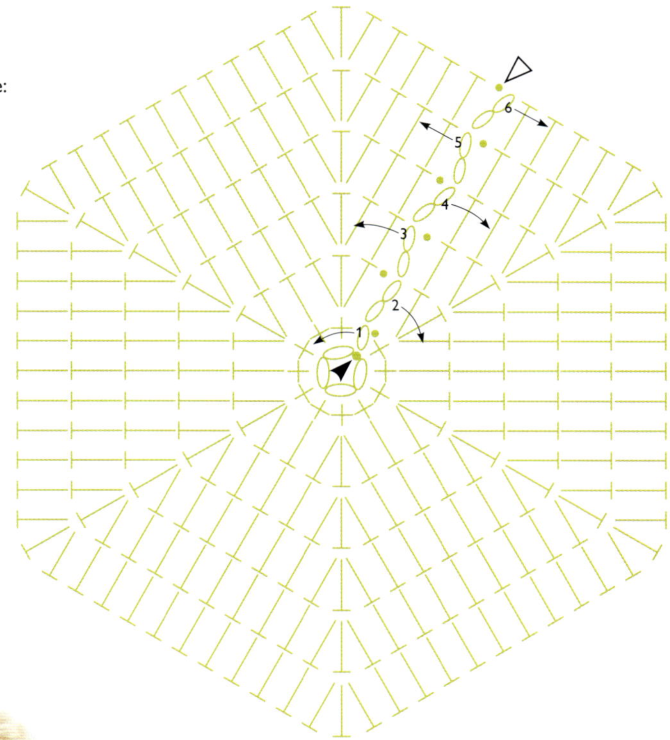

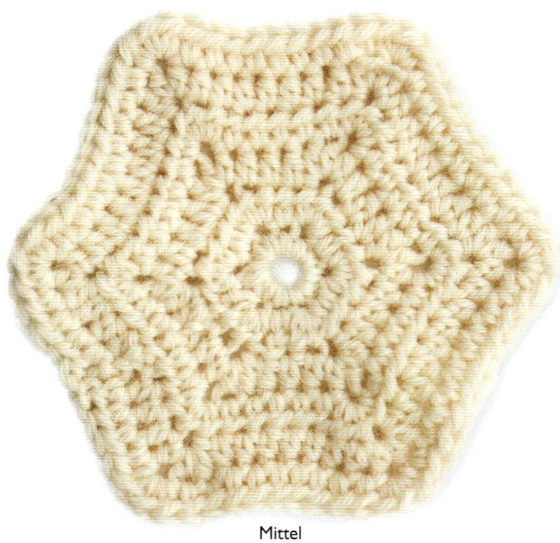

Mittel

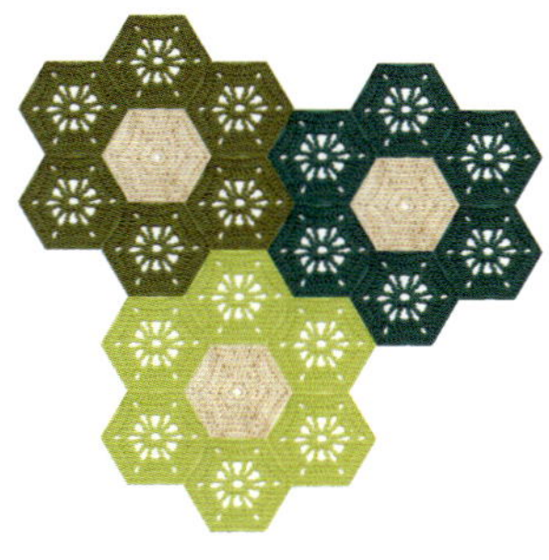

Kombination: **57 + 62**

Abkürzungen und Symbole: Schlagen Sie auf S. 140–141 für die vollständige Erklärung der verwendeten Abkürzungen und Symbole nach!

58 SECHSECK MIT FARBPUNKT

Lm-Ring: Mit Garn A 4 Lm häkeln und mit Km zum Ring schließen.
Rd 1: 1 Lm, 6 fM in den Ring, Rd mit Km in 1. fM schließen, wenden.
Rd 2: 1 Lm, je 2 fM in jd fM, Rd mit Km in 1. fM schließen, wenden. (12 fM)
Rd 3: 1 Lm, 1 fM in fM unter Lm, 3 fM in nä. fM, [1 fM in nä. fM, 3 fM in nä. fM] 5-mal, Rd mit Km in 1. fM schließen, wenden. (24 fM)
Rd 4: 1 Lm, je 1 fM in jd fM, Rd mit Km in 1. fM schließen, wenden.
Rd 5: : 1 Lm, 1 fM in fM unter Lm, 1 fM in nä. fM, 3 fM in nä. fM, [je 1 fM in nä. 3 fM, 3 fM in nä. fM] 5-mal, 1 fM in letzte fM, Rd mit Km in 1. fM schließen, wenden. (36 fM)
Rd 6: 1 Lm, je 1 fM in jd fM, mit Km in 1. fM schließen, wenden.
Garn A abschn. Garn B einhäkeln.
Rd 7: 1 Lm, 1 fM in fM unter Lm, je 1 fM in nä. 2 fM, 3 fM in nä. fM, [je 1 fM in nä. 5 fM, 3 fM in nä. fM] 5-mal, je 1 fM in letzte 2 fM, Rd mit Km in 1. fM schließen, wenden. (48 fM)
Rd 8: 1 Lm, je 1 fM in jd fM, Rd mit Km in 1. fM schließen, wenden.
Rd 9: 1 Lm, 1 fM in fM unter Lm, je 1 fM in nä. 3 fM, 3 fM in nä. fM, [je 1 fM in nä. 7 fM, 3 fM in nä. fM] 5-mal, je 1 fM in letzte 3 fM, Rd mit Km in 1. fM schließen, wenden. (60 fM)
Rd 10: 1 Lm, je 1 fM in jd fM, Rd mit Km in 1. fM schließen, wenden.
Rd 11: 1 Lm, je 1 fM in jd der ersten 5 fM, 3 fM in nä. fM, *je 1 fM in nä. 9 fM, 3 fM in nä. fM; ab * 4-mal wdh, je 1 fM in jd der letzten 4 fM, Rd mit Km in 1. fM schließen, wenden. (72 fM)
Rd 12: 1 Lm, je 1 fM in jd fM, Rd mit Km in 1. fM schließen, wenden.
Garn verwahren.

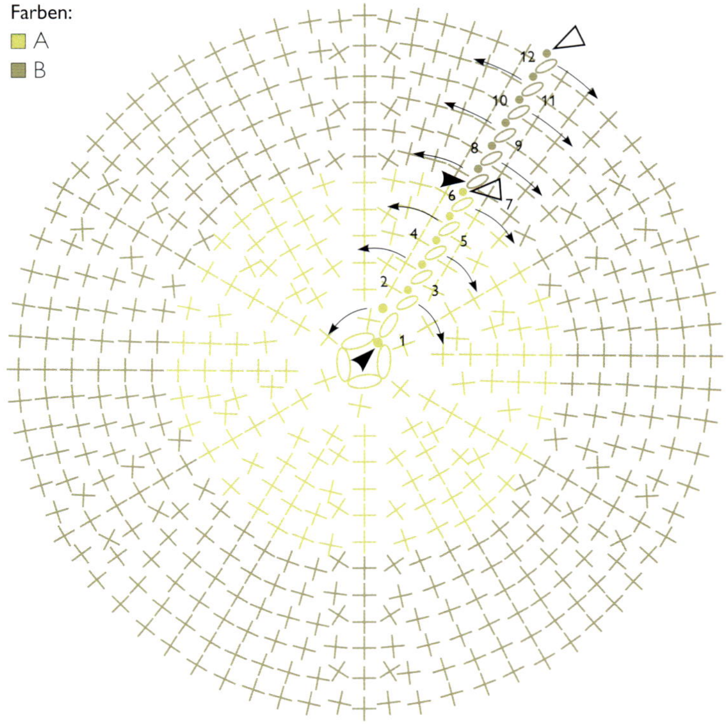

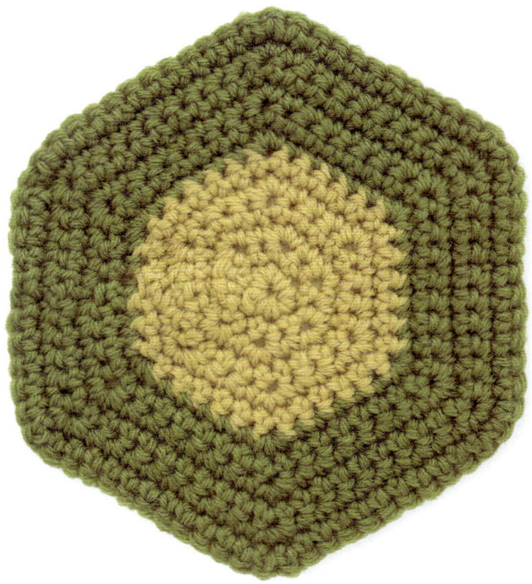

Groß

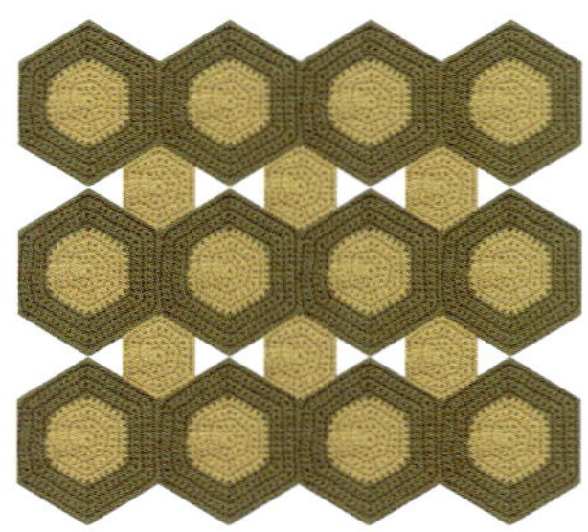

Kombination: **58 + 58 so groß, dass es in den freien Platz passt**

59 GRANNY-SECHSECK

Lm-Ring: Mit Garn A 6 Lm häkeln und mit Km zum Ring schließen.

Rd 1: 3 Lm (zählt als 1. Stb), 2 Stb zus in den Ring häkeln, [3 Lm, 3 Stb zus in Ring] 5-mal, 3 Lm, Rd mit Km oben in 3. Lm schließen. (6 Lm-Bg-3)

Rd 2: 1 Km in Lm-Bg-3 aus Rd 1, 3 Lm (zählt als 1. Stb), [2 Stb zus, 3 Lm, 3 Stb zus] unten in Lm-Bg-3, [3 Lm, (3 Stb zus, 3 Lm, 3 Stb zus) in nä. Lm-Bg-3] 5-mal, 3 Lm, Rd mit Km oben in AnfLm schließen. (12 Lm-Bg-3)

Rd 3: : 1 Km in Lm-Bg-3 aus Rd 2, 3 Lm (zählt als 1. Stb), [2 Stb zus, 3 Lm, 3 Stb zus] unten in Lm-Bg-3, [3 Lm, 3 Stb zus in nä. Lm-Bg-3, 3 Lm, (3 Stb zus, 3 Lm, 3 Stb zus) in nä. Lm-Bg-3] 5-mal, 3 Lm, 3 Stb zus in nä. Lm-Bg-3, 3 Lm, Rd mit Km oben in AnfLm schließen. (18 Lm-Bg-3)

Garn A abschn. Garn B in letzten Lm-Bg-3 aus Rd 3 einhäkeln.

Rd 4: 3 Lm (zählt als 1. Stb), 2 Stb unten in Lm-Bg-3, [(3 Stb, 2 Lm, 3 Stb) in nä. Lm-Bg-3, (3 Stb in nä. Lm-Bg-3) 2-mal] 5-mal, [3 Stb, 2 Lm, 3 Stb] in nä. Lm-Bg-3, 3 Stb in letzten Lm-Bg-3, Rd mit Km oben in AnfLm schließen.

Garne verwahren.

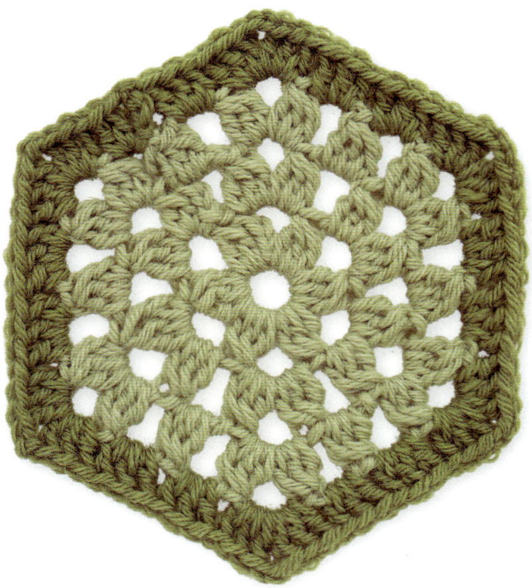

Groß

Farben:
- A
- B

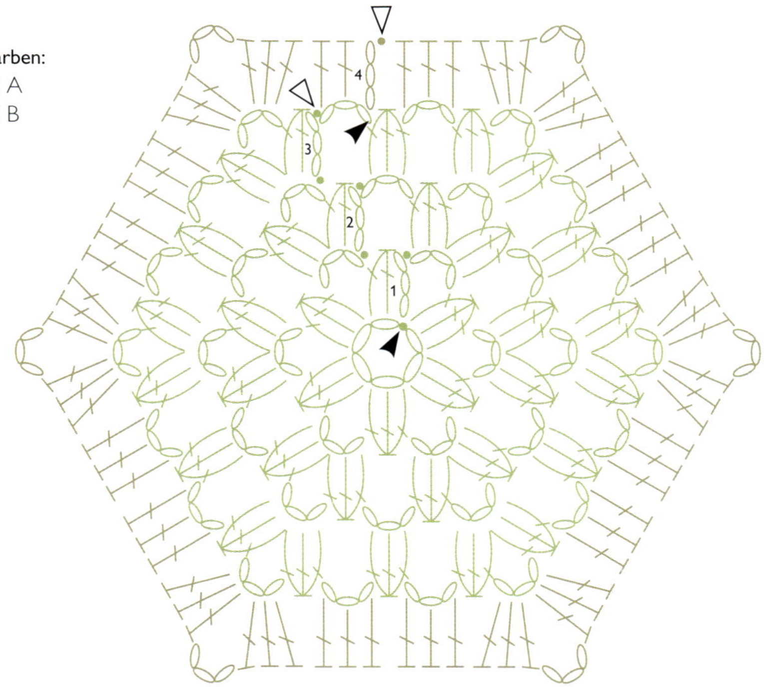

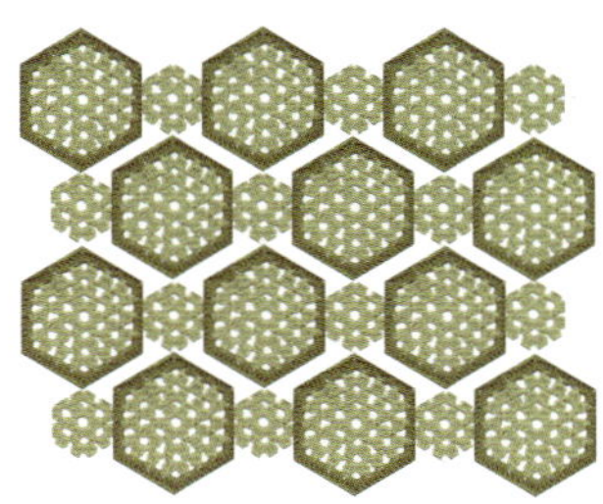

Kombination: **59 + Rd 1–2 von 59**

60 KLASSISCHES SECHSECK

Lm-Ring: Mit Garn A 6 Lm häkeln und mit Km zum Ring schließen.
Rd 1: 4 Lm (zählt als 1. Stb und 1 Lm), [1 Stb in Ring, 1 Lm] 11-mal, Rd mit Km in 3. AnfLm schließen. (12 Stb)
Rd 2: 3 Lm (zählt als 1. Stb), 2 Stb in nä. Lm-Bg-1, 1 Stb in nä. Stb, 2 Lm, [1 Stb in nä. Stb, 2 Stb in nä. Lm-Bg-1, 1 Stb in nä. Stb, 2 Lm] 5-mal, Rd mit Km oben in AnfLm schließen.
Rd 3: 3 Lm (zählt als 1. Stb), 1 Stb unten in Lm, je 1 Stb in nä. 2 Stb, 2 Stb in nä. Stb, 2 Lm, [2 Stb in nä. Stb, je 1 Stb in nä. 2 Stb, 2 Stb in nä. Stb, 2 Lm] 5-mal, Rd mit Km oben in AnfLm schließen.
Garn A abschn. Garn B einhäkeln.
Rd 4: 3 Lm (zählt als 1. Stb), 1 Stb unten in Lm, je 1 Stb in nä. 4 Stb, 2 Stb in nä. Stb, 2 Lm, [2 Stb in nä. Stb, je 1 Stb in nä. 4 Stb, 2 Stb in nä. Stb, 2 Lm] 5-mal, Rd mit Km oben in AnfLm schließen.
Rd 5: 3 Lm (zählt als 1. Stb), je 1 Stb in nä. 7 Stb, [3 Lm, 1 fM in nä. Lm-Bg-2, 3 Lm, je 1 Stb in nä. 8 Stb] 5-mal, 3 Lm, 1 fM in nä. Lm-Bg-2, 3 Lm, Rd mit Km oben in AnfLm schließen.
Garn B abschn. Garn C einhäkeln.
Rd 6: 1 Km in nä. Stb, 3 Lm (zählt als 1. Stb), je 1 Stb in nä. 5 Stb, *3 Lm, [1 fM in nä. Lm-Bg-3, 3 Lm] 2-mal, nä. Stb überspr, je 1 Stb in nä. 6 Stb; ab * 4-mal wdh, 3 Lm, [1 fM in nä. Lm-Bg-3, 3 Lm] 2-mal, Rd mit Km oben in AnfLm schließen.
Rd 7: 1 Km in nä. Stb, 3 Lm (zählt als 1. Stb), je 1 Stb in nä. 3 Stb, *3 Lm, [1 fM in nä. Lm-Bg-3, 3 Lm] 3-mal, nä. Stb überspr, je 1 Stb in nä. 4 Stb; ab * 4-mal wdh, 3 Lm, [1 fM in nä. Lm-Bg-3, 3 Lm] 3-mal, Rd mit Km oben in AnfLm schließen.
Rd 8: 1 Km in zw 2. und 3. Stb, 4 Lm (zählt als 1. Stb und 1 Lm), 1 Stb unten in Lm, *3 Lm, [1 fM in nä. Lm-Bg-3, 3 Lm] 4-mal, [1 Stb, 1 Lm, 1 Stb] in zw 2. und 3. Stb der nä. 4-Stb-Gruppe; ab * 4-mal wdh, 3 Lm, [1 fM in Lm-Bg-3, 3 Lm] 4-mal, Rd mit Km in 3. AnfLm schließen.
Garne verwahren.

Farben:
- A
- B
- C

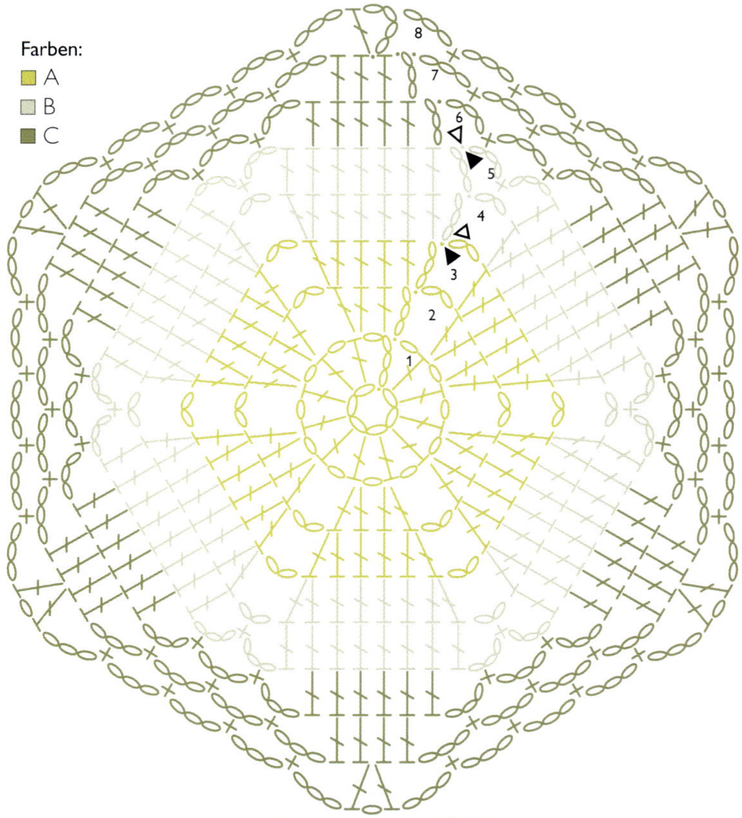

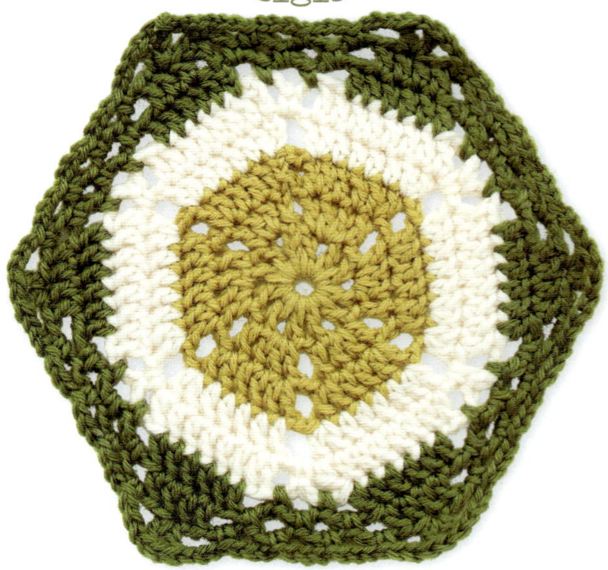

Extra groß

Auf S. 129 finden Sie dieses Muster zur Gestaltung einer Tasche.

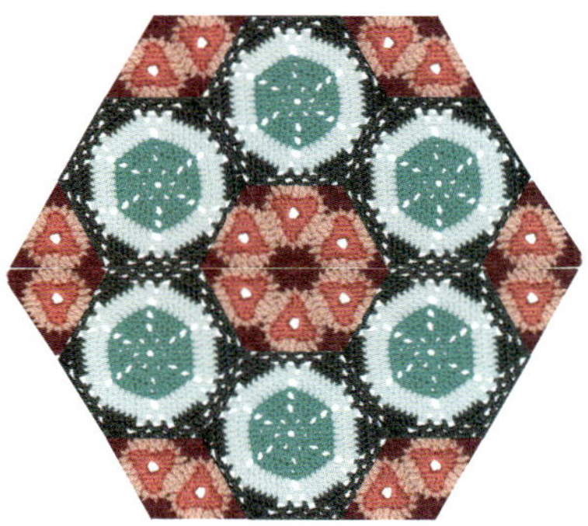

Kombination: **60 + 53**

61 SECHSECKIGER WIRBEL

ANMERKUNG

Kennzeichnen Sie die Masche in der Mitte mit einer verschiebbaren Markierung oder einer Sicherheitsnadel und versetzen Sie diese wie angegeben.

SPEZIELLE ABKÜRZUNGEN

Beg 2-Stb-Mg (Beginn Maschengruppe aus 2 Stb): [U, HN in Ring einführen, Faden holen und durchziehen, Faden holen und durch 2 Schl auf der HN ziehen] 2-mal, Faden holen und durch alle 3 Schl auf der HN durchziehen.

3-Stb-Mg (Beginn Maschengruppe aus 3 Stb): [U, HN in M einführen, Faden holen und durchziehen, Faden holen und durch 2 Schl an der HN ziehen] 3-mal; Faden holen und durch alle 4 Schl auf der HN durchziehen.

Lm-Ring: 4 Lm häkeln und mit Km zum Ring schließen.

Rd 1 (VS): 2 Lm, Beg 2-Stb-Mg, [2 Lm, 3-Stb-Mg] 5-mal, 2 Lm, Rd mit Km oben in Beg 2-Stb-Mg schließen. (6 Mg)

Rd 2: [4 Lm, 1 fM auf nä. Mg] 6-mal, oben auf 1. Mg enden. (6 Lm-Bg-4)

Rd 3: [4 Lm, 2 fM in nä. Lm-Bg-4, 1 fM in nä. fM] 6-mal.

Rd 4: [4 Lm, 2 fM in nä. Lm-Bg-4, je 1 fM in nä. 2 fM, 1 fM überspr] 6-mal.

Rd 5: [4 Lm, 2 fM in nä. Lm-Bg-4, je 1 fM in nä. 3 fM, 1 fM überspr] 6-mal.

Rd 6: [4 Lm, 2 fM in nä. Lm-Bg-4, je 1 fM in nä. 4 fM, 1 fM überspr] 6-mal.

Rd 7: [4 Lm, 2 fM in nä. Lm-Bg-4, je 1 fM in nä. 5 fM, 1 fM überspr] 6-mal.

Rd 8: [2 Lm, 2 hStb in nä. Lm-Bg-4, je 1 hStb in nä. 6 fM, 1 fM überspr] 6-mal, Rd mit Km in AnfLm schließen.

Garn verwahren.

Farbe:
A

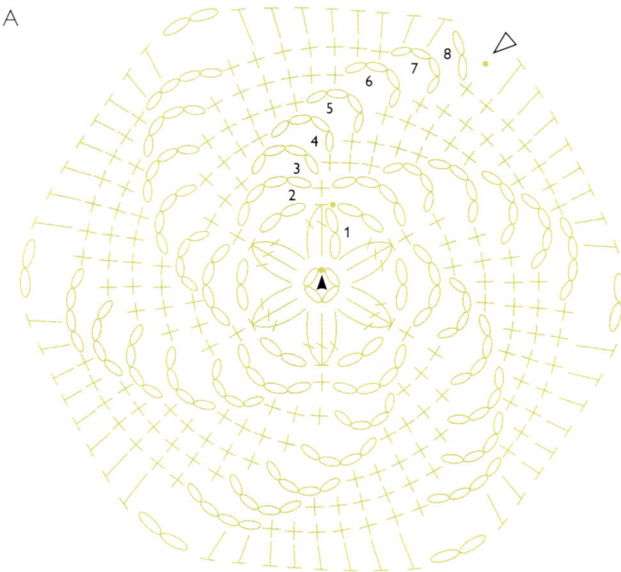

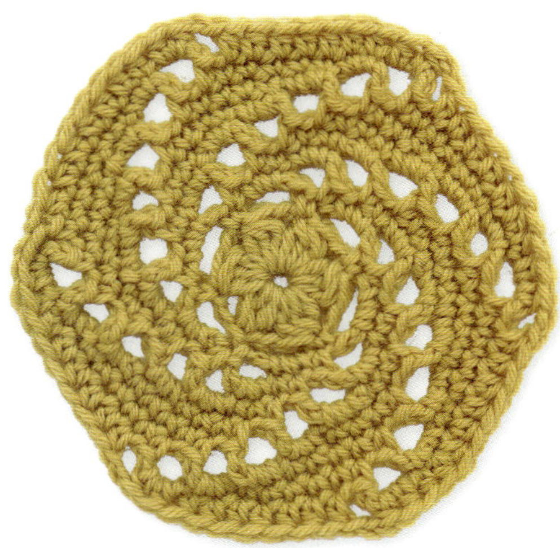

Groß

62 SECHSECKIGES RAD

Lm-Ring: 6 Lm häkeln und mit Km zum Ring schließen.
Rd 1: 6 Lm (zählt als 1. dStb und Lm-Bg-2), [1 dStb in Ring, 2 Lm] 11-mal, Rd mit Km in 4. AnfLm schließen. (12 Lm-Bg-2)
Rd 2: 1 Km in 1. Lm-Bg-2, 3 Lm (zählt als 1. Stb), [1 Stb, 2 Lm, 2 Stb] unten in 1. Lm-Bg-2, [3 Stb in nä. Lm-Bg-2, (2 Stb, 2 Lm, 2 Stb) in nä. Lm-Bg-2] 5-mal, 3 Stb in nä. Lm-Bg-2, Rd mit Km oben in AnfLm schließen.
Rd 3: 3 Lm (zählt als 1. Stb), 1 Stb in nä. Stb, [(2 Stb, 1 Lm, 2 Stb) in nä. Lm-Bg-2, je 1 Stb in nä. 7 Stb] 5-mal, [2 Stb, 1 Lm, 2 Stb] in nä. Lm-Bg-2, je 1 Stb in nä. 5 Stb, mit Km oben in AnfLm schließen.
Garn verwahren.

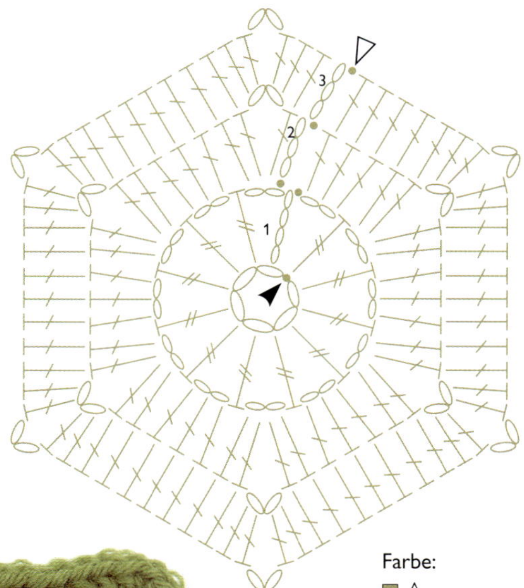

Farbe:
A

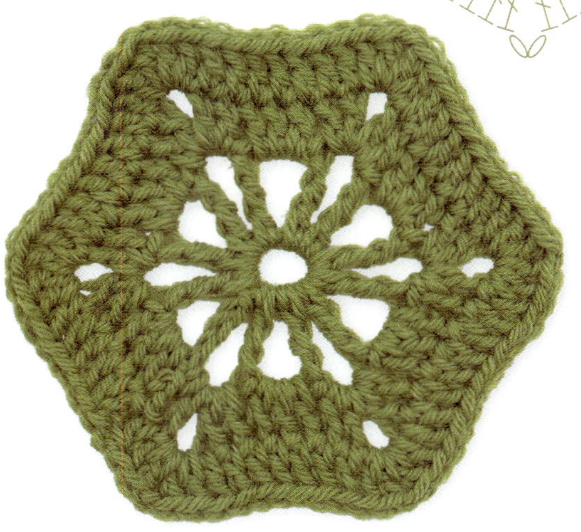

Mittel

63 FARBIGES SECHSECK

Mit Garn A 80 M anschl.
R 1 (VS): Re str.
R 2: Re str.
R 3: 1 M re, [2 M re zus str, 9 M re, 1 M abn verschr] 6-mal, 1 M re. (68 M)
R 4: Re str.
R 5: 1 M re, [2 M re zus str, 7 M re, 1 M abn verschr] 6-mal, 1 M re. (56 M)
R 6: Re str.
Zu Garn B wechseln
R 7: Re str.
R 8: Li str.
Garn C einstr. Mit Garn B und Garn C arbeiten.
R 9: Mit Garn B 1 M re, [2 M re zus str mit B, 1 M re mit C, (1 M re mit B, 1 M re mit C) 2-mal, 1 M abn verschr mit B] 6-mal, 1 M re mit B. (44 M)
Mit Garn B weiterstr.
R 10: Re str.
R 11: 1 M re, [2 M re zus str, 3 M re, 1 M abn verschr] 6-mal, 1 M re. (32 M)
Garn B abschn. Zu Garn A wechseln.
R 12–14: Li str. Mit Garn A und Garn C arbeiten.
R 15: Mit Garn A 1 M re, [2 M re zus str mit A, 1 M re mit C, 1 M abn verschr mit A] 6-mal, 1 M re mit A. (20 M)
Garn C abschn. Mit Garn A weiterstr.
R 16: Li str.
R 17: Re str.
R 18: 1 M li, [3 M li zus str] 6-mal, 1 M li. (8 M)
Garn in etwa 40 cm Länge abschn, mit stumpfer Sticknadel durch restl 8 M ziehen und verwahren.
Seitliche Kanten zusammennähen, um Sechseck zu erhalten.

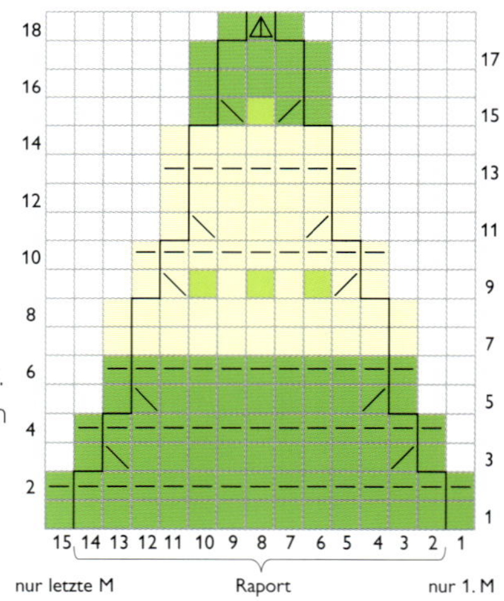

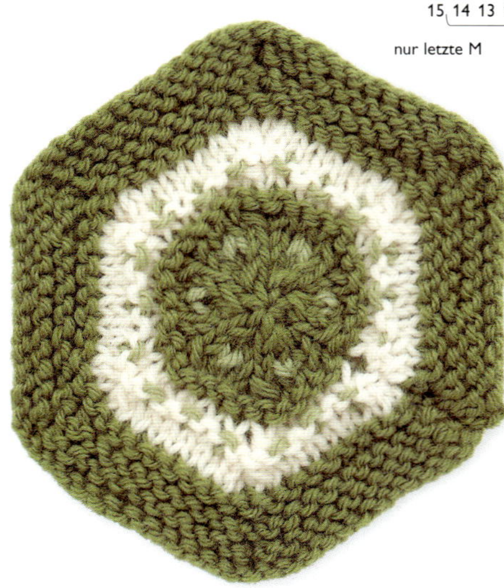

Mittel

Farben:
A
B
C

64 STREIFENSTRUDEL-SPIRALE

Mit Garn A 120 anschl und gleichmäßig auf 3 SSN verteilen, 40 M ajN. Verbinden und darauf achten, M nicht zu verdrehen.
Rd 1 (VS): Li str.
Rd 2: Li str.
Rd 3: [1 M abh, 2 M re zus str, 1 abgeh M übz, 17 M re] 6-mal. (108 M)
Zu Garn B wechseln.
Rd 4: Re str.
Zu Garn A wechseln.
Rd 5: [1 M abh, 2 M re zus str, 1 abgeh M übz, 15 M re] 6-mal. (96 M)
Rd 6: Re str.
Rd 7: [1 M abh, 2 M re zus str, 1 abgeh M übz, 13 M re] 6-mal. (84 M)
Zu Garn B wechseln.
Rd 8: Re str.
Rd 9: [1 M abh, 2 M re zus str, 1 abgeh M übz, 11 M re] 6-mal. (72 M)
Zu Garn A wechseln.
Rd 10: Re str.
Rd 11: [1 M abh, 2 M re zus str, 1 abgeh M übz, 9 M re] 6-mal. (60 M)
Rd 12: Re str.
Rd 13: [1 M abh, 2 M re zus str, 1 abgeh M übz, 7 M re] 6-mal. (48 M)
Zu Garn B wechseln.
Rd 14: Re str.
Rd 15: [1 M abh, 2 M re zus str, 1 abgeh M übz, 5 M re] 6-mal. (36 M)
Rd 16: Re str.
Zu Garn A wechseln.
Rd 17: [1 M abh, 2 M re zus str, 1 abgeh M übz, 3 M re] 6-mal. (24 M)
Rd 18: Re str.
Rd 19: [1 M abh, 2 M re zus str, 1 abgeh M übz, 1 M re] 6-mal. (12 M)
Rd 20: [1 M abn verschr] 6-mal. (6 M)
Garn in etwa 25 cm Länge abschn, mit stumpfer Sticknadel durch restl 6 M ziehen. Garne verwahren.

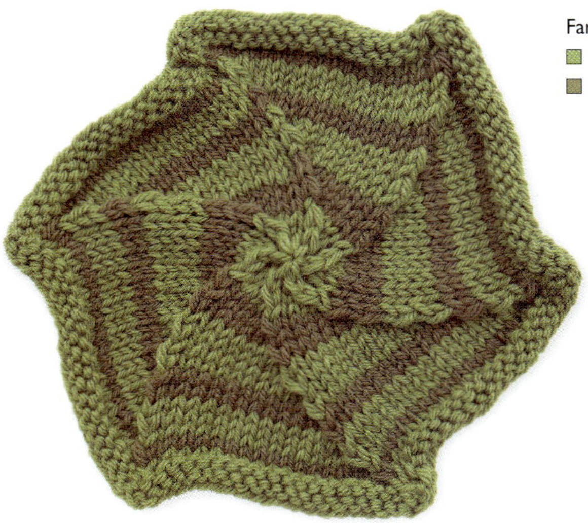

Groß

Farben:
A
B

65 RIPPEN-SPIRALE

122 M locker anschl.
R 1 (VS): Re str.
R 2 (und alle geraden R): Li str.
R 3: 1 M re, [1 M abh, 2 M re zus str, 1 abgeh M übz, (1 M re, 1 M li) 8-mal, 1 M re] 6-mal, 1 M re. (110 M)
R 5: 1 M re, [1 M abh, 2 M re zus str, 1 abgeh M übz, (1 M re, 1 M li) 7-mal, 1 M re] 6-mal, 1 M re. (98 M)
R 7: 1 M re, [1 M abh, 2 M re zus str, 1 abgeh M übz, (1 M re, 1 M li) 6-mal, 1 M re] 6-mal, 1 M re. (86 M)
R 9: 1 M re, [1 M abh, 2 M re zus str, 1 abgeh M übz, (1 M re, 1 M li) 5-mal, 1 M re] 6-mal, 1 M re. (74 M)
R 11: 1 M re, [1 M abh, 2 M re zus str, 1 abgeh M übz, (1 M re, 1 M li) 4-mal, 1 M re] 6-mal, 1 M re. (62 M)
R 13: 1 M re, [1 M abh, 2 M re zus str, 1 abgeh M übz, (1 M re, 1 M li) 3-mal, 1 M re] 6-mal, 1 M re. (50 M)
R 15: 1 M re, [1 M abh, 2 M re zus str, 1 abgeh M übz, (1 M re, 1 M li) 2-mal, 1 M re] 6-mal, 1 M re. (38 M)
R 17: 1 M re, [1 M abh, 2 M re zus str, 1 abgeh M übz, 1 M re, 1 M li, 1 M re] 6-mal, 1 M re. (26 M)
R 19: 1 M re, [1 M abh, 2 M re zus str, 1 abgeh M übz, 1 M re] 6-mal, 1 M re. (14 M)
R 20: [2 M li zus str] 7-mal. (7 M)
Garn in etwa 30 cm Länge abschn, mit stumpfer Sticknadel durch restl 7 M ziehen und verwahren. Seitliche Kanten zusammennähen, um Sechseck zu erhalten.

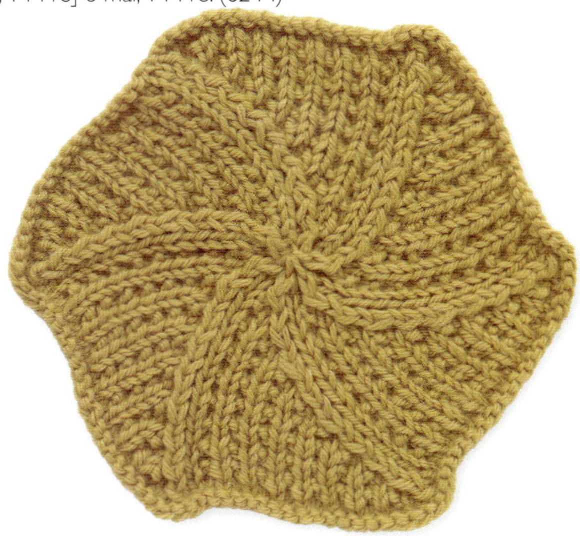

Groß

Farbe:
A

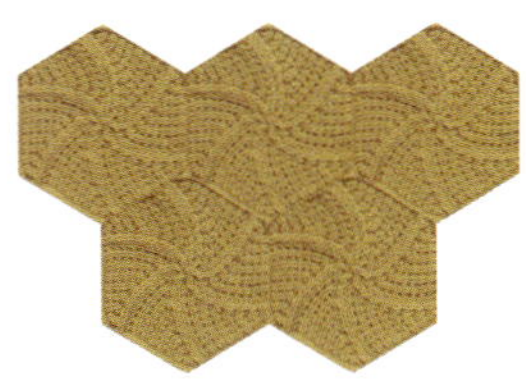

Mosaik nur aus Muster **65**

66 PERLMUSTER-SPIRALE

114 M anschl und gleichmäßig auf 3 SSN verteilen, 38 M ajN. Verbinden und darauf achten, M nicht zu verdrehen.
Rd 1: Li str.
Rd 2: [1 M abn verschr, (1 M re, 1 M li), 8-mal, 1 M re] 6-mal. (108 M)
Rd 3: [1 M abn verschr, (1 M re, 1 M li), 8-mal, 1 M re] 6-mal. (102 M)
Rd 4: [1 M abn verschr, (1 M re, 1 M li), 7-mal, 1 M re] 6-mal. (96 M)
Rd 5: [1 M abn verschr, (1 M re, 1 M li), 7-mal, 1 M re] 6-mal. (90 M)
Rd 6: [1 M abn verschr, (1 M re, 1 M li), 6-mal, 1 M re] 6-mal. (84 M)
Rd 7: [1 M abn verschr, (1 M re, 1 M li), 6-mal, 1 M re] 6-mal. (78 M)
Rd 8: [1 M abn verschr, (1 M re, 1 M li), 5-mal, 1 M re] 6-mal. (72 M)
Rd 9: [1 M abn verschr, (1 M re, 1 M li), 5-mal, 1 M re] 6-mal. (66 M)
Rd 10: [1 M abn verschr, (1 M re, 1 M li), 4-mal, 1 M re] 6-mal. (60 M)
Rd 11: [1 M abn verschr, (1 M re, 1 M li), 4-mal, 1 M re] 6-mal. (54 M)
Rd 12: [1 M abn verschr, (1 M re, 1 M li), 3-mal, 1 M re] 6-mal. (48 M)
Rd 13: [1 M abn verschr, (1 M re, 1 M li), 3-mal, 1 M re] 6-mal. (42 M)
Rd 14: [1 M abn verschr, (1 M re, 1 M li), 2-mal, 1 M re] 6-mal. (36 M)
Rd 15: [1 M abn verschr, (1 M re, 1 M li), 2-mal, 1 M re] 6-mal. (30 M)
Rd 16: [1 M abn verschr, 1 M re, 1 M li, 1 M re] 6-mal. (24 M)
Rd 17: [1 M abn verschr, 1 M re, 1 M li] 6-mal. (18 M)
Rd 18: [1 M abn verschr, 1 M re] 6-mal. (12 M)
Rd 19: [1 M abn verschr] 6-mal. (6 M)
Garn in etwa 25 cm Länge abschn, mit stumpfer Sticknadel durch restl 6 M ziehen und verwahren.

Farbe:
A

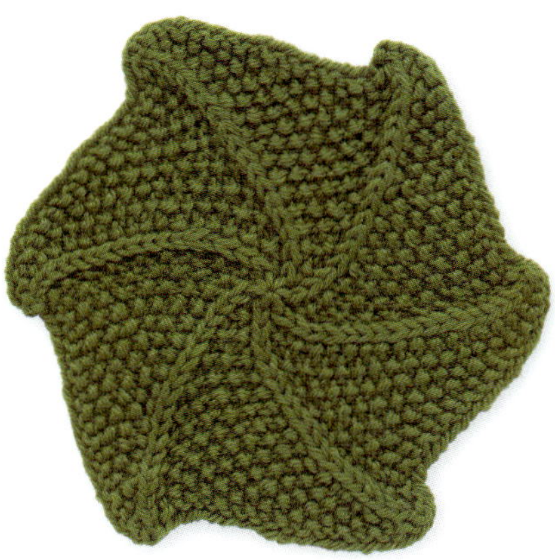

Groß

67 SECHSECKIGER SPITZENWIRBEL

119 M anschl und auf 3 SSN verteilen, 40 M auf Nd. 1 und Nd. 2, 39 M auf Nd. 3. Verbinden und darauf achten, M nicht zu verdrehen.
Rd 1: Li str.
Rd 2: Re str.
Rd 3: [U, 1 M abh, 2 M re zus str, 1 abgeh M übz, 17 M re] 5-mal, U, 1 M abh, 2 M re zus str, 1 abgeh M übz, 16 M re. (113 M)
Rd 4: 1 M re, [U, 1 M abh, 2 M re zus str, 1 abgeh M übz, 16 M re] 5-mal, U, 1 M abh, 2 M re zus str, 1 abgeh M übz, 14 M re. (107 M)
Rd 5: 2 M re, [U, 1 M abh, 2 M re zus str, 1 abgeh M übz, 15 M re] 5-mal, U, 1 M abh, 2 M re zus str, 1 abgeh M übz, 12 M re. (101 M)
Rd 6: 3 M re, [U, 1 M abh, 2 M re zus str, 1 abgeh M übz, 14 M re] 5-mal, U, 1 M abh, 2 M re zus str, 1 abgeh M übz, 10 M re. (95 M)
Rd 7: 4 M re, [U, 1 M abh, 2 M re zus str, 1 abgeh M übz, 13 M re] 5-mal, U, 1 M abh, 2 M re zus str, 1 abgeh M übz, 8 M re. (89 M)
Rd 8: 5 M re, [U, 1 M abh, 2 M re zus str, 1 abgeh M übz, 12 M re] 5-mal, U, 1 M abh, 2 M re zus str, 1 abgeh M übz, 6 M re. (83 M)
Rd 9: 6 M re, [U, 1 M abh, 2 M re zus str, 1 abgeh M übz, 11 M re] 5-mal, U, 1 M abh, 2 M re zus str, 1 abgeh M übz, 4 M re. (77 M)
Rd 10: 7 M re, [U, 1 M abh, 2 M re zus str, 1 abgeh M übz, 10 M re] 5-mal, U, 1 M abh, 2 M re zus str, 1 abgeh M übz, 2 M re. (71 M)
Rd 11: 8 M re, [U, 1 M abh, 2 M re zus str, 1 abgeh M übz, 9 M re] 5-mal, U, 1 M abh, 2 M re zus str, 1 abgeh M übz. (65 M)
Rd 12: 9 M re, [U, 1 M abh, 2 M re zus str, 1 abgeh M übz, 8 M re] 5-mal, nä. M auf nä. Nd. abh, sodass sie 1. M der nä. Rd wird. (60 M)
Rd 13:U, 1 M abh, 2 M re zus str, 1 abgeh M übz, 8 M re, [U, 1 M abh, 2 M re zus str, 1 abgeh M übz, 7 M re] 4-mal, U, 1 M abh, 2 M re zus str, 1 abgeh M übz, 6 M re. (54 M)
Rd 14: 1 M re, U, 1 M abh, 2 M re zus str, 1 abgeh M übz, 7 M re, [U, 1 M abh, 2 M re zus str, 1 abgeh M übz, 6 M re] 4-mal, U, 1 M abh, 2 M re zus str, 1 abgeh M übz, 4 M re. (48 M)
Rd 15: 2 M re, U, 1 M abh, 2 M re zus str, 1 abgeh M übz, 6 M re, [U, 1 M abh, 2 M re zus str, 1 abgeh M übz, 5 M re] 4-mal, U, 1 M abh, 2 M re zus str, 1 abgeh M übz, 2 M re. (42 M)
Rd 16: 3 M re, U, 1 M abh, 2 M re zus str, 1 abgeh M übz, 5 M re, [U, 1 M abh, 2 M re zus str, 1 abgeh M übz, 4 M re] 4-mal, U, 1 M abh, 2 M re zus str, 1 abgeh M übz. (36 M)
Rd 17: 4 M re, U, 1 M abh, 2 M re zus str, 1 abgeh M übz, 4 M re, [U, 1 M abh, 2 M re zus str, 1 abgeh M übz, 3 M re] 4-mal, letzte nä. M auf nä. Nd. abh, sodass sie 1. M der nä. Rd wird. (31 M)
Rd 18: [U, 1 M abh, 2 M re zus str, 1 abgeh M übz, 3 M re] 2-mal, [U, 1 M abh, 2 M re zus str, 1 abgeh M übz, 2 M re] 3-mal, U, 1 M abh, 2 M re zus str, 1 abgeh M übz, 1 M re. (25 M)
Letzte Schritte Mitte (keine Rd zählen!): 1 M re, [U, 1 M abh, 2 M re zus str, 1 abgeh M übz, 2 M re] 2-mal, [U, 1 M abh, 2 M re zus str, 1 abgeh M übz, 1 M re] 6-mal, U, [1 M abn verschr, 1 M re] 6-mal. (12 M)
Letzte Rd: [1 M abn verschr] 6-mal. (6 M)
Garn in etwa 25 cm abschn, mit stumpfer Sticknadel durch restl 6 M ziehen und verwahren.

Farbe:
A

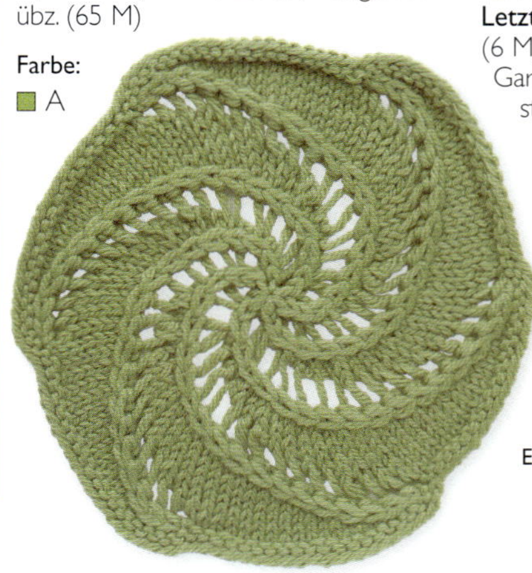

Extra groß

68 SECHSECK IM KRAUS-RECHTS-MUSTER

SPEZIELLE ABKÜRZUNGEN:
N str (Noppe stricken): [1 M re, 1 M li, 1 M re] in nä. M, wenden, 3 M li, wenden, 3 M re verschr zus str.

114 M anschl und gleichmäßig auf 3 SSN verteilen, 38 M ajN. Verbinden und darauf achten, M nicht zu verdrehen.
Rd 1: Li str.
Rd 2: [7 M re, 1 M abn verschr, 2 M re zus str, 8 M re] 6-mal. (102 M)
Rd 3: Li str.
Rd 4: Re str.
Rd 5: Li str.
Rd 6: [6 M re, 1 M abn verschr, 2 M re zus str, 7 M re] 6-mal. (90 M)
Rd 7: Re str.
Rd 8: [5 M re, 1 M abn verschr, 2 M re zus str, 6 M re] 6-mal. (78 M)
Rd 9: [N str, 1 M re, N str, 6 M re, (N str, 1 M re) 2-mal] 6-mal.
Rd 10: [4 M re, 1 M abn verschr, 2 M re zus str, 5 M re] 6-mal. (66 M)
Rd 11: [1 M re, N str, 6 M re, N str, 1 M re, N str] 6-mal.
Rd 12: [3 M re, 1 M abn verschr, 2 M re zus str, 4 M re] 6-mal. (54 M)
Rd 13: [N str, 6 M re, N str, 1 M re,] 6-mal.
Rd 14: [2 M re, 1 M abn verschr, 2 M re zus str, 3 M re] 6-mal. (42 M)
Rd 15: [6 M re, N str] 6-mal
Rd 16: [1 M re, 1 M abn verschr, 2 M re zus str, 2 M re] 6-mal. (30 M)
Rd 17: Re str.
Rd 18: [1 M abn verschr, 2 M re zus str, 1 M re] 6-mal. (18 M)
Rd 19: Re str.
Rd 20: [1 M abh, 2 M re zus str, 1 abgeh M übz] 6-mal. (6 M)
Garn in etwa 25 cm abschn, mit stumpfer Sticknadel durch restl 6 M ziehen und verwahren.

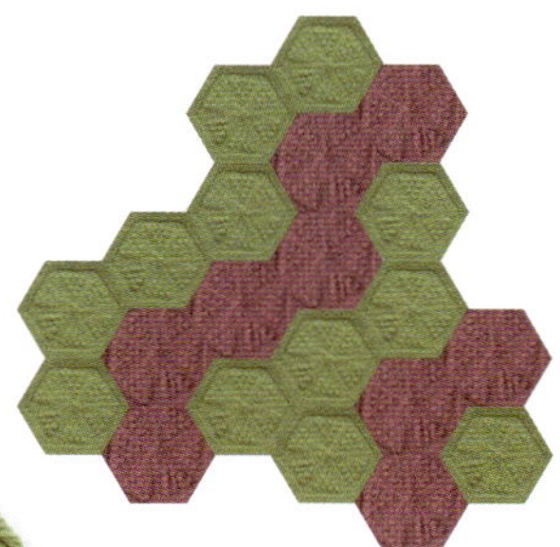

Mosaik nur aus Muster **68**

Farbe:
■ A

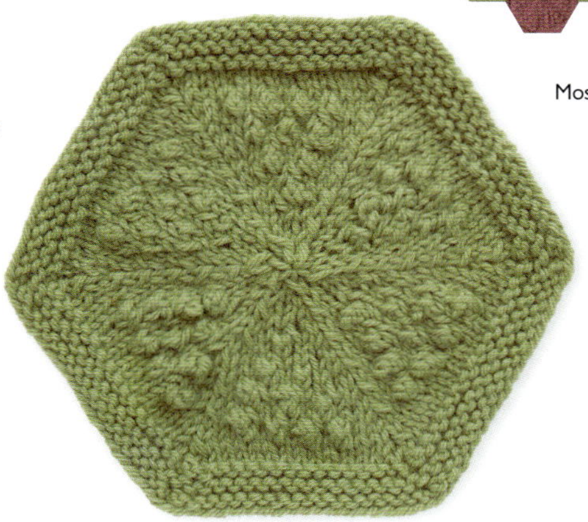

Groß

69 BLÄTTER-SECHSECK

6 M anschl und gleichmäßig auf 3 SSN verteilen, 2 M ajN. Verbinden und darauf achten, M nicht zu verdrehen.
Rd 1 (VS): Re str.
Rd 2: [U, 1 M re] 6-mal. (12 M)
Rd 3: [1 M re, (1 M re, U, 1 M re, U, 1 M re) in nä. M] 6-mal.
Rd 4: [U, 1 M re, 1 M abn verschr, 1 M re, 2 M re zus str] 6-mal.
Rd 5: [2 M li, 1 M abh, 2 M re zus str, 1 abgeh M übz] 6-mal. (18 M)
Rd 6: Re str.
Rd 7: [1 M re, U, 1 M re, U, 1 M re] 6-mal. (30 M)
Rd 8: Re str.
Rd 9: [2 M re, U, 1 M li, U, 2 M re] 6-mal. (42 M)
Rd 10: [3 M re, 1 M li, 3 M re] 6-mal.
Rd 11: [U, 3 M re, 1 M li, 3 M re] 6-mal. (48 M)
Rd 12: [4 M re, 1 M li, 3 M re] 6-mal.
Rd 13: [U, 1 M re, U, 2 M re zus str, 1 M re, 1 M li, 1 M re, 1 M abn verschr] 6-mal.
Rd 14: [5 M re, 1 M li, 2 M re] 6-mal.
Rd 15: [1 M re, U, 1 M re, U, 3 M re, 1 M li, 2 M re] 6-mal. (60 M)
Rd 16: [7 M re, 1 M li, 2 M re] 6-mal.
Rd 17: [2 M re, U, 1 M re, U, 2 M re, 2 M re zus str, 1 M li zn, 1 M li, 1 M li zn, 1 M abn verschr] 6-mal. (72 M)
Rd 18: [8 M re, 1 M li, 1 M re] 6-mal.
Die letzte verschr Abn in den folgenden 4 Rd wird in die letzte M der gerade gearbeiteten und in die 1. M der nä. Rd gestr.
Rd 19: 6 M re, 2 M re zus str, 1 M li zn, 3 M li, 1 M li zn, 1 M abn verschr, [5 M re, 2 M re zus str, 1 M li zn, 3 M li, 1 M li zn, 1 M abn verschr] 5-mal.
Rd 20: 4 M re, 2 M re zus str, 1 M li zn, 5 M li, 1 M li zn, 1 M abn verschr, [3 M re, 2 M re zus str, 1 M li zn, 5 M li, 1 M li zn, 1 M abn verschr] 5-mal.
Rd 21: 2 M re, 2 M re zus str, 1 M li zn, 7 M li, 1 M li zn, U, 1 M abn verschr, [1 M re, 2 M re zus str, U, 1 M li zn, 7 M li, 1 M li zn, 1 M abn verschr] 5-mal. (84 M)
Rd 22: 2 M re zus str, U, 11 M li, U, 1 M abh, 2 M re zus str, 1 abgeh M übz, [U, 11 M li, U, 1 M abh, 2 M re zus str, 1 abgeh M übz] 4-mal, U, 11 M li, U, 1 M abn verschr.
Rd 23: Re str.
Rd 24: Li str.
Mit stärkerer Nd locker abk.

Farbe:
■ A

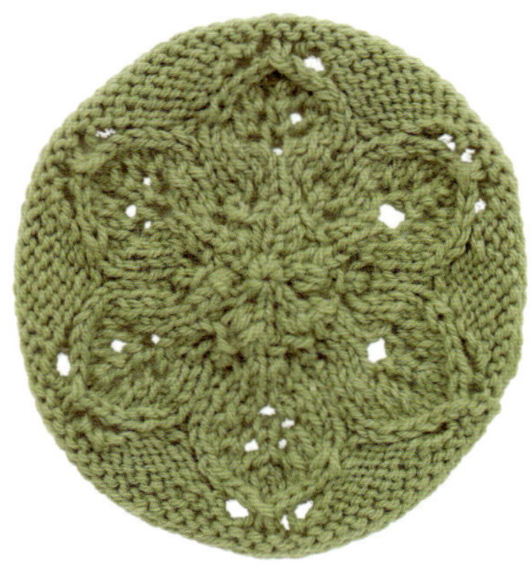

Extra groß

70 MEHRFARBIGES ACHTECK

Lm-Ring: Mit Garn A 4 Lm häkeln und mit Km zum Ring schließen.
Rd 1: 3 Lm (zählt als 1. Stb), 15 Stb in den Ring, Garn B mit Km oben in AnfLm einhäkeln. (16 Stb)
Garn A abschn.
Rd 2: 3 Lm (zählt als 1. Stb), 2 Stb unten in Lm, 1 Stb in nä. Stb, [3 Stb in nä. Stb, 1 Stb in nä. Stb] 7-mal, Garn C mit Km oben in AnfLm einhäkeln. (32 Stb)
Garn B abschn.
Rd 3: 3 Lm (zählt als 1. Stb), [3 Stb in nä. Stb, je 1 Stb in nä. 3 Stb] 7-mal, 3 Stb in nä. Stb, je 1 Stb in nä. 2 Stb, Garn A mit Km oben in AnfLm einhäkeln. (48 Stb)
Garn C abschn.
Rd 4: 3 Lm (zählt als 1. Stb), 1 Stb in nä. Stb, [3 Stb in nä. Stb, je 1 Stb in nä. 5 Stb] 7-mal, 3 Stb in nä. Stb, je 1 Stb in nä. 3 Stb, Rd mit Km oben in AnfLm schließen.
Garne verwahren.

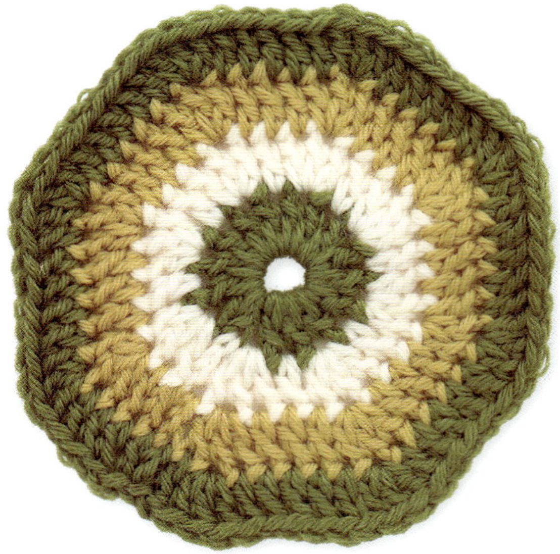

Mittel

Farben:
- A
- B
- C

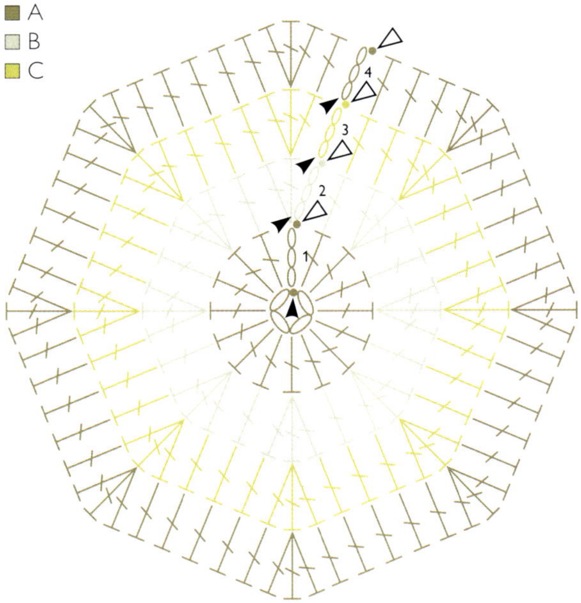

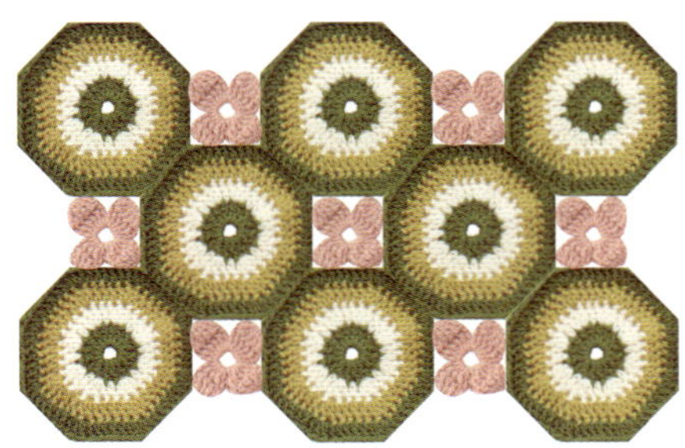

Kombination: **70 + Rd 1–2 von 37 (evtl. müssen Sie eine Nadelgröße kleiner wählen, damit die Größe stimmt)**

Abkürzungen und Symbole: Schlagen Sie auf S. 140–141 für die vollständige Erklärung der verwendeten Abkürzungen und Symbole nach!

71 ZWEIFARBIGES NOPPEN-ACHTECK

SPEZIELLE ABKÜRZUNGEN:
N (Noppe häkeln): [U, HN in M einführen, Faden holen und durchziehen, Faden holen und durch 2 Schl ziehen] 5-mal in dieselbe M, Faden holen und durch alle 6 Schl an der HN ziehen.

Lm-Ring: Mit Garn A 4 Lm häkeln und mit Km zum Ring schließen.
Rd 1: 5 Lm (zählt als 1. Stb und 2 Lm), [1 Stb in den Ring, 2 Lm] 7-mal, Rd mit Km in 3. AnfLm schließen. (8 Stb und 8 Lm-Bg-2)
Rd 2: 3 Lm (zählt als 1. Stb), 2 Stb unten in Lm, 2 Lm, [3 Stb in nä. Stb, 2 Lm] 7-mal, Rd mit Km oben in AnfLm schließen.
Rd 3: 3 Lm (zählt als 1. Stb), 2 Stb unten in Lm, 1 Stb in nä. Stb, 2 Stb in nä. Stb, 2 Lm, [2 Stb in nä. Stb, 1 Stb in nä. Stb, 2 Stb in nä. Stb, 2 Lm) 7-mal, Rd mit Km oben in AnfLm schließen.
Garn A abschn. Garn B in letzte M einhäkeln.
Rd 4: 5 Lm (zählt als 1. Stb und 2 Lm), 1 Stb überspr, N in nä. Stb, 2 Lm, 1 Stb überspr, 1 Stb in nä. Stb, 2 Lm [1 Stb in nä. Stb, 2 Lm, 1 Stb überspr, N in nä. Stb, 2 Lm, 1 Stb überspr, 1 Stb in nä. Stb, 2 Lm] 7-mal, Rd mit Km oben in AnfLm schließen.
Garn B abschn. Garn A in letzte M einhäkeln.
Rd 5: 3 Lm, 1 Stb unten in Lm, 2 Stb in 1. Lm-Bg-2, 1 Stb auf nä. N, 2 Stb in nä. Lm-Bg-2, 2 Stb in nä. Stb, 1 Lm [2 Stb in nä. Stb, 2 Stb in nä. Lm-Bg-2, 1 Stb auf nä. N, 2 Stb in nä. Lm-Bg-2, 2 Stb in nä. Stb, 1 Lm] 7-mal, Rd mit Km oben in AnfLm schließen.
Garne verwahren.

Farben:
A
B

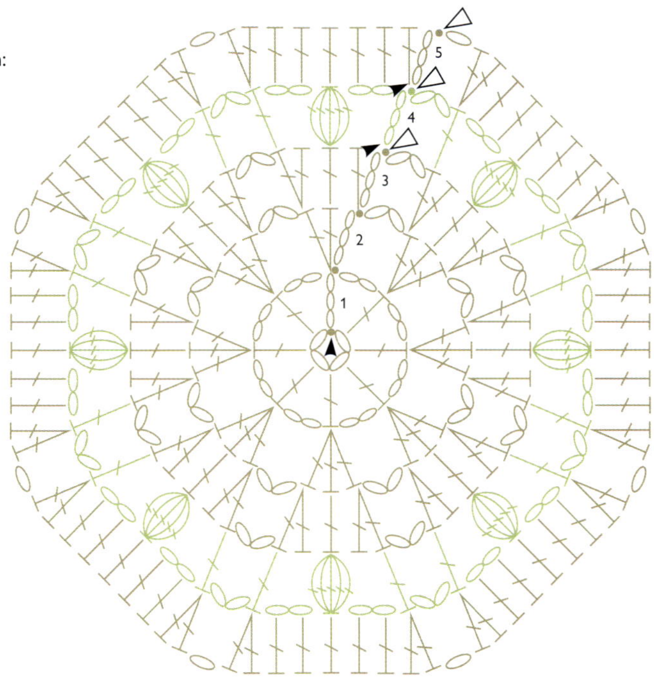

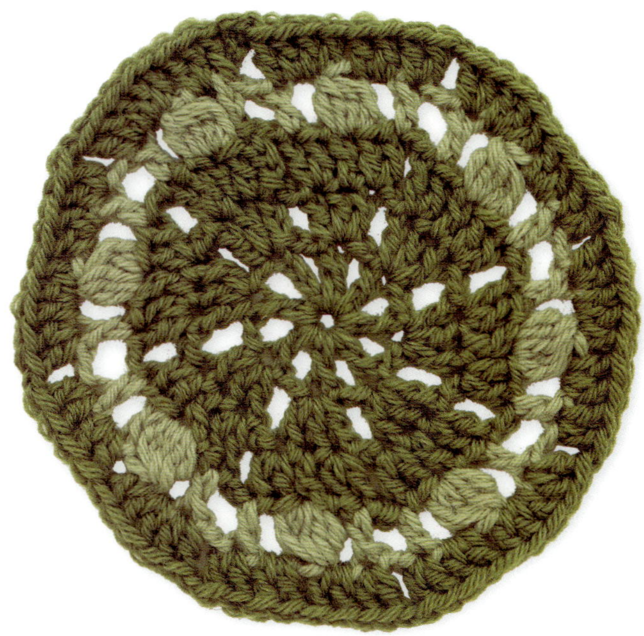

Groß

72 SPEICHEN-ACHTECK

Lm-Ring: 4 Lm häkeln und mit Km zum Ring schließen.
Rd 1: 3 Lm (zählt als 1. Stb), 23 Stb in den Ring, Rd mit Km in oben in AnfLm schließen. (24 Stb)
Rd 2: 3 Lm (zählt als 1. Stb), je 1 Stb in die nä. 2 Stb, [2 Lm, je 1 Stb in die nä. 3 Stb] 7-mal, 2 Lm, Rd mit Km oben in AnfLm schließen.
Rd 3: 3 Lm (zählt als 1. Stb), 1 Stb unten in Lm, 1 Stb in nä. Stb, 2 Stb in nä. Stb, [2 Lm, 2 Stb in nä. Stb, 1 Stb in nä. Stb, 2 Stb in nä. Stb] 7-mal, 2 Lm, Rd mit Km oben in AnfLm schließen.
Rd 4: 3 Lm (zählt als 1. Stb), 1 Stb unten in Lm, je 1 Stb in nä. 3 Stb, 2 Stb in nä. Stb, [2 Lm, 2 Stb in nä. Stb, je 1 Stb in die nä. 3 Stb, 2 Stb in nä. Stb] 7-mal, 2 Lm, Rd mit Km oben in AnfLm schließen.
Rd 5: 3 Lm (zählt als 1. Stb), 1 Stb unten in Lm, je 1 Stb in nä. 5 Stb, 2 Stb in die nä. Stb, [2 Lm, 2 Stb in nä. Stb, je 1 Stb in die nä. 5 Stb, 2 Stb in nä. Stb] 7-mal, 2 Lm, Rd mit Km oben in AnfLm schließen. Garn verwahren.

Farbe:
A

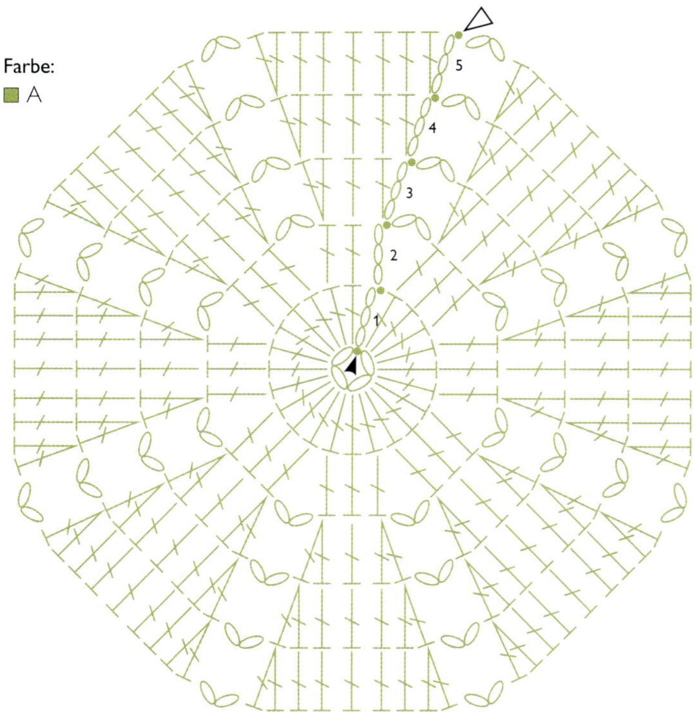

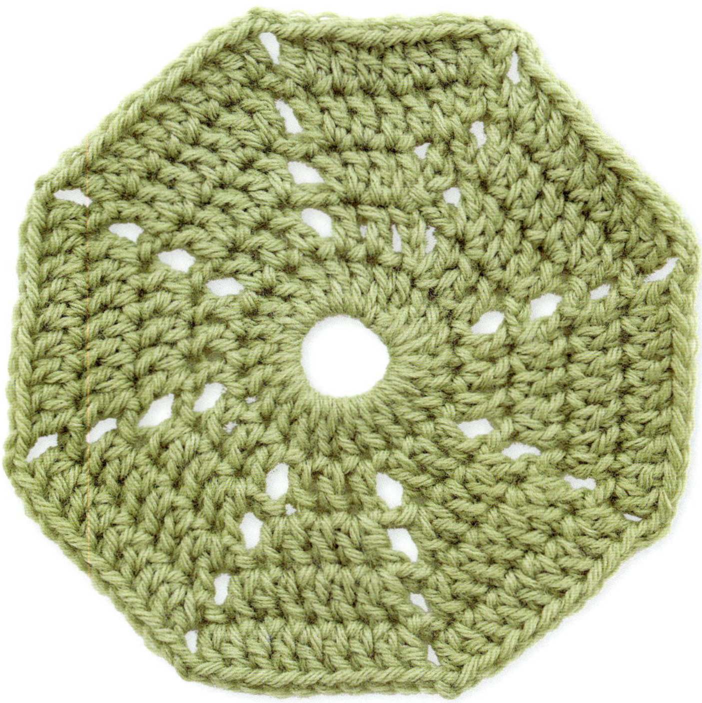
Groß

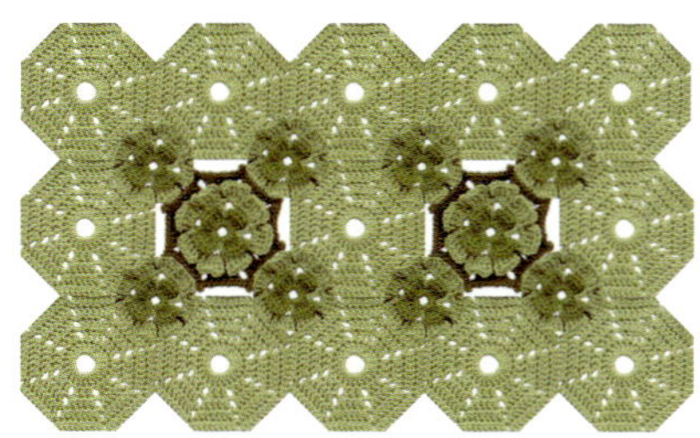
Kombination: **72 + 73 + Rd 1–3 von 73**

73 KELTISCHES ACHTECK

Lm-Ring: Mit Garn A 6 Lm häkeln und mit Km zum Ring schließen.
Rd 1: [4 Lm, 3 dStb in Ring, 4 Lm, 1 Km in Ring] 4-mal.
Garn A abschn. Garn B einhäkeln.
Rd 2: 6 Lm (zählt als 1. Stb und 3 Lm), [Lm-Bg-4, 3 dStb, Lm-Bg-4] überspr, *[1 Stb, 3 Lm, 1 Stb] in nä. Km, 3 Lm, [Lm-Bg-4, 3 dStb, Lm-Bg-4] überspr; ab * 2-mal wdh, 1 Stb in letzte Km, 3 Lm, Rd mit Km in 3. AnfLm schließen.
Rd 3: 5 Lm, *3 dStb in Lm-Bg-3, 4 Lm, 1 fM in nä. Stb, 4 Lm; ab * 6-mal wdh, 3 dStb in Lm-Bg-3, 4 Lm, Rd mit Km in 1. AnfLm schließen. Garn B abschn. Garn C einhäkeln.
Rd 4: 5 Lm, *[Lm-Bg-4, 3 dStb, Lm-Bg-4] überspr, 1 fM in nä. fM, 4 Lm; ab * 6-mal wdh, [Lm-Bg-4, 3 dStb, Lm-Bg-4] überspr, Rd mit Km in 1. AnfLm schließen.
Rd 5: 3 Lm (zählt als 1. Stb), *[2 Stb, 3 Lm, 2 Stb] unten in Lm-Bg-4, 1 Stb in nä. fM; ab * 6-mal wdh, [2 Stb, 3 Lm, 2 Stb] in Lm-Bg-4, Rd mit Km oben in AnfLm schließen.
Rd 6: 1 Lm, je 1 fM in nä. 2 Stb, *2 fM in Lm-Bg-3, 3 Lm, 1 Km in letzte gehäkelte fM, 1 fM in denselben Lm-Bg-3, je 1 fM in nä. 5 Stb; ab * 6-mal wdh, 2 fM in Lm-Bg-3, 3 Lm, Km in letzte gehäkelte fM, 1 fM in denselben Lm-Bg-3, je 1 fM in letzte 2 Stb, Rd mit Km in 1. AnfLm schließen. Garne verwahren.
Blütenblätter aus Rd 3 vor Rd 4 und aus Rd 1 vor Rd 2 arrangieren.

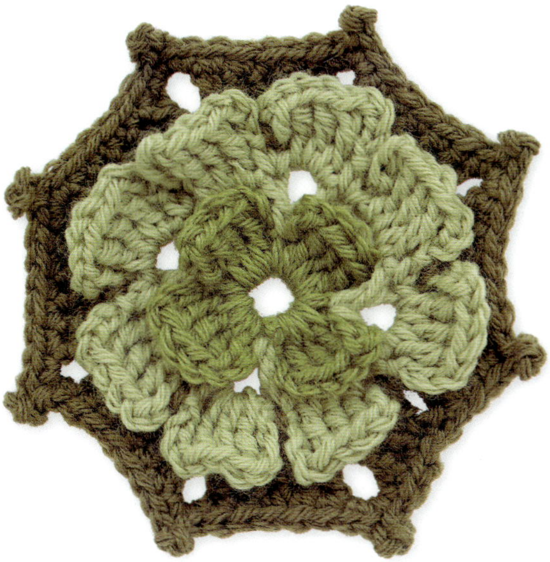

Mittel

Farben:
A
B
C

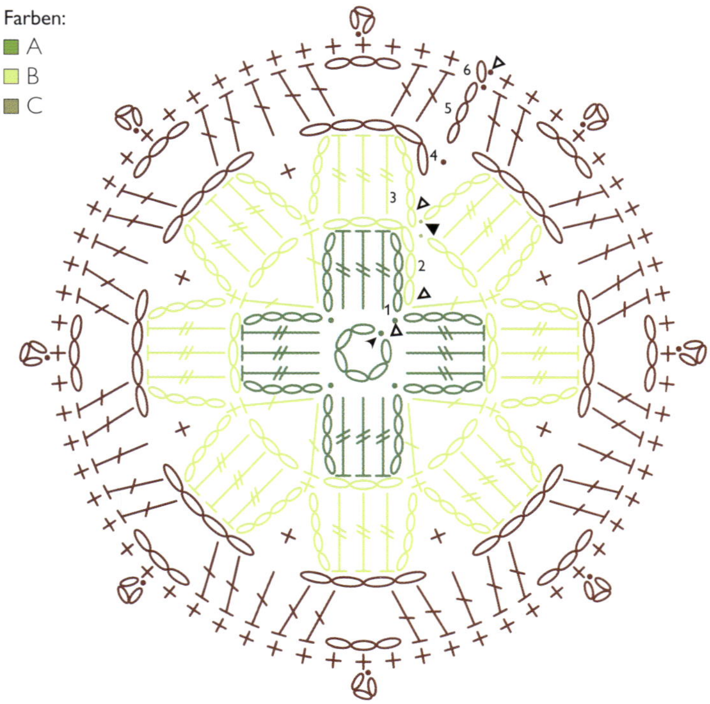

74 GRANNY-ACHTECK

Lm-Ring: Mit Garn A 5 Lm häkeln und mit Km zum Ring schließen.
Rd 1 (VS): 3 Lm (zählt als 1. Stb), 2 Stb in Ring, 1 Lm, [3 Stb in Ring, 1 Lm] 3-mal, Rd mit Km in 3. AnfLm schließen. (4 3-Stb-Mg und 4 Lm-Bg-1 in den Ecken)
Garn A abschn. Garn B mit Km an beliebigem Lm-Bg-1 einhäkeln.
Rd 2: 3 Lm (zählt als 1. Stb), [2 Stb, 1 Lm, 3 Stb] unten in Lm, 1 Lm, *[3 Stb, 1 Lm, 3 Stb] in nä. Lm-Bg-1, 1 Lm; ab * 2-mal wdh, Rd mit Km in 3. AnfLm schließen. (4 Ecken)
Rd 3: 1 Km in nä. Lm-Bg-1 einer Ecke, 3 Lm (zählt als 1. Stb), [1 Stb, 1 Lm, 2 Stb] unten in Lm, 1 Lm, *[2 Stb, 1 Lm, 2 Stb] in nä. Lm-Bg-1, 1 Lm; ab * 6-mal wdh, Rd mit Km in 3. AnfLm schließen. (8 Ecken)
Garn B abschn. Garn C mit 1 Km an beliebigem Lm-Bg-1 zw 2 Eck-Mg einhäkeln.
Rd 4: 3 Lm (zählt als 1. Stb), [1 Stb, 1 Lm, 2 Stb]unten in Lm, 1 Lm, *2 Stb in nä. Lm-Bg-1, 1 Lm, [2 Stb, 1 Lm, 2 Stb] in nä. Lm-Bg-1, 1 Lm; ab * 7-mal wdh, Rd mit Km in 3. AnfLm schließen.
Rd 5: Km in nä. Eck-Lm-Bg-1, 3 Lm (zählt als 1. Stb), [1 Stb, 1 Lm, 2 Stb] in unten in Lm, 1 Lm, [2 Stb in nä. Lm-Bg-1, 1 Lm] 2-mal, *[2 Stb, 1 Lm, 2 Stb] in nä. Eck-Lm-Bg-1, 1 Lm, [2 Stb in nä. Lm-Bg-1, 1 Lm] 2-mal; ab * 6-mal wdh, Rd mit Km in 3. AnfLm schließen.
Garne verwahren.

Farben:
- A
- B
- C

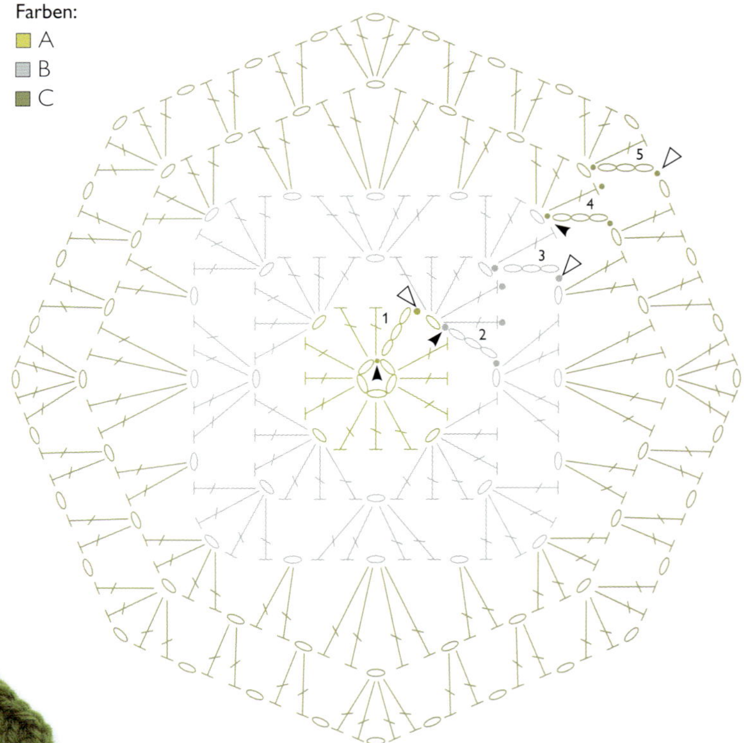

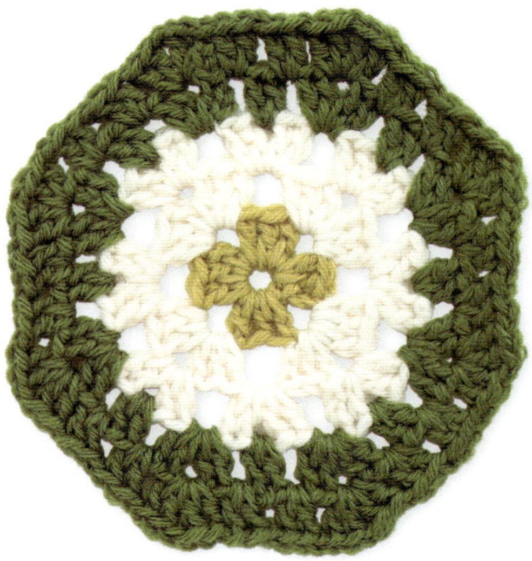

Groß

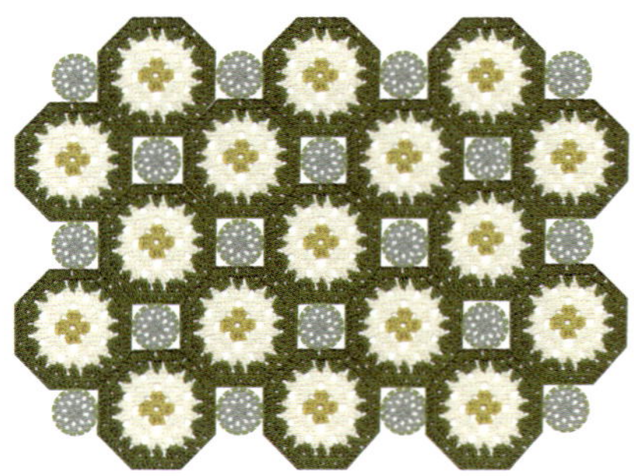

Kombination: **74 + Rd 1–2 von 3**

75 ACHTECKIGES RAD

Lm-Ring: Mit Garn A 7 Lm häkeln und mit Km zum Ring schließen.
Rd 1 (VS): 5 Lm (zählt als 1. dStb und 1 Lm), [1 dStb, 1 Lm] 15-mal in den Ring, mit 1 Km in 4. AnfLm schließen. (16 Lm-Bg-1)
Garn A abscgn. Garn B in beliebigen Lm-Bg-1 einhäkeln.
Rd 2: 1 Lm, 1 fM unten in Lm, 2 Lm, [1 fM in nä. Lm-Bg-1, 2 Lm] 15-mal, mit Km oben in 1. fM schließen.
Garn B abschn. Garn C in beliebigen Lm-Bg-2 einhäkeln.
Rd 3: 3 Lm (zählt als 1. Stb), 1 Stb unten in Lm, 1 Lm, [2 Stb in nä. Lm-Bg-2, 1 Lm] 15-mal, mit 1 Km oben in AnfLm schließen.
Garn C abschn. Garn A in beliebigen Lm-Bg-1 einhäkeln.
Rd 4: 3 Lm (zählt als 1. Stb), 1 Stb unten in Lm, 3 Lm, 2 Stb in nä. Lm-Bg-1, 1 Lm, [2 Stb in nä. Lm-Bg-1, 3 Lm, 2 Stb in nä. Lm-Bg-1, 1 Lm] 7-mal, mit 1 Km oben in AnfLm schließen.
Garne verwahren.

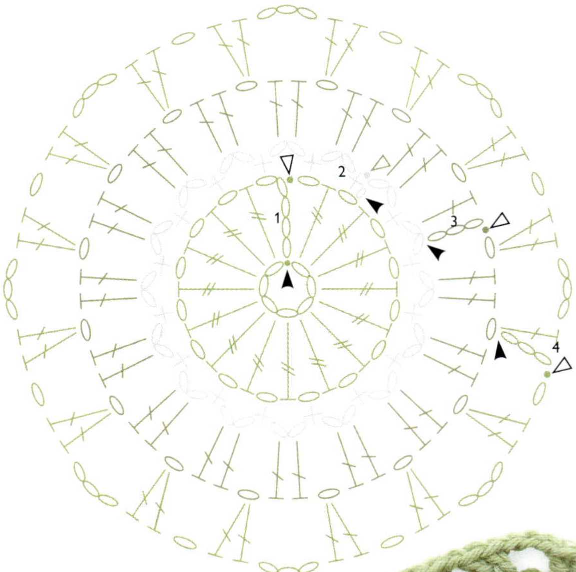

Farben:
- A
- B
- C

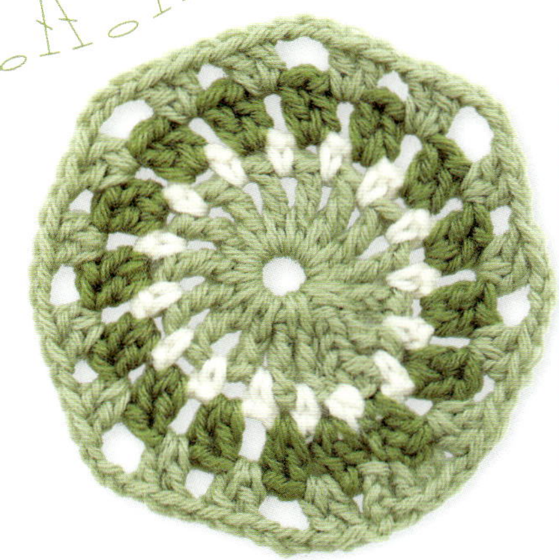

Mittel

76 KRAUS-RECHTS GERIPPTES ACHTECK

96 M anschl und gleichmäßig auf SSN verteilen – 24 M ajN. Verbinden und darauf achten, M nicht zu verdrehen.
Rd 1: Li str.
Rd 2: Li str.
Rd 3: [1 M abn verschr, 10 M re] 8-mal. (88 M)
Rd 4: [1 M abn verschr, 9 M re] 8-mal. (80 M)
Rd 5: Li str.
Rd 6: Li str.
Rd 7: [1 M abn verschr, 8 M re] 8-mal. (72 M)
Rd 8: [1 M abn verschr, 7 M re] 8-mal. (64 M)
Rd 9: Li str.
Rd 10: Li str.
Rd 11: [1 M abn verschr, 6 M re] 8-mal. (56 M)
Rd 12: [1 M abn verschr, 5 M re] 8-mal. (48 M)
Rd 13: Li str.
Rd 14: Li str.
Rd 15: [1 M abn verschr, 4 M re] 8-mal. (40 M)
Rd 16: [1 M abn verschr, 3 M re] 8-mal. (32 M)
Rd 17: Li str.
Rd 18: Li str.
Rd 19: [1 M abn verschr, 2 M re] 8-mal. (24 M)
Rd 20: [1 M abn verschr, 1 M re] 8-mal. (16 M)
Rd 21: Li str.
Rd 22: Li str.
Rd 23: [1 M abn verschr] 8-mal. (8 M)
Garn in etwa 25 cm Länge abschn, mit stumpfer Sticknadel durch restl 6 M ziehen und verwahren.

Farbe:
- A

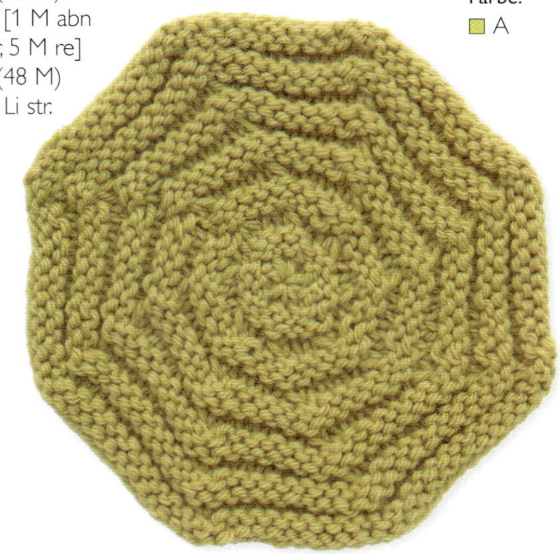

Groß

77 ACHTECK IM PERLMUSTER

13 M anschl.
R 1: [1 M re, 1 M li] 6-mal, 1 M re.
R 2: Zun, [1 M li, 1 M re] 5-mal, 1 M li, Zun. (15 M)
R 3: [1 M li, 1 M re] 7-mal, 1 M li.
R 4: Zun, [1 M re, 1 M li] 6-mal, 1 M li, Zun. (17 M)
R 5: [1 M re, 1 M li] 8-mal, 1 M re.
R 6: Zun, [1 M li, 1 M re] 7-mal, 1 M li, Zun. (19 M)
R 7: [1 M li, 1 M re] 9-mal, 1 M li.
R 8: Zun, [1 M re, 1 M li] 8-mal, 1 M li, Zun. (21 M)
R 9: [1 M re, 1 M li] 10-mal, 1 M re.
R 10: Zun, [1 M li, 1 M re] 9-mal, 1 M li, Zun. (23 M)
R 11: [1 M li, 1 M re] 11-mal, 1 M li.
R 12: Zun, [1 M re, 1 M li] 10-mal, 1 M li, Zun. (25 M)
R 13: [1 M re, 1 M li] 12-mal, 1 M re.
R 14: Zun, [1 M li, 1 M re] 11-mal, 1 M li, Zun. (27 M)
R 15: [1 M li, 1 M re] 13-mal, 1 M li.
R 16: Zun, [1 M re, 1 M li] 12-mal, 1 M li, Zun. (29 M)
R 17: [1 M re, 1 M li] 14-mal, 1 M re.
R 18: Zun, [1 M li, 1 M re] 13-mal, 1 M li, Zun. (31 M)
R 19–33: [1 M li, 1 M re] 15-mal, 1 M li.
R 34: 2 M re zus str, [1 M li, 1 M re] 13-mal, 1 M li, 2 M re zus str. (29 M)
R 35: [1 M re, 1 M li] 14-mal, 1 M re.
R 36: 2 M li zus str, [1 M re, 1 M li] 12-mal, 1 M re, 2 M li zus str. (27 M)
R 37: [1 M li, 1 M re] 13-mal, 1 M li.
R 38: 2 M re zus str, [1 M li, 1 M re] 11-mal, 1 M li, 2 M re zus str. (25 M)
R 39: [1 M re, 1 M li] 12-mal, 1 M re.
R 40: 2 M li zus str, [1 M re, 1 M li] 10-mal, 1 M re, 2 M li zus str. (23 M)
R 41: [1 M li, 1 M re] 11-mal, 1 M li.
R 42: 2 M re zus str, [1 M li, 1 M re] 9-mal, 1 M li, 2 M re zus str. (21 M)
R 43: [1 M re, 1 M li] 10-mal, 1 M re.
R 44: 2 M li zus str, [1 M re, 1 M li] 8-mal, 1 M re, 2 M li zus str. (19 M)
R 45: [1 M li, 1 M re] 9-mal, 1 M li.
R 46: 2 M re zus str, [1 M li, 1 M re] 7-mal, 1 M li, 2 M re zus str. (17 M)
R 47: [1 M re, 1 M li] 8-mal, 1 M re.
R 48: 2 M li zus str, [1 M re, 1 M li] 6-mal, 1 M re, 2 M li zus str. (15 M)
R 49: [1 M li, 1 M re] 7-mal, 1 M li.
R 50: 2 M re zus str, [1 M li, 1 M re] 5-mal, 1 M li, 2 M re zus str. (13 M)
Im vorgegebenen Muster abk.

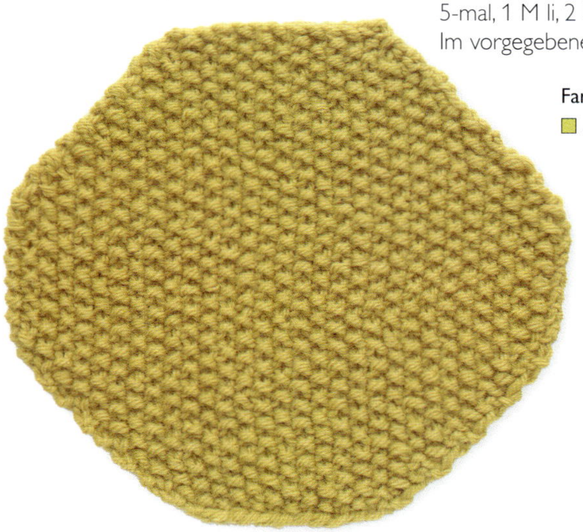

Farbe:
A

Groß

78 ACHTECKIGER STERN

8 M anschl und gleichmäßig auf SSN verteilen – 2 M ajN. Verbinden und achten, M nicht zu verdrehen.
Rd 1 (und alle ungeraden Rd): Re str.
Rd 2: [U, 1 M re] 8-mal. (16 M)
Rd 4: [U, 2 M re] 8-mal. (24 M)
Rd 6: [U, 3 M re] 8-mal. (32 M)
Rd 8: [U, 4 M re] 8-mal. (40 M)
Rd 10: [U, 5 M re] 8-mal. (48 M)
Rd 12: [U, 6 M re] 8-mal. (56 M)
Rd 14: [U, 1 M re, U, 1 M abn verschr, 4 M re] 8-mal. (64 M)
Rd 16: [U, 1 M re, (U, 1 M abn verschr) 2-mal, 3 M re] 8-mal. (72 M)
Rd 18: [U, 1 M re, (U, 1 M abn verschr) 3-mal, 2 M re] 8-mal. (80 M)
Rd 20: [U, 1 M re, (U, 1 M abn verschr) 4-mal, 1 M re] 8-mal. (88 M)
Rd 22: [U, 1 M re, (U, 1 M abn verschr) 5-mal] 8-mal. (96 M)
Wie zum Linksstricken abk.

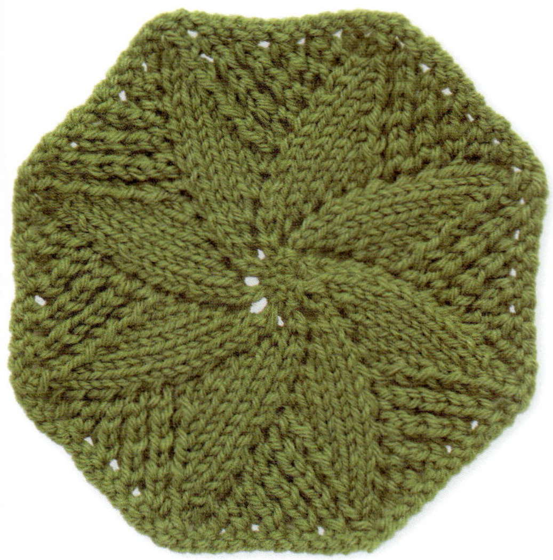

Farbe:
A

Groß

79 LOCHLINIEN-ACHTECK

98 M anschl.
R 1: Li str.
R 2: Re str.
R 3: 1 M re, [5 M re, U, 2 M re zus str, 5 M re] 8-mal, 1 M re.
R 4: 1 M li, [5 M li, U, 2 M li zus str, 5 M li] 8-mal, 1 M li.
R 5: 1 M re, [1 M abn verschr, 3 M re, U, 2 M re zus str, 3 M re, 2 M re zus str] 8-mal, 1 M re. (82 M)
R 6: 1 M li, [4 M li, U, 2 M li zus str, 4 M li] 8-mal, 1 M li.
R 7: 1 M re, [4 M re, U, 2 M re zus str, 4 M re] 8-mal, 1 M re.
R 8: 1 M li, [4 M li, U, 2 M li zus str, 4 M li] 8-mal, 1 M li.
R 9: 1 M re, [1 M abn verschr, 2 M re, U, 2 M re zus str, 2 M re, 2 M re zus str] 8-mal, 1 M re. (66 M)
R 10: 1 M li, [3 M li, U, 2 M li zus str, 3 M li] 8-mal, 1 M li.
R 11: 1 M re, [3 M re, U, 2 M re zus str, 3 M re] 8-mal, 1 M re.
R 12: 1 M li, [3 M li, U, 2 M li zus str, 3 M li] 8-mal, 1 M li.
R 13: 1 M re, [1 M abn verschr, 1 M re, U, 2 M re zus str, 1 M re, 2 M re zus str] 8-mal, 1 M re. (50 M)
R 14: 1 M li, [2 M li, U, 2 M li zus str, 2 M li] 8-mal, 1 M li.
R 15: 1 M re, [2 M re, U, 2 M re zus str, 2 M re] 8-mal, 1 M re.
R 16: 1 M li, [2 M li, U, 2 M li zus str, 2 M li] 8-mal, 1 M li.
R 17: 1 M re, [1 M abn verschr, U, 2 M re zus str, 2 M re zus str] 8-mal, 1 M re. (34 M)
R 18: 1 M li, [1 M li, U, 2 M li zus str, 1 M li] 8-mal, 1 M li.
R 19: 2 M re, [U, 2 M re zus str, 1 M abn verschr] 8-mal. (26 M)
R 20: 1 M li, [U, 2 M li zus str, 1 M li] 8-mal, 1 M li.
R 21: 1 M re, [2 M zus abh, 1 M re, 2 abgeh M übz] 8-mal, 1 M re. (10 M)
Garn in etwa 25 cm Länge abschn, mit stumpfer Sticknadel durch restl 10 M ziehen und verwahren. Seitliche Kanten zusammennähen, um Achteck zu erhalten.

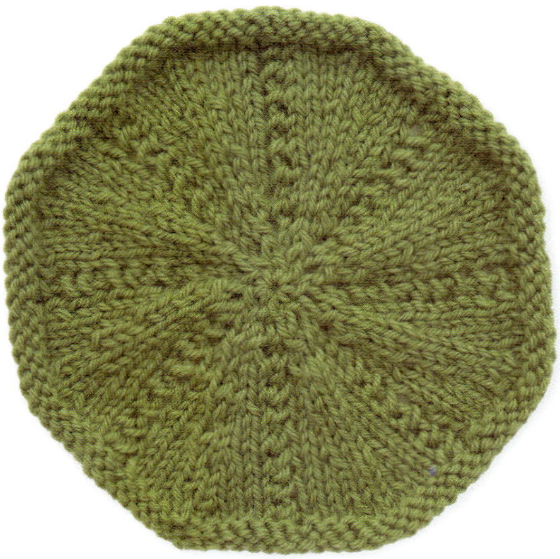

Groß

Farbe:
A

80 ACHTECK MIT ZOPFMUSTER

SPEZIELLE ABKÜRZUNGEN
Z3M abn: 3 M auf die Zopfnadel abh und nach hinten legen, von li Nd. 2 M re zus str, 1 M re; Von der Zopfnadel: 2 M re zus str, 1 M re.

98 M anschl.
R 1: Li str.
R 2: Re str.
R 3: 1 M re, [3 M li, Z3M abn, 3 M li] 8-mal, 1 M re. (82 M)
R 4: 1 M li, [3 M re, 4 M li, 3 M re] 8-mal, 1 M li.
R 5: 1 M re, [3 M li, 4 M re, 3 M li] 8-mal. 1 M re.
R 6: 1 M li, [3 M re, 4 M li, 3 M re] 8-mal, 1 M li.
R 7: 1 M re, [2 M li, Z3M abn, 2 M li] 8-mal, 1 M re. (66 M)
R 8: 1 M li, [2 M re, 4 M li, 2 M re] 8-mal, 1 M li.
R 9: 1 M re, [2 M li, 4 M re, 2 M li] 8-mal. 1 M re.
R 10: 1 M li, [2 M re, 4 M li, 2 M re] 8-mal, 1 M li.
R 11: 1 M re, [1 M li, Z3M abn, 1 M li] 8-mal, 1 M re. (50 M)
R 12: 1 M li, [1 M re, 4 M li, 1 M re] 8-mal, 1 M li.
R 13: 1 M re, [1 M li, 4 M re, 1 M li] 8-mal. 1 M re.
R 14: 1 M li, [1 M re, 4 M li, 1 M re] 8-mal, 1 M li.
R 15: 1 M re, [Z3M abn] 8-mal, 1 M re. (34 M)
R 16: Li str.
R 17: 1 M re, [2 M re zus str, 2 M re] 8-mal, 1 M re. (26 M)
R 18: Li str.
R 19: 1 M re [1 M abh, 2 M re zus str, 1 abgeh M übz] 8-mal, 1 M re. (10 M)
Garn in etwa 25 cm Länge abschn, mit stumpfer Sticknadel durch restl 10 M ziehen und verwahren. Seitliche Kanten zusammennähen, um Achteck zu erhalten.

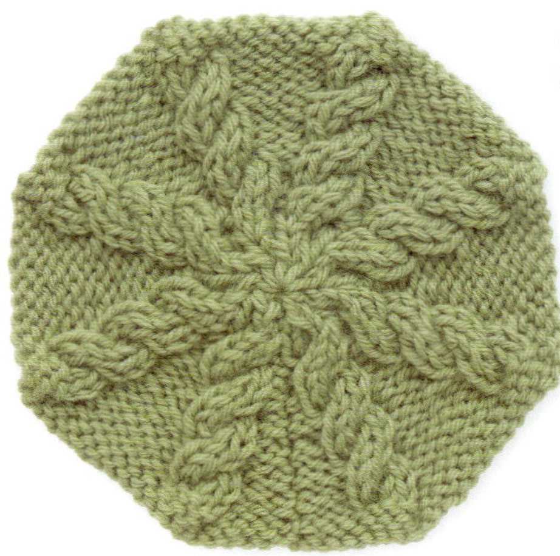

Mittel

Farbe:
A

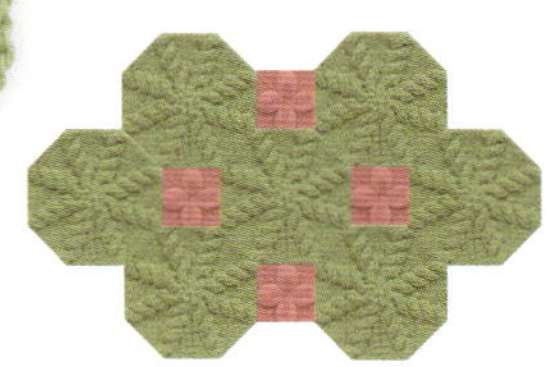

Kombination: **80 + 43 so groß, dass passende Größe erreicht wird.**

81 SPIRALE IM ACHTECK

8 M anschl und gleichmäßig auf SSN verteilen – 2 M ajN. Verbinden und darauf achten, M nicht zu verdrehen.
Rd 1: Re str.
Rd 2 (und alle geraden Rd): Re str.
Rd 3: (U, 1 M re) 8-mal. (16 M)
Rd 5: (U, 2 M re) 8-mal. (24 M)
Rd 7: (U, 1 M abn verschr, U, 1 M re) 8-mal. (32 M)
Rd 9: (U, 1 M abn verschr, U, 2 M re) 8-mal. (40 M)
Rd 11: (U, 1 M abn verschr, U, 3 M re) 8-mal. (48 M)
Rd 13: (U, 1 M abn verschr, U, 4 M re) 8-mal. (56 M)
Rd 15: (U, 1 M abn verschr, U, 5 M re) 8-mal. (64 M)
Rd 17: (U, 1 M abn verschr, U, 6 M re) 8-mal. (72 M)
Rd 19: (U, 1 M abn verschr, U, 7 M re) 8-mal. (80 M)
Rd 21: (U, 1 M abn verschr, U, 8 M re) 8-mal. (88 M)
Rd 22 und 23: Li str.
Wie zum Rechtsstricken abk.

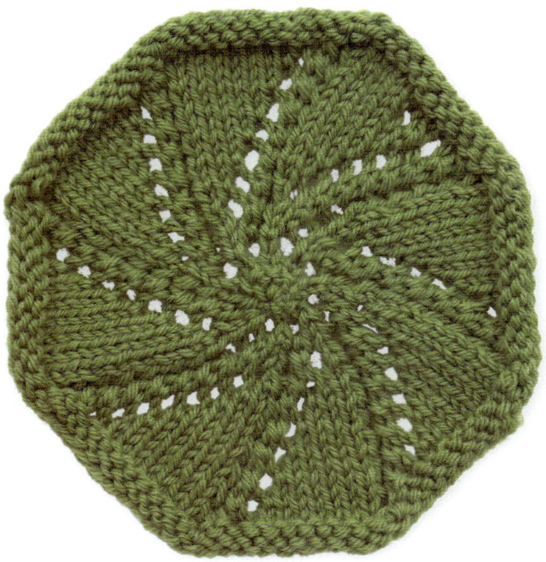

Groß

Farbe:
■ A

82 LOCHMUSTER-ACHTECK

96 M anschl und gleichmäßig auf SSN verteilen – 24 M ajN. Verbinden und darauf achten, M nicht zu verdrehen.
Rd 1: Li str.
Rd 2: [5 M re, 1 M abn verschr, 5 M re] 8-mal. (88 M)
Rd 3: Li str.
Rd 4: Re str.
Rd 5: Li str.
Rd 6: [4 M re, 1 M abn verschr, 5 M re] 8-mal. (80 M)
Rd 7: [2 M re zus str, U] bis zum Ende der Rd.
Rd 8: [4 M re, 1 M abn verschr, 4 M re] 8-mal. (72 M)
Rd 9: Re str.
Rd 10: [3 M re, 1 M abn verschr, 4 M re] 8-mal. (64 M)
Rd 11: Re str.
Rd 12: [3 M re, 1 M abn verschr, 3 M re] 8-mal. (56 M)
Rd 13: Re str.
Rd 14: [2 M re, 1 M abn verschr, 3 M re] 8-mal. (48 M)
Rd 15: Re str.
Rd 16: [2 M re, 1 M abn verschr, 2 M re] 8-mal. (40 M)
Rd 17: [2 M re zus str, U] bis zum Ende der Rd.
Rd 18: [1 M re, 1 M abn verschr, 2 M re] 8-mal. (32 M)
Rd 19: Re str.
Rd 20: [1 M re, 1 M abn verschr, 1 M re] 8-mal. (24 M)
Rd 21: Re str.
Rd 22: [1 M abn verschr, 1 M re] 8-mal. (16 M)
Rd 23: [1 M abn verschr] 8-mal. (8 M)
Garn in etwa 25 cm Länge abschn, mit stumpfer Sticknadel durch restl 10 M ziehen und verwahren.

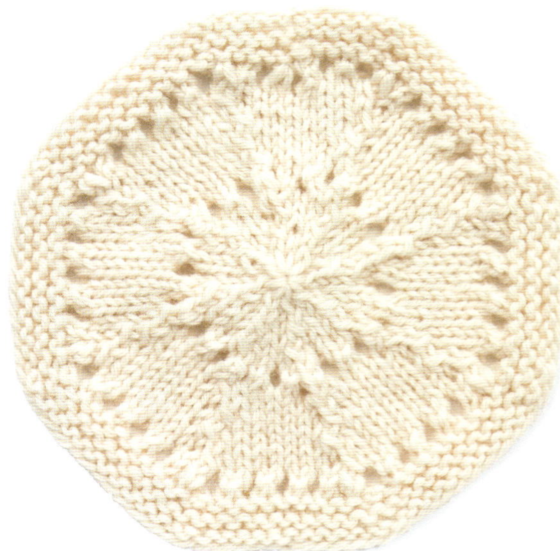

Groß

Farbe:
■ A

FÜNFECKE

83 GRANNY-FÜNFECK

Lm-Ring: Mit Garn A 5 Lm häkeln und mit Km zum Ring schließen.
Rd 1: 3 Lm (zählt als 1. Stb), 1 Stb in den Ring, [1 Lm (zählt als Ecke), 2 Stb in den Ring] 4-mal, 1 Lm, Rd mit Km oben in AnfLm schließen. (5 Lm-Bg-1)
Garn A abschn. Garn B an beliebigem Lm-Bg-1 einhäkeln.
Rd 2: 3 Lm (zählt als 1. Stb), [1 Stb, 1 Lm, 2 Stb] unten in 1. Ecke aus Rd 1, 1 Lm, *[2 Stb, 1 Lm (zählt als Ecke), 2 Stb] in nä. Lm-Bg-1, 1 Lm; ab * 3-mal wdh, Rd mit Km oben in AnfLm schließen.
Garn B abschn. Garn C in Lm-Bg-1 an einer Ecke einhäkeln.
Rd 3: 3 Lm (zählt als 1. Stb), [1 Stb, 1 Lm (zählt als Ecke), 2 Stb in 1. Ecke aus Rd 2], *1 Lm, 2 Stb in nä. Lm-Bg-1, 1 Lm, [2 Stb, 1 Lm (zählt als Ecke), 2 Stb] in nä. Lm-Bg-1; ab * 3-mal wdh, 1 Lm, 2 Stb in nä. Lm-Bg, 1 Lm, Rd mit Km oben in AnfLm schließen.
Garn C abschn. Garn A in Lm-Bg-1 an einer Ecke einhäkeln.
Rd 4: 3 Lm (zählt als 1. Stb), [1 Stb, 1 Lm (zählt als Ecke), 2 Stb] in 1. Ecke aus Rd 2, *[1 Lm, 2 Stb in nä. Lm-Bg-1] 2-mal, 1 Lm, [2 Stb, 1 Lm (zählt als Ecke), 2 Stb] in nä. Lm-Bg-1; ab * 3-mal wdh, [1 Lm, 2 Stb in nä. Lm-Bg-1] 2-mal, 1 Lm, Rd mit Km oben in AnfLm schließen.
Garne verwahren.

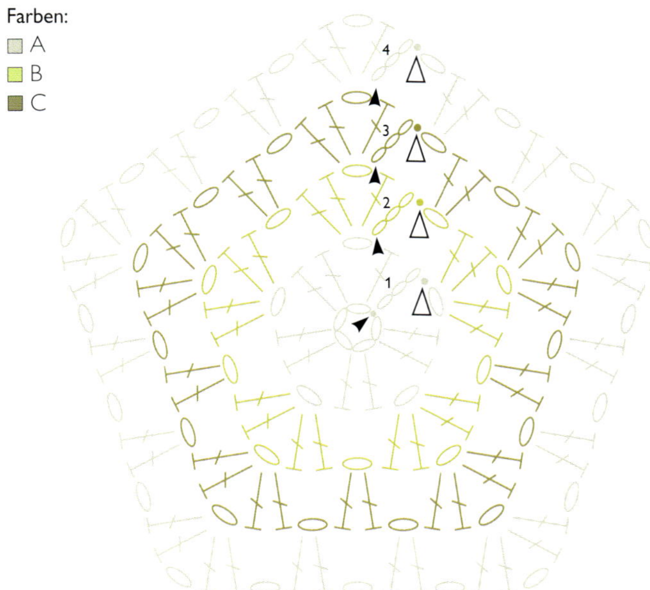

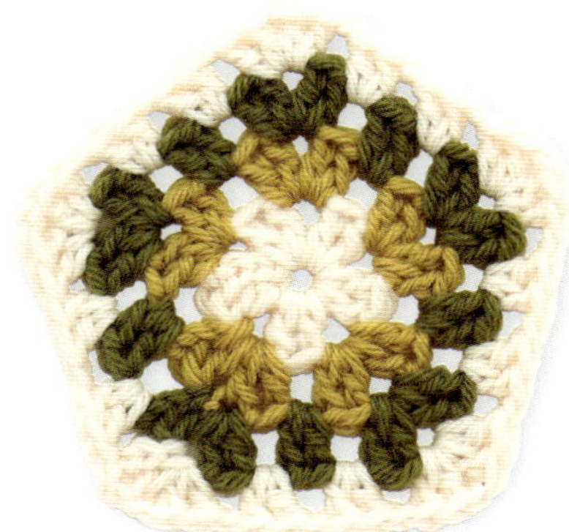

Mittel

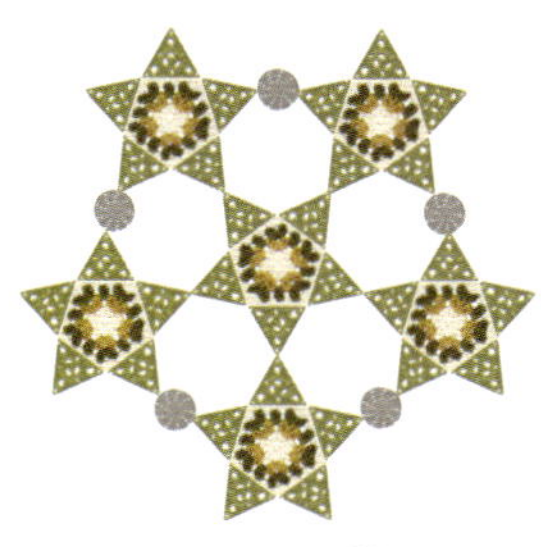

Kombination: **83 + Rd 1–3 von 2 + 48**

Abkürzungen und Symbole: Schlagen Sie auf S. 140–141 für die vollständige Erklärung der verwendeten Abkürzungen und Symbole nach!

84 ZWEIFARBIGES FÜNFECK

DER UMGANG MIT GARNENDEN

Es ist wichtig, die Enden der Garne sicher zu verwahren, damit sie sich nicht während des Tragens oder während des Waschens auftrennen können. Versuchen Sie, das Garn so sorgfältig wie möglich zu verwahren, sodass Enden nicht auf der Vorderseite der Arbeit zu sehen sind.

Lm-Ring: Mit Garn A 5 Lm häkeln und mit Km zum Ring schließen.

Rd 1: 2 Lm (zählt als 1. hStb), 2 hStb in den Ring, [2 Lm, 3 hStb in den Ring] 4-mal, 2 Lm, Rd mit Km oben in AnfLm schließen.

Rd 2: Km ins nä. hStb, 4 Lm (zählt als 1. Stb), 1 Stb in dieselbe M, [2 Stb, 2 Lm, 2 Stb] in nä. Lm-Bg-2, nä. hStb überspr, *[1 Stb, 1 Lm, 1 Stb] in nä. hStb, [2 Stb, 2 Lm, 2 Stb] in nä. Lm-Bg-2, nä. hStb überspr; ab * 4-mal wdh, Rd mit Km in 3. AnfLm schließen.

Garn A abschn. Garn B in dieselbe M wie Km einhäkeln.

Rd 3: 1 Lm (zählt als 1. fM), 1 fM in nä. Lm-Bg-1,*je 1 fM in nä. 3 M, 3 fM in nä. Lm-Bg-2, je 1 fM in nä. 3 M, 1 fM in nä. Lm-Bg-1; ab * 4-mal wdh, Rd mit Km in AnfLm schließen.

Garn B abschn. Garn A in dieselbe M wie Km einhäkeln.

Rd 4: je 1 fM in jd M und 3 fM in 2. fM von 3-fM-Mg in Lm-Bg-2 der letzten Rd. Rd mit Km in 1. fM schließen.

Garne verwahren.

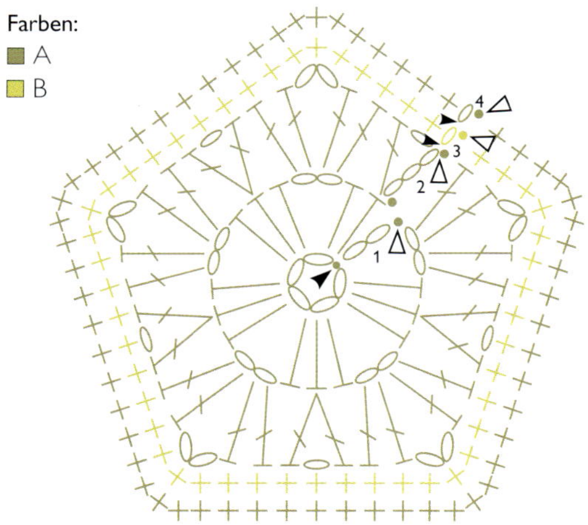

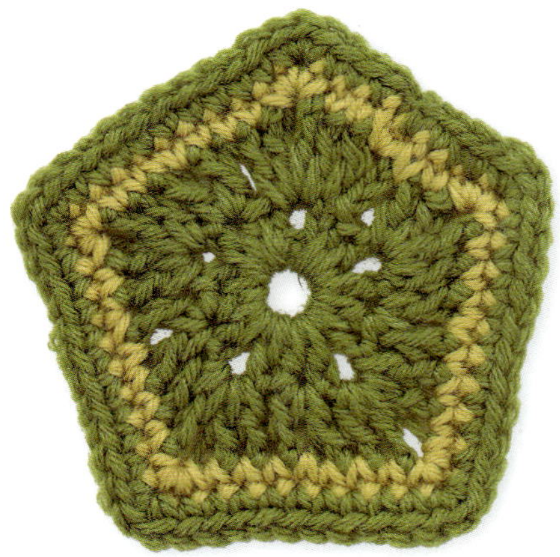

Klein

Für eine Bordüre

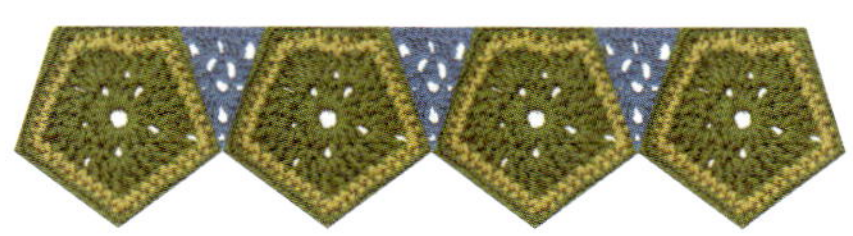

Kombination: **84 +**
Rd 1–2 von 48

85 FÜNFECK MIT KRAUS-RECHTS-STERN

ANMERKUNG
In jd R 1. M wie zum Linksstricken mit Faden hinter der Nd abh.

87 M anschl.
R 1 (RS): 1. M abh, 7 M re, 3 M li, [14 M re, 3 M li] 4-mal, 7 M re, 1 M li.
R 2: 1 M abh, 7 M re, 1 M abh, 2 M re zus str, abgeh M übz, [14 M re, 1 M abh, 2 M re zus str, abgeh M übz] 4-mal, 7 M re, 1 M li. (77 M)
R 3: 1. M abh, 6 M re, 3 M li, [12 M re, 3 M li] 4-mal, 6 M re, 1 M li.
R 4: 1. M abh, 6 M re, 3 M re zus str, [12 M re, 3 M re zus str] 4-mal, 6 M re, 1 M li. (67 M)
R 5: 1. M abh, 5 M re, 3 M li, [10 M re, 3 M li] 4-mal, 5 M re, 1 M li.
R 6: 1. M abh, 5 M re, 1 M abh, 2 M re zus str, abgeh M übz, [10 M re, 1 M abh, 2 M re zus str, abgeh M übz] 4-mal, 5 M re, 1 M li. (57 M)
R 7: 1. M abh, 4 M re, 3 M li, [8 M re, 3 M li] 4-mal, 4 M re, 1 M li.
R 8: 1. M abh, 4 M re, 3 M re zus str, [8 M re, 3 M re zus str] 4-mal, 4 M re, 1 M li. (47 M)
R 9: 1. M abh, 3 M re, 3 M li, [6 M re, 3 M li] 4-mal, 3 M re, 1 M li.
R 10: 1. M abh, 3 M re, 1 M abh 2 M re zus str, abgeh M übz, [6 M re, 1 M abh, 2 M re zus str, abgeh M übz] 4-mal, 3 M re, 1 M li. (37 M)
R 11: 1. M abh, 2 M re, 3 M li, [4 M re, 3 M li] 4-mal, 2 M re, 1 M li.
R 12: 1. M abh, 2 M re, 3 M re zus str, [4 M re, 3 M re zus str] 4-mal, 2 M re, 1 M li. (27 M)
R 13: 1. M abh, 1 M re, 3 M li, [2 M re, 3 M li] 4-mal, 1 M re, 1 M li.
R 14: 1. M abh, 1 M re, 1 M abh, 2 M re zus str, abgeh M übz, [2 M re, 1 M abh, 2 M re zus str, abgeh M übz] 4-mal, 1 M re, 1 M li. (17 M)
R 15: 1. M abh, li str bis zum Ende der R.
R 16: 1. M abh, [3 M re zus str] 5-mal, 1 M li. (7 M)
R 17: 1. M abh, li str bis zum Ende der R.
R 18: 1. M abh, 1 M abn verschr, 1 M re, 1 M abn verschr, 1 M li. (5 M)
Garn in etwa 25 cm Länge abschn, mit stumpfer Sticknadel durch restl 5 M ziehen und verwahren. Seitliche Kanten zusammennähen, um Fünfeck zu erhalten.

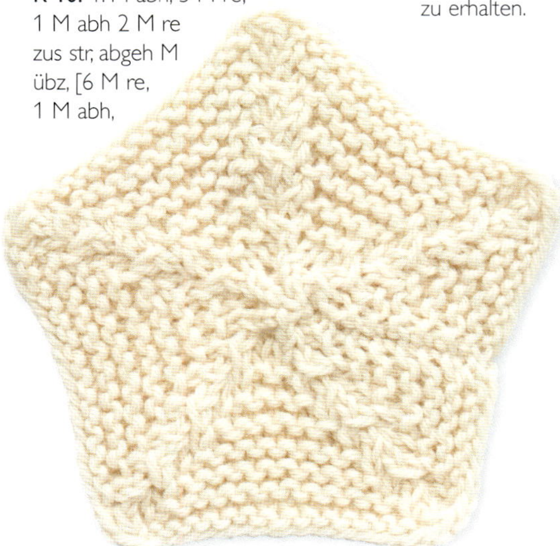

Mittel

Farbe:
A

Dieses Muster zu einer Decke verarbeitet siehe S. 128

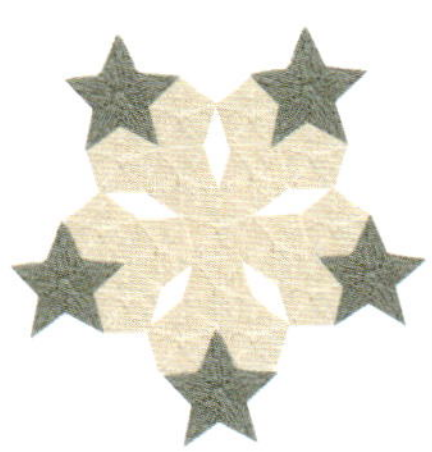

Kombination: 85 + 109

86 GESTREIFTES FÜNFECK

Mit Garn A 7 M anschl.
R 1: 1 M re, [Zun] 5-mal, 1 M re. (12 M)
R 2: Li str.
R 3: 1 M re, [Zun, U, 1 M re] 5-mal, 1 M re. (22 M)
Zu Garn B wechseln.
R 4: 1 M li, 20 M re, 1 M li.
R 5: 1 M re, [Zun, 2 M re, Zun] 5-mal, 1 M re. (32 M)
R 6: Li str.
R 7: Re str.
R 8: Li str.
R 9: 1 M re, [Zun, 4 M re, Zun] 5-mal, 1 M re. (42 M)
Zu Garn A wechseln.
R 10: 1 M li, 40 M re, 1 M li.
R 11: 1 M re, [Zun, 6 M re, Zun] 5-mal, 1 M re. (52 M)
Zu Garn B wechseln.
R 12: Li str.
R 13: 1 M re, [Zun, 8 M re, Zun] 5-mal, 1 M re. (62 M)
R 14: Li str.
R 15: 1 M re, [Zun, 10 M re, Zun] 5-mal, 1 M re. (72 M)
R 16: Li str.
R 17: Re str.
Zu Garn A wechseln.
R 18: Li str.
R 19: 1 M re, [Zun, 12 M re, Zun] 5-mal, 1 M re. (82 M)
Zu Garn B wechseln.
R 20: Li str.
R 21: 1 M re, 80 M li, 1 M re.
Wie zum Rechtsstricken abk.
Seitliche Kanten zusammennähen, um Kreisform zu erhalten.

Farben:
A
B

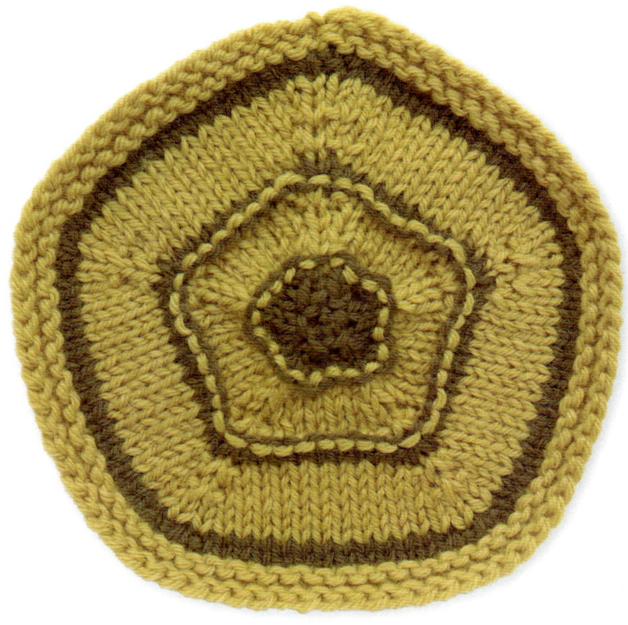

Groß

87 FÜNFECK MIT EICHELN

100 M aufn und gleichmäßig auf SSN verteilen – 25 M ajN. Verbinden und darauf achten, M nicht zu verdrehen.

Rd 1: Li str.
Rd 2: Li str.
Rd 3: Re str.
Rd 4: [(1 M re, U, 1 M re) in nä. M, 3 M li, 2 M li zus str, 3 M li, 2 M abh, 1 M re, 2 abgeh M übz, 3 M li, 2 M li zus str, 3 M li] 5-mal. (90 M)
Rd 5: [1 M re, U, 1 M re, U, 1 M re, 3 M li, 2 M li zus str, 2 M li, 1 M re, 2 M li, 2 M li zus str, 3 M li] 5-mal.
Rd 6: [5 M re, 5 M li, 2 M abh, 1 M re, 2 abgeh M übz, 5 M li] 5-mal. (80 M)
Rd 7: [5 M re, 5 M li, 1 M re, 5 M li] 5-mal.
Rd 8: [5 M re, 4 M li, 2 M abh, 1 M re, 2 abgeh M übz, 4 M li] 5-mal. (70 M)
Rd 9: [5 M re, 4 M li, 1 M re, 4 M li] 5-mal.
Rd 10: [5 M re, 3 M li, 2 M abh, 1 M re, 2 abgeh M übz, 3 M li] 5-mal. (60 M)
Rd 11: [5 M re, 3 M li, 1 M re, 3 M li] 5-mal.
Rd 12: [5 M re, 2 M li, 2 M abh, 1 M re, 2 M übz, 2 M li] 5-mal. (50 M)
Rd 13: [5 M re, 2 M li, 1 M re, 2 M li] 5-mal.
Rd 14: [1 M abn verschr, 1 M re, 2 M re zus str, 2 M li, 1 M re, 2 M li] 5-mal. (40 M)
Rd 15: [3 M re, 2 M li, 1 M re, 2 M li] 5-mal.
Rd 16: [2 M abh, 1 M re, 2 abgeh M übz, 2 M li, 1 M re, 2 M li] 5-mal. (30 M)
Rd 17: [1 M re, 2 M li] 10-mal
Rd 18: [1 M abn verschr, 1 M li] 10-mal. (20 M)
Rd 19: [1 M re, 1 M li] 10-mal.
Rd 20: [1 M abn verschr] 10-mal. (10 M)
Rd 21: [1 M abn verschr] 5-mal. (5 M)

Garn in etwa 25 cm Länge abschn, mit stumpfer Sticknadel durch restl 5 M ziehen und verwahren. Seitliche Kanten zusammennähen, um Fünfeck zu erhalten.

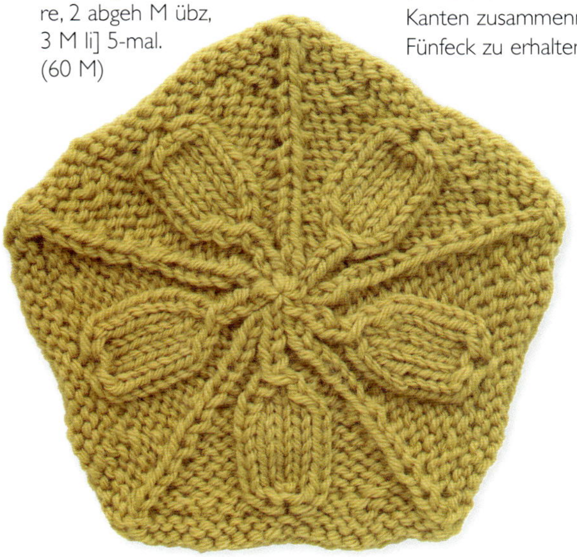

Mittel

Farbe:
A

88 NOPPEN-FÜNFECK

SPEZIELLE ABKÜRZUNG
N str. (Noppe stricken): [1 M re, 1 M li, 1 M re] in nä. M, wenden, 3 M li, wenden, 3 M verschr zus str.

100 M anschl und gleichmäßig auf SSN verteilen – 25 M ajN. Verbinden und darauf achten, M nicht zu verdrehen.

Rd 1: Li str.
Rd 2: [8 M re, 2 M abh, 1 M re, 2 abgeh M übz, 9 M re] 5-mal. (90 M)
Rd 3: Li str.
Rd 4: [7 M re, 2 M abh, 1 M re, 2 abgeh M übz, 8 M re] 5-mal. (80 M)
Rd 5: Li str.
Rd 6: [6 M re, 2 M abh, 1 M re, 2 abgeh M übz, 7 M re] 5-mal. (70 M)
Rd 7: Re str.
Rd 8: [5 M re, 2 M abh, 1 M re, 2 abgeh M übz, 6 M re] 5-mal. (60 M)
Rd 9: [(1 M re, N str) 2-mal, 3 M re, (N str, 1 M re) 2-mal, N str] 5-mal.
Rd 10: [4 M re, 2 M abh, 1 M re, 2 abgeh M übz, 5 M re] 5-mal. (50 M)
Rd 11: Re str.
Rd 12: [3 M re, 2 M abh, 1 M re, 2 abgeh M übz, 4 M re] 5-mal. (40 M)
Rd 13: Re str.
Rd 14: [2 M re, 2 M abh, 1 M re, 2 abgeh M übz, 3 M re] 5-mal. (30 M)
Rd 15: [5 M re, N str] 5-mal.
Rd 16: [1 M re, 2 M abh, 1 M re, 2 abgeh M übz, 2 M re] 5-mal. (20 M)
Rd 17: Re str.
Rd 18: [2 M abh, 1 M re, 2 abgeh M übz, 1 M re] 5-mal. (10 M)
Rd 19: [1 M abn verschr] 5-mal. (5 M)

Garn in etwa 25 cm Länge abschn, mit stumpfer Sticknadel durch restl 5 M ziehen und verwahren. Seitliche Kanten zusammennähen, um Fünfeck zu erhalten.

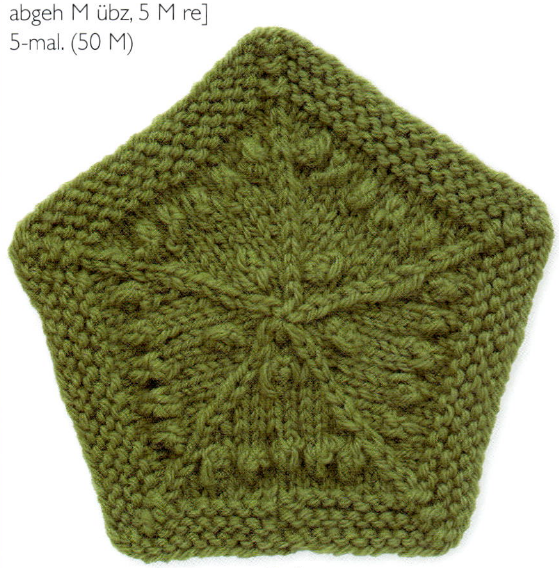

Groß

Farbe:
A

89 FÜNFECK KRAUS-RECHTS

21 M anschl.
R 1–3: Re str.
R 4: Zun, re str bis zur letzten M, Zun. (23 M)
R 5–8: Re str.
Die letzten 5 R wdh bis 33 M erreicht sind.
R 30–33: Re str.
R 34: 2 M re zus str, re str bis zur vorletzten M, 2 M re zus str. (31 M)
R 35: Re str.
Die letzten 2 R wdh bis noch 5 M übrig bleiben.
R 62: 2 M re zus str, 1 M re, 2 M re zus str. (3 M)
R 63: 3 M re zus str.
Garn verwahren.

Um dieses Fünfeck kleiner zu stricken, schlagen Sie nur so viele M an, wie Sie für eine Kante benötigen und betrachten Sie diese als Anteil des Anschlags der nächsten ungeraden Reihe und setzen Sie diesen Anteil im Verhältnis zu R 29 (Maschenanzahl am Ende der Zun):
Für abgebildete Kombination: 13 M anschl und im Muster str. Vom Muster R 4–8 wdh, bis 21 M erreicht sind. Wie im Muster mit Abn fortfahren.

Für eine Applikation

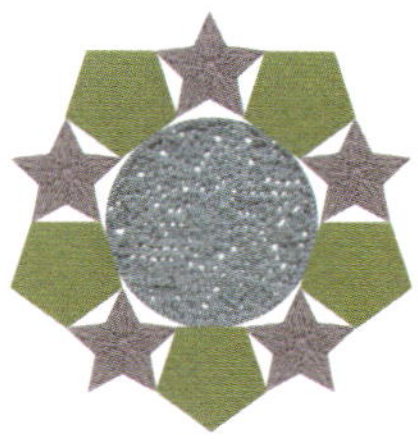

Kombination: **89 + 19 + 109**

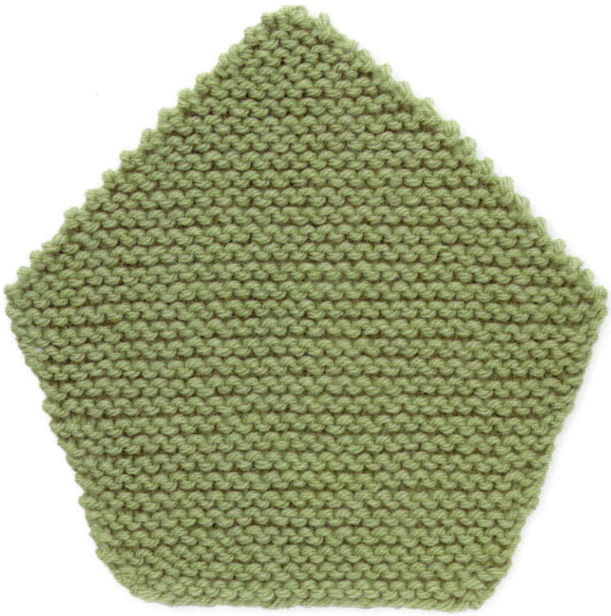

Groß

Farbe:
A

90 GERIPPTES FÜNFECK

102 M ansch.
R 1 (VS): Re str.
R 2: Li str.
R 3: 1 M re, [1 M abh, 2 M zus str, abgeh M übz, (1 M re, 1 M li) 8-mal, 1 M re] 5-mal, 1 M re. (92 M)
R 4: 1 M li, [(1 M li, 1 M re) 8-mal, 2 M li] 5-mal, 1 M li.
R 5: 1 M re, [1 M abh, 2 M re zus str, abgeh M übz, (1 M re, 1 M li) 7-mal, 1 M re] 5-mal, 1 M re. (82 M)
R 6: 1 M li, [(1 M li, 1 M re) 7-mal, 2 M li] 5-mal, 1 M li.
R 7: 1 M re, [1 M abh, 2 M re zus str, abgeh M übz, (1 M re, 1 M li) 6-mal, 1 M re] 5-mal, 1 M re. (72 M)
R 8: 1 M li, [(1 M li, 1 M re) 6-mal, 2 M li] 5-mal, 1 M li.
R 9: 1 M re, [1 M abh, 2 M re zus str, abgeh M übz, (1 M re, 1 M li) 5-mal, 1 M re] 5-mal, 1 M re. (62 M)
R 10: 1 M li, [(1 M li, 1 M re) 5-mal, 2 M li] 5-mal, 1 M li.
R 11: 1 M re, [1 M abh, 2 M re zus str, abgeh M übz, (1 M re, 1 M li) 4-mal, 1 M re] 5-mal, 1 M re. (52 M)
R 12: 1 M li, [(1 M li, 1 M re) 4-mal, 2 M li] 5-mal, 1 M li.
R 13: 1 M re, [1 M abh, 2 M re zus str, abgeh M übz, (1 M re, 1 M li) 3-mal, 1 M re] 5-mal, 1 M re. (42 M)
R 14: 1 M li, [(1 M li, 1 M re) 3-mal, 2 M li] 5-mal, 1 M li.
R 15: 1 M re, [1 M abh, 2 M re zus str, abgeh M übz, (1 M re, 1 M li) 2-mal, 1 M re] 5-mal, 1 M re. (32 M)
R 16: 1 M li, [(1 M li, 1 M re) 2-mal, 2 M li] 5-mal, 1 M li.
R 17: 1 M re, [1 M abh, 2 M re zus str, abgeh M übz, 1 M re, 1 M li, 1 M re] 5-mal, 1 M re. (22 M)
R 18: 1 M li, [1 M li, 1 M re, 2 M li] 5-mal, 1 M li.
R 19: 1 M re, [1 M abh, 2 M re zus str, abgeh M übz] 5-mal, 1 M re. (12 M)
R 20: Li str.
R 21: 1 M re, [1 M abn verschr] 5-mal, 1 M re. (7 M)
Garn in etwa 30 cm Länge abschn, mit stumpfer Sticknadel durch restl 7 M ziehen und verwahren. Seitliche Kanten zusammennähen, um Fünfeck zu erhalten.

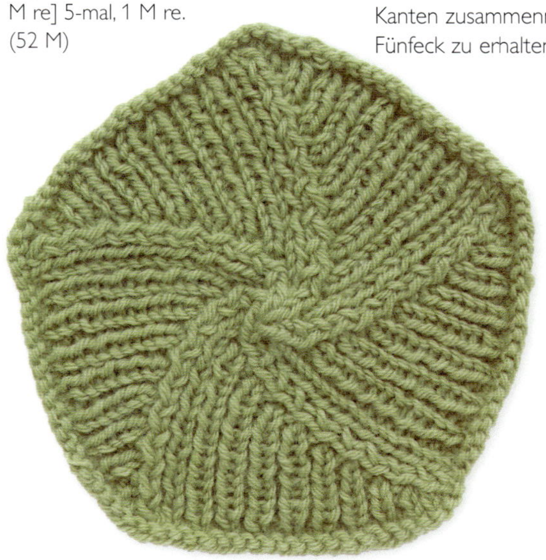

Groß

Farbe:
A

91 HÜBSCHE SCHNEEFLOCKE

ANMERKUNG ZU EINER ARBEIT:
Wenn Sie mit einer Strick- oder Häkelarbeit fertig sind, behalten Sie ein wenig Garn, falls Sie Ihre Arbeit irgendwann reparieren müssen! Machen Sie ein Loch in ein Stück Pappe und wickeln Sie das Garn durch das Loch und um den Karton. Notieren Sie sich Typ und Farbe des Garns gemeinsam mit den Details zu Ihrer Arbeit und geben Sie die Banderole des Garnknäuels mit genauer Informationen zu Material und Pflege dazu. Heben Sie diese Projektkarte in einer geschlossenen Schachtel an einem kühlen Platz auf.

Lm-Ring: 9 Lm häkeln und mit Km zum Ring schließen.
Rd 1: 8 Lm (zählt als 1. Stb und 5 Lm), 3 Stb in den Ring, [5 Lm, 3 Stb in den Ring] 4-mal, 5 Lm, 2 Stb in den Ring, Rd mit Km in 3. AnfLm schließen.
Rd 2: Je 1 Km in nä. 2 Lm, 7 Lm (zählt als 1. Stb und 4 Lm), 4 Stb in 1. Lm-Bg-5 aus Rd 1, *1 Lm, [4 Stb, 4 Lm, 4 Stb] in nä. Lm-Bg-5; ab * 4-mal wdh, 1 Lm, mit 3 Stb in 1. Lm-Bg-5 aus Rd 1 enden, Rd mit Km in 3. AnfLm-Bg-7 schließen.
Rd 3: Je 1 Km in nä. 2 Lm, 6 Lm (zählt als 1. Stb und 3 Lm), 3 Stb in 1. Lm-Bg-4 aus Rd 2, *3 Lm, [3 Stb, 3 Lm, 3 Stb] in nä. Lm-Bg-4; ab * 4-mal wdh, 3 Lm, mit 2 Stb in 1. Lm-Bg-4 aus Rd 2 enden, Rd mit Km in 3. AnfLm-Bg-6 schließen.
Rd 4: Je 1 Km in nä. 2 Lm, 8 Lm, Km in 4. Lm von HN aus, 1 Lm, 2 Stb in 1. Lm-Bg-3 aus Rd 3, 5 Lm, 1 fM in nä. Lm-Bg-3, *5 Lm [2 Stb, 5 Lm, Km in 4. Lm von HN aus, 1 Lm, 2 Stb] in nä. Lm-Bg-3, 5 Lm, 1 fM in nä. Lm-Bg-3; ab * 4-mal wdh, 5 Lm, mit 1 Stb in 1. Lm-Bg-3 aus Rd 3 enden, Rd mit Km in 3. AnfLm-Bg-8 schließen.
Garn verwahren.

Farbe:
▢ A

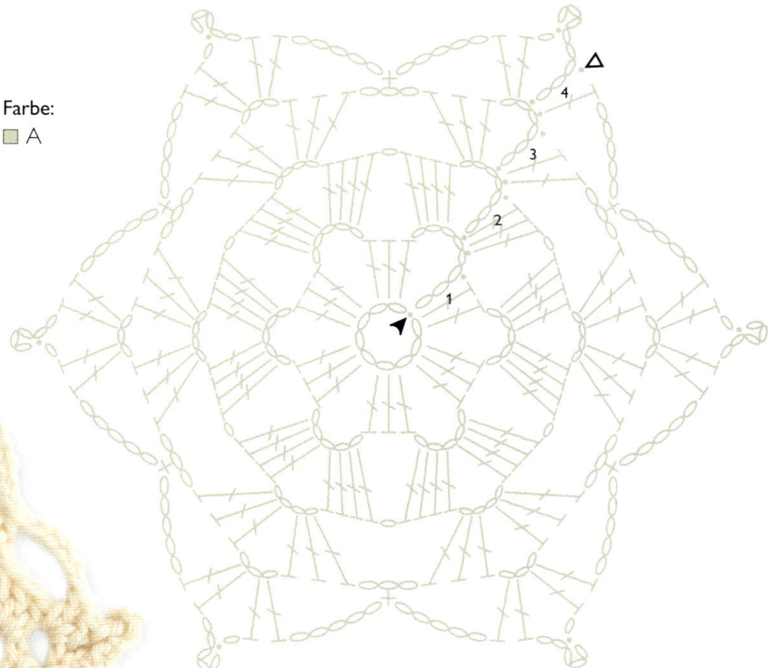

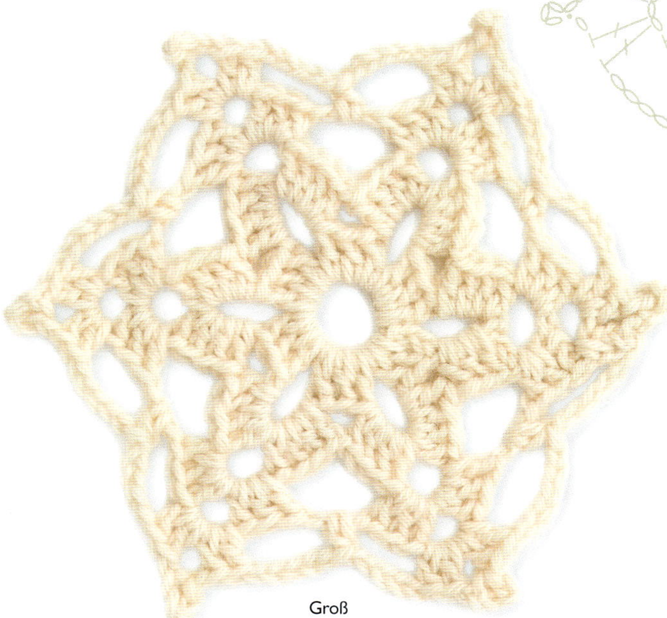

Groß

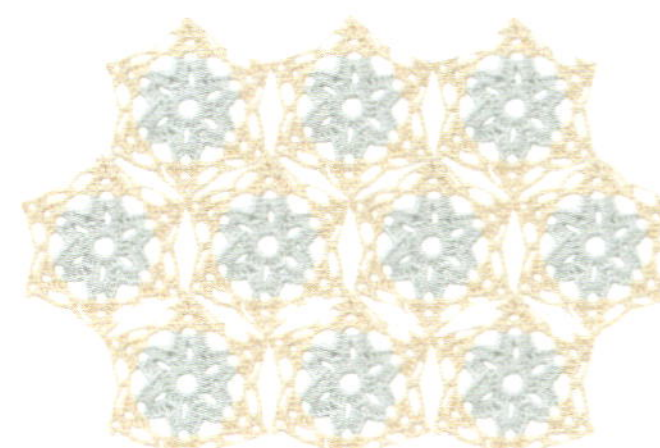

Zweifarbiges Mosaik nur aus Muster **91**

Abkürzungen und Symbole: Schlagen Sie auf S. 140–141 für die vollständige Erklärung der verwendeten Abkürzungen und Symbole nach!

92 SCHNEEFLOCKE MIT SPITZEN

Lm-Ring: 4 Lm häkeln und mit Km zum Ring schließen.
Rd 1 (VS): 6 fM in den Ring, Rd mit Km in 1. fM schließen.
Rd 2: 5 Lm (zählt als 1. Stb und 2 Lm), 1 Stb in 1. fM, *[1 Stb, 2 Lm, 1 Stb] in nä. fM; ab * 4-mal wdh, Rd mit Km in 3. AnfLm schließen.
Rd 3: Km in Lm-Bg-2, 3 Lm (zählt als 1. Stb), [1 Stb, 3 Lm, 2 Stb] in 1. Lm-Bg-2, *[2 Stb, 3 Lm, 2 Stb] in nä. Lm-Bg-2; ab * 4-mal wdh, Rd mit Km oben in AnfLm schließen.
Rd 4: Km bis zum und in Lm-Bg-3, 3 Lm (zählt als 1. Stb), [2 Stb, 3 Lm, 3 Stb, 1 Lm] in 1. Lm-Bg-3, *[3 Stb, 3 Lm, 3 Stb, 1 Lm] in nä. Lm-Bg-3; ab * 4-mal wdh, Rd mit Km oben in AnfLm schließen.
Rd 5: Km bis zum und in Lm-Bg-3, 3 Lm (zählt als 1. Stb), [3 Stb, 3 Lm, 4 Stb, 3 Lm] in 1. Lm-Bg-3, *1 Stb zw 2 Stb-Gr, [4 Stb, 3 Lm, 4 Stb, 3 Lm] in nä. Lm-Bg-3; ab * 4-mal wdh, 1 Stb zw 2 Stb-Gr, Rd mit Km oben in AnfLm schließen.
Garn verwahren.

Farbe:
A

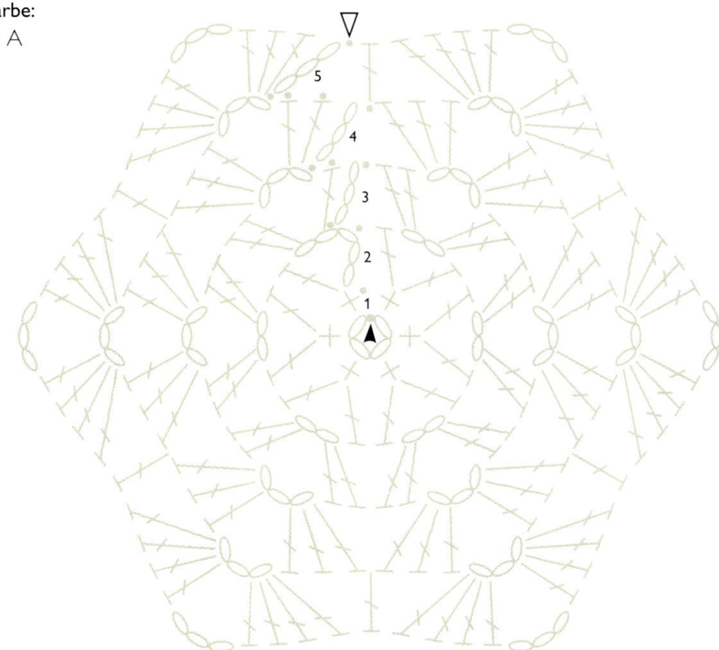

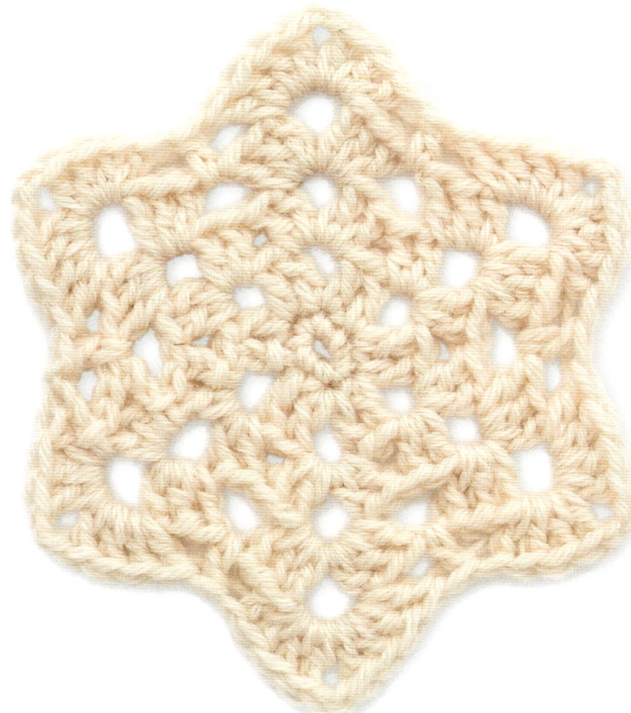

Mittel

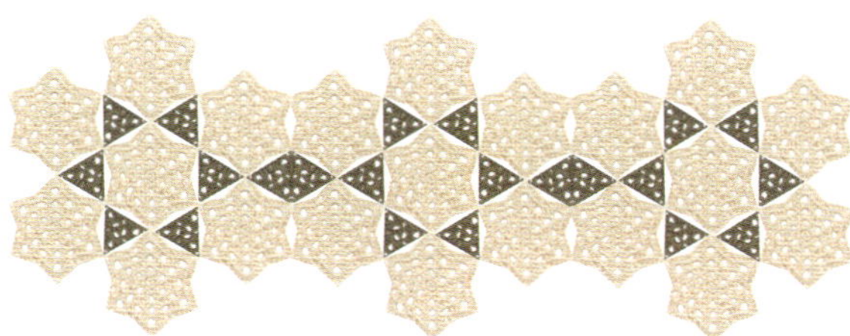

Kombination: **92 + 48**

93 ZWEIFARBIGER SCHNEEKRISTALL

Lm-Ring: Mit Garn A 4 Lm häkeln und mit Km zum Ring schließen.
Rd 1 (VS): 3 Lm (zählt als 1. Stb), 1 Stb in den Ring, 1 Lm, [2 Stb in den Ring, 1 Lm] 5-mal, Rd mit Km oben in AnfLm schließen.
Garn A abschn. Garn B mit Km in 1. Lm-Bg-1 einhäkeln.
Rd 2: 3 Lm (zählt als 1. Stb), [1 Stb, 1 Lm, 2 Stb] in 1. Lm-Bg-1, *[2 Stb, 1 Lm, 2 Stb] in nä. Lm-Bg-1; ab * 4-mal wdh, Rd mit Km oben in AnfLm schließen.
Rd 3: Km in jd M bis zum und in 1. Lm-Bg-1, 3 Lm (zählt als 1. Stb), [1 Stb, 1 Lm, 2 Stb] in 1. Lm-Bg-1, 1 Stb in nä. Stb, 2 Stb überspr, 1 Stb in nä. Stb, *[2 Stb, 1 Lm, 2 Stb] in nä. Lm-Bg-1, 1 Stb in nä. Stb, 2 Stb überspr, 1 Stb in nä. Stb; ab * 4-mal wdh, Rd mit Km oben in AnfLm schließen.
Rd 4: Km in jd M bis zum und in 1. Lm-Bg-1, 3 Lm (zählt als 1. Stb), [1 Stb, 3 Lm, 2 Stb] in 1. Lm-Bg-1, je 1 Stb in nä. 2 Stb, 2 Stb überspr, je 1 Stb in nä. 2 Stb, *[2 Stb, 3 Lm, 2 Stb] in nä. Lm-Bg-1, je 1 Stb in nä. 2 Stb, 2 Stb überspr, je 1 Stb in nä. 2 Stb; ab * 4-mal wdh, Rd mit Km oben in AnfLm schließen.
Garne verwahren.

Farben:
A
B

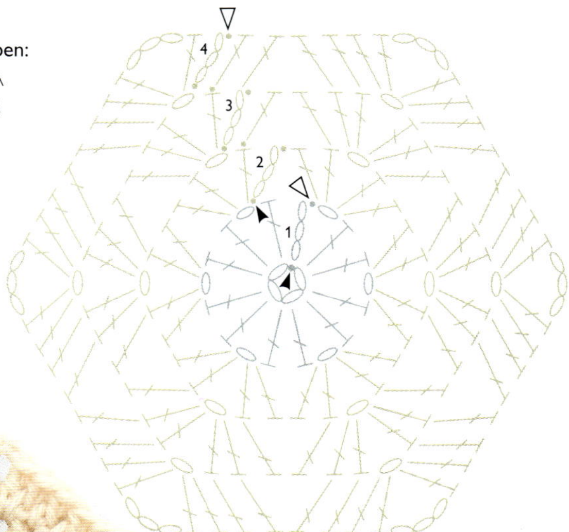

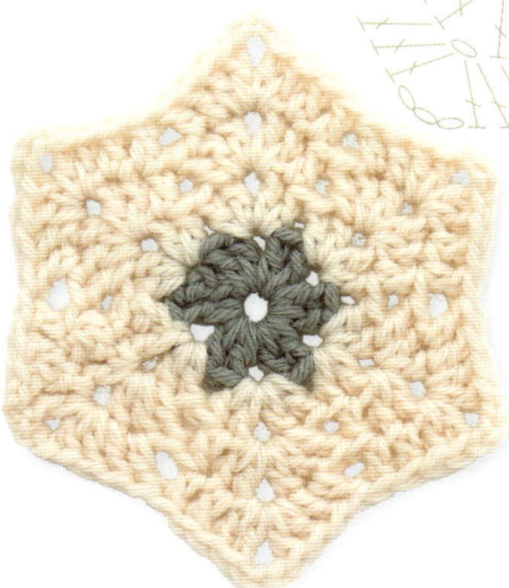

Mittel

94 ZIERLICHE LOCHSCHNEEFLOCKE

Lm-Ring: 5 Lm häkeln und mit Km zum Ring schließen.
Rd 1 (VS): 1 Lm, [2 fM in den Ring, 3 Lm] 6-mal, Rd mit Km in 1. fM schließen. (6 Lm-Bg-3)
Rd 2: Km in nä. fM, 1 Lm, *[2 fM, 3 Lm, 2 fM) in nä. Lm-Bg-3; ab * 5-mal wdh, Rd mit Km in 1. fM schließen.
Rd 3: 1 Lm, *1 fM, 3 Lm, 1 fM, 5 Lm, 1 fM, 3 Lm, 1 fM] in nä. Lm-Bg-3, 2 Lm; ab * 5-mal wdh, Rd mit Km in 1. fM schließen.

Farbe:
A

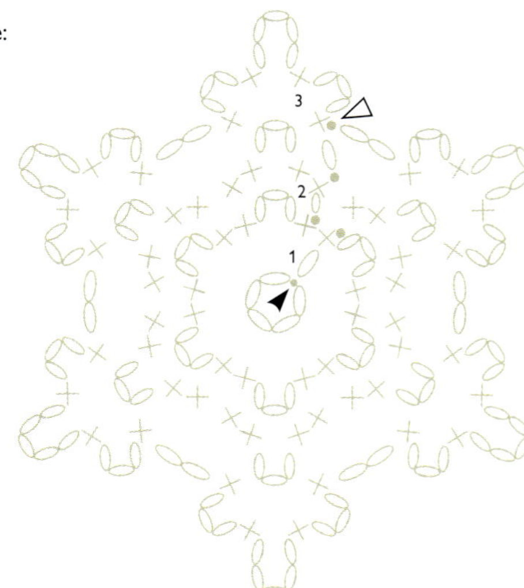

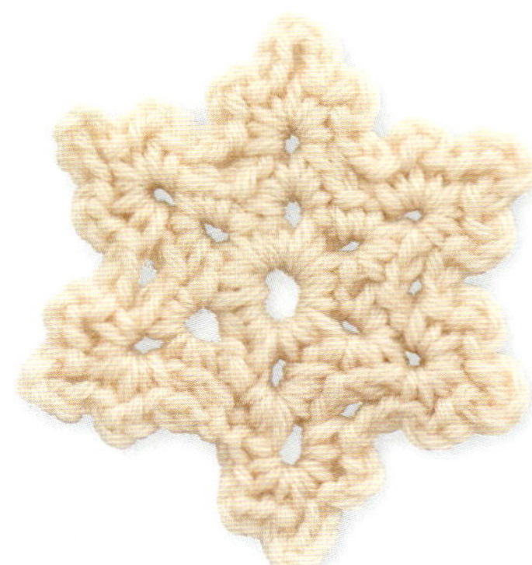

Klein

Für eine Bordüre

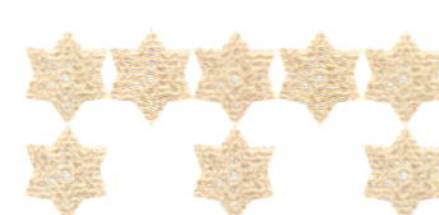

Mosaik nur aus Muster **94**

95 GROSSE DOPPEL-SCHNEEFLOCKE

SPEZIELLE ABKÜRZUNGEN
P (Picot): 5 Lm, dann Km unten am Lm-Bg-5 durchziehen, um Picot zu schließen.

Lm-Ring: Mit Garn A 6 Lm häkeln und mit Km zum Ring schließen.
Rd 1: 3 Lm (zählt als 1. Stb), 1 Stb in den Ring, [2 Lm, 2 Stb] 5-mal in den Ring, 2 Lm, Rd mit Km oben in AnfLm schließen.
Rd 2: 3 Lm (zählt als 1. Stb), 1 Stb unten in AnfLm, 2 Stb in nä Stb, *[1 Stb, 1 dStb, 1 P, 1 Stb] in nä. Lm-Bg-2, je 2 Stb in nä. 2 Stb; ab * 4-mal wdh, [1 Stb, 1 dStb, 1 P, 1 Stb] in letzten Lm-Bg-2, Rd mit Km oben in AnfLm schließen.
Garn A abschn. Garn B mit Km oben in letztes P aus Rd 2 einhäkeln.
Rd 3: *5 Lm, Km in P aus Rd 2, 9 Lm, Km oben in nä. P; ab * 5-mal wdh, Rd mit Km unten in AnfLm-Bg-5 schließen.
Rd 4: *Km in Lm-Bg-5 aus Rd 3, 6 Lm, Km in Lm-Bg-5 aus Rd 3, 9 fM in nä. Lm-Bg-9; ab * 5-mal wdh, Rd mit Km in Lm-Bg-5 aus Rd 3 schließen.
Rd 5: 4 Lm (zählt als 1. dStb), 6 dStb in nä. Lm-Bg-6, 1 P, 6 dStb in denselben Lm-Bg-6, *4 fM überspr, 1 Km in nä. fM, 4 fM überspr, 7 dStb in nä. Lm-Bg-6, 1 P, 6 dStb in denselben Lm-Bg-6; ab * 4-mal wdh, 4 fM überspr, Km in nä. fM, 4 fM überspr, Rd mit Km oben in AnfLm schließen.
Garne verwahren.

Farben:
A
B

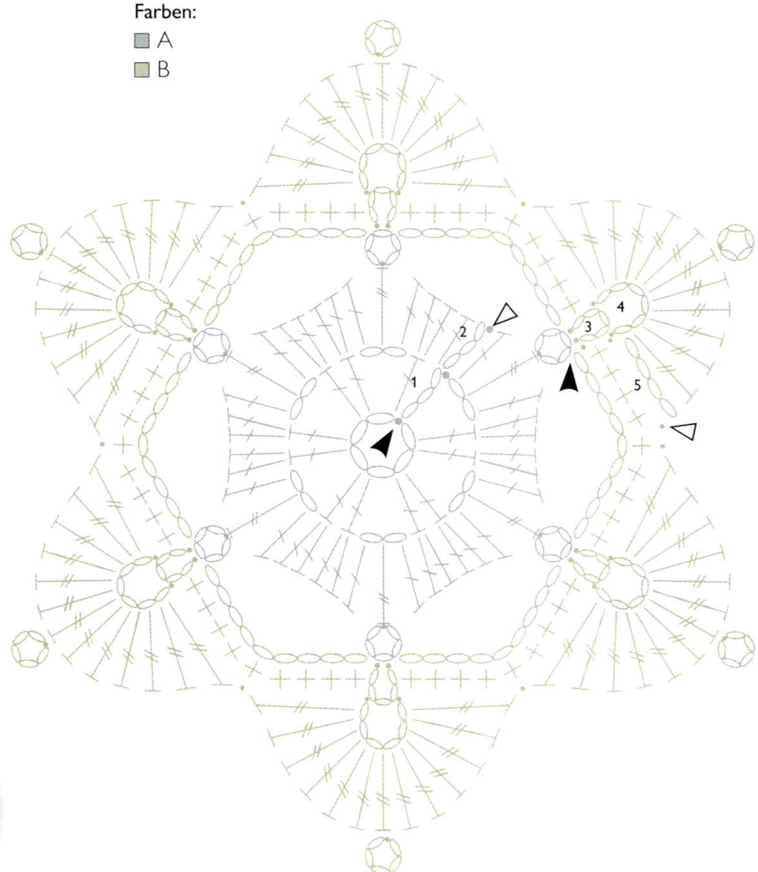

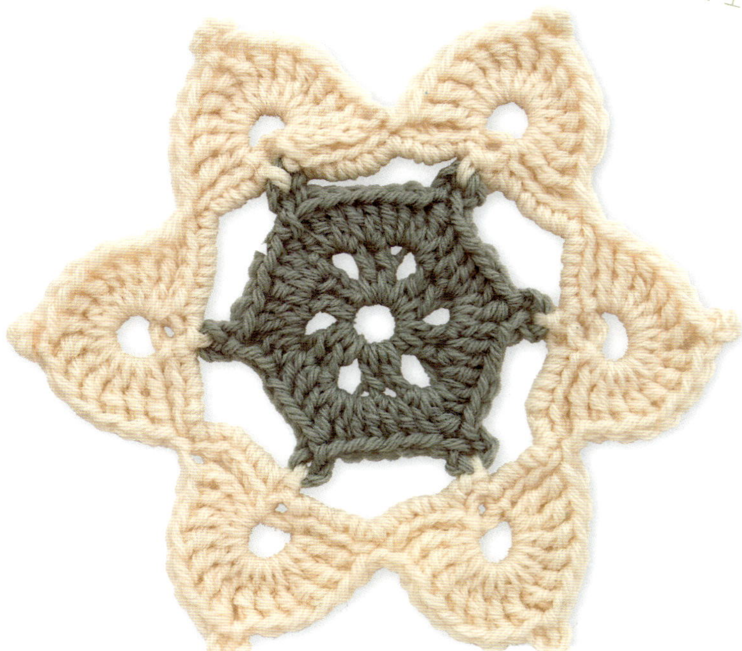

Sehr groß

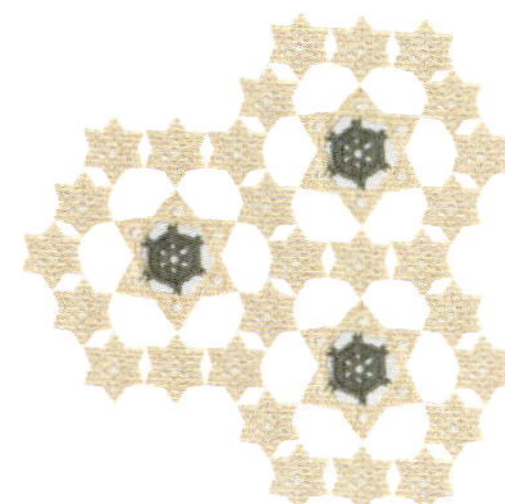

Kombination: **95 + 94**

96 SPITZENSCHNEEFLOCKE MIT 12 SPEICHEN

102 M anschl und gleichmäßig auf 3 Nd. verteilen – 34 M ajN. Verbinden und darauf achten, die M nicht zu verdrehen.
Rd 1: Li str.
Rd 2: [1 M abn verschr, 5 M re, U, 2 M abh, 1 M re, 2 abgeh M übz, U, 5 M re, 2 M re zus str] 6-mal. (90 M)
Rd 3: Li str.
Rd 4: [6 M re, U, 2 M abh, 1 M re, 2 abgeh M übz, U, 6 M re] 6-mal.
Rd 5 (und alle ungeraden Rd): Re str.
Rd 6: [1 M abn verschr, 4 M re, U, 2 M abh, 1 M re, 2 abgeh M übz, U, 4 M re, 2 M re zus str] 6-mal. (78 M)
Rd 8: [1 M abn verschr, 3 M re, U, 2 M abh, 1 M re, 2 abgeh M übz, U, 3 M re, 2 M re zus str] 6-mal. (66 M)
Rd 10: [1 M abn verschr, 2 M re, U, 2 M abh, 1 M re, 2 abgeh M übz, U, 2 M re, 2 M re zus str] 6-mal. (54 M)
Rd 12: [1 M abn verschr, 1 M re, U, 2 M abh, 1 M re, 2 abgeh M übz, U, 1 M re, 2 M re zus str] 6-mal. (42 M)
Rd 14: [1 M abn verschr, U, 2 M abh, 1 M re, 2 abgeh M übz, U, 2 M re zus str] 6-mal. (30 M)
Rd 16: [1 M abn verschr, 1 M re, 2 M re zus str] 6-mal. (18 M)
Rd 17: [2 M abh, 1 M re, 2 abgeh M übz] 6-mal. (6 M)
Garn in etwa 25 cm Länge abschn, mit stumpfer Sticknadel durch restl 6 M ziehen und verwahren.

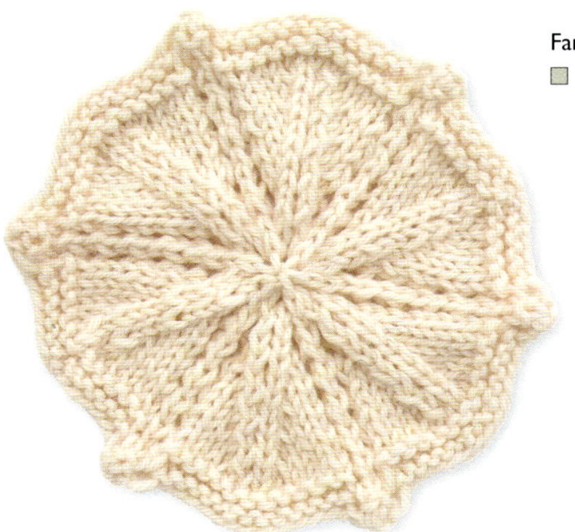

Groß

Farbe:
A

97 SCHNEEFLOCKE AUF 2 NADELN

110 M anschl.
R 1: Li str.
R 2: Re str.
R 3: 1 M re, [1 M re, (1 M abn verschr, U) 3-mal, 1 M re, (U, 2 M re zus str) 3-mal, (U) 2-mal, 2 M abh, 1 M re, 2 abgeh M übz, (U) 2-mal] 6-mal, 1 M re. (122 M)
R 4 (und alle geraden R): Li str und extra U fallenlassen.
R 5: 1 M re, [1 M re, (1 M abn verschr, U) 2-mal, 1 M abn verschr, 1 M re, 2 M re zus str, (U, 2 M re zus str) 2-mal, 1 M re, (U) 2-mal, 2 M abh, 1 M re, 2 abgeh M übz, (U) 2-mal] 6-mal, 1 M re. (110 M)
R 7: 1 M re, [1 M re, (1 M abn verschr, U) 2-mal, 2 M abh, 1 M re, 2 abgeh M übz, (U, 2 M re zus str) 2-mal, 1 M re, (U) 2-mal, 2 M abh, 1 M re, 2 abgeh M übz, (U) 2-mal] 6-mal, 1 M re. (98 M)
R 9: 1 M re, [1 M re, 1 M abn verschr, U, 1 M abn verschr, 1 M re, 2 M re zus str, U, 2 M re zus str, 1 M re, (U) 2-mal, 2 M abh, 1 M re, 2 abgeh M übz, (U) 2-mal] 6-mal, 1 M re. (86 M)
R 11: 1 M re, [1 M re, 1 M abn verschr, U, 2 M abh, 1 M re, 2 abgeh M übz, U, 2 M re zus str, 1 M re, (U) 2-mal, 2 M abh, 1 M re, 2 abgeh M übz, (U) 2-mal] 6-mal, 1 M re. (74 M)
R 13: 1 M re, [1 M re, 1 M abn verschr, 1 M re, 2 M re zus str, 1 M re, (U) 2-mal, 2 M abh, 1 M re, 2 abgeh M übz, (U) 2-mal] 6-mal, 1 M re. (62 M)
R 15: 1 M re, [1 M re, 2 M abh, 1 M re, 2 abgeh M übz, 1 M re, (U) 2-mal, 2 M abh, 1 M re, 2 abgeh M übz, (U) 2-mal] 6-mal, 1 M re. (50 M)
R 17: 1 M re, [2 M abh, 1 M re, 2 abgeh M übz, (U) 2-mal, 2 M abh, 1M re, 2 abgeh M übz, (U) 2-mal] 6-mal, 1 M re. (38 M)
R 19: 1 M re, [1 M re, 2 M abh, 1 M re, 2 abgeh M übz] 6-mal, 1 M re. (14 M)
R 21: 1 M re, [2 M re zus str] 6-mal, 1 M re. (8 M)
Garn in etwa 25 cm Länge abschn, mit stumpfer Sticknadel durch restl 6 M ziehen und verwahren. Seitliche Kanten zusammennähen, um Schneeflocke zu erhalten.

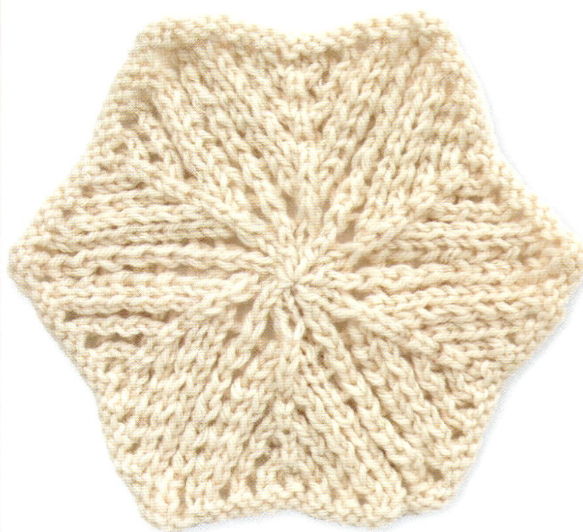

Sehr groß

Farbe:
A

98 SCHNEEFLOCKE MIT PRÄGUNG

102 M anschl und gleichmäßig auf 3 Nd. verteilen – 34 M ajN. Verbinden und darauf achten, M nicht zu verdrehen.
Rd 1: Li str.
Rd 2: [6 M re, 2 M abh, 1 M re, 2 abgeh M übz, 7 M re] 6-mal. (90 M)
Rd 3: Re str.
Rd 4: [6 M re, 2 M abh, 1 M re, 2 abgeh M übz, 6 M re] 6-mal. (78 M)
Rd 5: [2 M re, 9 M li, 2 M re] 6-mal.
Rd 6: [5 M re, 2 M abh, 1 M re, 2 abgeh M übz, 5 M re] 6-mal. (66 M)
Rd 7: Re str.
Rd 8: [4 M re, 2 M abh, 1 M re, 2 abgeh M übz, 4 M re] 6-mal. (54 M)
Rd 9: [2 M re, 5 M li, 2 M re] 6-mal.
Rd 10: [3 M re, 2 M abh, 1 M re, 2 abgeh M übz, 3 M re] 6-mal. (42 M)
Rd 11: Re str.
Rd 12: [2 M re, 2 M abh, 1 M re, 2 abgeh M übz, 2 M re] 6-mal. (30 M)
Rd 13: [2 M re, 1 M li, 2 M re] 6-mal.
Rd 14: [1 M re, 2 M abh, 1 M re, 2 abgeh M übz, 1 M re] 6-mal. (18 M)
Rd 15: [2 M abh, 1 M re, 2 abgeh M übz] 6-mal. (6 M)
Garn in etwa 25 cm Länge abschn, mit stumpfer Sticknadel durch restl 6 M ziehen und verwahren.

Kombination: **98 + 110**

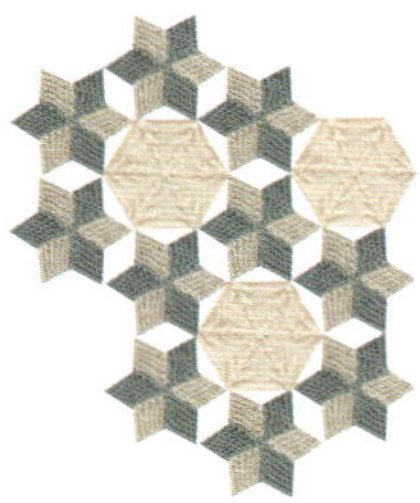

Farbe:
A

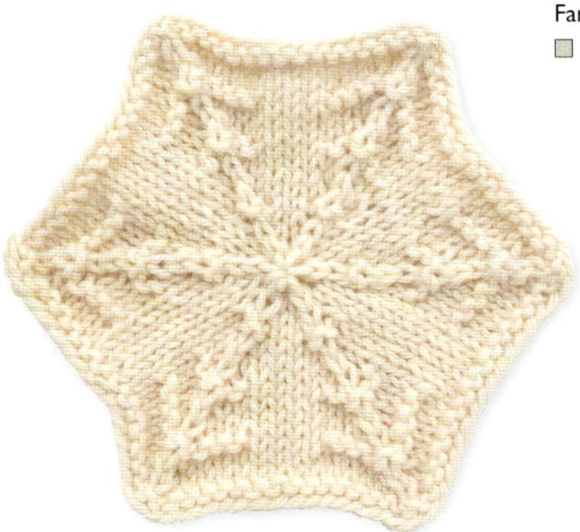

Groß

99 SPITZEN-SCHNEEFLOCKE

6 M anschl und gleichmäßig auf 3 Nd. verteilen – 2 M ajN. Verbinden und darauf achten, M nicht zu verdrehen.
Rd 1: [1 M re, U] bis zum Ende der Rd. (12 M)
Rd 2: Re str.
Rd 3: [1 M re, U] bis zum Ende der Rd. (24 M)
Rd 4: Re str.
Rd 5: [1 M re, U] bis zum Ende der Rd. (48 M)
Rd 6: Li str.
Rd 7: [1 M re, U, 1 M re, U, 1 M re, 2 M abh, 1 M re, 2 abgeh M übz, 1 M re, U, 1 M re, U] 6-mal. (60 M)
Rd 8: Re str.
Rd 9: [1 M re, U, 1 M re, U, 2 M re, 2 M abh, 1 M re, 2 abgeh M übz, 2 M re, U, 1 M re, U] 6-mal. (72M)
Rd 10: Li str.
Rd 11: [1 M re, U, 1 M re, U, 3 M re, 2 M abh, 1 M re, 2 abgeh M übz, 3 M re, U, 1 M re, U] 6-mal. (84 M)
Rd 12: Re str.
Rd 13: [1 M re, U, 1 M re, U, 4 M re, 2 M abh, 1 M re, 2 abgeh M übz, 4 M re, U, 1 M re, U] 6-mal. (96 M)
Rd 14: Re str.
Rd 15: [1 M re, U, 1 M re, U, 5 M re, 2 M abh, 1 M re, 2 abgeh M übz, 5 M re, U, 1 M re, U] 6-mal. (108 M)
Rd 16: Li str.
Mit größerer Nd. wie zum Linksstricken abk.

Farbe:
A

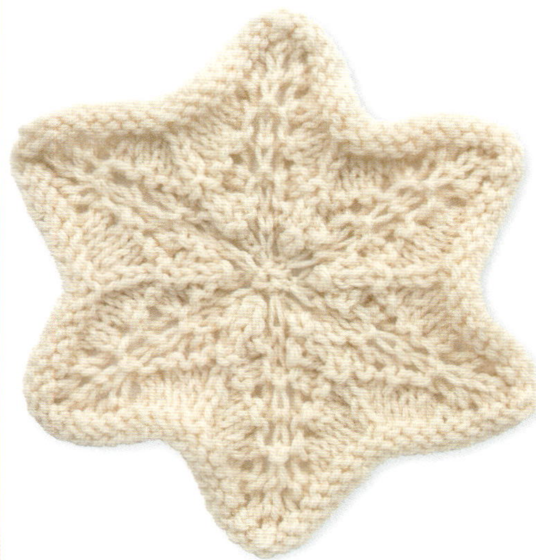

Groß

100 SEESTERN

VERSCHIEDENE GARNE
Kombinieren Sie unterschiedliche strukturierte Garne oder Glitzer-Garne mit einander, um augenfällige und einzigartige Stücke zu gestalten (siehe S. 137: „Die Wahl des richtigen Garns“)

Rd 1 (VS): 2 Lm, 5 fM in 2. Lm von HN aus, Rd mit Km in 1. fM schließen. (5 fM)
Rd 2: 1 Lm, je 3 fM in jd fM einmal herum, Rd mit Km in 1. fM schließen. (15 fM)
Jede Sternspitze wird extra ausgearbeitet.
Rd 3: 1 Lm, 1 fM unten in Lm (Basis-fM), *6 Lm, 1 Km in 2. Lm von HN aus, 1 fM in nä. Lm. 1 hStb in nä. Lm, 1 Stb in nä. Lm, 1 dStb in nä. Lm, 1 dStb in fM aus Rd 2; ab * 4-mal wdh, letzte fM am Ende der letzten Wdh überspr, Rd mit Km in 1. Basis-fM schließen.
Rd 4: Je 1 Km in jd Lm und M am Außenrand entlang der Sternform häkeln. Garn verwahren.

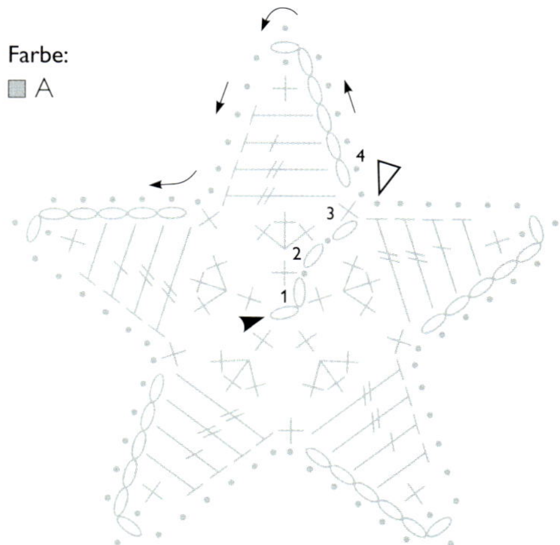

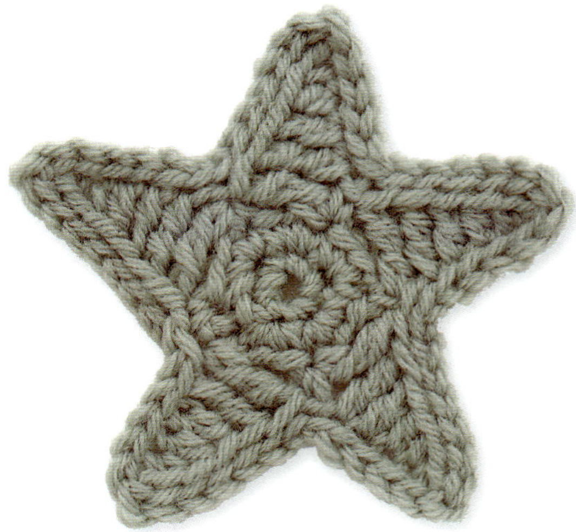

Klein

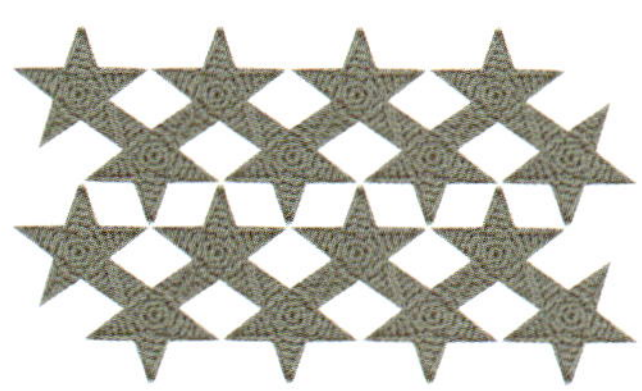

Mosaik nur aus Muster **100**

Abkürzungen und Symbole: Schlagen Sie auf S. 140–141 für die vollständige Erklärung der verwendeten Abkürzungen und Symbole nach!

101 GROSSER FÜNFZACKIGER STERN

SPEZIELLE ABKÜRZUNGEN
2 Stb zus: 2 Stäbchen zusammen häkeln.
4 Stb zus: 4 Stäbchen zusammen häkeln.
3 fM zus: 3 feste Maschen zusammen häkeln.

Lm-Ring: Mit Garn A 4 Lm häkeln und mit Km zum Ring schließen.
Rd 1: 3 Lm (zählt als 1. Stb), 14 Stb in den Ring, Rd mit Km in 3. AnfLm schließen.
Rd 2: 3 Lm (zählt als 1. Stb), [2 Stb in nä. Stb, 2 hStb in nä. Stb, 2 Stb in nä. Stb] 5-mal, 1 Stb unten in AnfLm, Rd mit Km in 3. AnfLm schließen. (30 M)

1. Zacke
R 3: 3 Lm (zählt als 1. Stb), 1. Stb überspr, 1 Stb in nä. Stb, 2 Stb zus über die nä. 2 hStb, je 1 Stb in nä. 2 Stb, wenden.
R 4: 2 Lm (zählt als 1. Stb), 1. Stb überspr, 4 Stb zus über die nä. 3 M und oben in 1. Stb aus R 3, 1 Lm.
Garn abschn.

2. und weitere Zacken
Auf der Vorderseite Garn A in das nächste, freie Stb aus Rd 2 einhäkeln und wie 1. Zacke arbeiten. 3 weitere Zacken ebenso häkeln.
Garn B an beliebiger Spitze einhäkeln.

Letzte Rd: 3 Lm, 1 fM unten in Lm, *4 fM entlang der Seitenkante der Zacke, 3 fM zus an innerer Ecke, 4 fM entlang dem Seitenrand der nä. Zacke, [1 fM 2 Lm, 1 fM] als Spitze; ab * 4-mal wdh, 4 fM entlang dem Seitenrand der nä. Zacke, 3 fM zus an innerer Ecke, 5 fM entlang dem oberen Seitenrand der 1. Zacke. Rd mit Km in 1. AnfLm schließen.
Garne verwahren.

Farben:
A
B

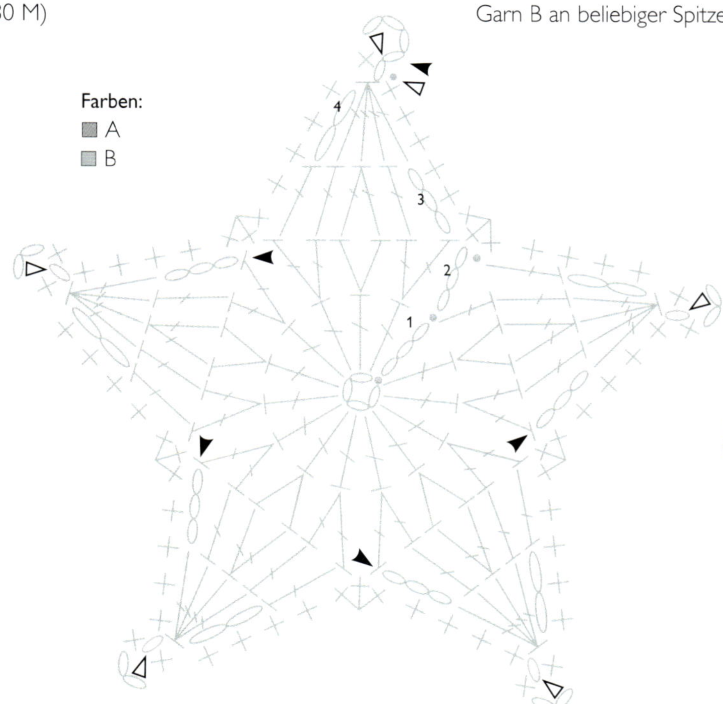

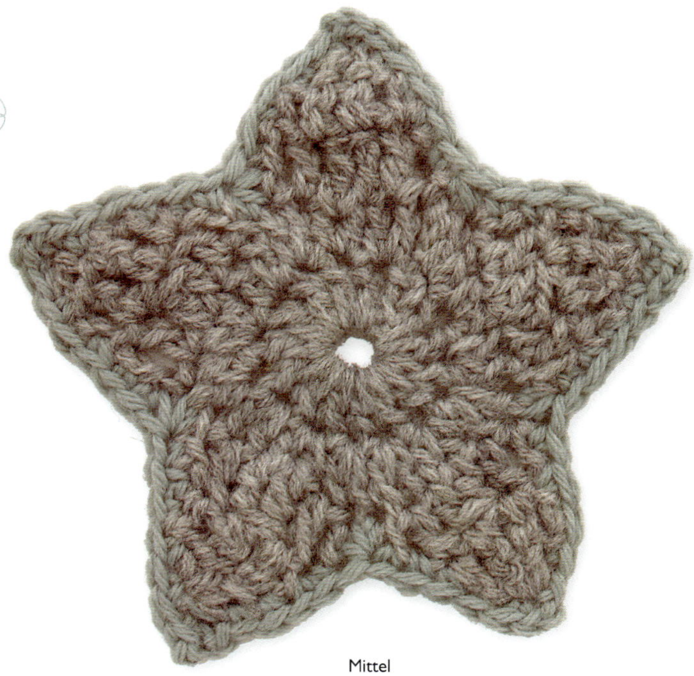

Mittel

102 STERN MIT LOCHMUSTER

Lm-Ring: 3 Lm häkeln und mit Km zum Ring schließen.
Rd 1 (VS): 2 Lm (zählt als 1. hStb), 9 hStb in den Ring, Rd mit Km oben in AnfLm schließen, wenden.
Rd 2 (RS): 1 Lm, *[2 hStb, 2 Lm, 2 hStb] in nä. hStb, nä. hStb überspr; ab * 4-mal wdh, Rd mit Km oben in 1. hStb schließen, wenden.
Rd 3 (VS): 1 Lm, nä. hStb überspr, *1 fM in nä. hStb, [2 fM, 2 Lm, 2 fM] in nä. Lm-Bg-2, 1 fM in nä. hStb, 2 hStb überspr; ab * bis zum Ende der Rd wdh, Rd mit Km oben in 1. fM schließen, wenden.
Rd 4 (RS): 1 Lm, nä. fM überspr, *je 1 hStb in nä. 2 fM, [2 hStb, 2 Lm, 2 hStb] in nä. Lm-Bg-2, 1 hStb in nä. 2 fM, nä. 2 fM überspr; ab * bis zum Ende der Rd wdh, Rd mit Km oben in 1. hStb schließen, wenden.
Rd 5 (VS): 2 Lm, je 1 hStb in nä. 4 hStb, *[2 hStb, 2 Lm, 2 hStb] in nä. Lm-Bg-2, je 1 hStb in nä. 8 hStb; ab * 3-mal wdh, [2 hStb, 2 Lm, 2 hStb] in nä. Lm-Bg-2, je 1 hStb in nä. 3 hStb, Rd mit Km oben in 1. hStb schließen.
Garn verwahren.

Farbe:
A

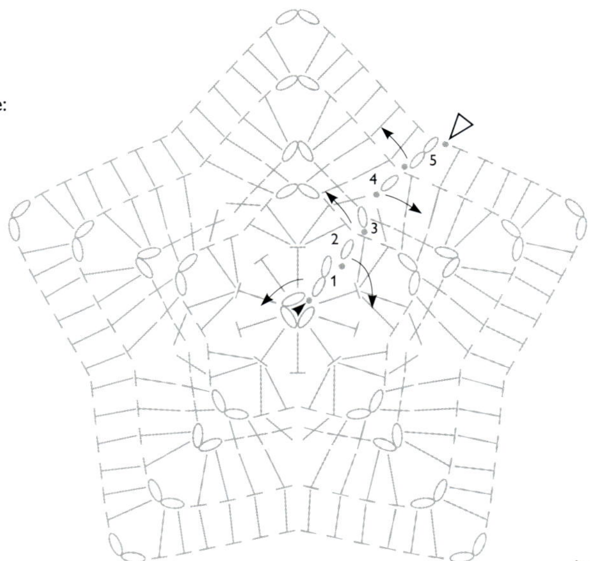

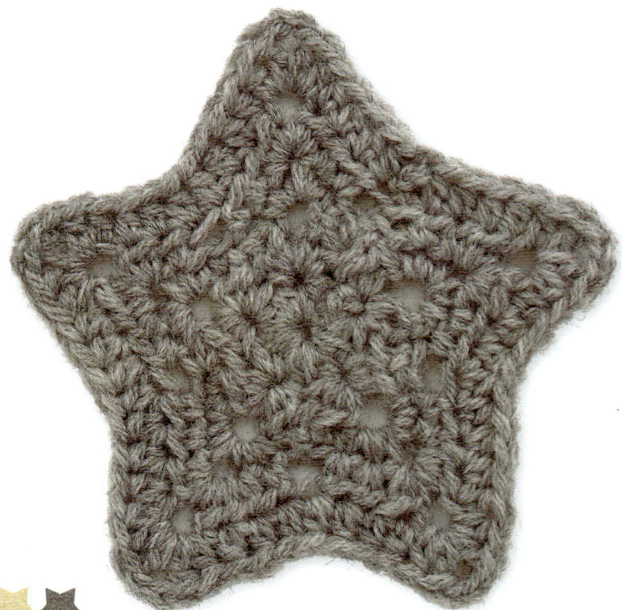

Mittel

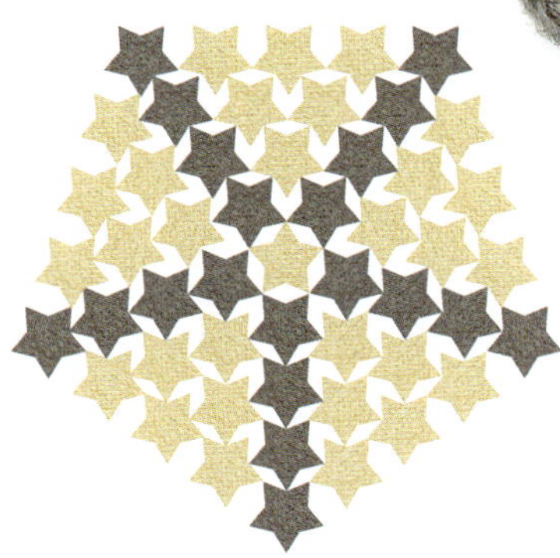

Mosaik nur aus Muster **102**

103 STERN AUS FESTEN MASCHEN

SPEZIELLE ABKÜRZUNGEN

Beg 2-dStb-Mg (Beginn Maschengruppe aus 2 dStb): *[U, HN in den Ring einführen, Faden holen und durchziehen, Faden holen und durch die 2 Schl auf HN ziehen] 2-mal; Faden holen und durch alle 3 Schl auf HN durchziehen.

3-dStb-Mg (Maschengruppe aus 3 dStb): [U, HN in den Ring einführen, Faden holen und durchziehen, Faden holen und durch die 2 Schl auf HN ziehen] 3-mal, Faden holen und durch alle 4 Schl auf HN durchziehen.

Lm-Ring: 5 Lm häkeln und mit Km zum Ring schließen.

Rd 1 (VS): 2 Lm, Beg 2-dStb-Mg in den Ring, 3 Lm, [3-dStb-Mg in den Ring, 3 Lm] 4-mal, Rd mit Km oben in Beg 2-dStb-Mg schließen.

Rd 2: Km in nä. Lm-Bg-3, 3 Lm, [2 Stb, 2 Lm, 3 Stb] in Lm-Bg-3, *[3 Stb, 2 Lm, 3 Stb] in nä. Lm-Bg-3; ab * 3-mal wdh, Rd mit Km oben in AnfLm schließen.

Rd 3: Km in nä. M, 3 Lm, 1 Stb in nä. M, [3 Stb, 2 Lm, 3 Stb] in nä. Lm-Bg-2, je 1 Stb in nä. 2 M, nä. 2 M überspr, *je 1 Stb in nä. 2 M, [3 Stb, 2 Lm, 3 Stb] in nä. Lm-Bg-2, je 1 Stb in nä. 2 M, je 1 Stb in nä. 2 M, nä. 2 M überspr; ab * 3-mal wdh, Rd mit Km oben in AnfLm schließen.

Rd 4: Km in nä. M, 3 Lm, je 1 Stb in nä. 3 M, [3 Stb, 2 Lm, 3 Stb] in nä. Lm-Bg-2, je 1 Stb in nä. 4 M, nä. 2 M überspr, * je 1 Stb in nä. 4 M, [3 Stb, 2 Lm, 3 Stb] in nä. Lm-Bg-2, je 1 Stb in nä. 4 M, nä. 2 M überspr; ab * 3-mal wdh, Rd mit Km oben in AnfLm schließen.

Garn verwahren.

Farbe:
A

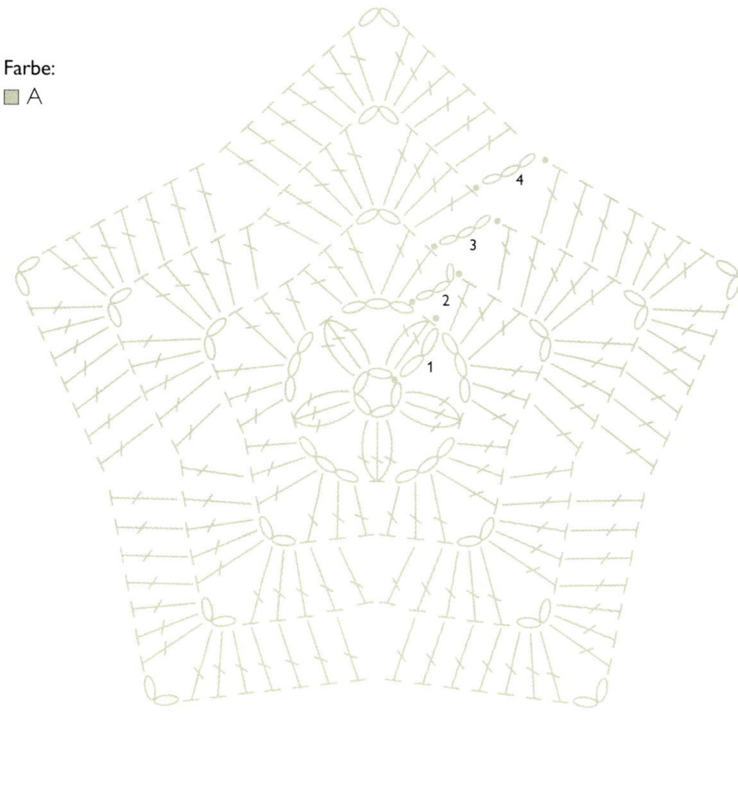

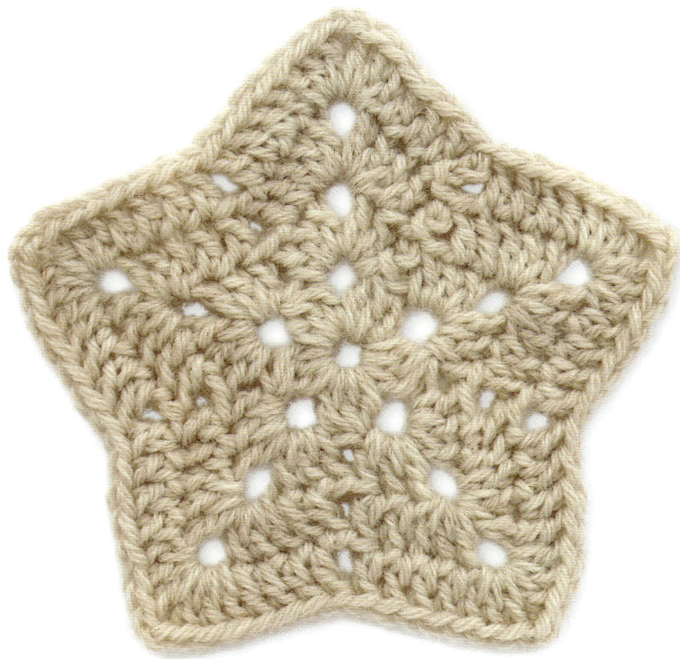

Mittel

104 SECHSZACKIGER STERN

SPEZIELLE ABKÜRZUNGENS

efM (erweiterte fM): HN unten in letzte M einführen, Faden holen und durchziehen, Faden holen und durch 1 Schl auf HN ziehen, Faden holen und durch beide Schl auf HN ziehen.

2 fM zus: 2 feste Maschen zusammen häkeln.

Lm-Kette: Mit Garn A 2 Lm häkeln.

R 1: 1 fM in 2. Lm von HN aus, wenden. (1 fM)

R 2: 1 Lm, 2 fM in fM, wenden. (2 fM)

R 3: 1 Lm, 2 fM in nä. fM, 1 fM in nä. fM, wenden. (3 fM)

R 4: 1 Lm, 2 fM in nä. fM, je 1 fM in nä. 2 fM, wenden. (4 fM)

R 5: 5 Lm, 2 fM zus über 2. und 3. Lm von HN aus, je 1 fM in nä. 2 Lm, 1 fM in nä. 4 fM, 4 efM, wenden. (11 M)

R 6: 1 Lm, 2 fM zus über 1. und 2. efM, je 1 fM in jd M bis zum Ende der R, wenden. (10 M)

2-mal R 6 wdh. (8 M)

R 9: 1 Lm, 2 fM in 1. fM, je 1 fM in jd fM bis zum Ende der R, wenden. (9 M)

3-mal R 9 wdh. (12 M)

R 13: 1 Lm, je 1 Km in nä. 5 fM, 1 Lm, 1 fM unten in eben gehäkelte Lm, je 1 fM in nä. 3 fM, wenden und die letzten 4 fM unbearbeitet lassen.

R 14: 1 Lm, 2 fM zus über 1. und 2. fM, je 1 fM in nä. 2 fM, wenden.

R 15: 1 Lm, 2 fM zus über 1. und 2. fM, je 1 fM in letzte fM, wenden.

R 16: 1 Lm, 2 fM zus über restl 2 M, wenden.

Garn A abschn. Garn B an beliebiger Spitze einhäkeln.

Letzte Rd: 4 Lm, 1 fM unten in Lm, *2 fM entlang Seitenkante häkeln,2 fM zus in innere Ecke, 1 fM entlang Seitenkante zur nä. Spitze, [1 fM, 3 Lm, 1 fM] als Spitze; ab * 4-mal wdh, 2 fM entlang Seitenkante häkeln, 2 fM zus in innere Ecke, 2 fM entlang Seitenkante zur nä. Spitze, 1 fM, Rd mit Km in 1. AnfLm schließen.

Garn verwahren.

Farben:
- A
- B

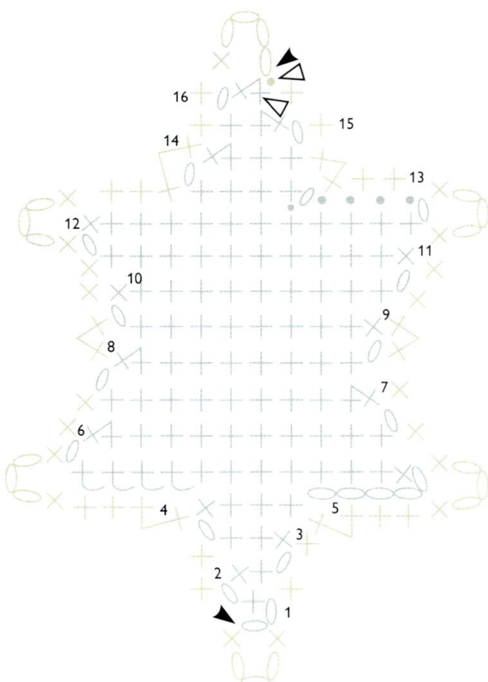

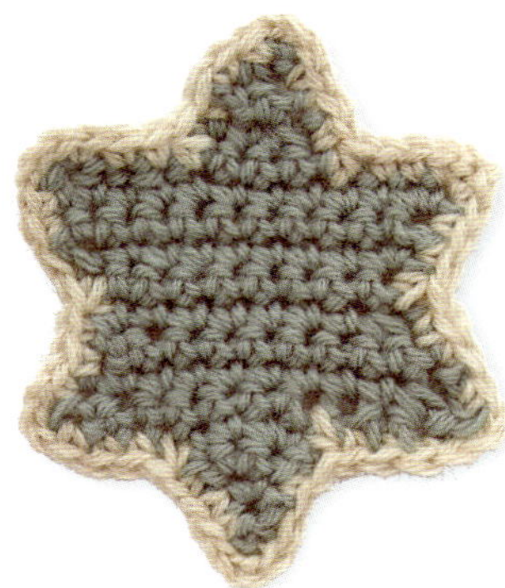

Klein

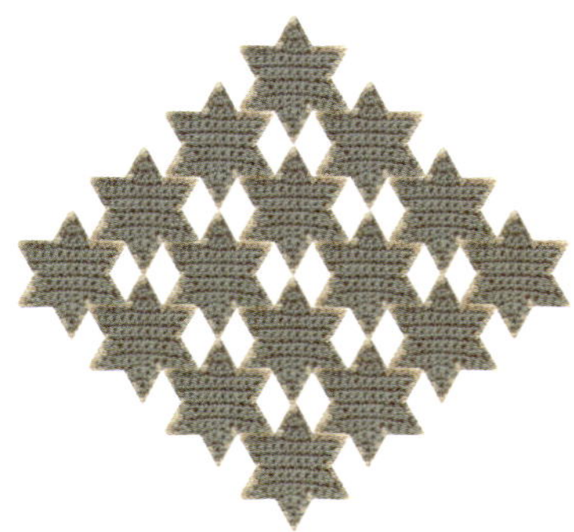

Mosaik nur aus Muster **104**

105 KRAUS-RECHTS-STERN

Mit Garn A 6 M anschl und gleichmäßig auf 3 Nd verteilen - ajN 19 M. Verbinden und darauf achten, M nicht zu verdrehen.
Rd 1: Li str.
Rd 2: [8 M re, 2 M abh, 1 M re, 2 abgeh M übz, 8 M re] 5-mal. (85 M)
Rd 3: [7 M li, 3 M re, 7 M li] 5-mal.
Rd 4: [7 M re, 2 M abh, 1 M re, 2 abgeh M übz, 7 M re] 5-mal. (75 M)
Rd 5: [6 M li, 3 M re, 6 M li] 5-mal.
Rd 6: [6 M re, 2 M abh, 1 M re, 2 abgeh M übz, 6 M re] 5-mal. (65 M)
Rd 7: [5 M li, 3 M re, 5 M li] 5-mal.
Rd 8: [5 M re, 2 M abh, 1 M re, 2 abgeh M übz, 5 M re] 5-mal. (55 M)
Rd 9: [4 M li, 3 M re, 4 M li] 5-mal.
Rd 10: [4 M re, 2 M abh, 1 M re, 2 abgeh M übz, 4 M re] 5-mal. (45 M)
Rd 11: [3 M li, 3 M re, 3 M li] 5-mal.
Rd 12: [3 M re, 2 M abh, 1 M re, 2 abgeh M übz, 3 M re] 5-mal. (35 M)
Rd 13: [2 M li, 3 M re, 2 M li] 5-mal.
Rd 14: [2 M re, 2 M abh, 1 M re, 2 abgeh M übz, 2 M re] 5-mal. (25 M)
Rd 15: [1 M li, 3 M re, 1 M li] 5-mal.
Rd 16: [1 M re, 2 M abh, 1 M re, 2 abgeh M übz, 1 M re] 5-mal. (15 M)
Rd 17: Re str.
Rd 18: [2 M abh, 1 M re, 2 abgeh M übz] 5-mal. (5 M)
Garn in etwa 25 cm Länge abschn, mit stumpfer Sticknadel durch restl 6 M ziehen und verwahren.

Farbe:
▢ A

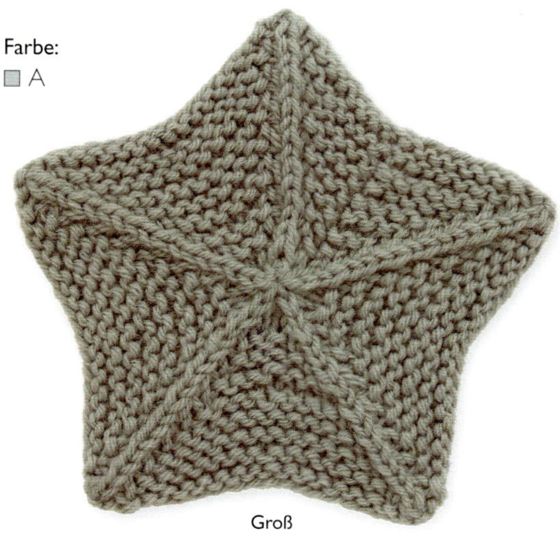

Groß

106 STERN HALB UND HALB

21 M anschl.
Vorbereitungsreihe (RS): Li str.
R 1: 1 M abh, 8 M li, 1 M abh, 2 M re zus str, abgeh M übz, 9 M re. (19 M)
R 2: 1 M abh, li str. bis zum Ende der R.
Diese R jd 2. R wdh bis zum Ende von R 18.
R 3: 1 M abh, 7 M li, 1 M abh, 2 M re zus str, abgeh M übz, 8 M re. (17 M)
R 5: 1 M abh, 6 M li, 1 M abh, 2 M re zus str, abgeh M übz, 7 M re. (15 M)
R 7: 1 M abh, 5 M li, 1 M abh, 2 M re zus str, abgeh M übz, 6 M re. (13 M)
R 9: 1 M abh, 4 M li, 1 M abh, 2 M re zus str, abgeh M übz, 5 M re. (11 M)
R 11: 1 M abh, 3 M li, 1 M abh, 2 M re zus str, abgeh M übz, 4 M re. (9 M)
R 13: 1 M abh, 2 M li, 1 M abh, 2 M re zus str, abgeh M übz, 3 M re. (7 M)
R 15: 1 M abh, 1 M li, 1 M abh, 2 M re zus str, abgeh M übz, 2 M re. (5 M)
R 17: 1 M abh, 1 M abh, 2 M re zus str, abgeh M übz, 1 M re. (3 M)
R 19: 1 M abh, 2 M re zus str, abgeh M übz. (1 M)
** Auf der VS entlang der Ecke der letzten Sternspitze 10 M aufn und dann 21 M anschl.
R 20: 20 M li, 2 M li zus str, wenden.
R 21: 1 M abh, 8 M li, 1 M abh, 2 M re zus str, abgeh M übz, 9 M re.
R 22: 1 M abh, 17 M li, 2 M li zus str.
R 23: 1 M abh, 7 M li, 1 M abh, 2 M re zus str, abgeh M übz, 8 M re.
R 24: 1 M abh, 15 M li, 2 M li zus str.
R 25: 1 M abh, 6 M li, 1 M abh, 2 M re zus str, abgeh M übz, 7 M re.
R 26: 1 M abh, 13 M li, 2 M li zus str.
R 27: 1 M abh, 5 M li, 1 M abh, 2 M re zus str, abgeh M übz, 6 M re.
R 28: 1 M abh, 11 M li, 2 M li zus str.
R 29: 1 M abh, 4 M li, 1 M abh, 2 M re zus str, abgeh M übz, 5 M re.
R 30: 1 M abh, 9 M li, 2 M li zus str.
R 31: 1 M abh, 3 M li, 1 M abh, 2 M re zus str, abgeh M übz, 4 M re.
R 32: 1 M abh, 7 M li, 2 M li zus str.
R 33: 1 M abh, 2 M li, 1 M abh, 2 M re zus str, abgeh M übz, 3 M re.
R 34: 1 M abh, 5 M li, 2 M li zus str.
R 35: 1 M abh, 1 M li, 1 M abh, 2 M re zus str, abgeh M übz, 2 M re.
R 36: 1 M abh, 3 M li, 2 M li zus str.
R 37: 1 M abh, 1 M abh, 2 M re zus str, abgeh M übz, 1 M re.
R 38: 1 M abh, 1 M li, 2 M li zus str.
R 39: 1 M abh, 2 M re zus str, abgeh M übz. **
Von ** bis ** 3-mal wdh. Es bleiben 5 M auf der Nd. und 5 Sternspitzen. Garn in etwa 25 cm Länge abschn, mit stumpfer Sticknadel durch restl 5 M ziehen und verwahren. Seitliche Kanten zusammennähen, um Stern zu erhalten.

Farbe:
▢ A

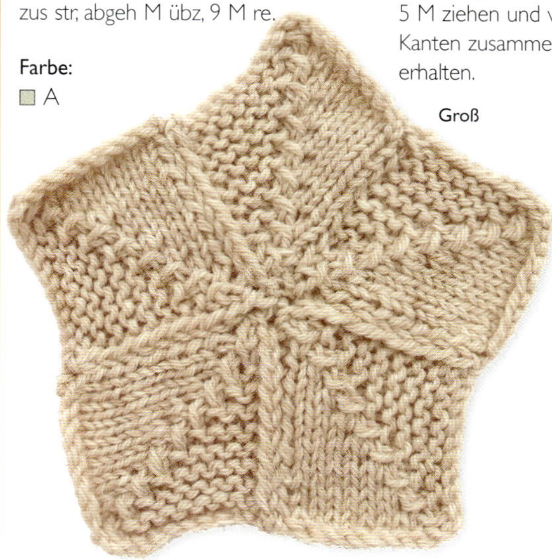

Groß

107 STRAHLENDER STERN

102 M anschl.
R 1: Li str.
R 2: Re str.
R 3: 1 M re, [1 M abh GhA, 8 M li, 2 M abh, 1 M re, 2 abgeh M übz, 8 M li] 5-mal, 1 M re. (92 M)
R 4: 1 M li, [8 M re, 1 M li, 8 M re, 1 M abh GvA] 5-mal, 1 M li.
R 5: 1 M re, [1 M abh GhA, 7 M li, 2 M abh, 1 M re, 2 abgeh M übz, 7 M li] 5-mal, 1 M re. (82 M)
R 6: 1 M li, [7 M re, 1 M li] 10-mal, 1 M li.
R 7: 1 M re, [1 M abh GhA, 6 M li, 2 M abh, 1 M re, 2 abgeh M übz, 6 M li] 5-mal, 1 M re. (72 M)
R 8: 1 M li, [6 M re, 1 M li, 6 M re, 1 M abh GvA] 5-mal, 1 M li.
R 9: 1 M re, [1 M abh GhA, 5 M li, 2 M abh, 1 M re, 2 abgeh M übz, 5 M li] 5-mal, 1 M re. (62 M)
R 10: 1 M li, [5 M re, 1 M li] 10-mal, 1 M li.
R 11: 1 M re, [1 M abh GhA, 4 M li, 2 M abh, 1 M re, 2 abgeh M übz, 4 M li] 5-mal, 1 M re. (52 M)
R 12: 1 M li, [4 M re, 1 M li, 4 M re, 1 M abh GvA] 5-mal, 1 M li.
R 13: 1 M re, [1 M abh GhA, 3 M li, 2 M abh, 1 M re, 2 abgeh M übz, 3 M li] 5-mal, 1 M re. (42 M)
R 14: 1 M li, [3 M re, 1 M li] 10-mal, 1 M li.
R 15: 1 M re, [1 M abh GhA, 2 M li, 2 M abh, 1 M re, 2 abgeh M übz, 2 M li] 5-mal, 1 M re. (32 M)
R 16: 1 M li, [2 M re, 1 M li, 2 M re, 1 M abh GvA] 5-mal, 1 M li.
R 17: 1 M re, [1 M abh GhA, 1 M li, 2 M abh, 1 M re, 2 abgeh M übz, 1 M li] 5-mal, 1 M re. (22 M)
R 18: 1 M li, [1 M li, 2 M re, 1 M abh GvA] 5-mal, 1 M li.
R 19: 1 M re, [1 M abh GhA, 2 M abh, 1 M re, 2 abgeh M übz] 5-mal, 1 M re. (12 M)
R 20: Li str.
R 21: 1 M re, [2 M re zus str] 5-mal, 1 M re. (7 M)
Garn in etwa 25 cm Länge abschn, mit stumpfer Sticknadel durch restl 7 M ziehen und verwahren. Seitliche Kanten zusammennähen, um Stern zu erhalten.

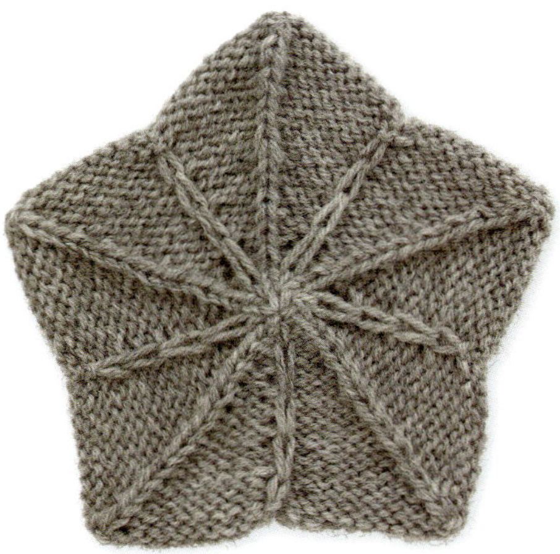

Groß

Farbe:
A

108 SPITZENSTERN MIT NOPPEN

SPEZIELLE ABKÜRZUNGEN
N str (Noppe stricken): [1 M re, 1 M li, 1 M re] in nä. M str, wenden, 3 M li, wenden, 3 M re verschr zus str.

87 M anschl.
R 1: Re str.
R 2: 1 M re, [8 M re, U, 1 M re, U, 8 M re] 5-mal, 1 M re. (97 M)
R 3: 1 M re, [9 M re, U, 1 M re, U, 9 M re] 5-mal, 1 M re. (107 M)
R 4 (und alle geraden R): Li str.
R 5: 1 M re, [9 M re, 2 M abh, 1 M re, 2 abgeh M übz, 9 M re] 5-mal, 1 M re. (97 M)
R 7: 1 M re, [1 M re, (U, 2 M re zus str) 3-mal, 1 M re, 2 M abh, 1 M re, 2 abgeh M übz, 1 M re, (1 M abn verschr, U) 3-mal, 1 M re] 5-mal, 1 M re. (87 M)
R 9: 1 M re, [1 M re, (U, 2 M re zus str) 3-mal, 2 M abh, 1 M re, 2 abgeh M übz, (1 M abn verschr, U) 3-mal, 1 M re] 5-mal, 1 M re. (77 M)
R 11: 1 M re, [1 M re, (U, 2 M re zus str) 2-mal, 1 M re, 2 M abh, 1 M re, 2 abgeh M übz, 1 M re, (1 M abn verschr, U) 2-mal, 1 M re] 5-mal, 1 M re. (67 M)
R 13: M re, [1 M re, (N str, 1 M re) 2-mal, 2 M abh, 1 M re, 2 abgeh M übz, (1 M re, N str) 2-mal, 1 M re] 5-mal, 1 M re. (57 M)
R 15: 1 M re, [U, 2 M re zus str, U, 2 M re, 2 M abh, 1 M re, 2 abgeh M übz, 2 M re, U, 1 M abn verschr] 5-mal, 1 M re. (52 M)
R 17: 1 M re, 2 M re zus str, U, 2 M re, [2 M abh, 1 M re, 2 abgeh M übz, 2 M re, U, 2 M abh, 1 M re, 2 abgeh M übz, 2 M re] 4-mal, 2 M abh, 1 M re, 2 abgeh M übz, 2 M re, U, 2 M re zus str. (42 M)
R 19: 1 M re, [N str, 2 M re, 2 M abh, 1 M re, 2 abgeh M übz, 2 M re] 5-mal, 1 M re. (32 M)
R 21: 1 M re, [2 M re, 2 M abh, 1 M re, 2 abgeh M übz, 1 M re] 5-mal, 1 M re. (22 M)
R 23: 1 M re, [1 M re, 2 M abh, 1 M re, 2 abgeh M übz] 5-mal, 1 M re. (12 M)
R 24: [2 M li zus str] 6-mal. (6 M)
Garn in etwa 25 cm Länge abschn, mit stumpfer Sticknadel durch restl 7 M ziehen und verwahren. Seitliche Kanten zusammennähen, um Stern zu erhalten.

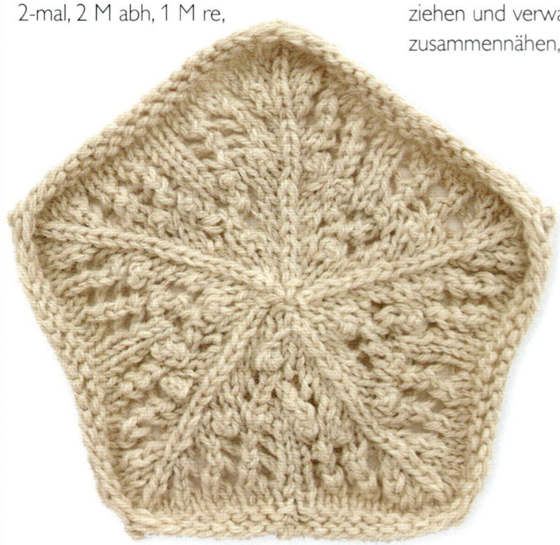

Sehr groß

Farbe:
A

109 GERIPPTER SEESTERN

5 M anschl und gleichmäßig auf 5 Nd. verteilen. Eine sechste Nd. bereit halten. Verbinden und darauf achten, die M nicht zu verdrehen.
Rd 1: [Zun] 5-mal. (10 M)
Rd 2: Re str.
Rd 3: [(1 M re, U, 1 M re) in nä. M, 1 M re] 5-mal. (20 M)
Rd 4: [1 M li, 1 M re] 10-mal.
Rd 5: [1 M li, (1 M re, U, 1 M re) in nä. M, 1 M li, 1 M re]. 5-mal. (30 M)
Rd 6: [1 M li, 3 M re, 1 M li, 1 M re] 5-mal.
Rd 7: [1 M li, 1 M re, (1 M re, U, 1 M re) in nä. M, 1 M re, 1 M li, 1 M re] 5-mal. (40 M)
Rd 8: [1 M li, 1 M re] 20-mal.
Rd 9: [1 M li, 1 M re, 1 M li, (1 M re, U, 1 M re) in nä. M, (1 M li, 1 M re) 2-mal] 5-mal. (50 M)
Rd 10: [1 M li, 1 M re, 1 M li, 3 M re, (1 M li, 1 M re) 2-mal] 5-mal.

STERNSPITZEN
Vorbereitungsreihe: Auf VS (1 M li, 1 M re) 2-mal.
Nur mit den nä. 10 M arbeiten und in R str wie folgt:
R 1: 2 M re, [1 M li, 1 M re] 3-mal, 1 M li, Zun, wenden. (11 M)
R 2: 2 M li, [1 M re, 1 M li] 3-mal, 1 M re, 2 M li.
R 3: 2 M re, 1 M li, 1 M re, 2 M abh, 1 M re, 2 abgeh M übz, 1 M re, 1 M li, 2 M re. (9 M)
R 4: 2 M li, 1 M re, 3 M li, 1 M re, 2 M li.
R 5: 2 M re, 1 M li, 2 M abh, 1 M re, 2 abgeh M übz, 1 M li, 2 M re. (7 M)
R 6: 2 M li, 1 M re, 1 M li, 1 M re, 2 M li.
R 7: 2 M re, 2 M abh, 1 M re, 2 abgeh M übz, 2 M re. (5 M)
R 8: Li str.
R 9: 1 M re, 2 M abh, 1 M re, 2 abgeh M übz, 1 M re. (3 M)
R 10: 3 M li zus str.
Garn verwahren.
Noch 4-mal: Garn in die nä. 10 M einstr und R 1-10 wdh.

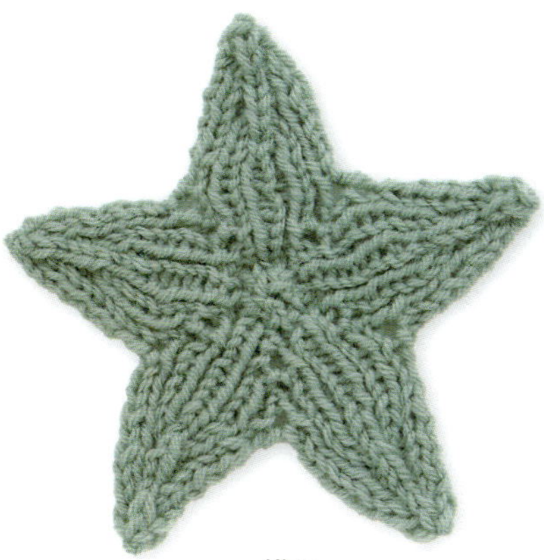
Klein

Farbe:
A

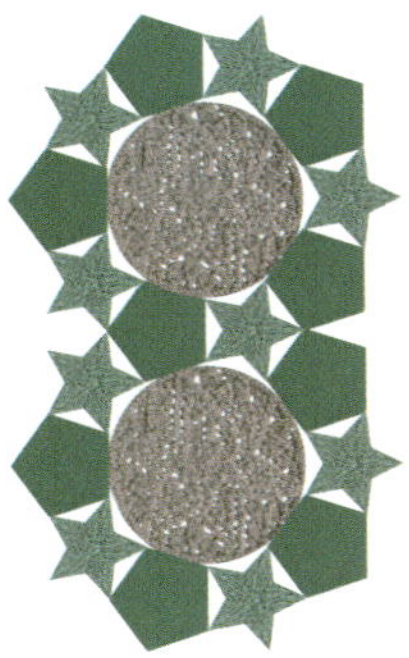
Kombination: **109 + 19 + kleine Version von 89 (siehe S. 83)**

110 ZWEIFARBIGER KRAUS-RECHTS-STERN

Mit Garn A 9 Lm anschl und einen Faden von etwa 30 cm Länge stehenlassen.
R 1: Re str.
R 2: Zun, re str bis zu letzten 2 M, 2 M re zus str. (9 M)
Weitere 4-mal letzte 2 R wdh.
R 11: Re str.
Alle M bis auf die letzte M abk.
Arbeit nicht wenden. Mit der letzten M auf der Nd. in Garn A fortfahren und 8 M entlang der li Seite aufn. (9 M)
Garn A nicht abschn. Zu Garn B wechseln.
R 1-11 wdh und abk wie zuvor.
Garn B nicht abschn. Zu Garn A wechseln.
abwechselnd mit Garn A und Garn B Arbeitsschritte wdh, bis 6 Segmente gestrickt sind, das letzte mit Garn B.
Abk.
Garn in etwa 25 cm Länge abschn.
Letztes mit erstem Segment zusammennähen.

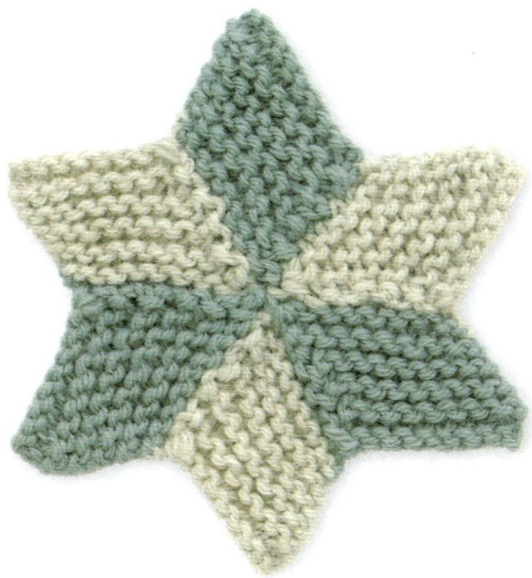
Mittel

Farben:
A
B

111 STERN MIT ZOPF

SPEZIELLE ABKÜRZUNGEN
Z4M: 2 M auf Zopf-Nd. abh und hinter Arbeit legen, 2 M re, dann die 2 M re von der Zopf-Nd. str.

5 M anschl und gleichmäßig auf 5 Nd verteilen. Eine 6. Nd. bereit halten. Verbinden und darauf achten, die M nicht zu verdrehen.
Rd 1: [1 M re, U] 5-mal. (10 M)
Rd 2: Re str.
Rd 3: [2 M re, U] 5-mal. (15 M)
Rd 4: [2 M re, U, 1 M re, U] 5-mal. (25 M)
Rd 5: Re str.
Rd 6: [3 M re, U, 1 M re, U, 1 M re] 5-mal. (35 M)
Rd 7: Re str.
Rd 8: [4 M re, U, 1 M re, U, 2 M re] 5-mal. (45 M)
Rd 9: Re str bis zur letzte M, nä. M auf nä. Nd. abh, sodass sie 1. M der nä. Rd wird.
Rd 10: [Z4M, 2 M re, U, 1 M re, U, 2 M re] 5-mal. (55 M)
Rd 11: Re str.
Rd 12: [7 M re, U, 1 M re, U, 3 M re] 5-mal. (65 M)
Rd 13: Re str.
Rd 14: [Z4M, 4 M re, U, 1 M re, U, 4 M re] 5-mal. (75 M)
Rd 15: Re str.
Rd 16: [9 M re, U, 1 M re, U, 5 M re] 5-mal. (85 M)
Rd 17: Re str.
Rd 18: [Z4M, 6 M re, U, 1 M re, U 6 M re] 5-mal. (95 M)
Rd 19: [11 M re, U, 1 M re, U, 7 M re] 5-mal. (105 M)
Rd 20: Li str.
Rd 21: Li str.
Wie zum Rechtsstricken abk.

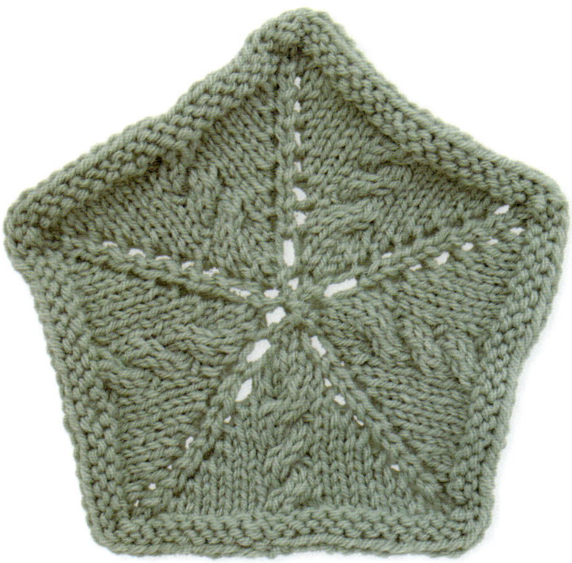

Farbe:
A

Sehr groß

112 SPITZENSTERN

5 M anschl und gleichmäßig auf 5 Nd verteilen. Eine sechste Nd. bereit halten. Verbinden und darauf achten, die M nicht zu verdrehen.
Rd 1: [1 M re, U] 5-mal. (10 M)
Rd 2: Re str.
Rd 3: [U, 1 M re, U, 1 M re] 5-mal. (20 M)
Rd 4: Alle M und U re str; Jd DopU von vorne und hinten str.
Bis Rd 18 Rd 4 in jd geraden Rd wdh.
Rd 5: [2 M re, DopU, 2 M re] 5-mal. (30 M)
Rd 7: [3 M re, DopU, 3 M re] 5-mal. (40 M)
Rd 9: [1 M re, U, 1 M abn verschr, 1 M re, DopU, 1 M re, 2 M re zus str, U, 1 M re] 5-mal. (50 M)
Rd 11: [2 M re, U, 1 M abn verschr, 1 M re, DopU, 1 M re, 2 M re zus str, U, 2 M re] 5-mal. (60 M)
Rd 13: [3 M re, U, 1 M abn verschr, 1 M re, DopU, 1 M re, 2 M re zus str, U, 3 M re] 5-mal. (70 M)
Rd 15: [4 M re, U, 1 M abn verschr, 1 M re, DopU, 1 M re, 2 M re zus str, U, 4 M re] 5-mal. (80 M)
Rd 17: [5 M re, U, 1 M abn verschr, 1 M re, DopU, 1 M re, 2 M re zus str, U, 5 M re] 5-mal. (90 M)
Rd 19: [9 M li, DopU, 9 M li] 5-mal. (100 M)
Rd 20: Li str und 2. U fallenlassen. (95)
Rd 21: [9 M re, U, 1 M re, U, 9 M re] 5-mal. (105 M)
Wie zum Linksstricken abk.

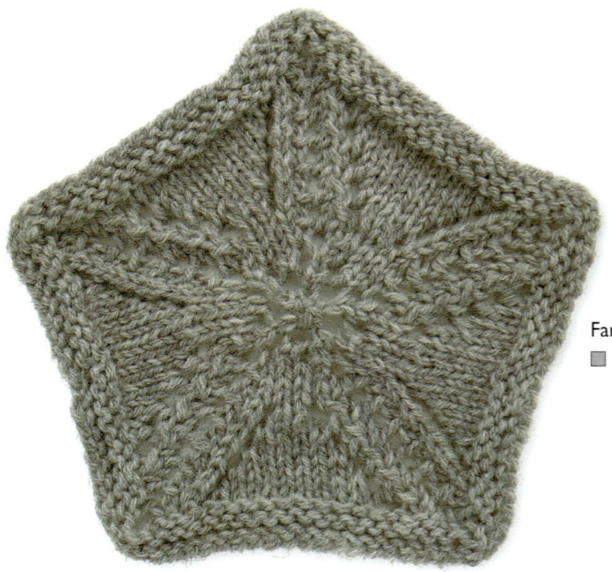

Farbe:
A

Sehr groß

113 MINI-STERN IM KRAUS-RECHTS-MUSTER

ANMERKUNG
1. M in jd R re abh, sofern nicht anders beschrieben.

57 M locker anschl.
R 1 (RS): 1 M abh, 5 M re, 1 M li, [10 M re, 1 M li] 4-mal, 5 M re, 1 M li.
R 2: 1 M abh, 4 M re, 2 M abh, 1 M re, 2 abgeh M übz, [8 M re, 2 M abh, 1 M re, 2 abgeh M übz] 4-mal, 4 M re, 1 M li. (47 M)
R 3: 1 M abh, 4 M re, 1 M li, [8 M re, 1 M li] 4-mal, 4 M re, 1 M li.
R 4: 1 M abh, 3 M re, 2 M abh, 1 M re, 2 abgeh M übz, [6 M re, 2 M abh, 1 M re, 2 abgeh M übz] 4-mal, 3 M re, 1 M li. (37 M)
R 5: 1 M abh, 3 M re, 1 M li, [6 M re, 1 M li] 4-mal, 3 M re, 1 M li.
R 6: 1 M abh, 2 M re, 2 M abh, 1 M re, 2 abgeh M übz, [4 M re, 2 M abh, 1 M re, 2 abgeh M übz] 4-mal, 2 M re, 1 M li. (27 M)
R 7: 1 M abh, 2 M re, 1 M li, [4 M re, 1 M li] 4-mal, 2 M re, 1 M li.
R 8: 1 M abh, 1 M re, 2 M abh, 1 M re, 2 abgeh M übz, [2 M re, 2 M abh, 1 M re, 2 abgeh M übz] 4-mal, 1 M re, 1 M li. (17 M)
R 9: 1 M abh, 1 M re, 1 M li, [2 M re, 1 M li] 4-mal, 1 M re, 1 M li.
R 10: 1 M abh, [2 M abh, 1 M re, 2 abgeh M übz] 5-mal, 1 M li. (7 M)
R 11: 1 M abh, 1 M li, 1 M re, 1 M li, 1 M re, 2 M li.
R 12: 2 M abh, 1 M re, 2 abgeh M übz, 1 M re, 2 M abh, 1 M re, 2 abgeh M übz. (3 M)
R 13: 1 M li abh, 2 M li.
R 14: 2 M abh, 1 M re, 2 abgeh M übz.
Garn in etwa 25 cm Länge abschn und verwahren. Seitliche Kanten zusammennähen, um Stern zu erhalten.

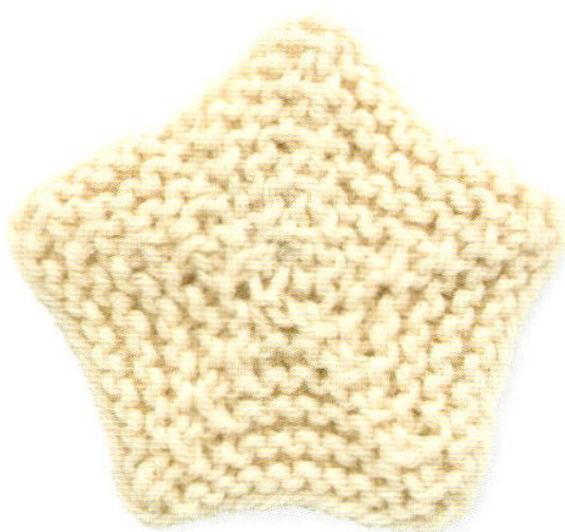

Klein

Farbe:
A

Als Bordüre

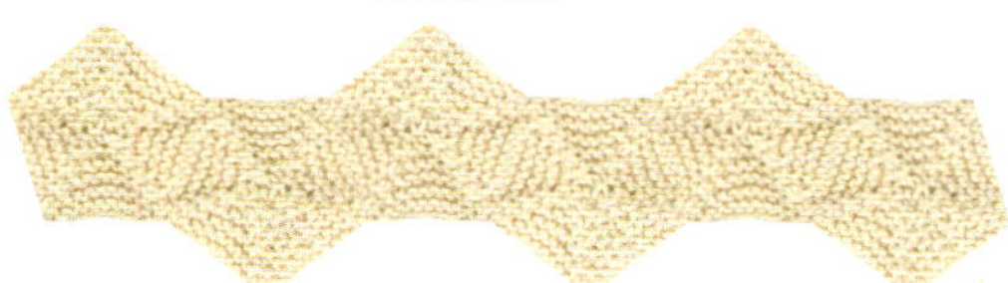

Mosaik nur aus Muster **113**

STANDARDGRÖSSEN VON BETTEN UND BETTÜBERWÜRFEN
Einen Bettüberwurf zu gestalten ist ein großes Projekt, das viel Zeit und Garn in Anspruch nimmt. Doch wenn Sie auch nur ein Mosaikteil am Tag ausarbeiten, dann wird auch das riesigste Projekt weniger als 8 Monaten in Anspruch nehmen und wenn die Muster interessant und abwechslungsreich sind, wird die Arbeit auch nicht zur lästigen Pflicht. Es gibt nur Anhaltspunkte bei Decken und die folgenden Zahlen sind nur Richtwerte. Vergewissern Sie sich besser doppelt, ob das Bett eine Standardgröße aufweist, berechnen Sie das Garn sorgsam (siehe S. 138) und kaufen Sie lieber etwas mehr Garn als sie benötigen.

Bettenart	Matratzengröße	Größe des Bettüberwurfs
A Gitterbett/ Kinderbett	60 x 120 cm/70 x 140 cm	90 x 140 cm/100 x 160 cm
B Einzelbett	90/100 x 190/200 cm	130/140 x 210/220 cm
C Doppelbett	140 x 200 cm	170 x 220 cm
D Queen Size	160 x 200 cm	190 x 220 cm
E King Size	180 x 200 cm	220 x 220 cm

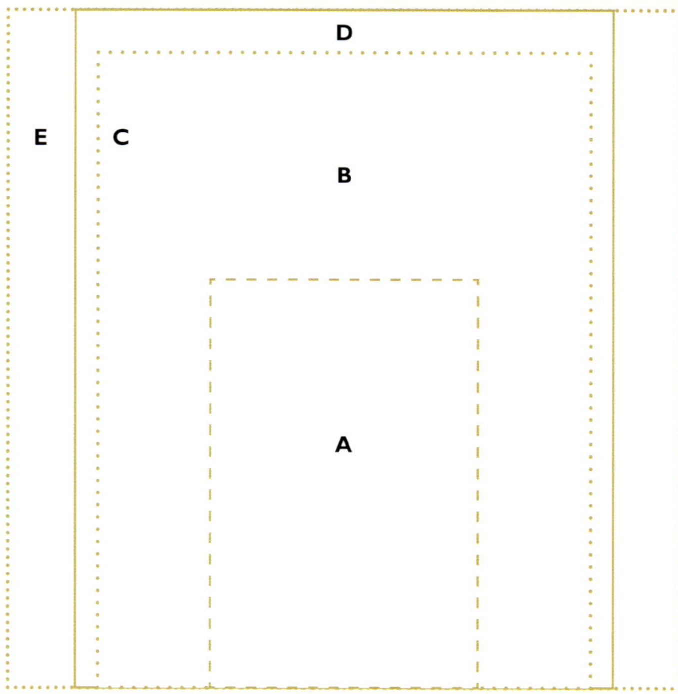

114 FLOWER-POWER-BLUMENSTRAUSS

TIPPS ZUR FARBWAHL

- Neutrale Farben erstrahlen zu neuem Leben wenn sie mit ein wenig Farbe aus einem anderen Farbspektrum kombiniert werden.
- Farben, die zu fast allem passen, sind Schwarz, Lodengrün, sehr dunkles Violett, Marineblau und Schokoladenbraun.
- Türkis und Aquamarinblau sehen mit den meisten Hauttönen gut aus.
- Für Babys kann auch in anderen Farben als nur in Pastelltönen gearbeitet werden, solange das Garn für die zarte Haut geeignet ist.
- Wenn Sie Ihre Farben ausgewählt haben, halten Sie die Garnstränge jeder Farbe im neutralen Tageslicht aneinander, um zu sehen, wie gut sie zueinander passen.
- Wenn Sie Zweifel haben, dann heißt es: Probieren, probieren, probieren!
- Farben können sich verändern, wenn sie direkt nebeneinander liegen: Blau-Grün wirkt beispielsweise neben blauem Garn grüner und neben grünem Garn blauer.

Lm-Ring: 6 Lm häkeln und mit Km zum Ring schließen.

Rd 1: 3 Lm (zählt als 1. Stb), 1 Stb in den Ring, [6 Lm, 3 Stb in den Ring] 5-mal, 6 Lm, 1 Stb in den Ring, Rd mit Km oben in AnfLm schließen.

Rd 2: *1 Lm, [1 fM, 1hStb, 7 Stb, 1 hStb, 1 fM] in nä. Lm-Bg-6, 1 Lm, nä. Stb überspr, Km in nä. Stb; ab * 4-mal wdh, 1 Lm, [1 fM, 1 hStb, 7 Stb, 1 hStb, 1 fM] in nä. Lm-Bg-6, 1 Lm, nä. Stb überspr, Rd mit Km unten in AnfLm schließen.

Garn verwahren.

Farbe:
A

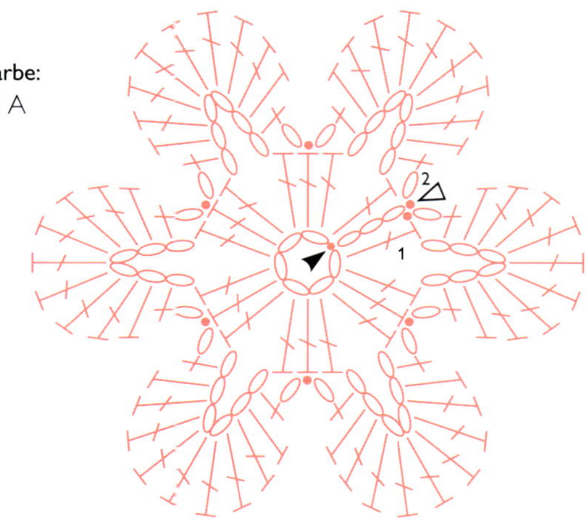

Klein

Um einen Schal zu arbeiten, siehe S. 129

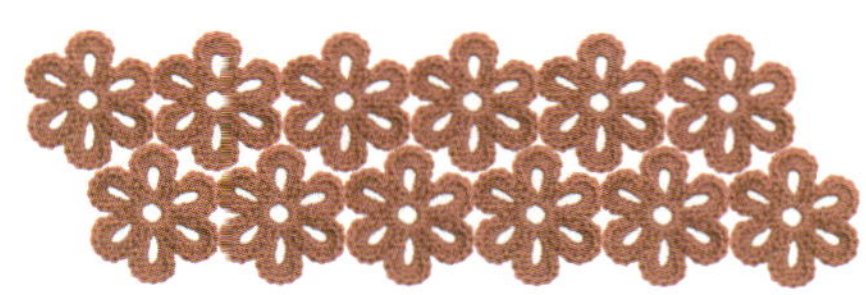

Mosaik nur aus Muster **114**

Abkürzungen und Symbole: Schlagen Sie auf S. 140–141 für die vollständige Erklärung der verwendeten Abkürzungen und Symbole nach!

115 SCHLÜSSELBLUME

Lm-Ring: Mit Garn A 6 Lm häkeln und mit Km zum Ring schließen.
Rd 1: 6 Lm (zählt als 1. Stb und 3 Lm), [1 Stb in den Ring, 3 Lm] 6-mal, Rd mit Km in 3. AnfLm schließen. (7 Stb und 7 Lm-Bg-3)
Rd 2: [(1 fM, 4 Lm, 1 fM) in nä. Lm-Bg-3 (Km, 3 Lm, Km) in nä. Stb] 6-mal, [1 fM, 4 Lm, 1 fM] in nä. Lm-Bg-3, (Km, 3 Lm, Km) in 3. Lm des AnfLm-Bg-6 aus Rd 1. (7 Lm-Bg-4 und 7 Picots)
Garn abschn. Garn B an beliebigem LM-Bg-4 einhäkeln.
Rd 3: 3 Lm, [2 Stb, 2 Lm, 3 Stb] unten in Lm , *[3 Stb, 2 Lm, 3 Stb] in nä. Lm-Bg-4; ab * 5-mal wdh, Rd mit Km oben in AnfLm schließen.
Rd 4: Km in nä. Stb (mittleres Stb aus 3-Stb-Mg), 3 Lm (zählt als 1. Stb), 1 Stb in nä. Stb, *[2 Stb, 2 Lm, 2 Stb] in nä. Lm-Bg-2, je 1 Stb in nä. 2 Stb; ab * 5-mal wdh, [2 Stb, 2 Lm, 2 Stb] in letzten Lm-Bg-2, je 1 Stb in nä. 2 Stb, letztes Stb überspr, Rd mit Km oben in AnfLm schließen.
Rd 5: Km in nä. Stb, 3 Lm (zählt als 1. Stb), je 1 Stb in nä. 2 Stb, *[2 Stb, 2 Lm, 2 Stb] in nä. Lm-Bg-2, je 1 Stb in nä. 3 Stb, 2 Stb überspr, je 1 Stb in nä. 3 Stb; ab * 5-mal wdh, [2 Stb, 2 Lm, 2 Stb] in nä. Lm-Bg-2, je 1 Stb in nä. 3 Stb, letztes Stb überspr, Rd mit Km oben in AnfLm schließen.
Rd 6: 1 Lm, 1 fM unten in Lm, *nä. Stb überspr, 5 Stb in nä. Stb (Muschel häkeln), nä. Stb überspr, 1 fM in nä. Stb, 1 fM in Lm-Bg-2, 1 fM in nä. Stb, nä. Stb überspr, 5 Stb in nä. Stb, nä. Stb überspr, je 1 fM in nä. 2 Stb; ab * 5-mal wdh, 5 Stb in nä. Stb, nä. Stb überspr, 1 fM in nä. Stb, 1 fM in nä. Lm-Bg-2, 1 fM in nä. Stb, nä. Stb überspr, 5 Stb in nä. Stb, nä. Stb überspr, 1 fM in letztes Stb, Rd mit Km in 1. fM schließen.
Garne verwahren.

Farben:
A
B

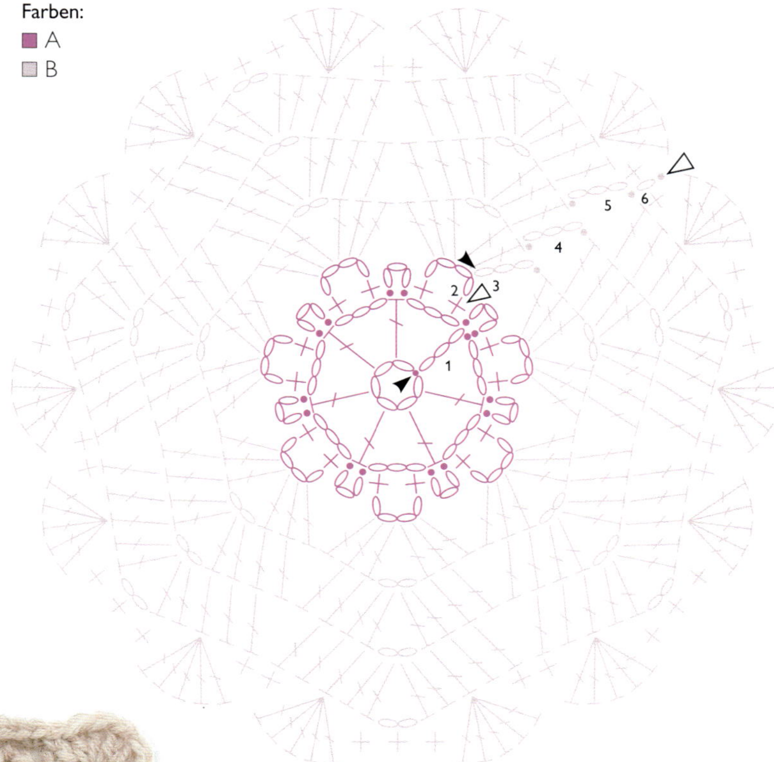

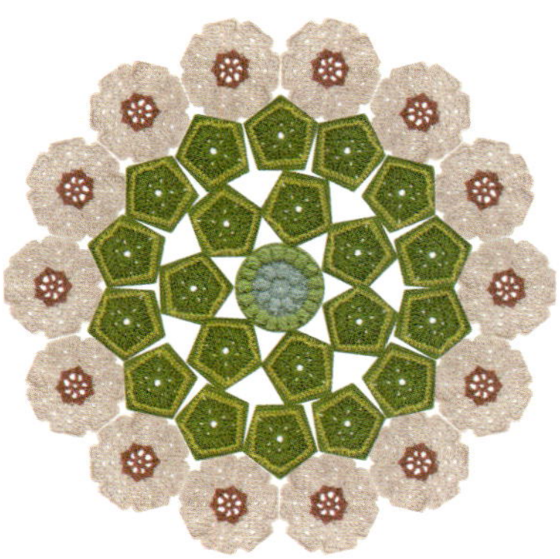

Kombination: **115 + 8 + 84**

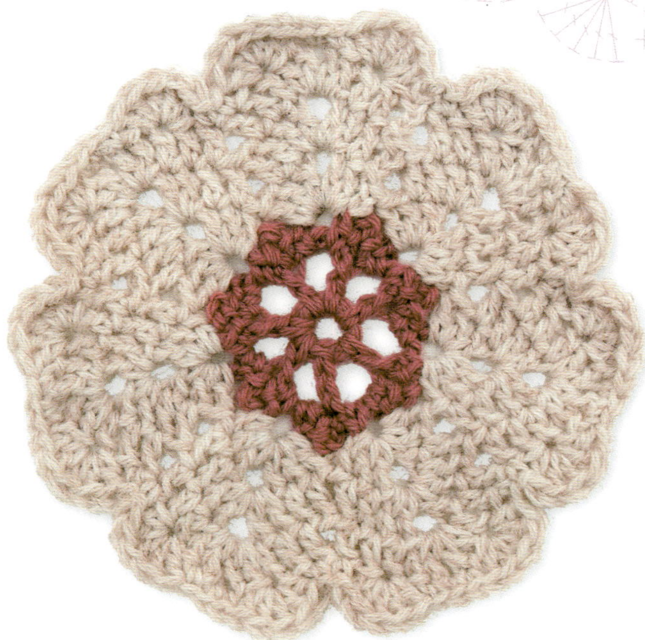

Sehr groß

116 STERNENBLUME

SPEZIELLE ABKÜRZUNGEN

4 dStb zus (4 dStb zusammen häkeln): [(U) 2-mal, HN in nä. M einführen und Faden durchziehen, Faden holen und durch 2 Schl ziehen) 2-mal] 4-mal, Faden holen und durch alle 5 Schl auf HN ziehen.

Lm-Ring: Mit Garn A 6 Lm häkeln und mit Km zum Ring schließen.
Rd 1: 3 Lm (zählt als 1. Stb), 15 Stb in den Ring, Rd mit Km oben in AnfLm schließen.
Garn A abschn. Garn B einhäkeln.
Rd 2: 3 Lm (zählt als 1. Stb), 2 Stb in nä. Stb, [1 Stb in nä. Stb, 2 Stb in nä. Stb] 7-mal, Rd mit Km oben in AnfLm schließen. (24 Stb)
Garn B abschn. Garn C mit Km einhäkeln.
Rd 3: 3 Lm (zählt als 1. Stb), 1 Stb unten in Lm, je 2 Stb in nä. 23 Stb, Rd mit Km oben in AnfLm schließen. (48 Stb)
Rd 4: *4 Lm, 4 dStb zus, 4 Lm, Km in nä. Stb (Blütenblatt aus 6 dStb), Km in nä. Stb; ab * 6-mal wdh, 4 Lm, 4 dStb zus, 4 Lm, Km in nä. Stb.
Garne verwahren.

Farben:
- A
- B
- C

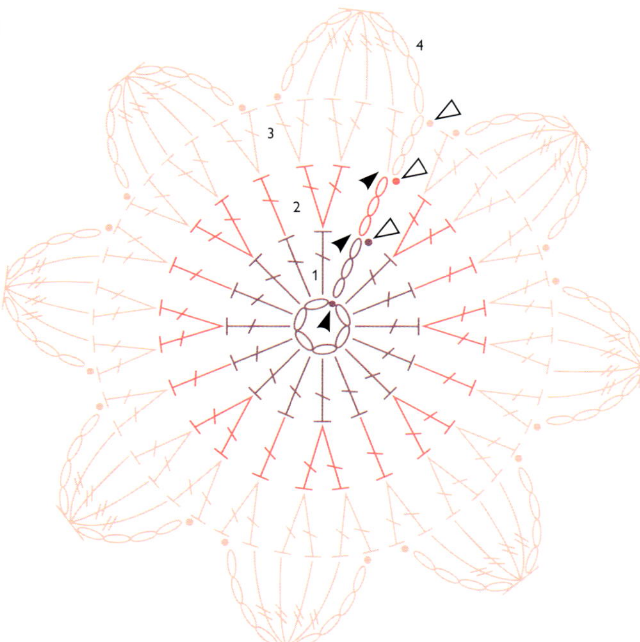

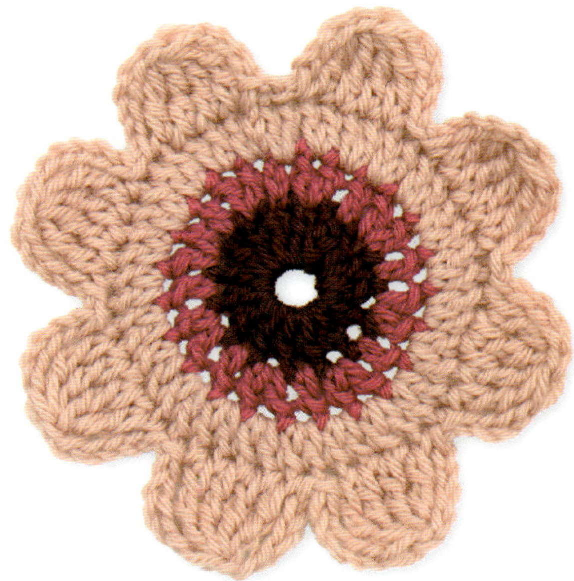

Groß

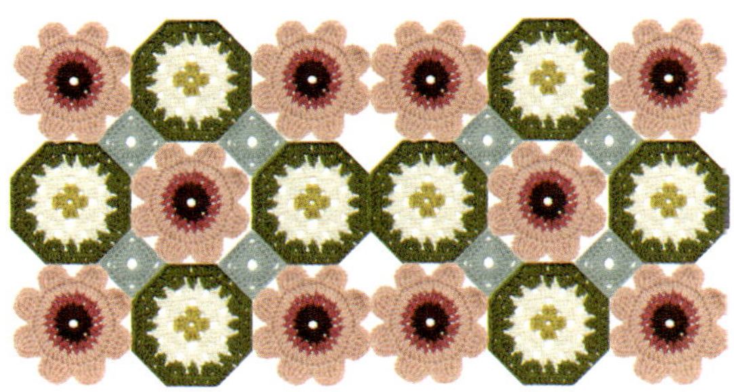

Kombination: **116 + 74 + 145**

117 SONNENBLUME

SPEZIELLE ABKÜRZUNGEN

hSchl-4drStb zus (nur durch hintere Schl 4 Dreifachstäbchen zusammen): *(U) 3-mal, HN nur in hintere Schl der nä. M einführen, Faden holen und durchziehen, [Faden holen und durch 2 Schl auf HN ziehen] 3-mal; ab * 3-mal wdh, Faden holen und durch restl 5 Schl auf HN ziehen.

hSchl-5drStb zus (nur durch hintere Schl 5 Dreifachstäbchen zusammen): Nur in hintere Schl der M arbeiten, (U) 3-mal, HN in dieselbe M stechen wie letzte M der vorhergehenden Maschengruppe, Faden holen und durchziehen [Faden holen und durch 2 Schl auf HN ziehen] 3-mal, *(U) 3-mal, HN in nä. M einführen, Faden holen und durchziehen, [Faden holen und durch 2 Schl auf HN ziehen] 3-mal; ab * 3-mal wdh, Faden holen und durch restl 6 Schl an der HN ziehen.

Lm-Ring: Mit Garn A 5 Lm häkeln und mit Km zum Ring schließen.
Rd 1: 3 Lm (zählt als 1. Stb), 15 Stb in den Ring, Garn B mit Km in 3. AnfLm einhäkeln.
Garn A abschn.
Rd 2: 1 Lm, 2 fM in MZwr AnfLm und 1. Stb aus Rd 1, [2 fM in Zwr vor nä. Stb] 14-mal, 2 fM in MZwr vor AnfLm aus Rd 1, Garn C mit Km in 1. Lm einhäkeln.
Garn B abschn.
Rd 3: 5 Lm, 1. fM überspr, hSchl-4drStb zus entlang nä. 4 fM, [9 Lm, hSchl-5drStb zus] 7-mal, 9 Lm, Rd mit Km oben in 1. hSchl-4drStb zus schließen.
Rd 4: 1 Lm, 9 fM in nä. Lm-Bg-9, [hSchl-5drStb zus überspr, 9 fM in nä. Lm-Bg-9] 7-mal, Rd mit Km in AnfLm schließen.
Garne verwahren.

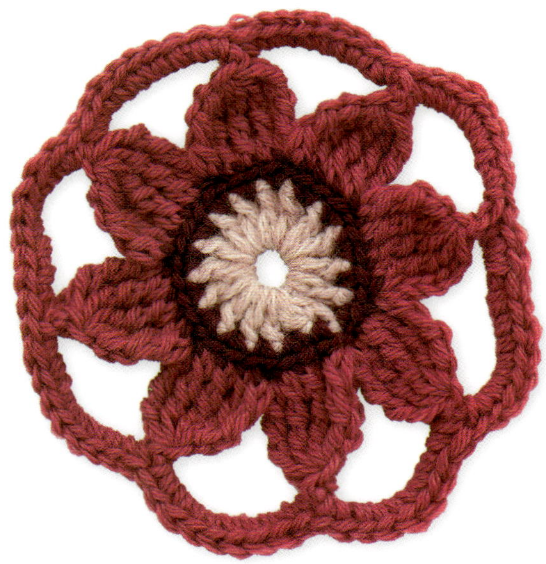

Mittel

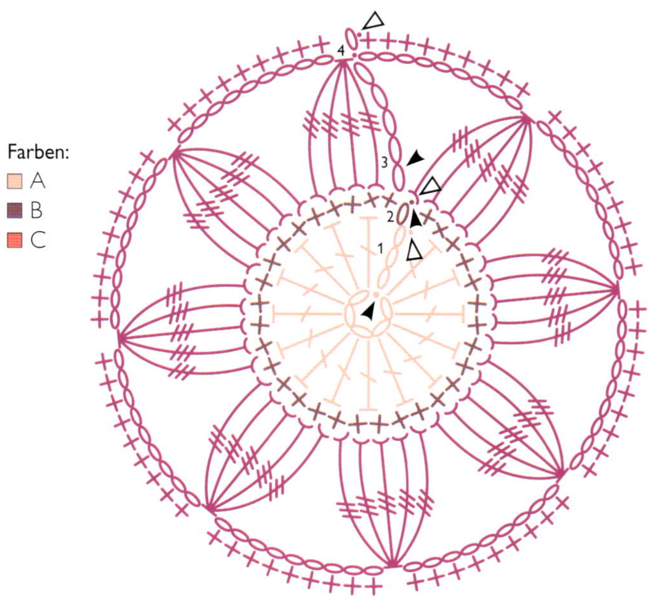

118 ZWEIFARBIGE ANEMONE

Lm-Ring: Mit Garn A 6 Lm häkeln und mit Km zum Ring schließen.
Rd 1: 1 Lm, 24 fM in den Ring, Rd mit Km in 1. fM schließen.
Rd 2: 5 Lm (zählt als 1. Stb und 2 Lm), 1 Stb in nä. fM, [1 Lm, nä. fM überspr, 1 Stb in nä. fM, 2 Lm, 1 Stb in nä. fM] 7-mal, 1 Lm, nä. fM überspr, Rd mit Km in 3. AnfLm schließen.
Garn A abschn. Garn B mit Km in 1. Lm-Bg-2 von AnfLm einhäkeln.
Rd 3: 2 Lm (zählt als 1. hStb), [1 hStb, 2 Lm, 2 hStb] in 1. Lm-Bg-2, 1 fM in nä. Lm-Bg-1, *[2 hStb, 2 Lm, 2 hStb] in nä. Lm-Bg-2, 2 fM in nä. Lm-Bg-1; ab * 6-mal wdh; Rd mit Km oben in AnfLm schließen.
Rd 4: Je 1 Km in nä. Stb und in nä. Lm-Bg-2, 3 Lm (zählt als 1. Stb), [2 Stb, 1 Lm, 3 Stb] unten in denselben 1. Lm-Bg-2, 1 fM in Zwr vor und nach nä. fM, *[3 Stb, 1 Lm, 3 Stb] in nä. Lm-Bg-2, je 1 fM in Zwr vor und nach nä. fM; ab * 6-mal wdh, Rd mit Km oben in AnfLm schließen.
Garne verwahren

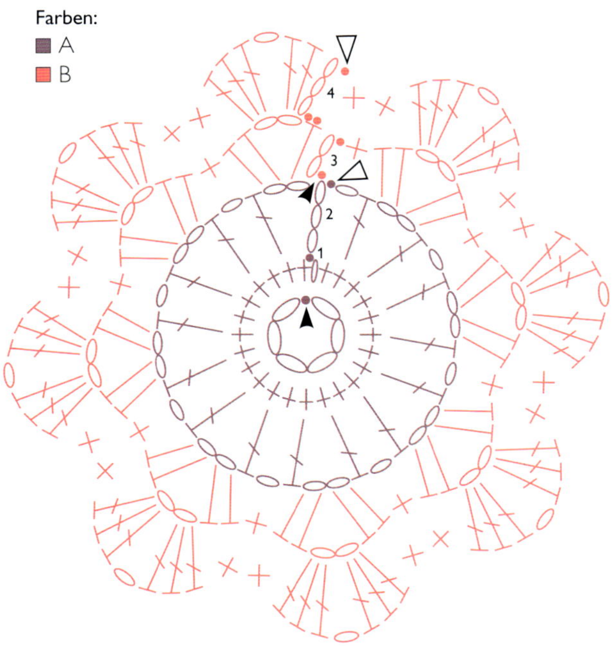

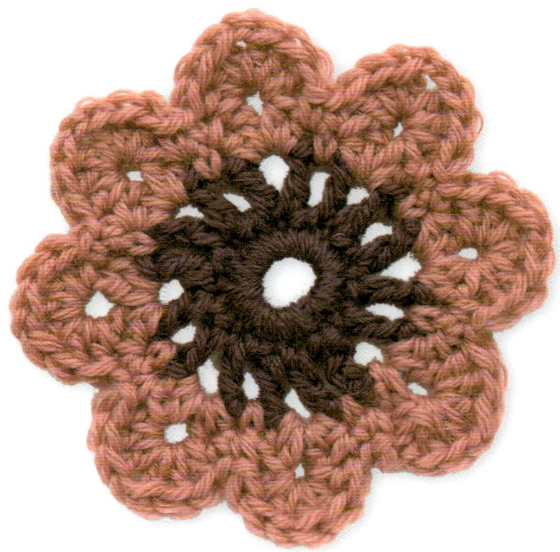

Mittel

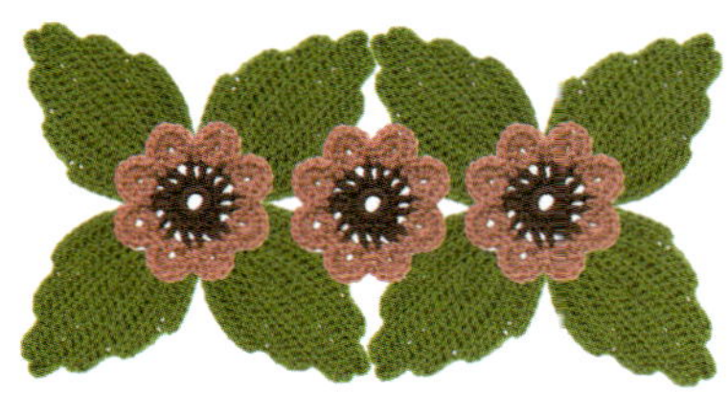

Kombination: **118 + 134**

119 HARTRIEGEL-BLÜTE

Lm-Ring: Eine Fingerschlaufe arbeiten.
Rd 1: 1 Lm, 7 fM in Fingerschlaufe, Rd mit Km in 1. Lm schließen.
Rd 2: 5 Lm, [1 fM überspr, 1 fM in nä. fM, 4 Lm] 3-mal, Rd mit Km in 1. AnfLm schließen.
Rd 3: Km in nä. Lm, 3 Lm (zählt als 1. Stb), 6 Stb unten in Lm-Bg-3 aus Rd 2, 2 Lm, 1 fM überspr, [7 Stb in nä. Lm-Bg-4, 2 Lm, 1 fM überspr] 3-mal, Rd mit Km oben in AnfLm schließen.
Rd 4: 1 Lm, 1 fM unten in Lm, [je 1 fM in nä. 2 Stb, 2 fM in nä Stb] 2-mal, 2 Lm überspr, *2 fM in nä. Stb, [je 1 fM in nä. 2 Stb, 2 fM in nä Stb] 2-mal, 2 Lm überspr; ab * 2-mal wdh, Rd mit Km in AnfLm schließen.
Das 1. Blütenblatt wird in den Reihen 5–7 gefertigt.
R 5: 3 Lm (zählt als 1. Stb), 1 Stb unten in Lm, [1 Stb in nä. fM, 2 Stb in nä. fM] 2-mal, 2 Stb in nä. fM, [1 Stb in nä. fM, 2 Stb in nä. fM] 2-mal, wenden. (16 Stb)
R 6: 1 Lm, 1. Stb überspr, je 1 fM in nä. 14 Stb, 1 fM in 3. AnfLm, wenden.
R 7: 1 Lm, 1. fM überspr, 1 hStb in nä. fM, je 1 Stb in nä. 4 fM, 1 fM in nä. fM, je 1 Km in nä. 2 fM, 1 fM in nä. fM, je 1 Stb in nä. 4 fM, 1 hStb in letzte fM, 1 Lm, 1 Km in AnfLm aus R 6, 2 Km in Seite des Stb darunter, 1 Km in Seite der fM unter Stb, 1 Km in nä. fM aus Rd 4.
R 5–7 noch 3-mal whd, um die restl Blütenblätter zu häkeln.
Garn verwahren

Farbe:
■ A

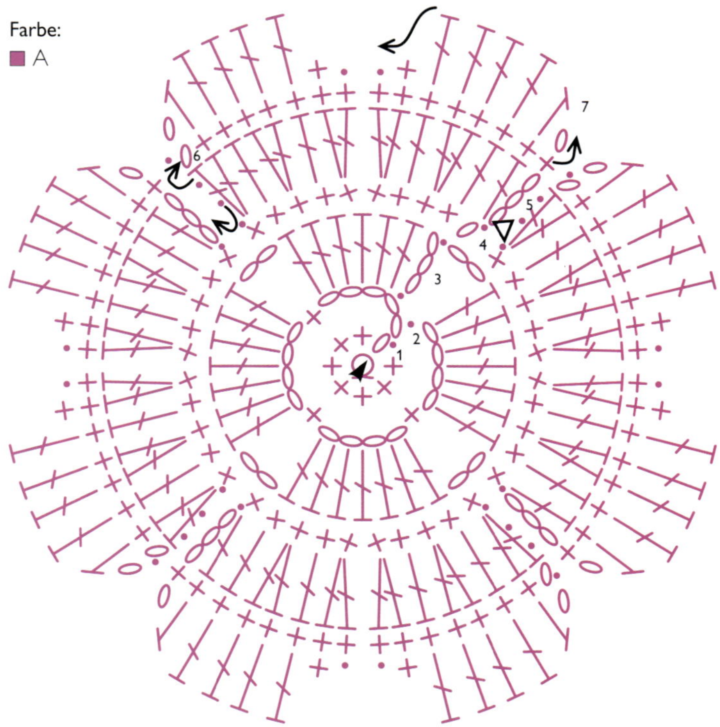

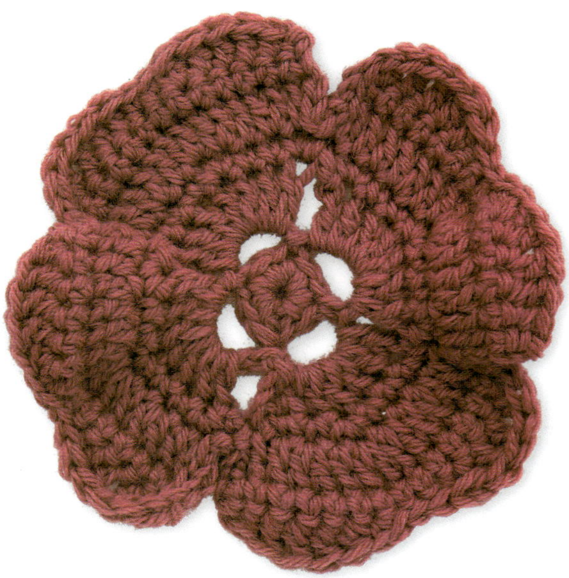

Mittel

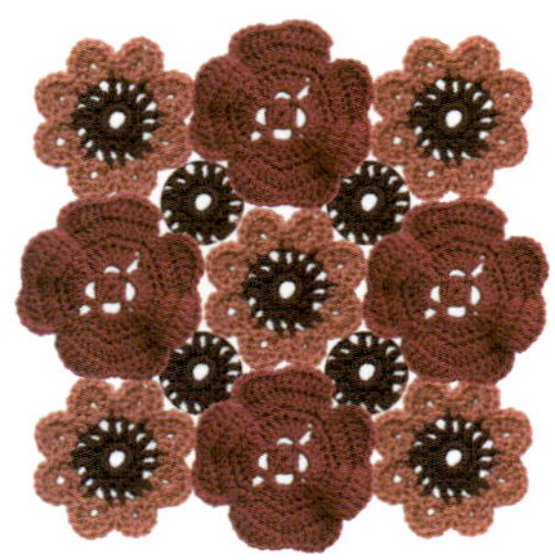

Kombination: **119 + 118 + Rd 1–2 von 118**

Für eine Blumen-Applikation

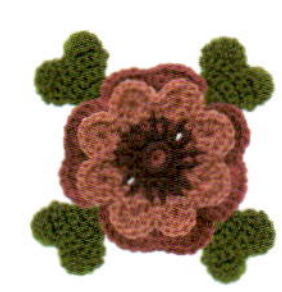

Kombination: **119 + 118 + 135**

120 SPITZENBLUME MIT 8 BLÜTENBLÄTTERN

Mit Garn A 8 M anschl und gleichmäßig auf 4 Nd. verteilen – 2 M ajN. Verbinden und darauf achten, M nicht zu verdrehen.
Rd 1–2: Re str.
Rd 3: [Zun] 8-mal. (16 M)
Rd 4: Re str.
Rd 5: [2 M re, DopU] 8-mal. (32 M)
Rd 6: [2 M re, (1 M re, U, 1 M re) in DopU] 8-mal. (40 M)
Rd 7–10: Re str.
Rd 11: [5 M re, U] 8-mal. (48 M)
Rd 12: Re str.
Rd 13: [1 M abn verschr, 1 M re, 2 M re zus str, U, 1 M re, U] 8-mal. (48 M)
Rd 14: Re str.
Rd 15: [1 M abh, 2 M re zus str, abgeh M übz, U, (1 M re, U) 3-mal] 8-mal. (64 M)
Rd 16: [1 M abh, 7 M re] 8-mal.
Rd 17: **[1** M re, U, 1 M abn verschr, U, 3 M re, U, 2 M re zus str, U] 8-mal. (80 M)
Rd 18: Re str.
Rd 19: Li str.
Wie zum Linksstricken abk.

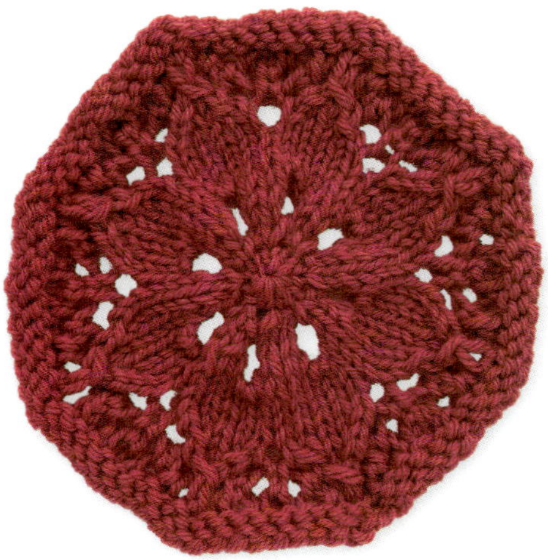

Mittel

Farbe:
A

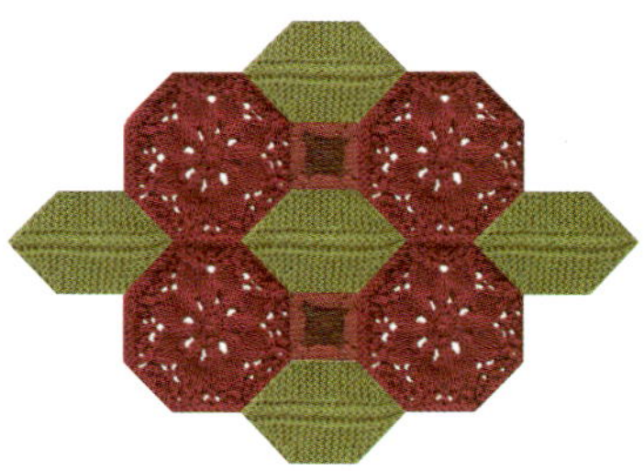

Kombination:
120 + Rd 1–10 von 44 + 138

121 RUNDER BLUMENSTRAUSS

ANMERKUNG
Alle M mit Garn vor der Arbeit abheben.

5 M anschl und auf 3 Nd. verteilen. Verbinden und darauf achten, die M nicht zu verdrehen.
Rd 1: Nä. 5 M Zun. (10 M)
Rd 2: (Zun, 1 M re) 5-mal. (15 M)
Rd 3: Re str.
Rd 4: (1 M re, Zun, 1 M re) 5-mal. (20 M)
Rd 5: (1 M re, 1 M re zn, 1 M abh, 1 M re, 1 M abh, 1 M re zn) 5-mal. (30 M)
Rd 6: (3 M re, 1 M abh, 2 M re) 5-mal.
Rd 7: (2 M re, 1 M re zn, 1 M abh, 1 M re, 1 M abh, 1 M re zn, 1 M re) 5-mal. (40 M)
Rd 8: (4 M re, 1 M abh, 3 M re) 5-mal.
Rd 9: (3 M re, 1 M re zn, 1 M abh, 1 M re, 1 M abh, 1 M re zn, 2 M re) 5-mal. (50 M)
Rd 10: (5 M re, 1 M abh, 4 M re) 5-mal.
Rd 11: (4 M re, 1 M re zn, 1 M abh, 1 M re, 1 M abh, 1 M re zn, 3 M re) 5-mal. (60 M)
Rd 12: (6 M re, 1 M abh, 5 M re) 5-mal.
Rd 13: (5 M re, 1 M re zn, 1 M abh, 1 M re, 1 M abh, 1 M re zn, 4 M re) 5-mal. (70 M)
Rd 14: (7 M re, 1 M abh, 6 M re) 5-mal.
Rd 15: (6 M re, 1 M re zn, 1 M abh, 1 M re, 1 M abh, 1 M re zn, 5 M re) 5-mal. (80 M)
Rd 16: (8 M re, 1 M abh, 7 M re) 5-mal.
Rd 17: (7 M re, 1 M re zn, 1 M abh, 1 M re, 1 M abh, 1 M re zn, 6 M re) 5-mal. (90 M)
Rd 18: (9 M re, 1 M abh, 8 M re) 5-mal.
Rd 19: (8 M re, 1 M abh, 1 M re, 1 M abh, 7 M re) 5-mal.
Rd 20: (8 M li, 1 M re, 1 M abh, 1 M re, 7 M li) 5-mal.
Rd 21: (8 M li, 1 M abh, 1 M re, 1 M abh, 7 M li) 5-mal.
Wie zum Linksstricken abk.

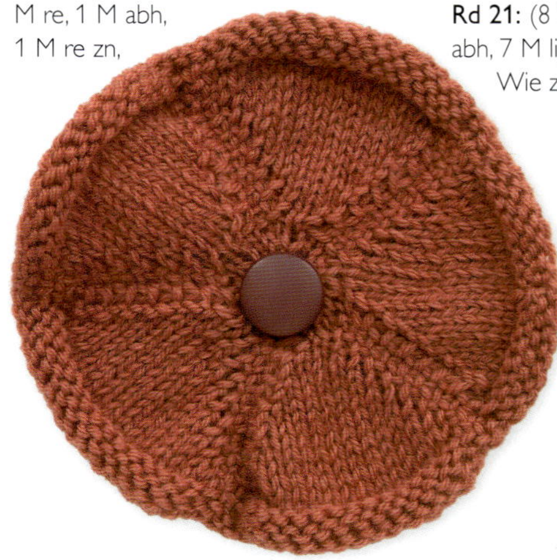

Mittel

Farbe:
A

122 EINFACHE BLUME MIT KNOPF

Mit Garn A 8 M anschl und gleichmäßig auf 4 Nd. verteilen. Verbinden und darauf achten, die M nicht zu verdrehen.
Rd 1: [Zun] 8-mal. (16 M)
Rd 2: Li str.
Letzte Rd jede gerade Rd bis Rd 14 wdh.
Rd 3: [1 M re, Zun, Zun, 1 M re] 4-mal. (24 M)
Rd 5: [2 M re, Zun, Zun, 2 M re] 4-mal. (32 M)
Rd 7: [3 M re, Zun, Zun, 3 M re] 4-mal. (40 M)
Rd 9: [4 M re, Zun, Zun, 4 M re] 4-mal. (48 M)
Rd 11: [5 M re, Zun, Zun, 5 M re] 4-mal. (56 M)
Rd 13: [6 M re, Zun, Zun, 6 M re] 4-mal. (64 M)
Garn A abschn. Zu Garn B wechseln.
In Hin- und Rückreihen weiterstr.
****R 1 (VS):** 1 M re, 2 M re zus str, 5 M re, wenden.
Nur mit diesen 7 M arbeiten.
R 2: 1 M re, 2 M re zus str, 4 M re. (6 M)
R 3: 1 M re, 2 M re zus str, 3 M re. (5 M)
R 4: 1 M re, 2 M re zus str, 2 M re. (4 M)
R 5: 1 M re, 2 M re zus str, 1 M re. (3 M)
R 6: 1 M re, 2 M re zus str. (2 M)
R 7: 2 M zus str. (1 M)
Garne verwahren.
Auf VS (HinR) Garn wieder aufn und mit den nä. 8 M weiterstr.
ab ** 7-mal wdh.

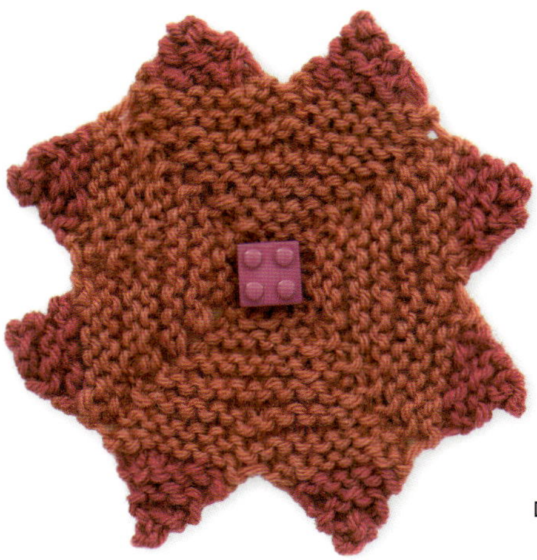

Mittel

Farben:
A
B

Dieses Muster zu einer Decke verarbeitet siehe S. 131

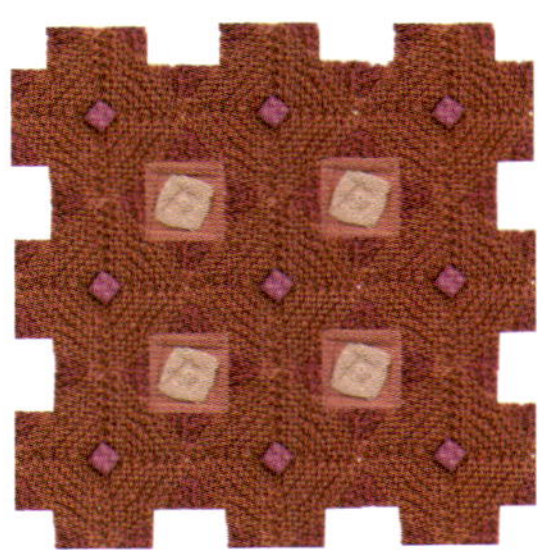

Kombination:
122 + Rd 1–6 von 42.

123 NOPPENBLUME

SPEZIELLE ABKÜRZUNGEN
N str (Noppe stricken): [1 M re, 1 M li, 1 M re] in nä. M, wenden, 3 M li, wenden, 3 M re verschr zus str.

ANMERKUNG
Alle M mit Garn vor der Arbeit abheben.

6 M anschl und gleichmäßig auf 3 Nd. verteilen – 2 M ajN. Verbinden und achten, M nicht zu verdrehen.
Rd 1: [Zun] 6-mal. (12 M)
Rd 2: Re str.
Rd 3: [Zun, 1 M re] 6-mal. (18 M)
Rd 4: [N str, 2 M re] 6-mal.
Rd 5: [1 M re, Zun, 1 M re] 6-mal. (24 M)
Rd 6: [1 M re, 1 M re zn, 1 M abh, 1 M re, 1 M abh, 1 M re zn] 6-mal. (36 M)
Rd 7: [1 M re, N str, 3 M re, N str] 6-mal.
Rd 8: [2 M re, 1 M re zn, 1 M abh, 1 M re, 1 M abh, 1 M re zn, 1 M re] 6-mal. (48 M)
Rd 9: [N str, 1 M re, N str, 3 M re, N str, 1 M re] 6-mal.
Rd 10: [3 M re, 1 M re zn, 1 M abh, 1 M re, 1 M abh, 1 M re zn, 2 M re] 6-mal. (60 M)
Rd 11: [(1 M re, N str) 2-mal, 3 M re, N str, 1 M re, N str] 6-mal.
Rd 12: [4 M re, 1 M re zn, 1 M abh, 1 M re, 1 M abh, 1 M re zn, 3 M re] 6-mal. (72 M)
Rd 13: [(N str, 1 M re) 2-mal, N str, 3 M re, (N str, 1 M re) 2-mal] 6-mal.
Rd 14: [5 M re, 1 M re zn, 1 M abh, 1 M re, 1 M abh, 1 M re zn, 4 M re] 6-mal. (84 M)
Rd 15: [(1 M re, N str)] 2-mal, 7 M re, N str, 1 M re, N str] 6-mal.
Rd 16: [6 M re, 1 M re zn, 1 M abh, 1 M re, 1 M abh, 1 M re zn, 5 M re] 6-mal. (96 M)
Rd 17: [N str, 1 M re, N str, 11 M re, N str, 1 M re] 6-mal.
Rd 18: [7 M re, 1 M re zn, 1 M abh, 1 M re, 1 M abh, 1 M re zn, 6 M re] 6-mal. (108 M)
Rd 19: Li str.
Rd 20: Li str.
Wie zum Rechtsstricken abk.

Farbe:
A

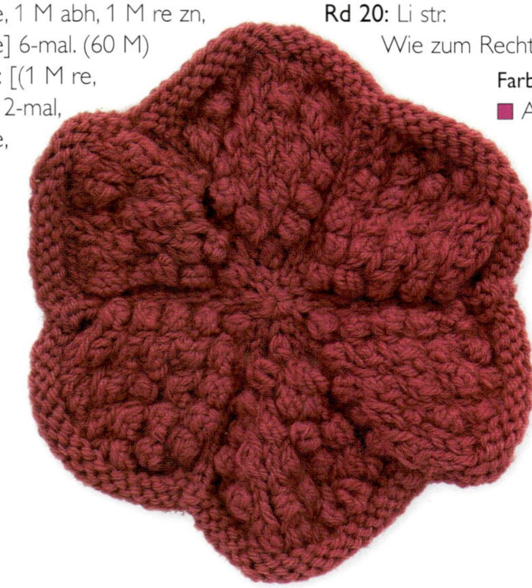

Groß

124 EINFACHES HERZ

ERKLÄRUNG DER MASCHEN

2 hStb zus (2 halbe Stäbchen zusammen häkeln): [U, HN in nä. M einführen, Faden holen und durchziehen] 2-mal, Faden holen und durch alle 5 Schl auf HN ziehen.

Lm-Kette: 3 Lm häkeln.
R 1 (VS): 2 hStb in 3. Lm auf HN, wenden. (2 M)
R 2: 2 Lm (zählt weder hier noch in den folgenden R als M), je 2 hStb in jd M, wenden. (4 M)
R 3: 2 Lm, 2 hStb unten in Lm, je 1 hStb bis zur letzten M, 2 hStb in letzte M, wenden. (6 M).
R 3 noch 5-mal wdh. (16 M)

Erster Herzbogen

R 9: 2 Lm, 1 hStb unten in Lm, je 1 hStb in nä. 5 M, 2 hStb zus, wenden und M ungehäkelt lassen. (7 M)
R 10: 2 Lm, 1 hStb unten in Lm, je 1 hStb in nä. M bis zur vorletzten M, 2 hStb zus, wenden.
Die letzte R noch 2-mal wdh. (4 M)
Garn abschn.

Zweiter Herzbogen

Auf VS Garn in ungehäkelte M aus R 8 einhäkeln.
R 9: 2 Lm, 2 hStb zus unten in Lm und in nä. M, je 1 hStb in nä. M bis zum Ende der R, wenden. (7 M)
Die letzte R noch 3-mal wdh. (4 M)
Garne verwahren.

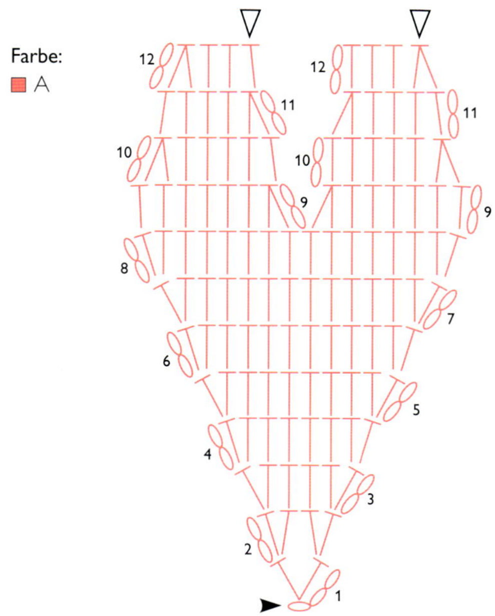

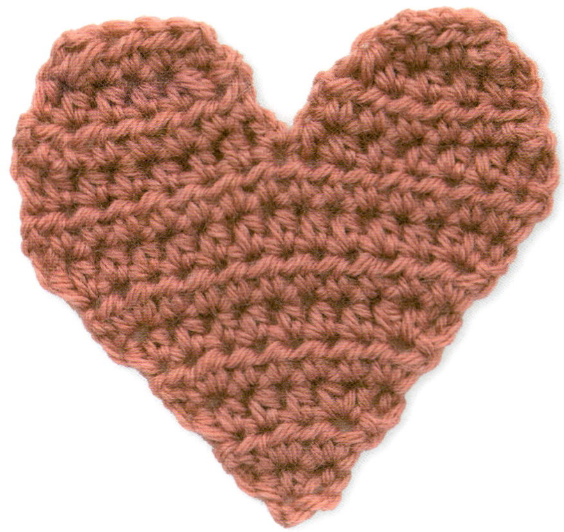

Klein

Für eine Bordüre

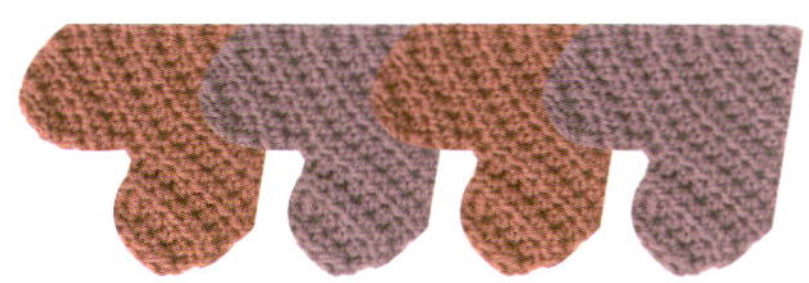

Mosaik nur aus Muster **124**

Abkürzungen und Symbole: Schlagen Sie auf S. 140–141 für die vollständige Erklärung der verwendeten Abkürzungen und Symbole nach!

125 ZWEIFARBIGES HERZ

Lm-Kette: Mit Garn A 3 Lm häkeln.
R 1 (RS): 1 fM in 2. Lm auf HN, 1 fM in nä. Lm, wenden. (2 fM)
R 2: 1 Lm, 2 fM unten in Lm, 1 fM in nä. fM, wenden. (3 fM)
R 3: 1 Lm, 2 fM unten in Lm, 1 fM in nä. fM, 2 fM in letzte fM, wenden. (5 fM)
R 4: 1 Lm, 2 fM unten in Lm, 1 fM in nä. 3 fM, 2 fM in letzte fM, wenden. (7 fM)
R 5: 1. fM überspr, 5 Stb in nä. fM (Muschel häkeln), nä. fM überspr, Km in nä. fM, nä. fM überspr, 5 Stb in nä. fM, letzte fM überspr, mit Km in 1. Lm aus R 4 schließen. (2 Muscheln gehäkelt) Wenden und in Rd weiterhäkeln.
Rd 6: 2 Lm (zählen nicht als M), je 2 Stb in nä. 3 Stb, 1 fM in nä. Stb, Km in nä. Stb, nä Km überspr, Km in nä. Stb, 1 Km in nä. Stb, je 2 Stb in nä. 3 Stb; 6 Stb gleichmäßig entlang der Seite des Herzens in die EndM der R verteilen, indem Sie zur anderen Seite der Lm-Kette häkeln, 3 Stb in Zwr zw 2 fM an der spitzen Seite des Herzens und wieder 6 Stb gleichmäßig entlang der 2. Seite des Herzens in die EndM der R verteilen, Rd mit Km oben in AnfLm schließen.
Garn A abschn. Garn B mit Km einhäkeln.
Rd 7: 2 Lm, je 2 Stb in nä. 6 Stb, 1 fM in nä. fM, Km zw nä. 2 Km, 1 fM in nä. fM, je 2 Stb in nä. 6 Stb, je 1 Stb in nä. 7 Stb, 3 Stb in nä. Stb (Spitze), je 1 Stb in nä. 7 Stb, Rd mit Km oben in AnfLm schließen.
Garne verwahren.

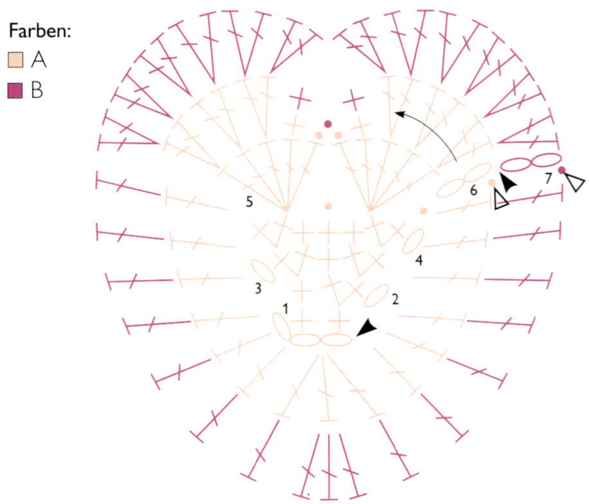

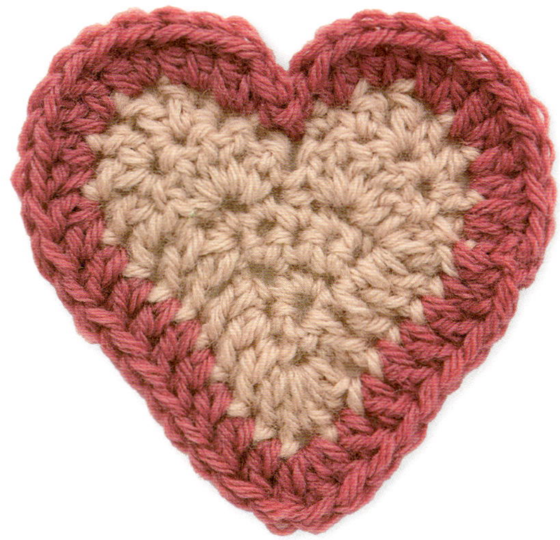
Klein

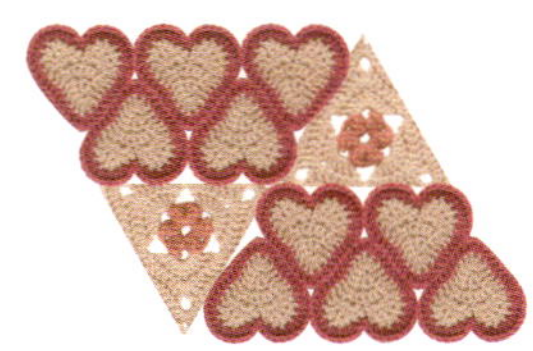
Kombination: **125 + 51**

126 SWEETHEART

Lm-Kette: Mit Garn A 17 Lm häkeln.
Rd 1: 3 hStb in 2. Lm von HN aus, je 1 hStb in nä. 6 Lm, nä. 2 Lm überspr, je 1 hStb in nä. 6 Lm, 3 hStb in nä. Lm, in jd Lm auf der anderen Seite der Lm-Kette häkeln: Je 1 hStb in nä. 6 Lm, [1 hStb, 2 Lm, 1 hStb] in nä. Lm-Bg-2, je 1 hStb in nä. 6 Lm, M nicht verbinden. (32 M)
Rd 2: Je 2 hStb in nä. 3 M, je 1 hStb in nä. 5 M, nä. 2 M überspr, je 1 hStb in nä. 5 M, je 2 hStb in nä. 3 M, je 1 hStb in nä. 7 M, [1 hStb, 2 Lm, 1 hStb] in nä. Lm-Bg-2, je 1 hStb in die letzten 7 M. (38 M)
Rd 3: [2 hStb in nä. M, 1 hStb in nä. M] 3-mal, je 1 hStb in nä. 4 M, nä. 2 M überspr, je 1 hStb in nä. 4 M, [2 hStb in nä. M, 1 hStb in nä. M] 3-mal, je 1 hStb in nä. 8 M, [1 hStb, 2 Lm, 1 hStb] in nä. Lm-Bg-2, je 1 hStb in die letzten 8 M. (44 M)
Rd 4: 1 hStb in nä. M, [2 Stb in nä. M, je 1 hStb in nä. 2 M] 3-mal, je 1 hStb in nä. 2 M, nä. 2 M überspr, je 1 hStb in nä. 4 M, [2 hStb in nä. M, je 1 hStb in nä. 2 M] 3-mal, je 1 hStb in die letzten 8 M, [1 hStb, 2 Lm, 1 hStb] in nä. Lm-Bg-2, je 1 hStb in die letzten 9 M. (50 M)
Rd 5: Je 1 hStb in nä. 2 M, [2 hStb in nä. M, je 1 hStb in nä. 3 M] 3-mal, nä. 2 M überspr, je 1 hStb in nä. 3 M, [2 hStb in nä. M, je 1 hStb in nä. 3 M] 3-mal, je 1 hStb in nä. 9 M, [1 hStb, 2 Lm, 1 hStb] in nä. Lm-Bg-2, je 1 hStb in die letzten 10 M, Rd mit Km oben in 1. hStb schließen.
Garn verwahren.

Farbe:
A

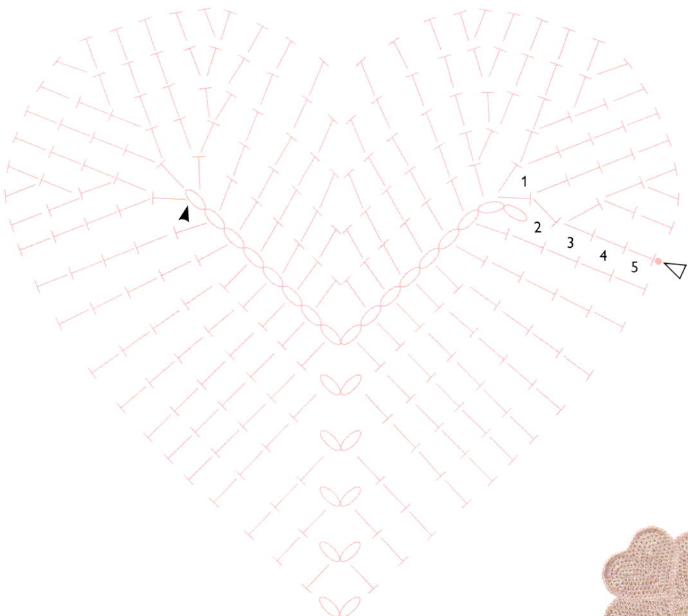

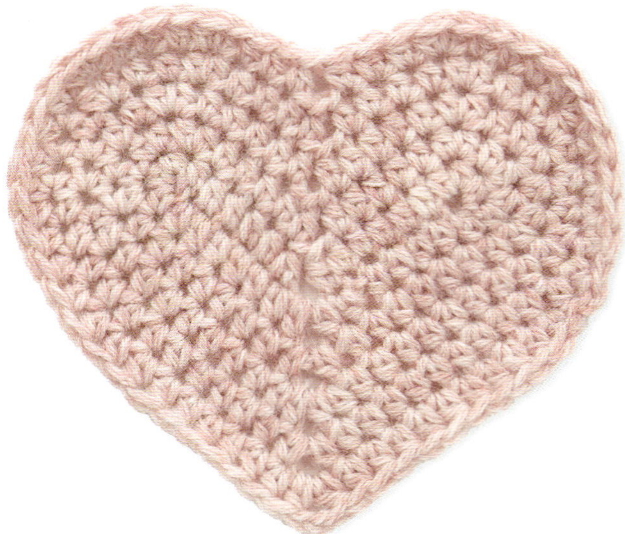

Mittel

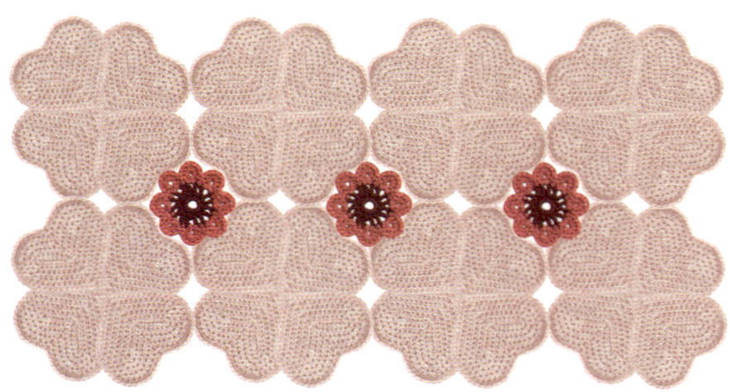

Kombination: **126 + 118**

127 GLATT LINKS GESTRICKTES HERZ

2 M anschl.
R 1: 1 M re, U, 1 M re. (3 M)
R 2: Li str.
R 3: 1 M re, 1 M zn, 1 M li, 1 M zn, 1 M re. (5 M)
R 4: 2 M li, 1 M zn, 1 M re, 1 M zn, 2 M li. (7 M)
R 5: 2 M re, li str bis zur vorletzten M, 2 M re.
R 5 in jd ungeraden R wdh bis R 17.
R 6: 2 M li, 1 M zn, 3 M re, 1 M zn, 2 M li. (9 M)
R 8: 2 M li, 1 M zn, 5 M re, 1 M zn, 2 M li. (11 M)
R 10: 2 M li, 1 M zn, 7 M re, 1 M zn, 2 M li. (13 M)
R 12: 2 M li, 1 M zn, 9 M re, 1 M zn, 2 M li. (15 M)
R 14: 2 M li, 1 M zn, 11 M re, 1 M zn, 2 M li. (17 M)
R 16: 2 M li, 1 M zn, 13 M re, 1 M zn, 2 M li. (19 M)
R 18: 2 M li, 1 M zn, 15 M re, 1 M zn, 2 M li. (21 M)
R 19: 2 M re, 8 M li, Zun, 8 M li, 2 M re. (22 M)
R 20: 2 M li, 8 M re, 2 M li, 8 M re, 2 M li.
R 21: 2 M re, 8 M li, 1 M zn, 2 M re, 1 M zn, 8 M li, 2 M re. (24 M)
R 22: 2 M li, 8 M re, 4 M li, 8 M re, 2 M li.
R 23: 2 M re, 8 M li, 4 M li, 8 M li, 2 M re.
R 24: 2 M li, 8 M re, 2 M li, wenden.
Nur mit diesen 12 M weiterstr, restl M auf Maschenhalter schieben.
R 25: 1 M re, 1 M abn verschr, 6 M li, 2 M re zus str, 1 M re. (10 M)
R 26: 2 M li, 6 M re, 2 M li.
R 27:1 M re, 1 M abn verschr, 4 M li, 2 M re zus str, 1 M re. (8 M)
R 28: 2 M li, 4 M re, 2 M li.
R 29: 1 M re, 2 M abh, 3 M re zus str, 1 M re. (4 M)
R 30: 2 M li zus str, 2 M li verschr zus str, 1. M über 2. M heben.
Garn verwahren.
Mit RS nach vorne, Garn wieder einstr. und mit nä. 12 M weiterstr.
R 24: 2 M li, 8 M re, 2 M li.
R 25–30 wdh.
Garn verwahren.

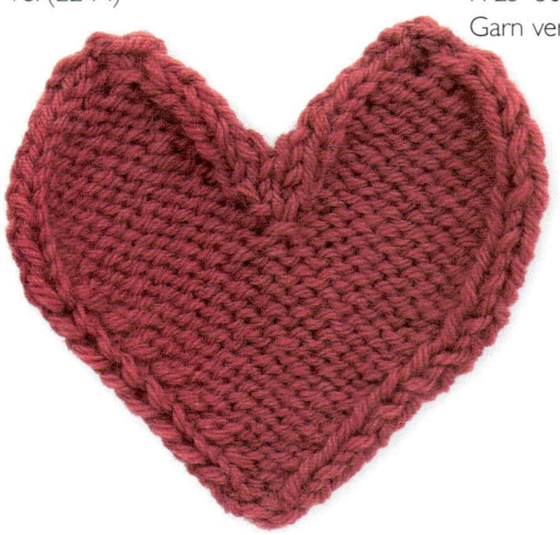

Klein

Farbe:
■ A

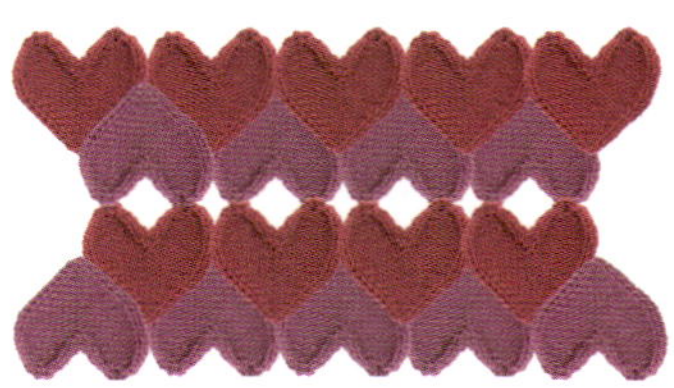

Mosaik nur aus Muster **127**

128 HERZ MIT LOCHRAND

4 M anschl.
R 1: 2 M re, U, re str bis zum Ende der R. (5 M)
R 1 so oft wdh bis 36 M auf der Nd sind.
Herzbögen
R 33: 2 M re, U, [2 M re zus str] 2-mal, 12 M re, wenden.
Nur mit diesen 17 M weiterstr, restl M auf Maschenhalter schieben.
R 34: 2 M re, U, [2 M re zus str] 2-mal, re str bis zum Ende der R. (16 M)
R 34 so oft wdh bis 9 M übrig bleiben.
R 42: [2 M re zus str] 2-mal, 1 M re, [2 M re zus str] 2-mal. (5 M)
Abketten.
Von der Herzmitte aus Garn in restl. 18 M einstr.
R 33: 2 M re, U, [2 M re zus str] 2-mal, 12 M.
R 34–42 wdh.
Abketten.

Mittel

Farbe:
■ A

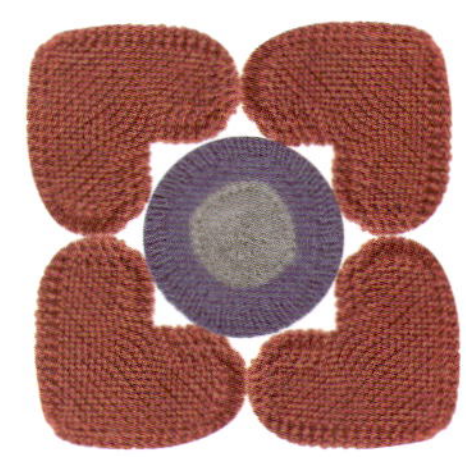

Kombination: **128 + 18**

129 KRAUS-RECHTS GESTRICKTES HERZ

GESTRICKTES UND GEHÄKELTES RICHTIG AUFBEWAHREN

Abgesehen von Staub und Schmutz ist der größte Feind von Strick- und Häkelware direktes Sonnenlicht, das die Farben zum Ausbleichen und die Fasern des Garns brüchig werden lässt. Auch übermäßige Hitze macht das Garn trocken und brüchig, Feuchtigkeit lässt das Material schimmeln und Motten zerfressen Wolle.

Vermeiden Sie es, Garne oder auch fertige Arbeiten in Plastik aufzuheben, da dieses Schmutz und Staubpartikel anzieht, die sich ohne weiteres an Ihre Handarbeit heften. Plastikhüllen halten Naturfasern wie Baumwolle oder Leinen davon ab, zu atmen, was zu Schimmelbefall führen kann, der wiederum die Fasern brüchig werden lässt oder zerstört. Bewahren Sie kleinere Dinge eingeschlagen in weißen, säurefreien Gewebe- oder Seidenpapier oder in einem alten Kissenbezug auf. Größere und schwerere Arbeiten werden wahrscheinlich ihre Form verlieren, wenn sie auf Bügeln hängen, daher sollten diese locker, in weißes Seidenpapier eingeschlagen, gelagert werden, wobei Sie sich vergewissern sollten, dass auch jeder Bereich bedeckt ist.

Bewahren Sie alle Stücke in einer Schublade, Schrank oder an einem anderen dunklen, trockenen und mottenfreien Ort auf. Kontrollieren Sie regelmäßig und legen Sie größere Teile neu zusammen. Es ist auch ratsam, kleine Stoffsäckchen mit getrockneten Lavendelblüten zusammen mit Ihren Strick- und Häkelarbeiten in Schrank oder Schublade zu legen; der Geruch vertreibt nämlich Motten.

2 Lm anschl.
R 1: Zun, MM setzen, 1 M re. (3 M)
R 2: Zun, MM schieben, 2 M re. (4 M)
R 3: 1 M re, Zun, MM schieben, 2 M re. (5 M)
R 4: 1 M re, Zun, MM verschieben, 3 M re. (6 M)
R 5: Re str bis 1 M vor MM, Zun, MM schieben, re str bis zum Ende der R.
R 5 wdh bis 30 M auf der Nd. sind.
R 29 (VS): 15 M re, wenden.
Nur diese 15 M str und die restl M auf Maschenhalter schieben.
R 30: 1 M re, 2 M re zus str, re str bis zum Ende der Rd. (14 M)
R 30 so oft wdh bis 5 M übrig bleiben.
Abketten.
Auf VS Garn wieder aufn und mit den restl 15 M weiterstr.
R 29 (VS): Re str.
R 30 so oft wdh bis 5 M übrig bleiben.
Abketten.

Farbe:
A

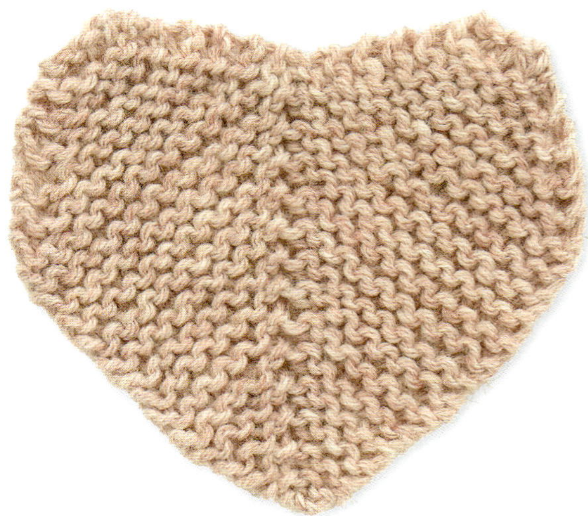

Klein

MUSCHELN

130 LOCHMUSTER-MUSCHEL

Lm-Ring: 3 Lm, mit Km zum Ring schließen.
R 1 (VS): 3 Lm (zählt als 1. Stb), 6 Stb in den Ring, wenden. (7 Stb)
R 2: 5 Lm (zählt als 1. Stb und 2 Lm), nä. Stb überspr, [1 Stb in nä. Stb, 2 Lm, nä. Stb überspr] 2-mal, 1 Stb in 3. AnfLm, wenden. (4 Stb und 3 Lm-Bg-2)
R 3: 3 Lm (zählt als 1. Stb), [3 Stb in nä. Lm-Bg-2, 2 Stb in nä. Stb] 2-mal, 3 Stb in nä. Lm-Bg-2, 1 Stb in AnfLm, wenden. (15 Stb)
R 4: 5 Lm (zählt als 1. Stb und 2 Lm), nä. 2 Stb überspr, [1 Stb in nä. Stb, 2 Lm, nä. Stb überspr] 5-mal, 1 Stb in 3. AnfLm, wenden. (7 Stb und 6 Lm-Bg-2)
R 5: 3 Lm (zählt als 1. Stb), [2 Stb in nä. Lm-Bg-2, 1 Stb in nä. Stb] 5-mal, 2 Stb in nä. Lm-Bg-2, 1 Stb in 3. AnfLm, wenden. (19 Stb)
R 6: 5 Lm (zählt als 1. Stb und 2 Lm), nä. Stb überspr, [1 Stb in nä. Stb, 2 Lm, nä. Stb überspr] 8-mal, 1 Stb in 3. AnfLm, wenden. (10 Stb und 9 Lm-Bg-2)
R 7: 3 Lm (zählt als 1. Stb), [2 Stb in nä. Lm-Bg-2, 1 Stb in nä. Stb] 4-mal, 3 Stb in nä. Lm-Bg-2, [1 Stb in nä. Stb, 2 Stb in nä. Lm-Bg-2] 4-mal, 1 Stb in 3. AnfLm, wenden. (29 Stb)
R 8: 5 Lm (zählt als 1. Stb und 2 Lm), nä. 2 Stb überspr, [1 Stb in nä. Stb, 2 Lm, nä. Stb überspr] 12-mal, nä. Stb überspr, 1 Stb in 3. AnfLm, wenden. (14 Stb und 13 Lm-Bg-2)
R 9: 3 Lm (zählt als 1. Stb), [2 Stb in nä. Lm-Bg-2, 1 Stb in nä. Stb] 12-mal, 2 Stb in nä. Lm-Bg-2, 1 Stb in 3. AnfLm.
Garn verwahren.

Farbe:
A

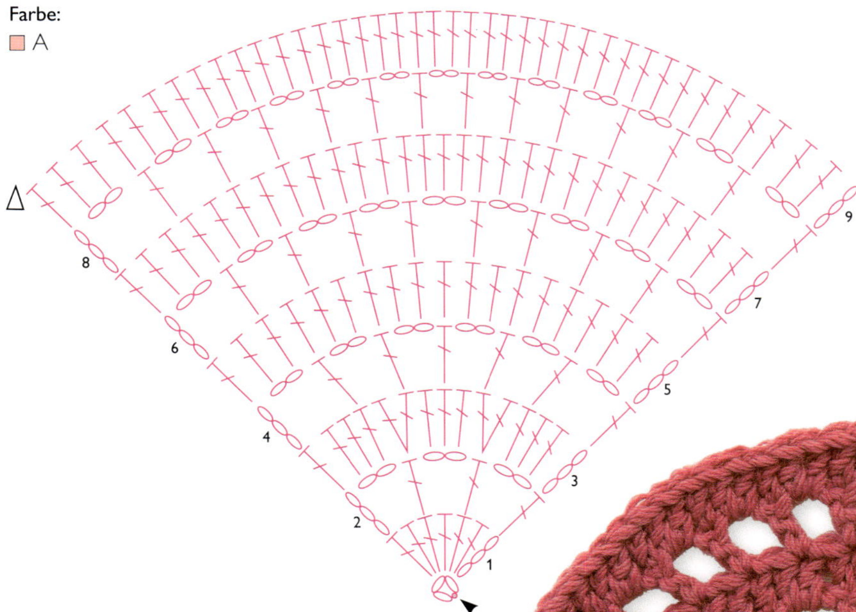

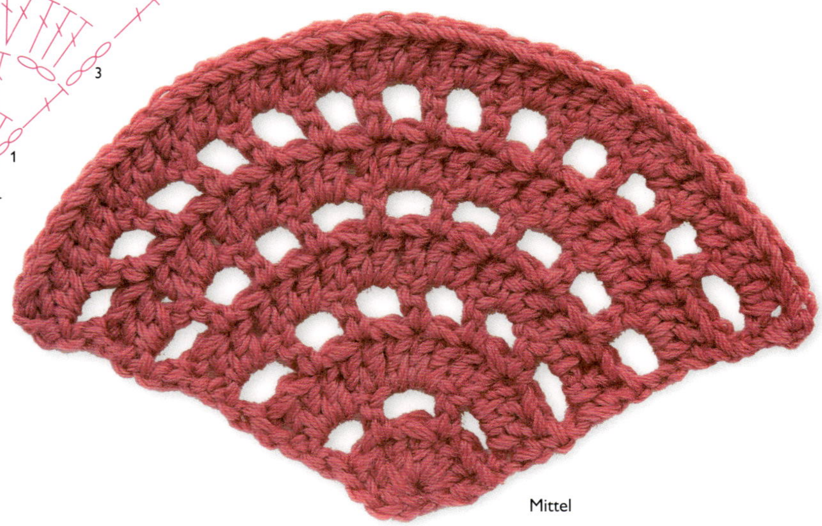

Mittel

Abkürzungen und Symbole: Schlagen Sie auf S. 140–141 für die vollständige Erklärung der verwendeten Abkürzungen und Symbole nach!

131 ZWEIFARBIGE SEEMUSCHEL

Mit Garn A 36 M anschl.
R 1 (VS): Li str.
R 2: Re str.
Zu Garn B wechseln.
R 3: [2 M re zus str] 18-mal. (18 M)
R 4: Li str.
Zu Garn A wechseln
R 5 und 6: Re str.
R 7: Li str.
R 8: Re str.
Zu Garn B wechseln
R 9: [2 M re zus str, 1 M re] 6-mal. (12 M)
Rd 4–8 wdh.
Zu Garn B wechseln.
R 15: [2 M re zus str, 2 M re] 3-mal. (9 M)
Rd 4–8 wdh.
Zu Garn B wechseln.
R 21: [2 M re zus str, 1 M re] 3-mal. (6 M)
Rd 4–8 wdh.
Garn A abschn. Garn B einstr.
R 27: [2 M re zus str] 3-mal. (3 M)
R 28: Li str.
R 29: 3 M re zus str.
Garne verwahren.

Farben:
A
B

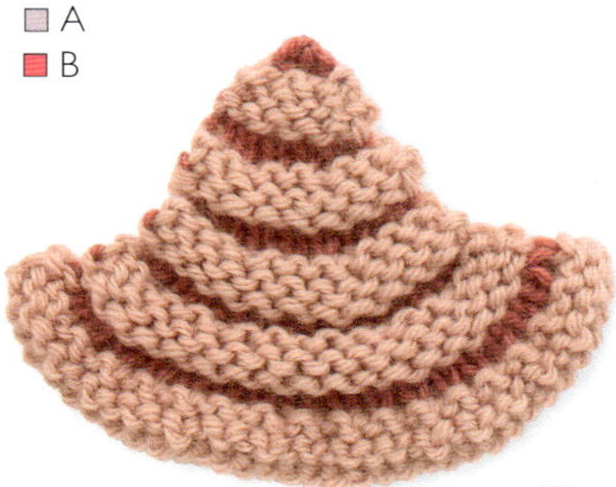

Klein

Dieses Muster zu einem Kissen verarbeitet siehe S. 130.

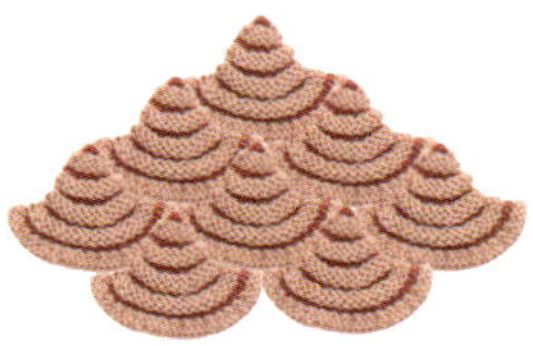

Mosaik nur aus Muster **131**

132 QUERGESTREIFTE MUSCHEL

44 M anschl.
R 1 (RS): Re str.
R 2: [2 M re zus str, U] bis zur vorletzten M, 2 M re zus str. (43 M)
R 3: Re str.
R 4: [2 M re zus str, U] bis zur letzten M, 1 M re.
R 5: Re str.
R 6: 3 M re, 2 M re zus str, re str bis zum Ende der R. (42 M)
R 7: 3 M re, 2 M re zus str, li str bis zu letzten 4 M, 4 M re. (41 M)
R 8 und 9: R 6 wdh. (39 M)
R 6–8 noch 10-mal wdh. (9 M)
R 40 und 41: R 6 wdh. (7 M)
R 42: 3 M re, 2 M re zus str, 2 M re. (6 M)
R 43: 3 M re, 2 M re zus str, 1 M re. (5 M)
R 44: 2 M re, 2 M re zus str, 1 M re. (4 M)
R 45: 1 M re, 2 M re zus str, 1 M re. (3 M)
R 46: 1 M abh, 2 M re zus str, 1 abgeh M übz. (1 M)
Garn verwahren.

Farbe:
A

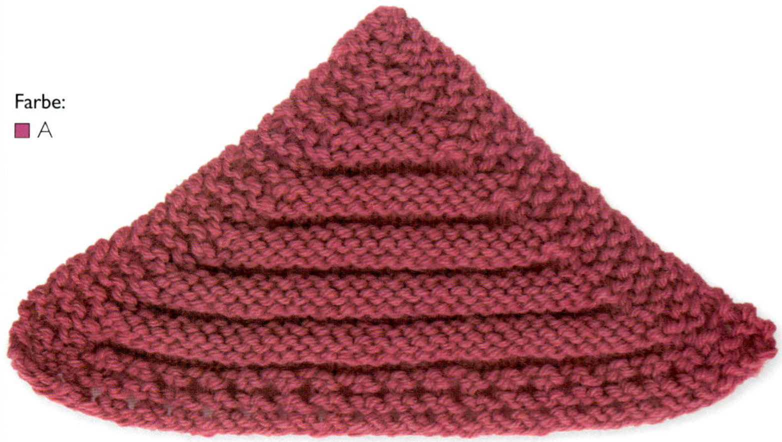

Groß

133 MUSCHEL MIT LÄNGSSTREIFEN

STRICK- UND HÄKELARBEITEN WASCHEN
Wasch- und Bügelanweisungen auf der Banderole des Garns immer beachten! Die Handarbeit bei maschinenwaschbarem Garn in ein Waschnetz mit Reißverschluss geben, um diese während des Waschganges vor Dehnung oder sogar Zerreißen zu schützen. Anstelle eines Waschnetzes können Sie auch einen alten, weißen Kissenbezug verwenden. Die offene Seite mithilfe eines Haargummis oder mit Heftstichen schließen. Handarbeiten, die nicht aus maschinenwaschbarem Garn sind, mit einem milden, bleichfreien Waschmittel von Hand in warmem Wasser waschen. Die meisten Wollwasch- und Feinwaschmittel eignen sich bestens dafür, achten Sie aber darauf, dass keine optischen Aufheller enthalten sind, da diese die Farben zum Ausbleichen bringen. Die Handarbeit gründlich mit handwarmem Wasser ausspülen, um ein Verfilzen zu vermeiden; wechseln Sie dabei das Wasser einige Male. Drücken Sie ohne Wringen möglichst so viel wie möglich Wasser heraus und rollen Sie das feuchte Textil in ein Handtuch, mit dem Sie weitere Feuchtigkeit ausdrücken können. Die Handarbeit vorsichtig in Form ziehen und flach ohne direktes Sonnenlicht trocknen lassen. Teile mit Lochmuster werden Sie nach jeder Wäsche vielleicht neu spannen müssen (siehe S. 138).

2 M anschl.
R 1: Zun, re str bis zum Ende der R. (3 M)
R 1 noch 4-mal wdh. (7 M)
R 6: Zun, 1 M re, U, 2 M re, U, 3 M re. (10 M)
R 7: 4 M re, 2 M li, 4 M re.
R 8: 3 M re, U, 1 M li, 2 M re, 1 M li, U, 3 M re. (12 M)
R 9: 5 M re, 2 M li, 5 M re.
R 10: 3 M re, U, 2 M li, 2 M re, 2 M li, U, 3 M re. (14 M)
R 11: 3 M re, 1 M li, 2 M re, 2 M li, 2 M re, 1 M li, 3 M re.
R 12: 3 M re, U, 1 M re, 2 M li, 2 M re, 2 M li, 1 M re, U, 3 M re. (16 M)
R 13: 3 M re, [2 M li, 2 M re] 2-mal, 2 M li, 3 M re.
R 14: 3 M re, U, [2 M re, 2 M li] 2-mal, 2 M re, U, 3 M re. (18 M)
R 15: 4 M re, [2 M li, 2 M re] 2-mal, 2 M li, 4 M re.
R 16: 3 M re, U, 1 M li, [2 M re, 2 M li] 2-mal, 2 M re, 1 M li, U, 3 M re. (20 M)
R 17: 5 M re, [2 M li, 2 M re] 2-mal, 2 M li, 5 M re.
R 18: 3 M re, U, [2 M li, 2 M re] 3-mal, 2 M li, U, 3 M re. (22 M)
R 19: 3 M re, 1 M li, [2 M re, 2 M li] 3-mal, 2 M re, 1 M li, 3 M re.
R 20: 3 M re, U, 1 M re, [2 M li, 2 M re] 3-mal, 2 M li, 1 M re, U, 3 M re. (24 M)
R 21: 3 M re, [2 M li, 2 M re] 4-mal, 2 M li, 3 M re.
R 22: 3 M re, U, [2 M re, 2 M li] 4-mal, 2 M re, U, 3 M re. (26 M)
R 23: 4 M re, [2 M li, 2 M re] 4-mal, 2 M li, 4 M re.
R 24: 3 M re, U, 1 M li, [2 M re, 2 M li] 4-mal, 2 M re, 1 M li, U, 3 M re. (28 M)
R 25: 5 M re, [2 M li, 2 M re] 5-mal, 3 M re.
R 26: 3 M re, U, [2 M li, 2 M re] 5-mal, 2 M li, U, 3 M re. (30 M)
R 27: 3 M re, 1 M li, [2 M re, 2 M li] 5-mal, 2 M re, 1 M li, 3 M re.
R 28: 3 M re, U, 1 M re, [2 M li, 2 M re] 5-mal, 2 M li, 1 M re, U, 3 M re. (32 M)
R 29: 3 M re, [2 M li, 2 M re] 6-mal, 2 M li, 3 M re.
R 30: 3 M re, U, [2 M re, 2 M li] 6-mal, 2 M re, U, 3 M re. (34 M)
R 31: 4 M re, [2 M li, 2 M re] 6-mal, 2 M li, 4 M re.
R 32: 3 M re, U, 1 M li, [2 M re, 2 M li] 6-mal, 2 M re, 1 M li, U, 3 M re. (36 M)
R 33: 5 M re, [2 M li, 2 M re] 7-mal, 3 M re.
R 34: 3 M re, U, [2 M li, 3 M re] 7-mal, 2 M li, U, 3 M re. (38 M)
R 35: 3 M re, 1 M li, [2 M re, 2 M li], 7-mal, 2 M re, 1 M li, 3 M re.
R 36: 3 M re, U, 1 M re, [2 M li, 2 M re] 7-mal, 2 M li, 1 M re, U, 3 M re. (40 M)
R 37: 3 M re, [2 M li, 2 M re] 8-mal, 2 M li, 3 M re.
R 38: 3 M re, U, [2 M re, 2 M li] 8-mal, 2 M re, U, 3 M re. (42 M)
R 39: 4 M re, [2 M li, 2 M re] 8-mal, 2 M li, 4 M re.
R 40: 3 M re, [U, 2 M re zus str, U, 1 M abn verschr] 9-mal, U, 3 M re. (43 M)
R 41–43: Re str.
Wie zum Rechtsstricken locker abk.

Farbe:
A

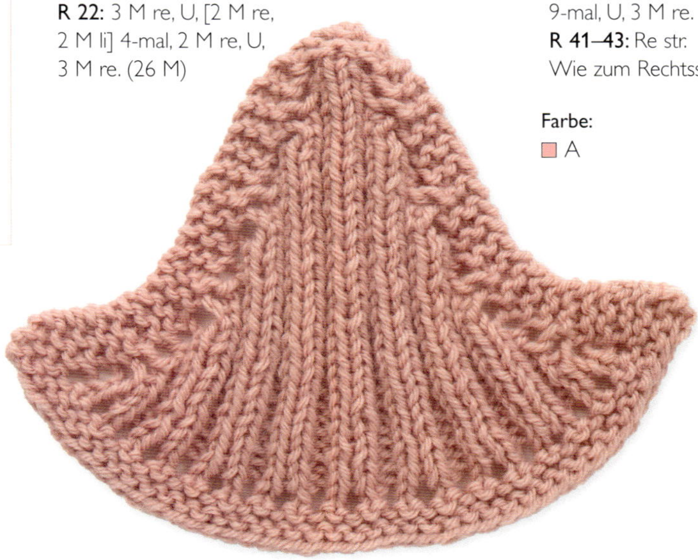

Groß

134 FRÜHLINGSBLATT

Lm-Kette: 18 Lm.
R 1: 2 Lm überspr (zählt als 1. hStb), 1 hStb in 3. Lm von HN aus, je 1 hStb in jd Lm bis zur letzten Lm, 3 hStb in letzte Lm, je 1 hStb in nä. 15 Lm auf der anderen Seite der Lm-Kette, wenden.
R 2: 2 Lm (zählt als 1. hStb), 1. hStb überspr, je 1 hStb in jd M bis zur 3-hStb-Mg aus Vorrd, 3 hStb in mittlere M, je 1 hStb in jd M bis zu letzten 4 M, wenden.
R 2 noch 4-mal wdh.
Garn verwahren.

Farbe:
■ A

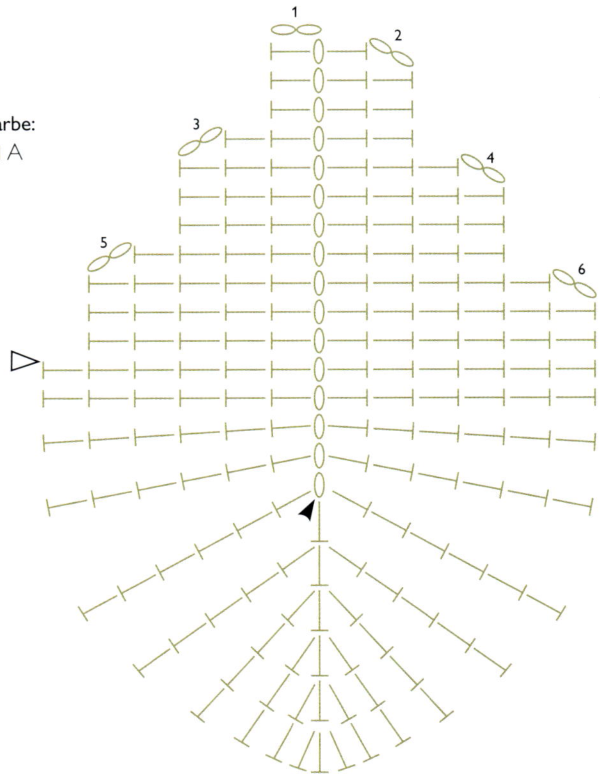

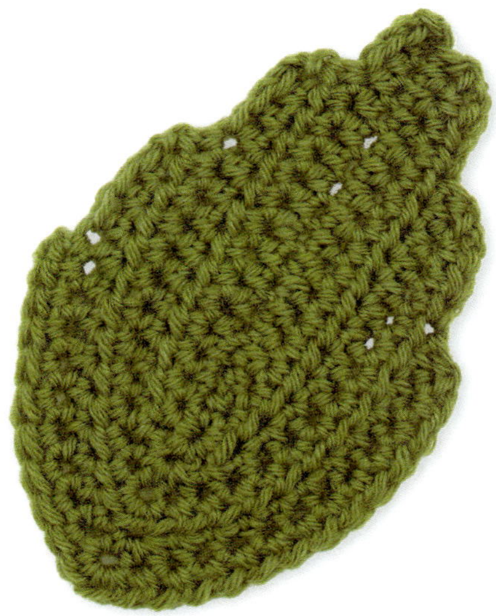

Groß

Für eine Bordüre

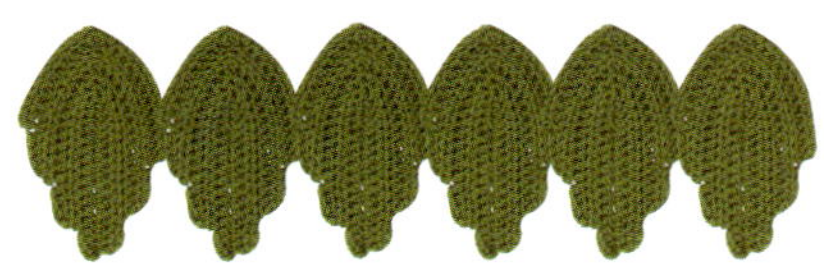

Mosaik nur aus Muster **134**

Abkürzungen und Symbole: Schlagen Sie auf S. 140–141 für die vollständige Erklärung der verwendeten Abkürzungen und Symbole nach!

135 EINZELNES KLEEBLATT

Lm-Kette: 2 Lm häkeln.
R 1: 2 fM in die 2. Lm von HN aus, wenden. (2 fM)
R 2: 1 Lm, je 2 fM in nä. 2 fM, wenden. (4 fM)
R 3: 1 Lm, 2 fM in nä. fM, je 1 fM in nä. 2 fM, 2 fM in nä. fM, wenden. (6 fM)
R 4: 1 Lm, je 1 fM in jd. M, wenden. (6 fM)
R 5: 1 Lm, 2 fM in nä. fM, je 1 fM in nä. 4 fM, 2 fM in nä. fM, wenden. (8 fM)
R 6: 1 Lm, je 1 fM in jd M, wenden. (8 fM)
R 7: 1 Lm, 1. fM aus Rd 6 überspr, [1 fM, 1 hStb, 1 Stb,] in nä. fM, [1 Stb, 1 hStb, 1 fM] in nä. fM, 1 Km in nä. fM, 1 Lm, 1 fM überspr, [1 fM, 1 hStb, 1 Stb,] in nä. fM, [1 Stb, 1 hStb, 1 fM] in nä. fM, 1 Km in nä. fM.
Garn verwahren.

Farbe:
A

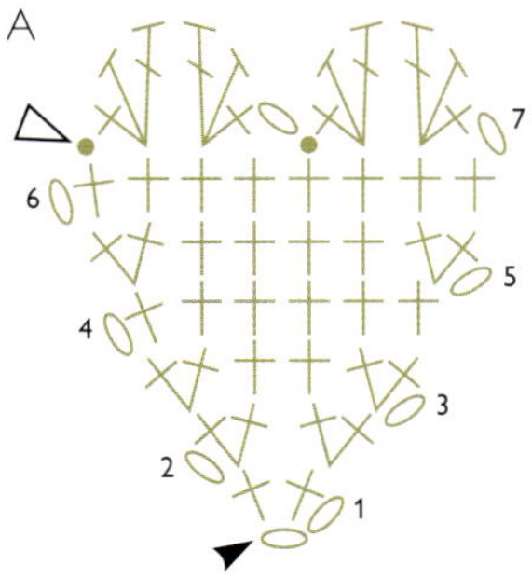

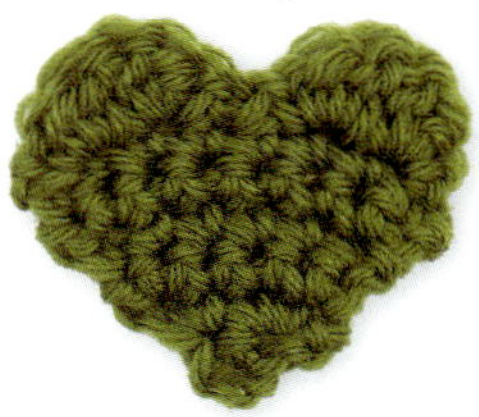

Klein

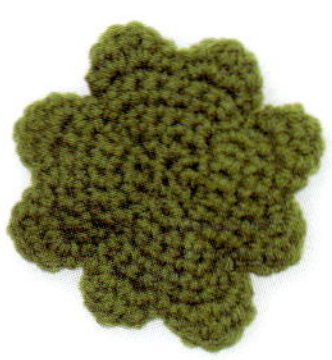

Glücksklee nur aus Muster **135**

136 EINFACHES PAISLEYMUSTER

Lm-Ring: Mit Garn A 4 Lm häkeln und mit Km zum Ring schließen.
Rd 1: 3 Lm (zählt als 1. Stb), 9 Stb in den Ring, Rd mit Km in AnfLm schließen. (10 Stb)
Garn A abschn. Garn B in beliebiges Stb einhäkeln.
Rd 2: 2 Lm (zählt als 1. Stb), 1 hStb in hSchl der M unter Lm, je 2 hStb in hSchl der nä. 9 Stb, Rd mit Km oben in AnfLm schließen.
Garn B abschn. Garn C in beliebiges hStb einhäkeln.
Rd 3: 9 Lm, 1 fM in die 2. Lm von HN aus, je 1 hStb in nä. 2 Lm, je 1 Stb in nä. 2 Lm, je 1 dStb in nä. 2 Lm, 1 Lm überspr; in M aus Rd 2 häkeln: [1 hStb in hSchl der nä. M, 2 hStb in hSchl der nä. M] 10-mal; auf anderer Seite der Lm-Kette häkeln: 1 Lm überspr, je 1 fM in nä. 7 M, 1 Km in letzte M.
Garn C abschn. Garn D mit Km am oberen Ende einhäkeln.
Rd 4: Je 1 hStb in nä. 37 M, 1 fM überspr, Km in nä. 6 fM, Km in letzte Km.
Garne verwahren.

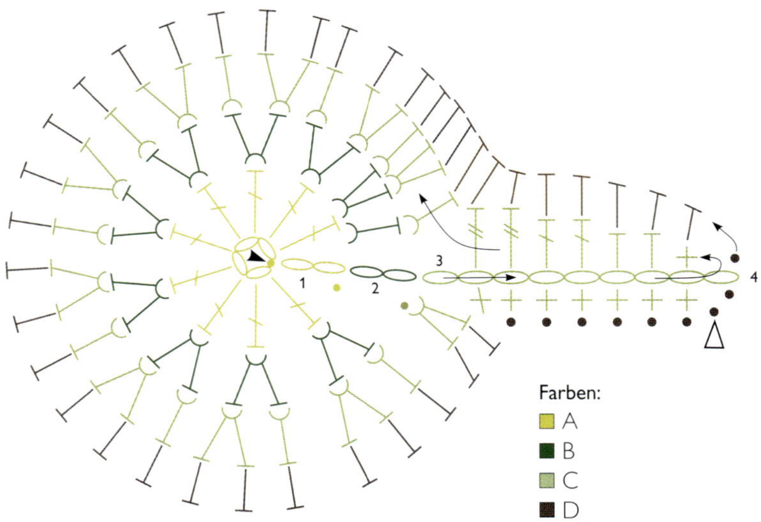

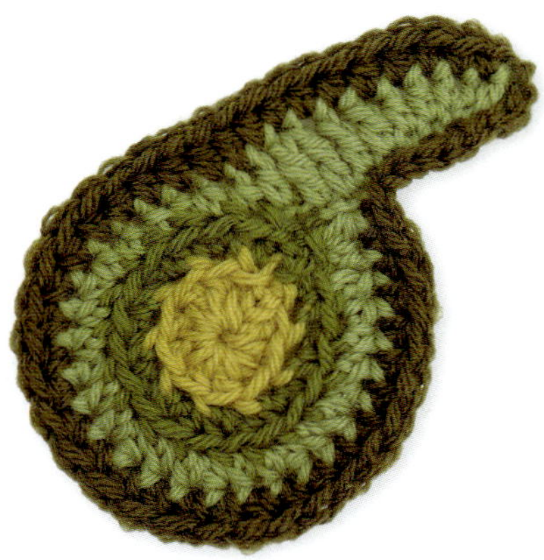

Mittel

137 ZWEIFARBIGES BLATT MIT ZOPF

ANMERKUNG
Dieses Muster wird in jd R mit 2 Farben gearbeitet. Im Zopfmuster (Zv4M: Für Zopf mit 4 M die ersten 2 M vor die Arbeit legen) die Farben beibehalten.

Mit Garn A 3 M anschl und mit Garn B 3 M auf derselben Nd. anschl.
R 1 (HinR): 3 M re (Garn A), 3 M re (Garn B).
R 2: 1 M re (B), 2 M li (B), 2 M li (A), 1 M re (A).
R 3: 1 M re (A), U, 2 M re (A), 2 M re (B), U, 1 M re (B). (8 M)
R 4: 1 M re (B), 3 M li (B), 3 M li (A), 1 M re (A).
R 5: 1 M re (A), U, 3 M re (A), 3 M re (B), U, 1 M re (B). (10 M)
R 6: 1 M re (B), 4 M li (B), 4 M li (A), 1 M re (A).
R 7: Zun (A), U, 4 M re (A), 4 M re (B), U, Zun (B). (14 M)
R 8: 2 M re (B), 5 M li (B), 5 M li (A), 2 M re (A).
R 9: 2 M re (A), U, 3 M re (A), Zv4M, 3 M re (B), U, 2 M re (B). (16 M)
R 10: 2 M re (B), 4 M li (B), 2 M li (A), 2 M li (B), 4 M li (A), 2 M re (A).
R 11: 2 M re (A), U, 4 M re (A), 2 M re (B), 2 M re (A), 4 M re (B), U, 2 M re (B). (18 M)
R 12: 2 M re (B), U, 5 M li (B), 2 M li (A), 2 M li (B), 5 M li (A), U, 2 M re (A). (20 M)
R 13: 2 M re (A), U, 6 M re (A), 2 M re (B), 2 M re (A), 6 M re (B), U, 2 M re (B). (22 M)
R 14: 2 M re (B), 7 M li (B), 2 M li (A), 2 M li (B), 7 M li (A), 2 M re (A).
R 15: 2 M re (A), U, 1 M abn verschr (A), 5 M re (A), Zv4M, 5 M re (B), 2 M re zus str (B), U, 2 M re (B).
R 16: 2 M re (B), 9 M li (B), 9 M li (A) 2 M re (A).
R 17: 2 M re (A), U, 1 M abn verschr (A), 7 M re (A), 7 M re (B), 2 M re zus str (B), U, 2 M re (B).
R 18: R 16 wdh.
R 19: R 17 wdh.
R 20: R 16 wdh.
R 21: 2 M re (A), U, 1 M abn verschr (A), 5 M re (A), Zv4M, 5 M re (B), 2 M re zus str (B), U, 2 M re (B).
R 22: 2 M re (B), 7 M li (B), 2 M li (A), 2 M li (B), 7 M li (A), 2 M re (A).
R 23: 2 M re (A), U, 1 M abn verschr (A), 5 M re (A), 2 M re (B), 2 M re (A), 5 M re (B), 2 M re zus str (B), U, 2 M re (B).
R 24: R 22 wdh.
R 25: R 23 wdh.
R 26: R 22 wdh.
R 27: 2 M re (A), U, 1 M abn verschr (A), 5 M re (A), Zv4M, 5 M re (B), 2 M re zus str (B), U, 2 M re (B).
R 28: 2 M re (B), 9 M li (B), 9 M li (A), 2 M re (A).
R 29: 2 M re (A), 1 M abn verschr (A), 7 M re (A), 7 M re (B), 2 M re zus str (B), 2 M re (B). (20 M)
R 30: 2 M re (B), 8 M li (B), 8 M li (A), 2 M re (A).
R 31: 2 M re (A), 1 M abn verschr (A), 6 M re (A), 6 M re (B), 2 M re zus str (B), 2 M re (B). (18 M)
R 32: 2 M re (B), 7 M li (B), 7 M li (A), 2 M re (A).
R 33: 2 M re (A), 1 M abn verschr (A), 3 M re (A), Zv4M, 3 M re (B), 2 M re zus str (B), 2 M re (B). (16 M)
R 34: 2 M re (B), 4 M li (B), 2 M li (A), 2 M li (B), 4 M li (A), 2 M re (A).
R 35: 2 M re (A), 1 M abn verschr (A), 2 M re (A), 2 M re (B), 2 M re (A), 2 M re (B), 2 M re zus str (B), 2 M re (B). (14 M)
R 36: 2 M re (B), 3 M li (B), 2 M li (A), 2 M li (B), 3 M li (A), 2 M re (A).
R 37: 2 M re (A), 1 M abn verschr (A), 1 M re (A), 2 M re (B), 2 M re (A), 1 M re (B), 2 M re zus str (B), 2 M re (B). (12 M)
R 38: 2 M re (B), 2 M li (B), 2 M li (A), 2 M li (B), 2 M li (A), 2 M re (A).
R 39: 2 M re (A), 1 M abn verschr (A), Zv4M, 2 M re zus str (B), 2 M re (B). (10 M)

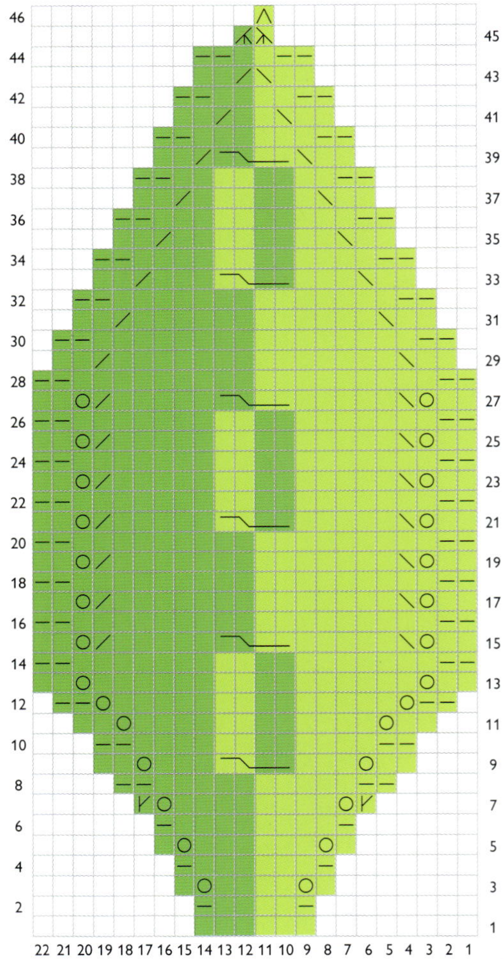

Farben:
A
B

R 40: 2 M re (B), 3 M li (B), 3 M li (A), 2 M re (A).
R 41: 2 M re (A), 1 M abn verschr (A), 1 M re (A), 1 M re (B), 2 M re zus str (B), 2 M re (B). (8 M)
R 42: 2 M re (B), 2 M li (B), 2 M li (A), 2 M re (A).
R 43: 2 M re (A), 1 M abn verschr (A), 2 M re zus str (B), 2 M re (B). (6 M)
R 44: 2 M re (B), 1 M li (B), 1 M li (A), 2 M re (A).
R 45: Mit Garn A: 2 M abh, 1 M re, 2 abgeh M übz; 3 M re zus str (B). (2 M)
R 46: 2 M li zus str (A).
Garne verwahren.

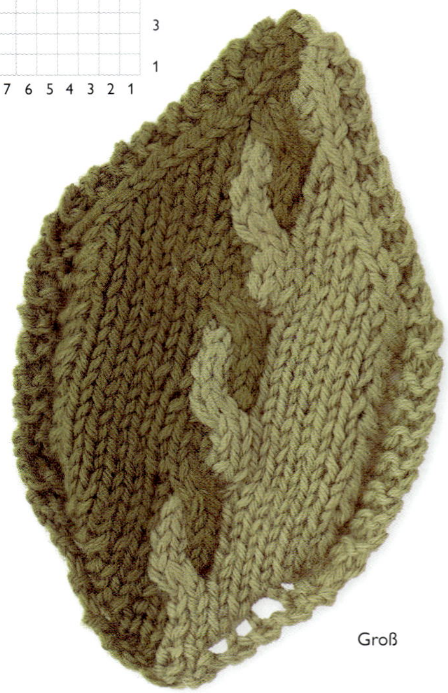

Groß

138 BLATT IN KRAUS-RECHTS

5 M anschl.
R 1: 1 M re, U, 3 M re, U, 1 M re (7 M)
R 2 (und alle geraden R): Re str.
R 3: [1 M re, U] 2-mal, 1 M abh, 2 M re zus str, abgeh M übz, [U, 1 M re] 2-mal. (9 M
R 5: 1 M re, U, 2 M re, U, 1 M abh, 2 M re zus str, abgeh M übz, U, 2 M re, U, 1 M re. (11 M)
R 7: 1 M re, U, 3 M re, U, 1 M abh, 2 M re zus str, abgeh M übz, U, 3 M re, U, 1 M re. (13 M)
R 9: 1 M re, U, 4 M re, U, 1 M abh, 2 M re zus str, abgeh M übz, U, 4 M re, U, 1 M re. (15 M)
R 11: 1 M re, U, 5 M re, U, 1 M abh, 2 M re zus str, abgeh M übz, U, 5 M re, U, 1 M re. (17 M)
R 13: 1 M re, U, 6 M re, U, 1 M abh, 2 M re zus str, abgeh M übz, U, 6 M re, U, 1 M re. (19 M)
R 15: 1 M re, U, 7 M re, U, 1 M abh, 2 M re zus str, abgeh M übz, U, 7 M re, U, 1 M re. (21 M)
R 17: 1 M re, U, 1 M abn verschr, 6 M re, U, 1 M abh, 2 M re zus str, abgeh M übz, U, 6 M re, 2 M re zus str, U, 1 M re.
R 17 in jd ungeraden R bis zum Ende von R 27 wdh.
R 29: 1 M abn verschr, 7 M re, U, 1 M abh, 2 M re zus str, abgeh M übz, U, 7 M re, 2 M re zus str. (19 M)
R 31: 1 M abn verschr, 6 M re, U, 1 M abh, 2 M re zus str, abgeh M übz, U, 6 M re, 2 M re zus str. (17 M)
R 33: 1 M abn verschr, 5 M re, U, 1 M abh, 2 M re zus str, abgeh M übz, U, 5 M re, 2 M re zus str. (15 M)
R 35: 1 M abn verschr, 4 M re, U, 1 M abh, 2 M re zus str, abgeh M übz, U, 4 M re, 2 M re zus str. (13 M)
R 37: 1 M abn verschr, 3 M re, U, 1 M abh, 2 M re zus str, abgeh M übz, U, 3 M re, 2 M re zus str. (11 M)
R 39: 1 M abn verschr, 2 M re, U, 1 M abh, 2 M re zus str, abgeh M übz, U, 2 M re, 2 M re zus str. (9 M)
R 41: 1 M abn verschr, 1 M re, U, 1 M abh, 2 M re zus str, abgeh M übz, U, 1 M re, 2 M re zus str. (7 M)
R 43: 1 M abn verschr, U, 1 M abh, 2 M re zus str, abgeh M übz, U, 2 M re zus str. (5 M)
R 45: 1 M re, 1 M abh, 2 M re zus str, abgeh M übz, 1 M re. (3 M)
R 46: 1 M abh, 2 M re zus str, abgeh M übz.
Garn verwahren.

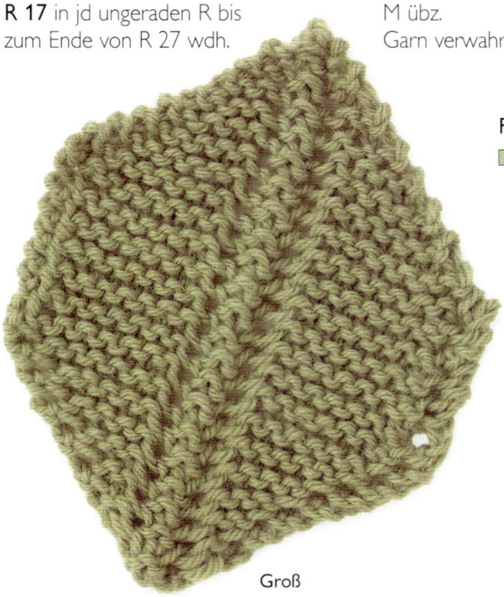
Groß

Farbe:
■ A

139 GEMASERTES BLATT

27 M anschl.
R 1 (HinR): 12 M re, 2 M abh, 1 M re, 2 abgeh M übz, 12 M re. (25 M)
R 2 (RückR): 1 M li, Zun li, bis zur letzten M li str, Zun li, 1 M li str. (27 M)
R 3: R 1 wdh. (25 M)
R 4: 1 M re, Zun, 10 M re, 1 M li, 10 M re, Zun, 1 M re. (27 M)
R 1–4 noch 4-mal wdh.
R 21: R 1 wdh.
R 22: Li str.
R 23: Re str bis 1 M vor mittlerer M, 2 M abh, 1 re, 2 abgeh M übz, re str bis zum Ende der R.
R 24: Re str bis zur mittleren M, 1 M li, re str bis zum Ende der R.
R 25: R 23 wdh.
R 22–25 wdh bis nur noch 3 M übrig bleiben und mit RückR enden.
Nächste R: 2 M abh, 1 M re, 2 abgeh M übz.
Garn verwahren.

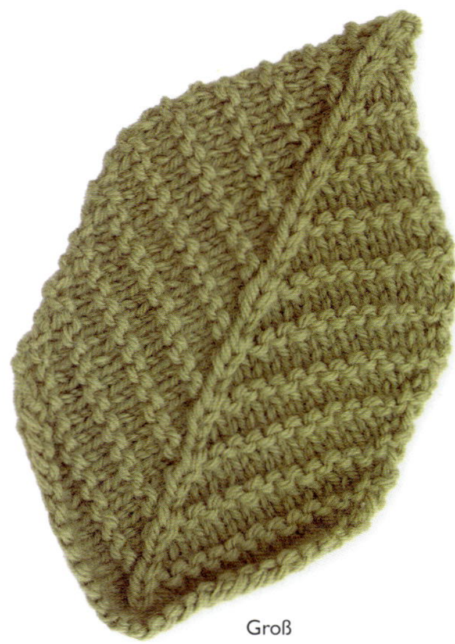
Groß

Farbe:
■ A

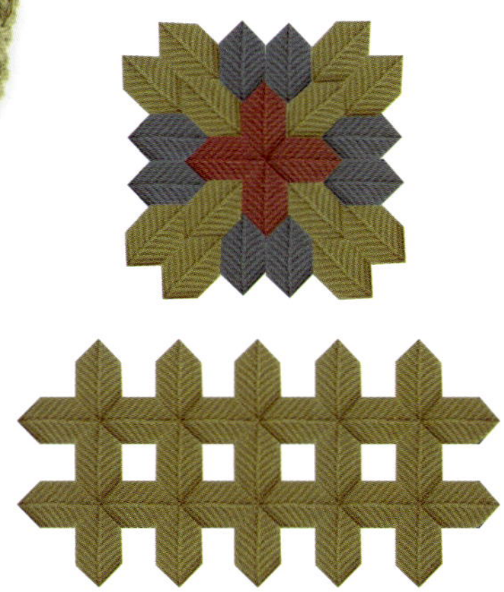
Mosaik nur aus Muster **139**

140 ZWEIFARBIGES BLATT

Mit Garn A 20 M anschl.
R 1 (RS): Re str.
Zu Garn B wechseln.
R 2 (VS): 8 M re, 1 M abn verschr, 2 M re zus str, re str bis zum Ende der R. (18 M)
R 3: Re str.
Zu Garn A wechseln.
R 4: 7 M re, 1 M abn verschr, 2 M re zus str, re str bis zum Ende der R. (16 M)
R 5:Re str.
Zu Garn B wechseln.
R 6: 6 M re, 1 M abn verschr, 2 M re zus str, re str bis zum Ende der R. (14 M)
R 7: Re str.
Zu Garn A wechseln.
R 8: 5 M re, 1 M abn verschr, 2 M re zus str, re str bis zum Ende der R. (12 M)
R 9: Re str.
Garn A abschn.
R 10: 4 M re, 1 M abn verschr, 2 M re zus str, re str bis zum Ende der R. (10 M)
R 11: 1 M abn verschr, bis zu den letzten 2 M abk, 2 M re zus str, letzte M abk.
Stricken Sie 3 oder 4 Blätter, je nachdem, ob Sie Klee oder Glücksklee arbeiten möchten. An den Kanten die Blätter zusammennähen.

Farben:
A
B

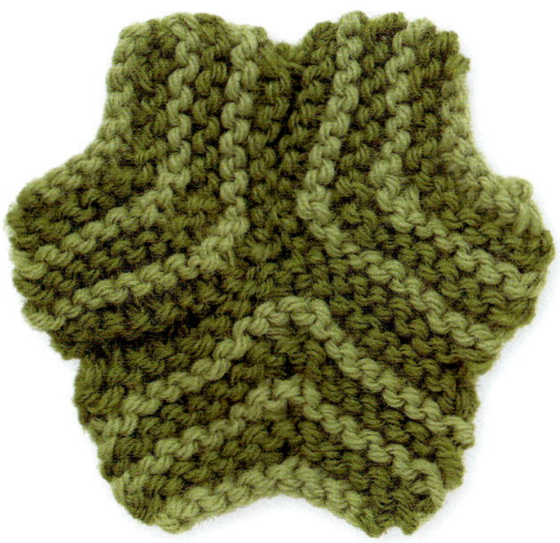

Klein

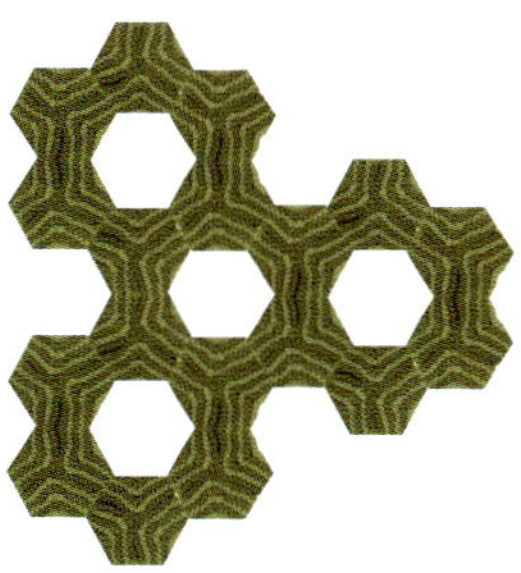

Mosaik nur aus Muster **140**

141 KLEEBLATT IN KRAUS-RECHTS

19 M anschl.
R 1 (VS): 8 M re, 2 M abh, 1 M re, 2 abgeh M übz, 8 M re. (17 M)
R 2 (RS): 8 M re, 1 M li abh mit GvA, 8 M re.
R 3: 7 M re, 2 M abh, 1 M re, 2 abgeh M übz, 7 M re. (15 M)
R 4: 7 M re, 1 M li abh mit GvA, 7 M re.
R 5: 6 M re, 2 M abh, 1 M re, 2 abgeh M übz, 6 M re. (13 M)
R 6: 6 M re, 1 M li abh mit GvA, 6 M re.
R 7: 5 M re, 2 M abh, 1 M re, 2 abgeh M übz, 5 M re. (11 M)
R 8: 5 M re, 1 M li abh mit GvA, 5 M re.
R 9: 4 M re, 2 M abh, 1 M re, 2 abgeh M übz, 4 M re. (9 M)
R 10: 1 M abn verschr, bis zu den letzten 2 M abk, 2 M re zus str. Letzte M abk.
Stricken Sie 3 oder 4 Blätter, je nachdem, ob Sie Klee oder Glücksklee arbeiten möchten. An den Kanten die Blätter zusammennähen.

Farbe:
A

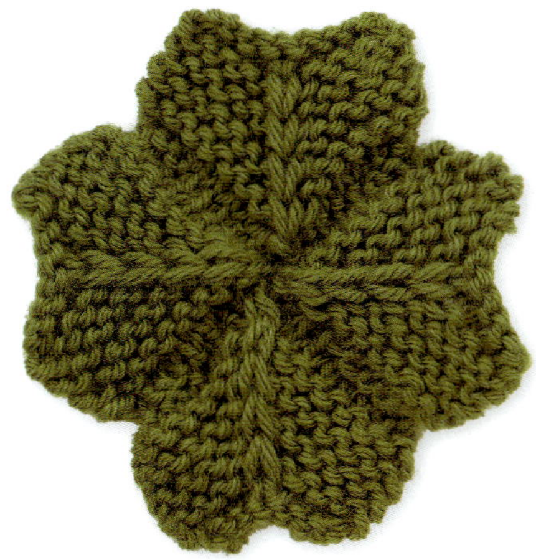

Klein

142 ZWEIFARBIGES BLATT IN KRAUS-RECHTS

Mit Garn A 21 M anschl und mittlere M markieren.
R 1: Re str.
R 2: 9 M re, 2 M abh, 1 M re, 2 abgeh M übz, 9 M re. (19 M)
R 3: Zun, 8 M re, 1 M li, 7 M re, Zun, 1 M re. (21 M)
Zu Garn B wechseln.
R 4: 9 M re, 2 M abh, 1 M re, 2 abgeh M übz, 9 M re. (19 M)
R 5: Zun, 8 M re, 1 M li, 7 M re, Zun, 1 M re. (21 M)
Die letzten 4 R noch 4-mal wdh. Garn B abschn. Zu Garn A wechseln.
R 22: 9 M re, 2 M abh, 1 M re, 2 abgeh M übz, 9 M re. (19 M)
R 23: 9 M re, 1 M li, 9 M re.
R 24: 8 M re, 2 M abh, 1 M re, 2 abgeh M übz, 8 M re. (17 M)
R 25: 8 M re, 1 M li, 8 M re.
R 26: 7 M re, 2 M abh, 1 M re, 2 abgeh M übz, 7 M re. (15 M)
R 27: 7 M re, 1 M li, 7 M re.
R 28: 6 M re, 2 M abh, 1 M re, 2 abgeh M übz, 6 M re. (13 M)
R 29: 6 M re, 1 M li, 6 M re.
R 30: 5 M re, 2 M abh, 1 M re, 2 abgeh M übz, 5 M re. (11 M)
R 31: 5 M re, 1 M li, 5 M re.
R 32: 4 M re, 2 M abh, 1 M re, 2 abgeh M übz, 4 M re. (9 M)
R 33: 4 M re, 1 M li, 4 M re.
R 34: 3 M re, 2 M abh, 1 M re, 2 abgeh M übz, 3 M re. (7 M)
R 35: 3 M re, 1 M li, 3 M re.
R 36: 2 M re, 2 M abh, 1 M re, 2 abgeh M übz, 2 M re. (5 M)
R 37: 2 M re, 1 M li, 2 M re.
R 38: 1 M re, 2 M abh, 1 M re, 2 abgeh M übz, 1 M re. (3 M)
R 39: 1 M re, 1 M li, 1 M re.
R 40: 2 M abh, 1 M re, 2 abgeh M übz.
Garne verwahren.

Farben:
A
B

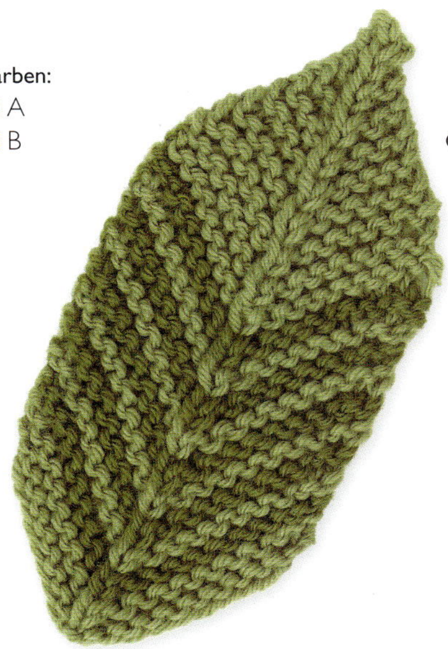

Groß

143 LOCHMUSTER-BLATT

5 M anschl.
R 1: 2 M re, U, 1 M re, U, 2 M re. (7 M).
R 2 (und alle geraden R): 1 M re, li str bis zur letzten M, 1 M re.
R 3: 3 M re, U, 1 M re, U, 3 M re. (9 M)
R 5: 4 M re, U, 1 M re, U, 4 M re. (11 M)
R 7: 5 M re, U, 1 M re, U, 5 M re. (13 M)
R 9: 3 M re, 2 M re zus str, [U, 1 M re] 3-mal, U, 1 M abn verschr, 3 M re. (15 M)
R 11: 2 M re, 2 M re zus str, U, 3 M re, U, 1 M re, U, 3 M re, U, 1 M abn verschr, 2 M re. (17 M)
R 13: 1 M re, 2 M re zus str, U, 5 M re, U, 1 M re, U, 5 M re, U, 1 M abn verschr, 1 M re. (19 M)
R 15: 6 M re, 2 M re zus str, [U, 1 M re] 3-mal, U, 1 M abn verschr, 6 M re. (21 M)
R 17: 5 M re, 2 M re zus str, U, 3 M re, U, 1 M re, U, 3 M re, U, 1 M abn verschr, 5 M re. (23 M)
R 19: 4 M re, 2 M re zus str, U, 11 M re, U, 1 M abn verschr, 4 M re.
R 21: 3 M re, 2 M re zus str, U, 13 M re, U, 1 M abn verschr, 3 M re.
R 23: 2 M re, 2 M re zus str, U, 4 M re, 2 M re zus str, U, 3 M re, U, 1 M abn verschr, 4 M re, U, 1 M abn verschr, 2 M re.
R 25: 1 M re, 2 M re zus str, U, 4 M re, 2 M re zus str, U, 5 M re, U, 1 M abn verschr, 4 M re, U, 1 M abn verschr, 1 M re.
R 27: 6 M re, 2 M re zus str, U, 2 M re, 2 M abh, 1 M re, 2 abgeh M übz, 2 M re, U, 1 M abn verschr, 6 M re. (21 M)
R 29: 5 M re, 2 M re zus str, U, 2 M re, 2 M abh, 1 M re, 2 abgeh M übz, 2 M re, U, 1 M abn verschr, 5 M re. (19 M)
R 31: 4 M re, 2 M re zus str, U, 2 M re, 2 M abh, 1 M re, 2 abgeh M übz, 2 M re, U, 1 M abn verschr, 4 M re. (17 M)
R 33: 3 M re, 2 M re zus str, U, 2 M re, 2 M abh, 1 M re, 2 abgeh M übz, 2 M re, U, 1 M abn verschr, 3 M re. (15 M)
R 35: 2 M re, 2 M re zus str, U, 2 M re, 2 M abh, 1 M re, 2 abgeh M übz, 2 M re, U, 1 M abn verschr, 2 M re. (13 M)
R 37: 1 M re, 2 M re zus str, U, 2 M re, 2 M abh, 1 M re, 2 abgeh M übz, 2 M re, U, 1 M abn verschr, 1 M re. (11 M)
R 39: 4 M re, 2 M abh, 1 M re, 2 abgeh M übz, 4 M re. (9 M)
R 41: 3 M re, 2 M abh, 1 M re, 2 abgeh M übz, 3 M re. (7 M)
R 43: 2 M re, 2 M abh, 1 M re, 2 abgeh M übz, 2 M re. (5 M)
R 45: 1 M re, 2 M abh, 1 M re, 2 abgeh M übz, 1 M re. (3 M)
R 47: 2 M abh, 1 M re, 2 abgeh M übz.
Garn verwahren.

Farbe:
A

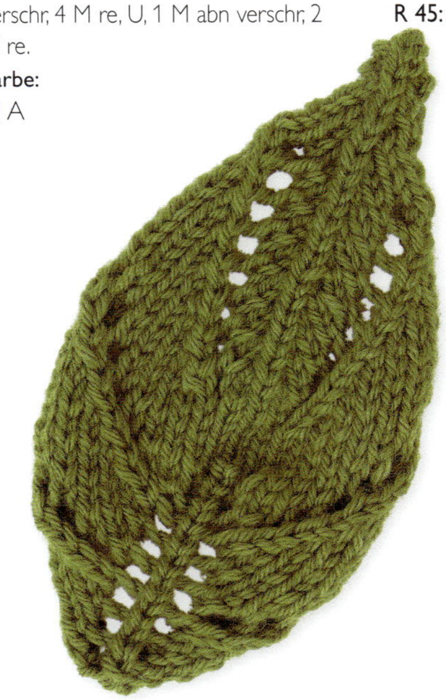

Sehr groß

Für eine Applikation

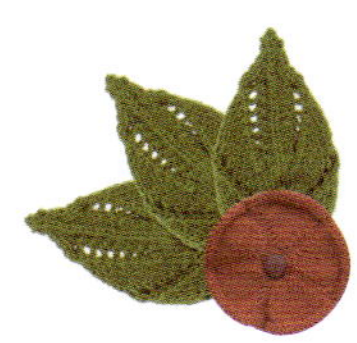

Kombination: 143 + 121

VERBINDUNGSELEMENTE

Das Entwerfen eines Projektes und das Kombinieren verschiedener Formen können oft zu einer kreativen Herausforderung werden. Haben Sie ein Muster gefunden, das Ihnen gefällt und mit dem Sie gestalten möchten, müssen Sie noch einen Weg finden, die einzelnen Mosaikteile so miteinander zu verbinden, dass es Ihren Vorstellungen auch entspricht. Als Verbindungselement wird jedes Stück bezeichnet, das geeignet ist, um zwei oder mehrere Mosaikteile zusammenzuführen. Verbindungselemente können die Eigenheiten des Designs wiedergeben, aber auch neue Designelemente darstellen oder einfach als Gerüst der Arbeit dienen. Die Verbindungselemente können sich in Gewicht und Dichte von den Mustern abheben oder damit verbinden. Hier gibt es keine Regeln – nur die Wahl Ihres Designs entscheidet!

DAS ANPASSEN VON DESIGNS

Jedes Muster, das von innen nach außen oder an einer Ecke beginnend gearbeitet wird, kann ganz leicht als Verbindungselement genutzt werden, da das Stück dann abgeschlossen werden kann, wenn es die gewünschte Größe erreicht hat. Auch von außen nach innen gearbeitete Muster können so angepasst werden, dass sie kleiner werden, allerdings erfordert dies ein wenig Neuberechnung für Maschenprobe und Neuerstellung der Diagramme. Größere Muster anzupassen geht besonders gut, wenn sich die Reihen in kurzen Abständen wiederholen, doch mit ein wenig Sinn fürs Praktische kann man sich auch über diese Regel hinwegsetzen.

GRUNDLEGENDE VERBINDUNGSELEMENTE

Über die Jahre haben Handarbeiter/innen eine Reihe von Mustern entwickelt, die sehr leicht in die gewünschte Form zu bringen sind. Einige bauen dabei auf ihre Dehnbarkeit, andere auf lange Luftmaschenketten oder Schlingen. Wenn Sie also bei fertigen Projekten nach Inspiration suchen, beachten Sie nicht nur die Muster, sondern auch – so vorhanden – die Verbindungselemente; dies nicht nur in gestalterischer Hinsicht, sondern auch in Hinsicht auf ihre Machbarkeit: Warum funktioniert dieses Verbindungselement? Kann es leicht einer anderen Form angeglichen werden? Sie werden schnell eine Reihe guter Ideen und Lösungen gesammelt haben, die Ihnen in Zukunft gute Dienste leisten wird.

Abkürzungen und Symbole: Schlagen Sie auf S. 140–141 für die vollständige Erklärung der verwendeten Abkürzungen und Symbole nach!

144 GERIPPTES RECHTECK

ANMERKUNG

Diese Form eignet sich am besten, um Stücke mit gebogenen Rändern miteinander zu verbinden, etwa mit Bögen bis zu einem Viertelkreis und wenn sie nur in ein paar Reihen überbrückt werden müssen; doch auch größere Bögen und Abstände können so überbrückt werden.

Messen Sie die freiliegende Kurve oder den Abstand ab und berechnen Sie mithilfe einer Maschenprobe die benötigten Maschen. Die einzelnen mittleren Häkelmaschen glätten die freiliegende Kante des entsprechenden Mosaikstückes ein wenig. Schauen Sie also genau hin und bemessen den Abstand so, dass Sie die Form des Verbindungselementes einsetzen können. Berechnen Sie, wie viele feste Maschen und Reihen Sie dafür benötigen. Die restlichen Maschen werden halbe Stäbchen.

Dieses Muster funktioniert mit jeder Maschenanzahl, wobei 3 Maschen zum Wenden benötigt werden.

Lm-Kette: 22 Lm (oder in gewünschter Länge) häkeln.

1. R: HN in die 3. Lm von HN aus einführen und 1 hStB in hSchl häkeln, je 1 hStb in hSchl der nä. 3 Lm, je 1 fM in hSchl der nä. 10 Lm, je 1 hStb in hSchl der nä. 5 Lm, wenden.

2. R: 2 Lm (zählt als 1. hStb), je 1 hStb in hSchl der nä. 4 hStb, je 1 fM in hSchl der nä. 10 fM, je 1 hStb in hSchl der nä. 5 hStb, wenden.

R 2 so oft wdh, bis die gewünschte Breite erreicht ist.

Garn verwahren.

R 2 wdh, bis die gewünschte Breite erreicht ist.

Farbe:

A ■

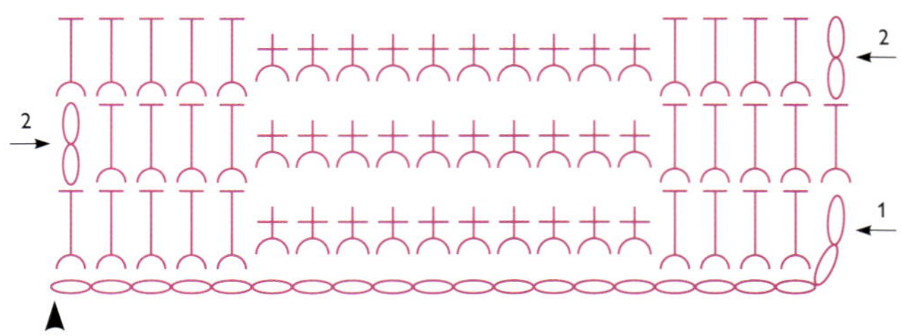

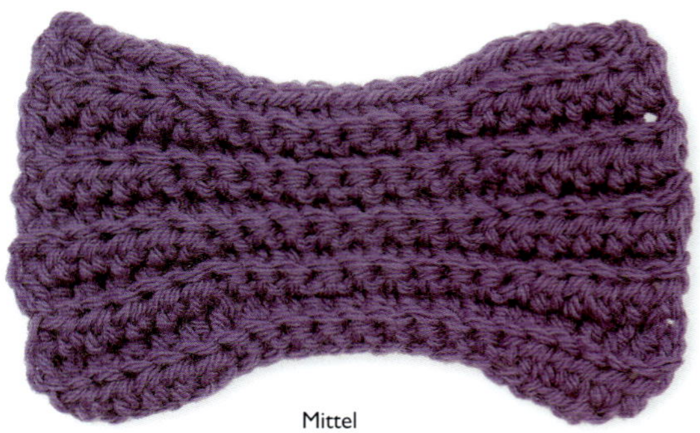

Mittel

145 KLEINES QUADRAT

ANMERKUNG
Dies ist eine gute Grundlage für ein Verbindungselement. Um es zu vergrößern, häkeln Sie mehr Runden und arbeiten Sie mehr Maschen in die Ecken. Um es zu verkleinern, häkeln Sie einfach nur den mittleren Kreis. Um das Stück so anzupassen, dass es in jede Lücke passt, häkeln Sie in der letzten Runde einfach eine Luftmaschenkette, um das benachbarte Mosaikstück zu erreichen, und verbinden Sie es mit einer Kettmasche; häkeln Sie wie die Luftmaschenkette eine passende Anzahl an Luftmaschen und fahren Sie fort, um die letzte Runde herumzuhäkeln, bis Sie dort angekommen sind, wo Sie eine weitere Luftmaschenkette häkeln möchten, um das nächste Mosaikstücke zu verbinden.

Lm-Ring: 6 Lm, Ring schließen.
Rd 1: 3 Lm (zählt als 1. Stb), 19 Stb in den Ring, Rd mit Km oben in AnfLm schließen.
Rd 2: 1 Lm, 1 fM unten in Lm, je 1 fM in nä. 4 Stb, *2 Lm, je 1 fM in nä. 5 Stb; ab * 2-mal wdh, 2 Lm, Rd mit Km in 1. fM schließen.
Rd 3: 1 Lm, *je 1 fM in nä. 5 fM, 4 fM in nä. Lm-Bg-2; ab * 3-mal wdh, Rd mit Km in 1. fM schließen. (36 fM)
Garn verwahren.

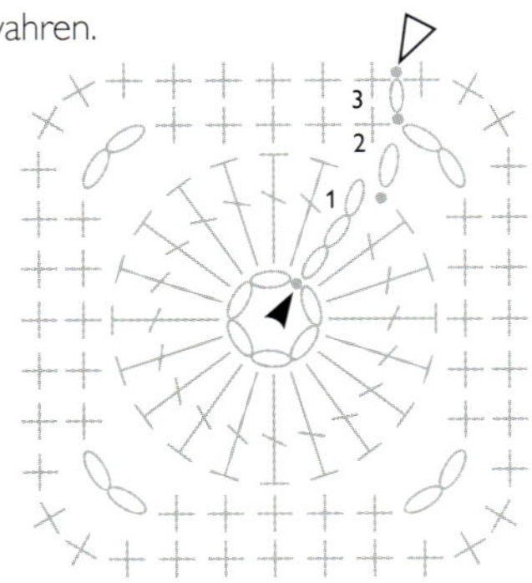

Farbe:
A

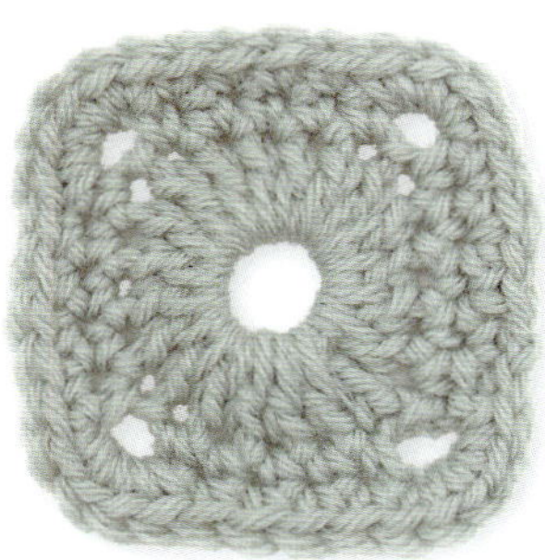

Klein

146 DREIFARBIGES RECHTECK

ANMERKUNG
Dieses Verbindungselement wird hier in einer außergewöhnlichen Form gezeigt. Tatsächlich handelt es sich um ein klassisches, von der Mitte aus gefertigtes Teil, das ebenso eine quadratische Lücke füllen kann, indem einfach die innere Luftmaschenkette kürzer gehäkelt wird.

Dieses Muster kann mit beliebiger Luftmaschenanzahl plus einer Masche als Wendemasche gearbeitet werden.

Lm-Kette: Mit Garn A 21 Lm häkeln. Nicht wenden.
Rd 1: HN in 2. Lm stechen, 3 fM häkeln, je 1 fM in nä. 18 Lm, 6 fM in letzte Lm. Auf anderer Seite der Lm-Kette häkeln: Je 1 fM in nä. 18 Lm, 3 fM in dieselbe Lm wie 1. fM, Rd mit Km in 1. fM schließen und Garn B einhäkeln. Garn A abschn.
Rd 2: 3 Lm (zählt als 1. Stb), [1 Stb, 2 Lm, 1 Stb] in nä. fM, je 1 Stb in nä. 20 fM, [1 Stb, 2 Lm, 1 Stb] in nä. fM, je 1 Stb in nä. 20 fM, [1 Stb, 2 Lm, 1 Stb] in nä. fM, je 1 Stb in nä. 20 fM, [1 Stb, 2 Lm, 1 Stb] in nä. fM, 1 Stb in nä. fM, Rd mit Km oben in AnfLm schließen und Garn C einhäkeln. (52 Stb und 4 Eck-Lm-Bg-2)
Garn B abschn.
Rd 3: Mit Garn C 3 Lm (zählt als 1. Stb), *je 1 Stb in jd M bis nä. Eck-Lm-Bg-2, [1 Stb, 2 Lm, 1 Stb] in nä. Eck-Lm-Bg-2; ab * noch 3-mal wdh, je 1 Stb in jd M bis zum Ende der Rd, Rd mit Km oben in AnfLm schließen.
Garne verwahren.

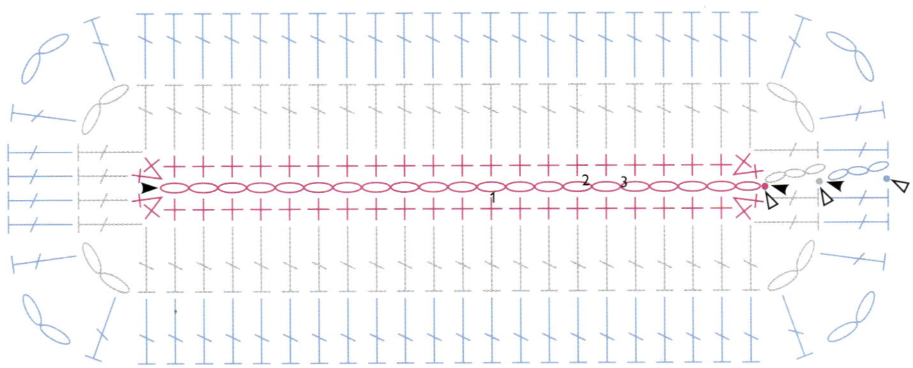

Farben:
A
B
C

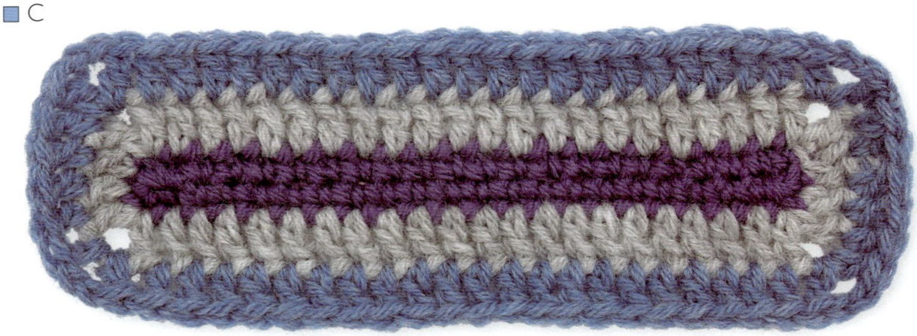

Sehr groß

147 VERLÄNGERTES GRANNY-DREIECK

ANMERKUNG

Diese Variante eines klassischen Granny Square ist ein Verbindungselement für gerade Kanten; es kann kleiner oder größer gehäkelt werden, indem die Anzahl der Reihen verändert wird. Das Prinzip dieser Granny-Verbindung kann ganz einfach auf andere Mosaikstücke übertragen werden, siehe S. 134: Halb- oder Viertelmuster.

Lm-Ring: Mit Garn A 4 Lm häkeln und mit Km zum Ring schließen.

R 1 (VS): 3 Lm (zählt als 1. Stb), 3 Stb in den Ring, 1 Lm, 4 Stb in den Ring. (8 Stb)

Garn A abschn. Nicht wenden. Garn B mit Km oben in AnfLm einhäkeln.

R 2 (VS): 3 Lm (zählt als 1. Stb), 3 Stb unten in Lm, 1 Lm, nä. 3 Stb überspr, [3 Stb, 1 Lm, 3 Stb] in nä. Lm-Bg-1, 1 Lm, nä. 3 Stb überspr, 4 Stb in letztes Stb.

Garn B abschn. Nicht wenden. Garn C mit Km oben in AnfLm einhäkeln.

R 3 (VS): 3 Lm (zählt als 1. Stb), 3 Stb unten in Lm, 1 Lm, nä. 3 Stb überspr, 3 Stb in nä. Lm-Bg-1, 1 Lm, [3 Stb, 1 Lm, 3 Stb] in nä. Lm-Bg-1 (Ecke), 1 Lm, nä. 3 Stb überspr, 3 Stb in nä. Lm-Bg-1, 1 Lm, nä. 3 Stb überspr, 4 Stb in letztes Stb. Garn C abschn. Nicht wenden.

Garn A mit Km oben in AnfLm einhäkeln.

R 4 (VS): 3 Lm (zählt als 1. Stb), 3 Stb unten in Lm, 1 Lm, [nä. 3 Stb überspr, 3 Stb in nä. Lm-Bg-1, 1 Lm] 2-mal, [3 Stb, 1 Lm, 3 Stb] in nä. Lm-Bg-1, 1 Lm, [nä. 3 Stb überspr, 3 Stb in nä. Lm-Bg-1, 1 Lm] 2-mal, 1 Lm, nä. 3 Stb überspr, 4 Stb in letztes Stb. Garne verwahren.

Farben:
- A
- B
- C

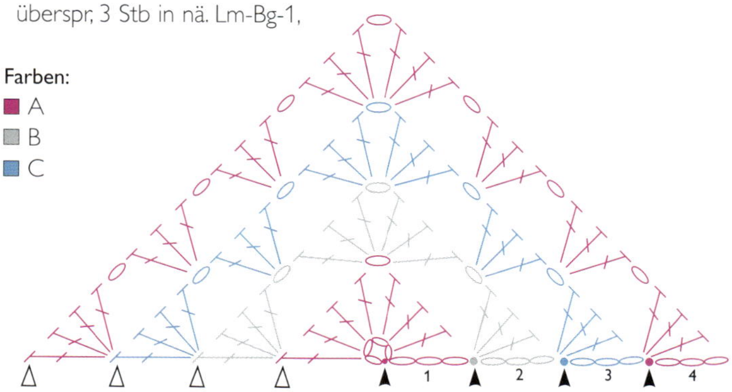

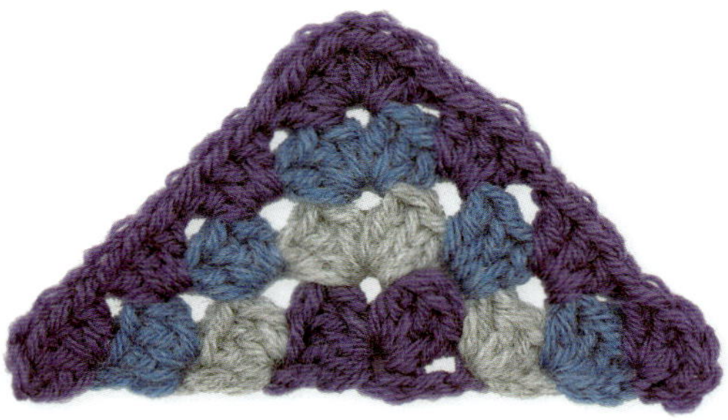

Mittel

148 VERBINDUNG IM DOPPELTEN KRAUS-RECHTS-MUSTER

ANMERKUNG

Diese Verbindung lässt sich sowohl für gebogene als auch für gerade Kanten verwenden. Für noch mehr Flexibilität können Sie das Muster durchgehend Kraus-Rechts stricken. Die kraus-rechten Maschen sind für Verbindungselemente deswegen so geeignet, weil eine Maschenart über zwei Reihen mit der empfohlenen Maschenprobe normalerweise ein Quadrat ergibt.

Messen Sie den Platz zwischen den Mosaiken aus und berechnen Sie Anzahl der Maschen und Reihen, die Sie benötigen, mithilfe einer Entwurfszeichnung (siehe S. 136). Benutzen Sie hierfür Millimeter-Papier und rechnen Sie ein Kästchen als eine Masche und 2 Reihen. Zeichnen Sie die Kanten der Form entlang des Gitternetzes. Stricken Sie die Form so, wie Sie es in Ihrem Diagramm entworfen haben, dabei Zu- und Abnahmen so stricken wie benötigt. Bei größeren Formen kann es hilfreich sein, nach Bedarf eine weitere Reihe mit linken Maschen zu ergänzen, um Form und Stabilität zu verbessern.

Dieses Muster kann mit beliebig vielen Maschen gestrickt werden.

30 M locker anschl.

R 1 (RS): Re str.

R 2 und 3: Li str.

R 4: Re str.

R 1–4 noch 5-mal wdh oder bis die gewünschte Breite erreicht ist.

R 1–2 noch ein Mal wdh.

Locker abketten.

Farbe:
- A

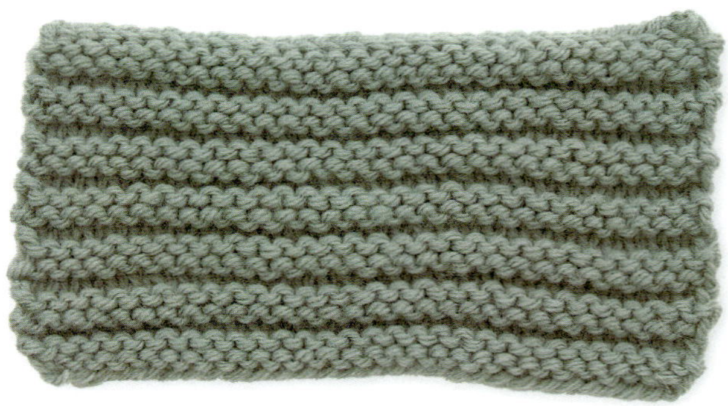

Groß

149 GERIPPTE VERBINDUNG

ANMERKUNG

Diese Verbindung lässt sich gut mit gebogenen Kanten kombinieren. Sie basiert auf elastischen Rippen mit deren Eigenschaft, sich zusammenzuziehen, wenn sie nicht gespannt werden. Das unten gezeigte Stück passt in eine langgezogene, flache Kurve. Für eine stärkere Biegung erhöhen Sie die Anzahl der Reihen in Glatt-Rechts am Anfang und Ende und stricken Sie weniger Reihen im Rippmuster. Wenn das Verbindungelement mit zwei dicht gearbeiteten Stücken kombiniert wird, ziehen sich die Rippen zusammen, um den freien Platz auszufüllen; zwischen zwei locker gearbeiteten Mustern (z. B. Lochmuster) aber kann es deren Form verziehen.

Dieses Verbindungselement lässt sich in verschiedensten Längen stricken – auch mit einer Maschenanzahl, die durch 4 plus 2 Maschen teilbar ist.

30 M locker anschl.
R 1 (VS): Li str.
R 2: Re str.
R 3: [2 M re, 2 M li] 7-mal, 2 M re.
R 4: [2 M li, 2 M re] 7-mal, 2 M li.
R 3–4 wdh, bis die Arbeit 15 cm misst, gemessen von der Anschlagsreihe und mit einer R auf der RS enden.
Nä. R: Li str.
Nä. R: Re str.
Locker abketten.

Farbe:
■ A

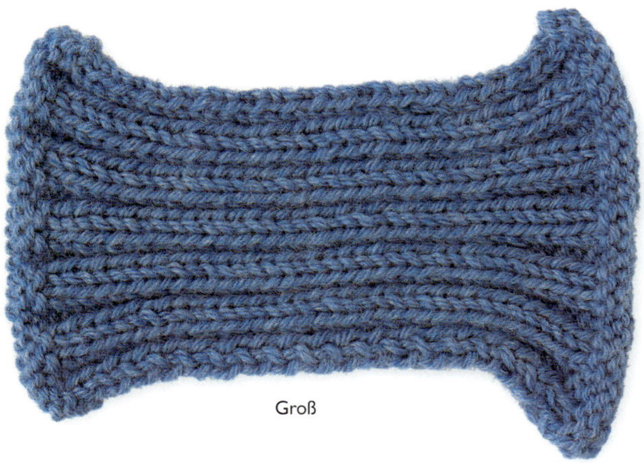

Groß

150 GESTRICKTES TRAPEZ MIT LOCHMUSTER

ANMERKUNG

Dieses Verbindungselement lässt sich sehr gut mit geraden Kanten verbinden. Das hier verwendete Maschenmuster bildet ein leichtes und elastisches Gewebe, das sich ebenso leicht wie das Kraus-Rechts-Muster verformen lässt: Eine Masche über zwei Reihen bildet ein Quadrat. Um dieses Muster noch zu variieren, schauen Sie bei Verbindungselement 148 nach.

Dieses Muster kann mit jeder ungeraden Maschenanzahl gestrickt werden.

17 M locker anschl.
R 1 (RS): Li str.
R 2 (VS): 1 M re, *U, 2 M re zus str; ab * wdh bis zur vorletzten M, [U, 1 M re] 2-mal. (19 M)
Die letzten 2 R wdh bis 35 M auf der Nd. oder die gewünschte Form erreicht sind.
Locker abketten.
Vor dem Zusammennähen das Trapez spannen und Kanten locker annähen.

Farbe:
■ A

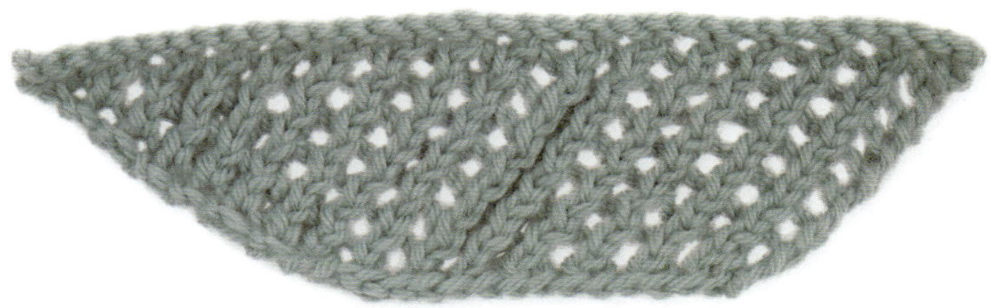

Sehr groß

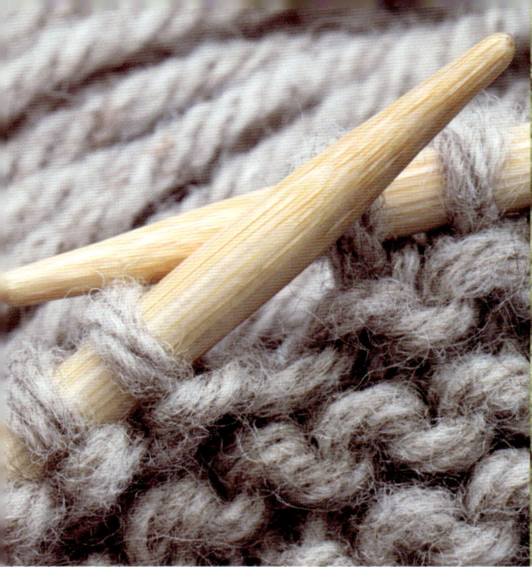
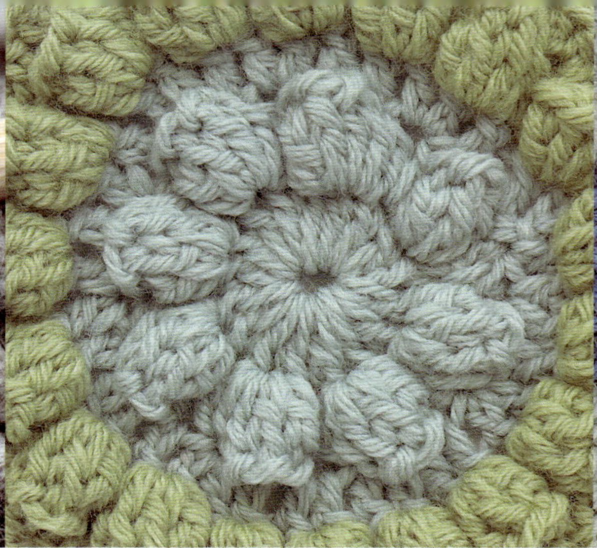
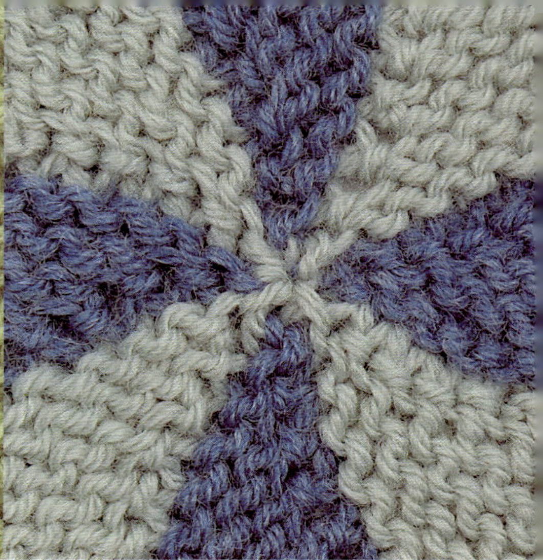

KAPITEL 2

PROJEKTE & ARBEITSTECHNIKEN

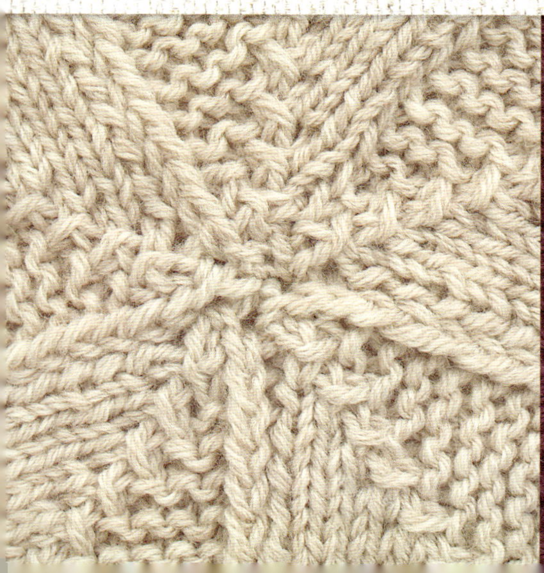
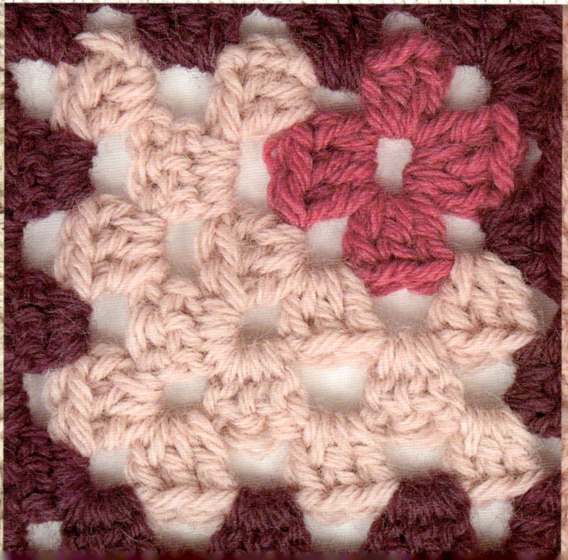
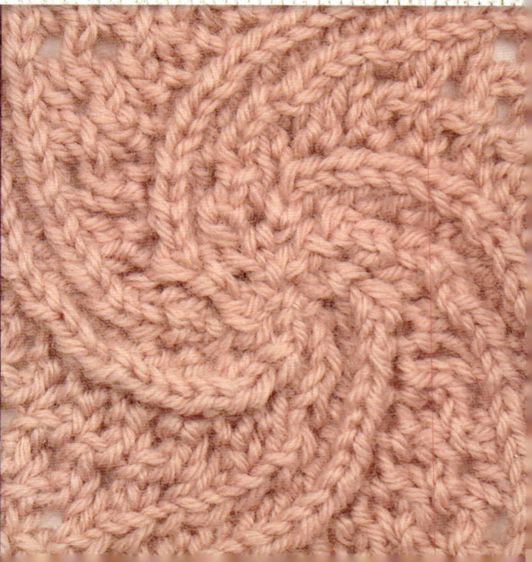

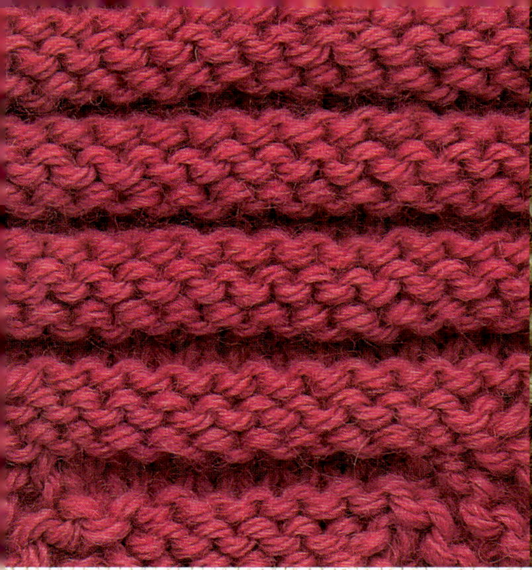
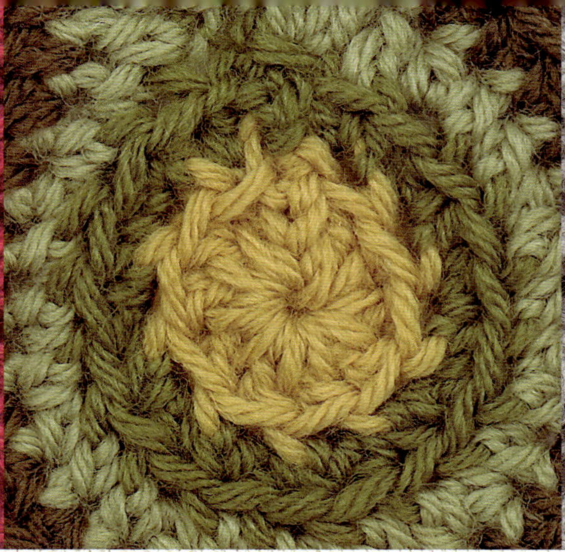
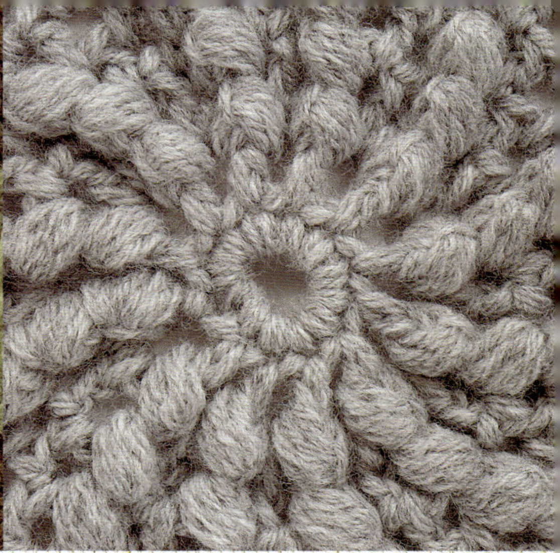

Dieses Kapitel beginnt mit einigen schönen und phantasievollen Gestaltungen, die aus den Mustern dieses Buches hergestellt werden. Der Abschnitt Arbeitstechniken deckt alles ab, was Sie vom Zusammenstellen der unterschiedlich geformten Einzelteile bis hin zum Spannen und Zusammennähen der Mosaike sowie über Wahl und Berechnung des Garns wissen müssen. Auch ist eine vollständige Liste der Abkürzungen und Symbole der Diagramme aufgeführt.

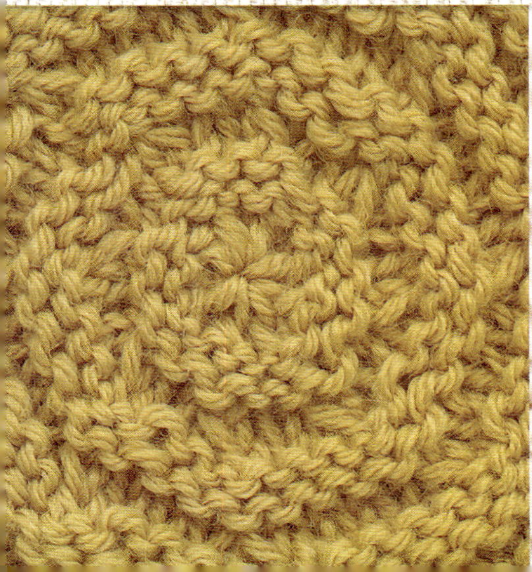
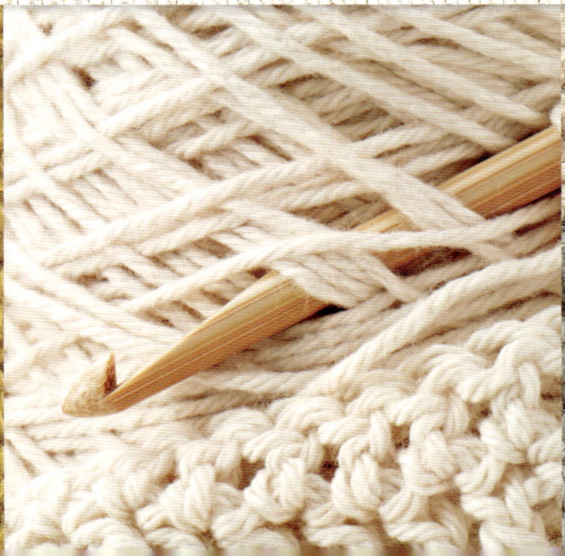
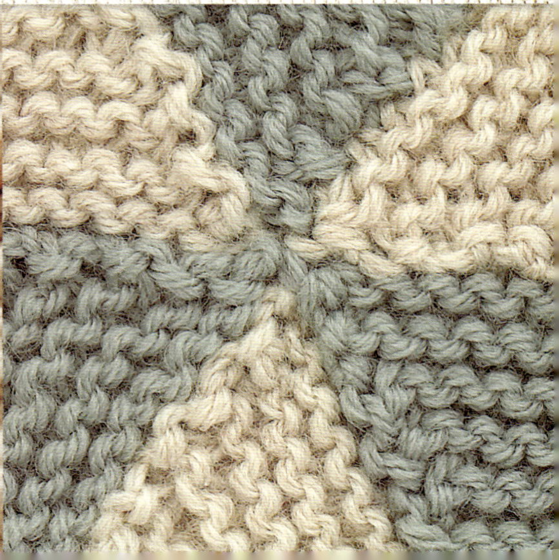

DIE PROJEKTE

Die Muster in diesem Buch können auf vielfältigste Art und Weise kombiniert und verwendet werden. Die Projekte auf den folgenden Seiten stellen nur einige wenige Beispiele dar, damit Sie sich inspirieren und Ihrer eigenen Phantasie freien Lauf lassen können.

TAGESDECKE AUS FÜNFECKEN UND STERNEN

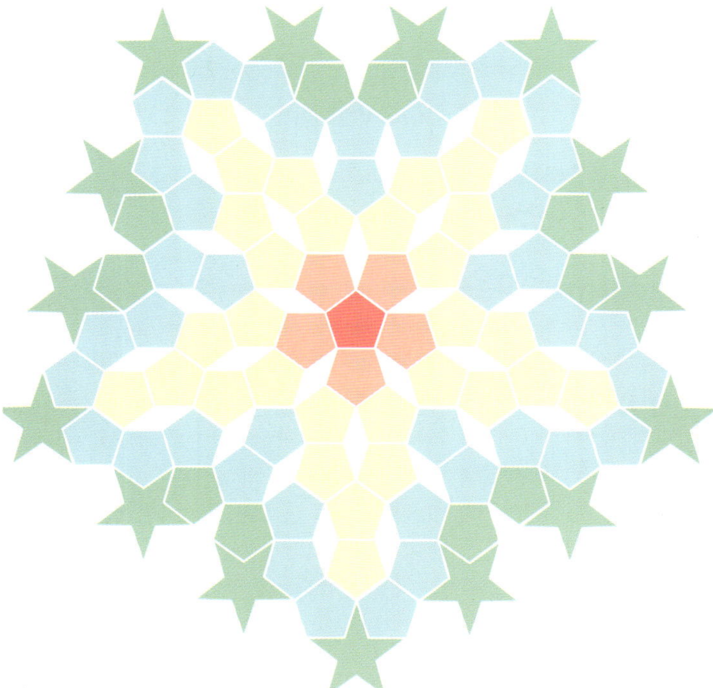

L = 145 cm, B = 152 cm

Fünfeck mit Kraus-Rechts-Stern	Fünfeck mit Kraus-Rechts-Stern	Fünfeck mit Kraus-Rechts-Stern	Fünfeck mit Kraus-Rechts-Stern	Fünfeck mit Kraus-Rechts-Stern	Gerippter Seestern
Pink = 1 Mal	Aprikot = 5 Mal	Gelb = 30 Mal	Blau = 40 Mal	Grün = 10 Mal	Grün = 15 Mal

Diese Form ist ideal für eine Babydecke: oben rund, um die Schultern schmaler geschnitten, dann rund um den Körper breiter und wieder verengt zur unteren Seite – für das gestrickte Fußende.

GRÖSSE

■ 152 x 145 cm ohne Bordüre.

MATERIALIEN

■ Stricknadeln (4,5 mm)

■ Superwash-Kammgarn oder Acrylgarn oder ein anderes, einfach zu waschendes, leichtes Garn in den unten angegebenen Farben.

Siehe S. 138 für nähere Informationen über die Berechnung der Garnmenge.

ABMESSUNGEN

■ Fünfeck mit Kraus-Rechts Stern, 13 cm hoch – leichter Fadenzug

■ Gerippter Seestern, 10 cm breit – mittlerer Fadenzug

Siehe S.138 für nähere Informationen über Abmessungen.

STRICKEN

Stricken Sie jedes Fünfeck und jeden Seestern wie in den Anleitungen beschrieben (Muster Nr. 85 auf S. 81 und Muster Nr. 109 auf S. 97) in den unten stehenden Garnfarben so oft, wie angegeben.

Die Abstände zwischen den einzelnen Mosaikstücken verleihen der Decke Leichtigkeit. Wenn Sie eine dichtere Tagesdecke möchten, fügen Sie einfach ein Verbindungselement Ihrer Wahl in das Mosaik ein.

FERTIGSTELLUNG

Alle Einzelteile spannen und trocknen lassen (siehe S. 138). Legen Sie die Mosaikteile wie im Diagramm (links) oder nach Farbton auf. Mit passendem Garn aneinandernähen oder -häkeln (siehe S. 139). Das Garn in den Säumen verwahren und leicht dämpfen oder bügeln.

BORDÜRE

Häkeln Sie entlang der Außenkante eine Runde in Kettmaschen oder eine schmale Bordüre Ihrer Wahl. Diese Tagesdecke ist ziemlich abwechslungsreich, sodass eine stärkere Umrahmung oder eine breite Bordüre nicht nötig sind.

HALBMOND-TASCHE

Diese Tasche hat eine modische Form, die immer gut aussieht – als Handtasche, als Schultertasche oder als Geldbörse. Um vor Feuchtigkeit zu schützen, kaufen Sie eine Nylontasche (z. B. beim Campingbedarf) und nähen diese innen an der Häkeltasche ein.

GRÖSSE
51 x 30 cm ohne Bordüre.

MATERIALIEN
■ Häkelnadel (6 mm)
■ DK-Garn (leichtes Kammgarn) aus Baumwolle oder ein anderes, kaum elastisches Garn in den unten angegebenen Farben.
■ Passende Taschenbeschläge, abhängig von dem Stil, den Sie für Ihre Tasche auswählen.

ABMESSUNGEN
■ Klassisches Sechseck, 18 cm breit, fester Fadenzug
■ Dreieck im Dreieck, 9 cm breit, fester Fadenzug

HÄKELN
Häkeln Sie jedes Sechseck (Muster Nr. 60, S. 64) und alle Dreiecke (Muster Nr. 53, S. 58) wie beschrieben in den unten stehenden Garnfarben und so oft, wie angegeben, um eine Vorder-, eine Rückseite sowie Seitenteile mit Taschenboden zu fertigen.

FERTIGSTELLUNG
Alle Einzelteile spannen und trocknen lassen (siehe S. 138). Legen Sie die Mosaikteile wie im Diagramm auf (unten). Mit passendem Garn fest aneinander nähen oder häkeln (siehe S. 139). Säumen verleiht der Tasche mehr Stabilität. Die Garnenden in den Rändern verwahren. Leicht dämpfen oder bügeln. Taschenbeschläge anbringen.

ALTERNATIVE GESTALTUNG
Tasche einfarbig oder in ähnlichen Farben häkeln und mit einem Herzen, einer Blume oder einem Blatt aus diesem Buch verzieren.

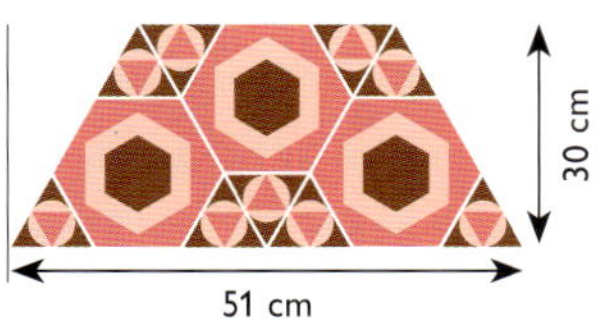

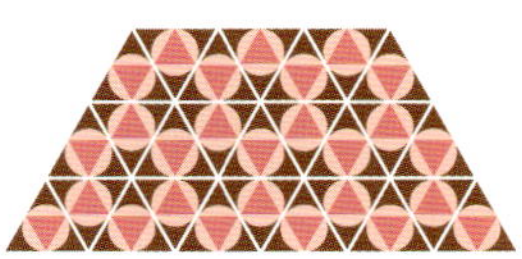

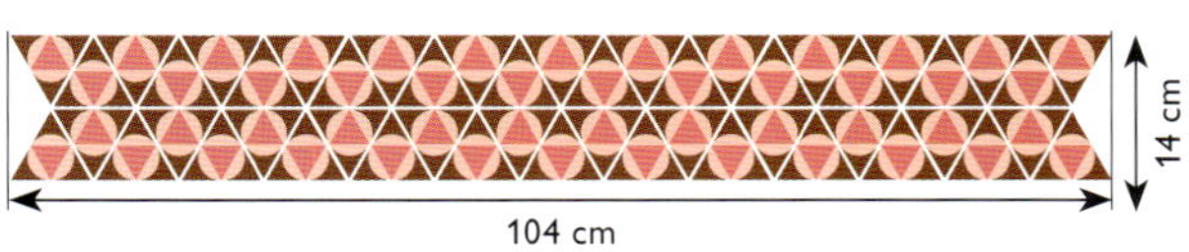

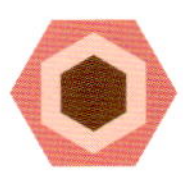
Klassisches Sechseck
3 Mal

Dreieck im Dreieck
Vorne = 9 Mal
Hinten = 27 Mal
Boden und Seiten = 50 Mal
Insgesamt = 86 Teile

SCHAL AUS HERZEN UND BLUMEN

Ein Traum aus Flausch und Rüschen: Dieser Schal ist leicht zu häkeln und schön zu tragen. Das Design passt zu allem und sieht auch als schmaler Schal wunderbar aus – verwenden Sie für das Muster Sweetheart ein leichtes Sockengarn und für Flower-Power-Blumenstrauß ein feines Mohair-Mischgarn.

GRÖSSE
35 x 200 cm ohne Bordüre.

MATERIALIEN
■ Häkelnadel (6 mm)
■ Mohair-Kammgarn oder Mohair-Mischgarn in den unten angegebenen Farben.

ABMESSUNGEN
■ Sweetheart, 13 cm breit – mittlerer Fadenzug
■ Flower-Power-Blumenstrauß, 11 cm breit – leichter Fadenzug

HÄKELN
Jedes Herz in Garnfarbe wie in der Anleitung beschrieben (Muster Nr. 126, S. 110) und unten stehender Anzahl häkeln. Herzen mit Kettmasche in M an der Spitze, an jeder geraden Kante entlang und in den mittleren Maschen der Herzbögen miteinander verbinden. Das einzelne Blumenmotiv wie in der Anleitung beschrieben (Muster Nr. 114, S. 100) für die Mitte der verbundenen Herzen in unten stehender Anzahl häkeln. Wenn Sie möchten, können Sie die Blumenmuster auch auf der anderen Seite anbringen, dafür die Anzahl verdoppeln.

FERTIGSTELLUNG
Alle Einzelteile spannen und trocknen lassen (siehe S. 138). Bringen Sie die Blumenmuster in der Mitte der Herzen an und Garnenden in den Säumen verwahren. Vorsichtig dämpfen oder bügeln.

RÜSCHEN-BORDÜRE
Häkeln Sie die einzelnen Blumenmotive wie in der Anleitung beschrieben (S. 100) so oft, wie angegeben. Für Rüschen-Bordüre jede Blume mit einer Schlinge zur nächsten – wie gezeigt – verbinden. Fertige Rüschen-Bordüre auch mit Herzen-Streifen verbinden.

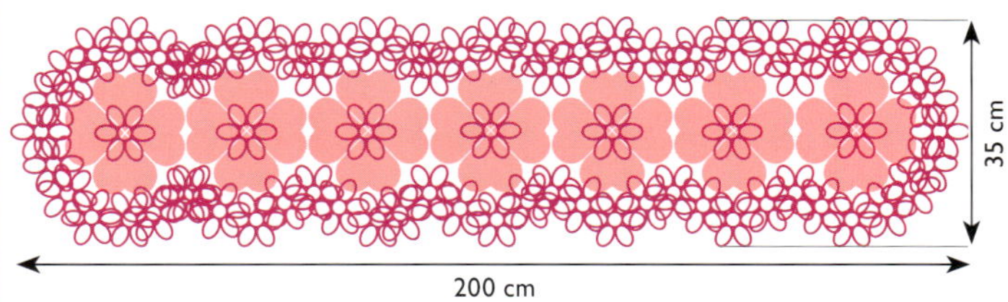

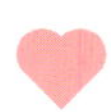
Sweetheart
28 Mal

Flower-Power-Blumenstrauß
Rüschen = 80 Mal
Mitte der Herzen = 14 Mal (7 pro Seite)
Insgesamt = 94 Teile

MUSCHELKISSEN

Wie in den japanischen Holzschnitten erzeugt die Oberfläche dieses Musters die Illusion von Wellen und Farben, die sich ständig ändern.

GRÖSSE
40 x 40 cm

MATERIALIEN
- Stricknadeln (4,5 mm)
- Kammgarn aus reiner Wolle oder Baumwolle
- 4 Knöpfe

ABMESSUNG
- Zweifarbige Seemuschel, 10 cm – mittlerer bis starker Fadenzug

STRICKEN
Stricken Sie die einzelnen Muscheln wie in der Anleitung beschrieben (Muster Nr. 131, S. 114) in unten abgebildeten Garnfarben und angegebener Anzahl.

HALBE SEEMUSCHEL
In den unten gezeigten Garnfarben stricken.
Mit Garn A 18 M anschl.
R 1–2 wie im vollständigen Muster str.
R 3: [2 M re zus str, 1 M re] 6-mal. (12 M)
R 4–8 wie im vollständigen Muster str.
R 9: [2 M re zus str, 2 M re] 3-mal. (9 M)
R 10–14 wie im vollständigen Muster str.
R 15: [2 M re zus str, 1 M re] 3-mal. (6 M)
R 16–20 wie im vollständigen Muster str.
R 21: [2 M re zus str] 3-mal. (3 M)
R 22–26 wie im vollständigen Muster str.
R 27: Re str.
Fertigstellen wie im vollständigen Muster.

Beginnen Sie, in dem Sie Seemuscheln für die unterste Reihe fertigen.
Für die zweite Mosaik-Reihe von rechts nach links (HinR) auf der Vorderseite 18 M aufnehmen und entlang der Kante des linken Randes das Muster nach rechts stricken und 18 M entlang der Kante des rechten Randes nach links stricken. Eine Reihe rechts stricken. Dann mit Reihe 1 beginnen und das Muster wie in Anleitung beschrieben beenden.
Für die dritte Mosaik-Reihe Seemuschel von rechts nach links arbeiten, 18 M aufnehmen und entlang der Kante des rechten Randes das Muster nach links stricken. Eine Reihe rechts stricken. Dann mit R 1 beginnen und das Muster wie in Anleitung beschrieben beenden. Die nächste Muschel wie in Mosaik-Reihe 2 beschrieben stricken. Die letzte Muschel wie die erste Muschel in Mosaik-Reihe 3 beschrieben stricken. Fahren Sie so fort, bis alle Muscheln gestrickt sind. Knopflöcher wie abgebildet arbeiten.

FERTIGSTELLUNG
Die Garnenden verwahren. Alle Einzelteile spannen und trocknen lassen (siehe S. 138). Falten Sie das Kissen so, dass die Buchstaben wie auf dem Diagramm übereinanderpassen, heften Sie die Unterkante an der entsprechenden Öffnung der Oberkante und nähen Sie die Seiten mit farblich passendem Garn zusammen. Knöpfe fest und sicher am Kissen annähen.

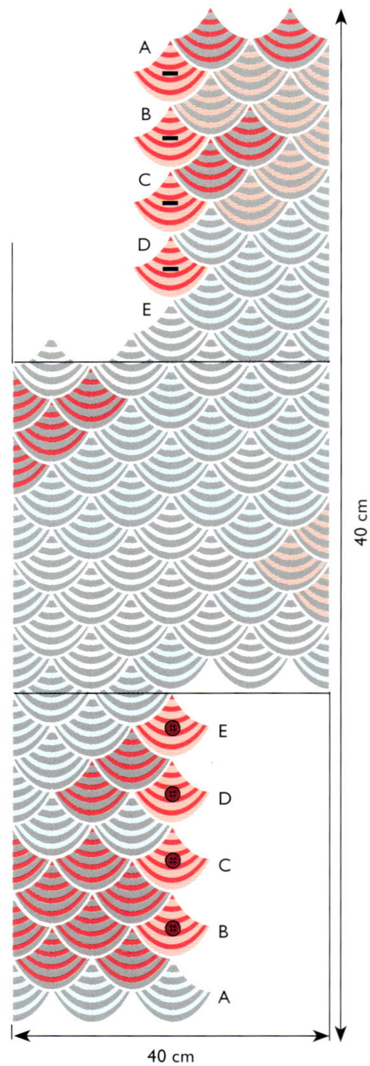

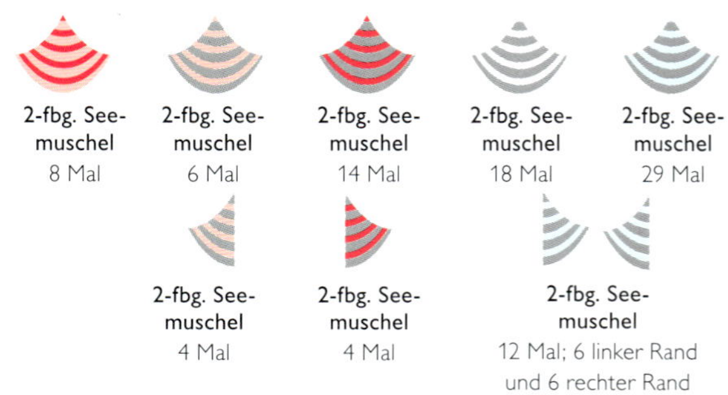

TAGESDECKE MIT BLUMENMUSTER

Diese Tagesdecke ist das perfekte Projekt, um übriggebliebene oder verschiedene Woll- und Garnreste zu verbrauchen. Wählen Sie für jedes Mosaik eine eigene Farbzusammenstellung und ordnen Sie die „Gekippten Quadrate" versetzt oder willkürlich an, so wie hier gezeigt.

GRÖSSE

84 x 108 cm ohne Bordüre.

MATERIALIEN

- Stricknadeln (4,5 mm)
- Kammgarn aus reiner Wolle oder leichteres, elastisches Garn in den unten angegebenen Farbtönen
- 126 Zierknöpfe

ABMESSUNGEN

- Einfache Blume mit Knopf, 12 cm breit – mittlerer Fadenzug
- Gekipptes Quadrat, 5 cm breit

STRICKEN

Jede Blume wie in der Anleitung beschrieben (Muster Nr. 122, S. 107) in unten stehenden Garnfarben und Anzahl stricken. Von jedem gekippten Quadrat R 1–16 wie in Anleitung beschrieben (Muster Nr. 42, S. 50) stricken und in unten stehenden Garnfarben oder mit Resten, die Sie ausgewählt haben, so oft, wie angegeben fertigen.

FERTIGSTELLUNG

Befestigen Sie sorgfältig mit Knopfstichen einen Knopf auf Vorder- und Rückseite in der Mitte einer jeden Blume. Alle Einzelteile spannen und trocknen lassen (siehe S. 138). Legen Sie die Mosaikteile wie im Diagramm (rechts) oder nach Farbton auf und nähen oder häkeln Sie mit dem passenden Garn zusammen (S. 139). Garnenden in den Säumen verwahren. Vorsichtig dämpfen oder bügeln.

BORDÜRE

An der Außenkante entlang eine Runde mit fM oder einer anderen, schmalen Bordüre häkeln. Diese Decke ist abwechslungsreich, sodass ein breiter Rand oder eine große Bordüre nicht nötig sind.

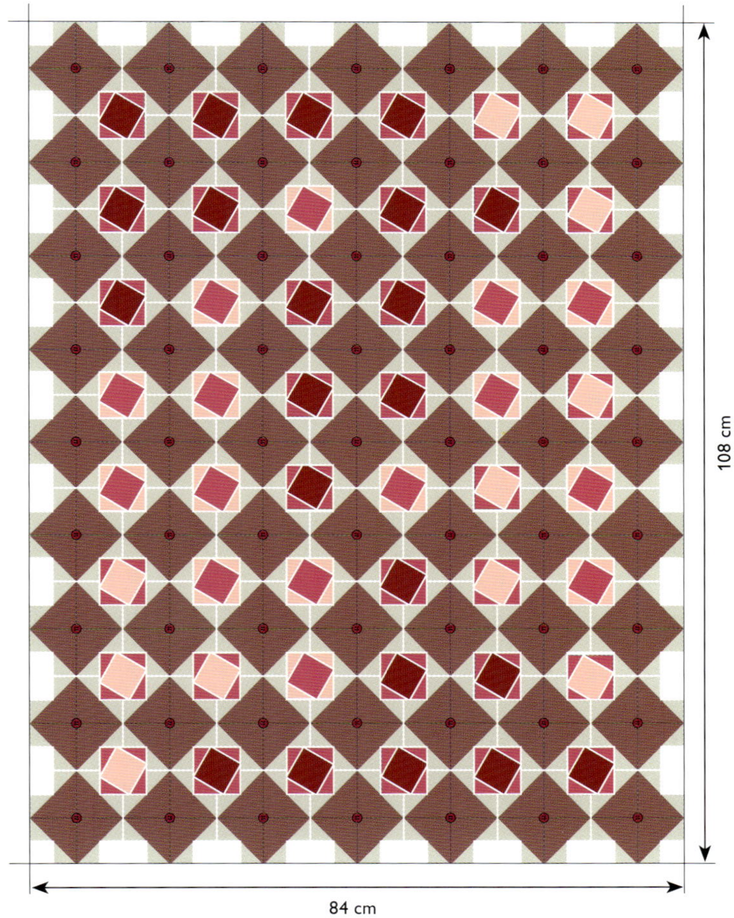

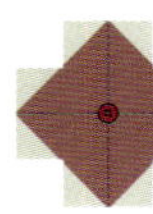

Einfache Blume mit Knopf
63 Mal
126 Knöpfe (1 auf VS, 1 auf RS)

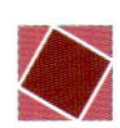

Gekipptes Quadrat
22 Mal, nur R 1–16

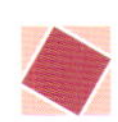

Gekipptes Quadrat
15 Mal, nur R 1–16

Gekipptes Quadrat
11 Mal, nur R 1–16

TECHNIKEN

Dieser Abschnitt erklärt und zeigt einige nützliche Techniken für das Gestalten und Kombinieren von Mosaiken mit besonderen Formen.

MOSAIKE ZUSAMMENFÜGEN

Einige Formen passen so zusammen, dass es leicht ist, eine Oberfläche ohne Lücken zu gestalten. Andere Formen aber passen nicht exakt zusammen; die Lücken können frei bleiben, sodass das Stück luftiger wie ein Lochmuster wirkt. Diese Lücken können aber auch mit kleineren Verbindungselementen gefüllt werden.

UNGEWÖHNLICHE FORMEN
Formen wie etwa Schneeflocken haben sechs Spitzen und können daher wie Sechsecke angesehen werden. Blumen können wie Kreise und Kleeblatt-Formen wie Dreiecke behandelt werden.

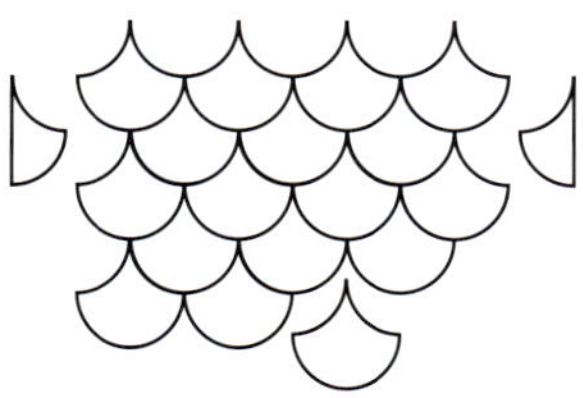

MUSCHELN

Muscheln passen so zusammen, wie bereits gezeigt. Verbinden Sie eine Muschel nach der anderen, indem Sie mit dem restlichen Garn an der Spitze nach links und um den Rand bis zur nächsten Spitze nähen. Die Lücken an den Seitenkanten werden mit halben Muscheln geschlossen. Die Unterkante bildet einen Feston (Bogenkante), die Oberkante weist eine ganze Reihe an Spitzen auf.

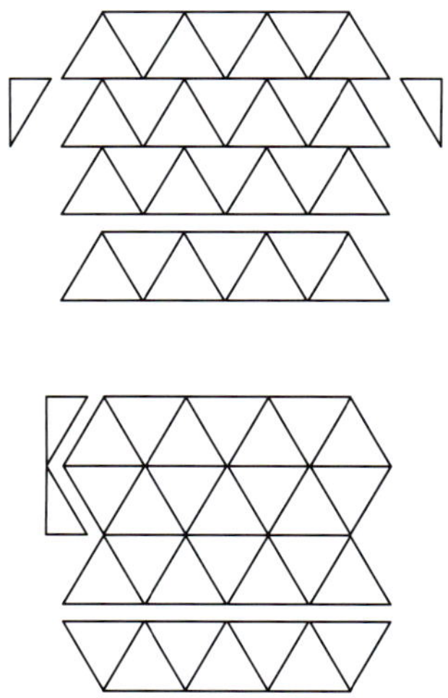

DREIECKE

Hier sind nur 2 Arten, wie Dreiecke angeordnet werden können: Verbinden Sie die Dreiecke zu Streifen, indem die Spitze abwechselnd nach oben und nach unten gelegt wird. Streifen zusammennähen und seitlich mit halben Dreiecken abschließen.

EINFACHE ARRANGEMENTS

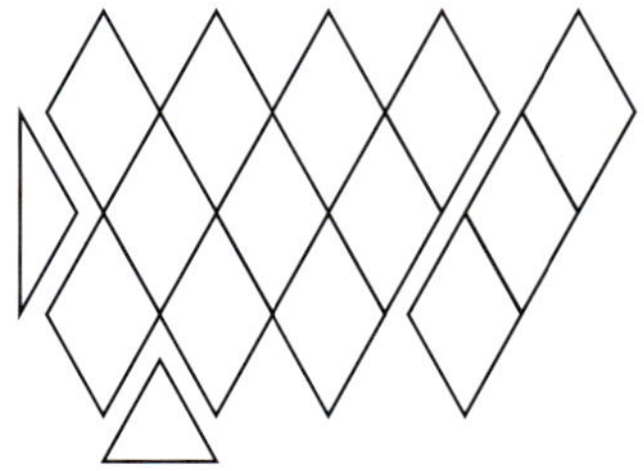

RAUTEN

Rauten wie auf dem Bild in Diagonalstreifen zusammennähen und miteinander verbinden. Mit halben Rauten (Dreiecke) die Ränder abschließen.

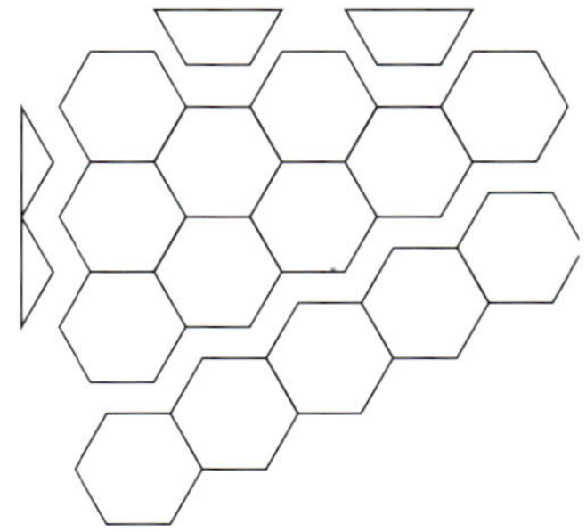

SECHSECKE

Sechsecke haben sechs Seiten. Zuerst die Sechsecke diagonal verbinden und dann zu einem Ganzen zusammennähen. Flache Dreiecke können die Seitenkanten abschließen. Die Lücken der Ober- und Unterkante können mit halben Sechsecken geschlossen werden.

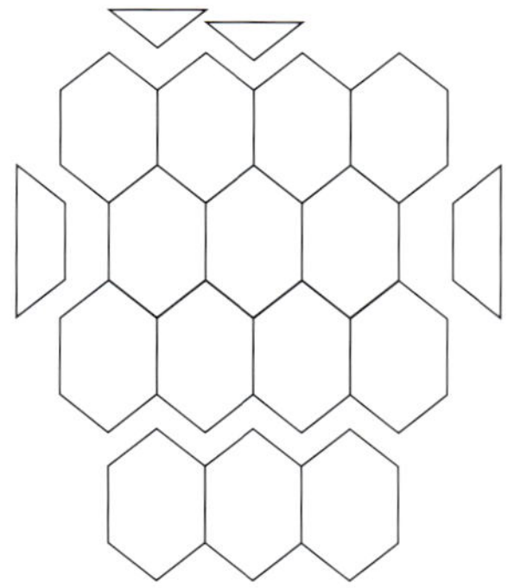

BLÄTTER

Blätter zu Streifen verbinden und diese wie gezeigt zusammennähen. Mit halben Blättern oder Trapezen die Ränder abschließen. Ober- und Unterkante werden mit Dreiecken gerade.

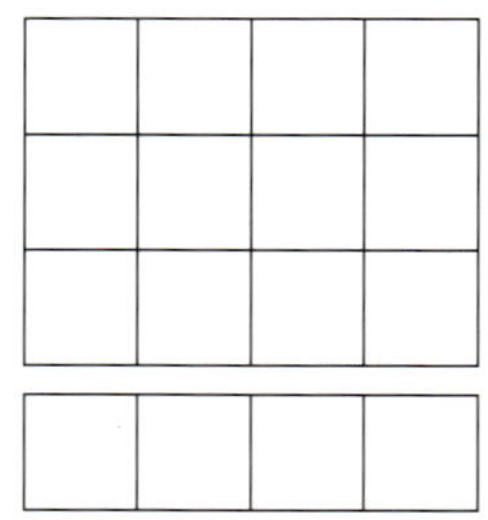

QUADRATE

Quadrate zu Streifen zusammennähen und dann miteinander in die gewünschte Form und Größe verbinden.

ANORDNUNGEN MIT ZWISCHENRÄUMEN

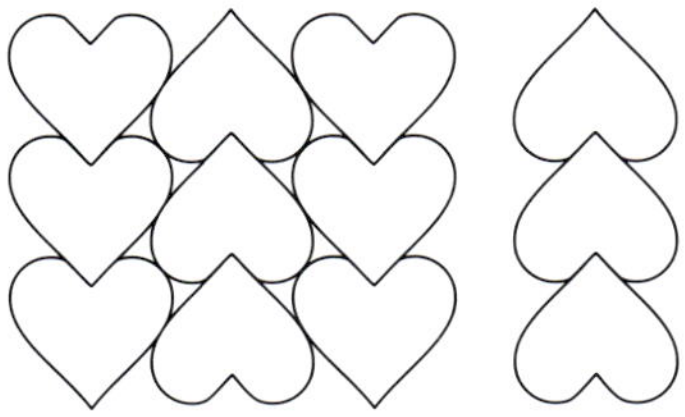

HERZEN

Herzen können in vertikale Streifen zusammengefügt werden. Wenn sie so wie abgebildet verbunden werden (ein Streifen zeigt mit der Spitze nach oben, einer nach unten), passen sie recht hübsch zusammen und weisen nur kleine Lücken auf.

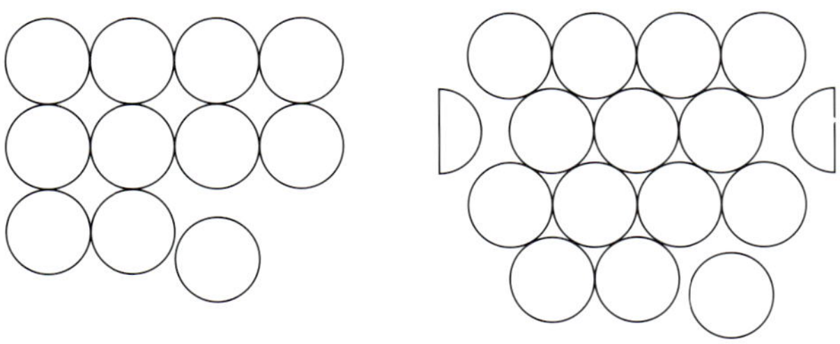

KREISE

Wenn Kreise an den vier Punkten, an denen sie einander treffen, verbunden werden, wirken sie offen und wie ein Lochmuster. Fügen Sie einen Kreis nach dem anderen hinzu. Wenn Sie eine dichtere Anordnung wünschen, können Sie, wie rechts gezeigt, Verbindungselemente hinzufügen.

ANORDNUNGEN MIT VERBINDUNGSELEMENTEN

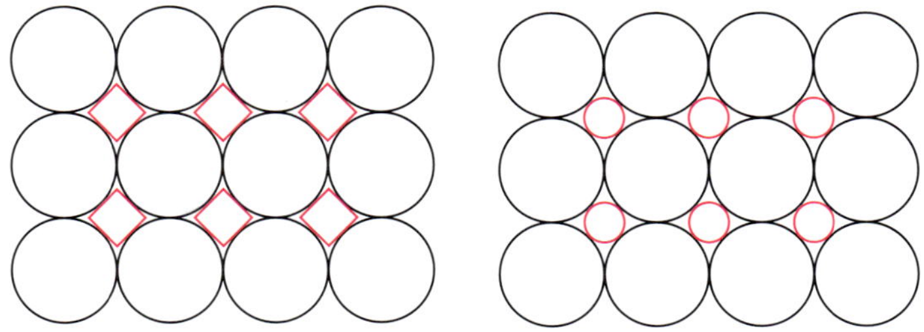

KREISE

Für eine dichtere Anordnung von Kreisen, können die Lücken mit kleinen, quadratischen Verbindungselementen geschlossen werden, die leicht gezogen in ihren Platz passen. Auch kleinere Kreise lassen als Verbindungen nur noch kleine Lücken zwischen den einzelnen Formen.

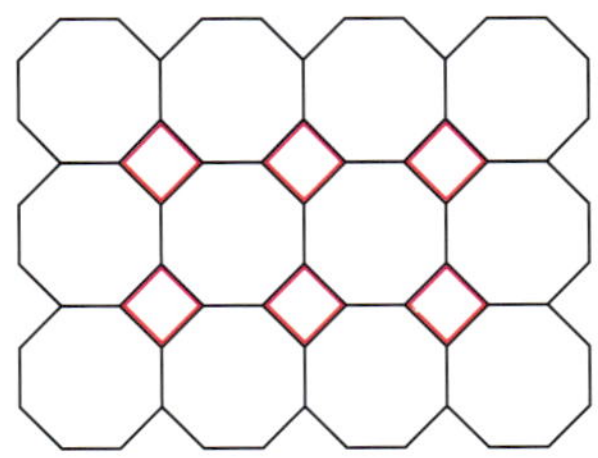

ACHTECKE

Achtecke können wie abgebildet mit kleinen, quadratischen Verbindungselemente über Eck aneinandergefügt werden. Gestalten Sie einen Streifen mit gegeneinander gelegten Achtecken. Dann Verbindungselemente einsetzen. Fügen Sie dann ein Achteck nach dem anderen in der darauffolgenden Reihe hinzu. Wiederholen Sie die letzten beiden Schritte so oft wie benötigt. Die Lücken an den Kanten mit Dreiecken abschließen.

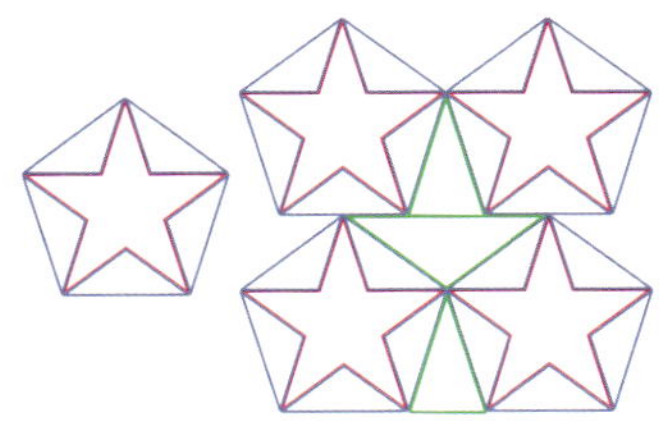

STERNE

Dreiecke, die mit einem fünfzackigen Stern verbunden werden, ergeben eine feste, fünfeckige Form. Diese können dann in Reihen angeordnet und die Lücken mit weiteren Dreiecken gefüllt werden.

MUSTER VERKLEINERN ODER VERGRÖSSERN

IN RUNDEN GEARBEITETE FORMEN

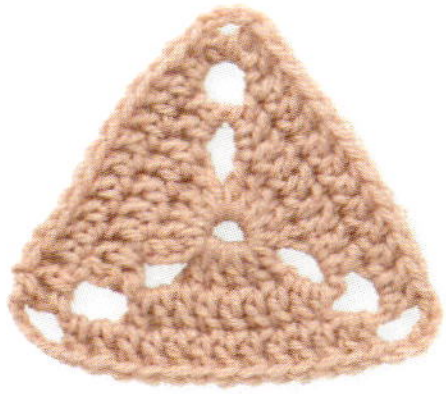

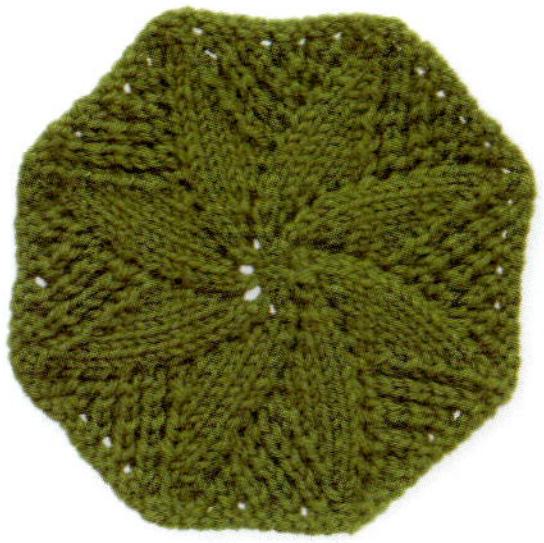

Sowohl rund gearbeitete Strick- als auch Häkelmotive können leicht angepasst werden:
Für kleinere Formen: Einfach die letzten ein bis zwei Runden auslassen.
Für größere Formen: Eine oder mehr zusätzliche Runde ähnlich der letzten Runde hinzufügen und dabei in den Ecken wie vorgegeben zunehmen.

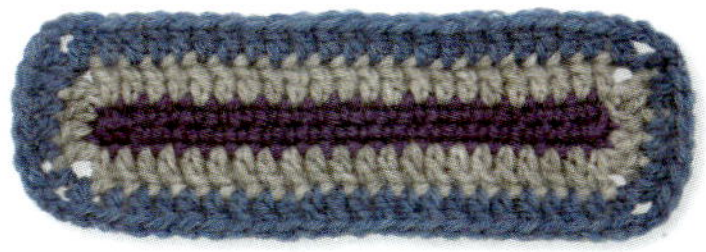

Die Seitenverhältnisse dieses rund gehäkelten Rechtecks (Muster Nr. 146, S. 123) können durch das Häkeln einer längeren oder kürzeren Lm-Kette variiert werden. Der Längenunterschied zwischen langer und kurzer Seite entspricht immer der Länge der Lm-Kette. Hierfür ein Beispiel:

Um ein Rechteck der Größe 20 x 13 cm zu häkeln:

1. 20 – 13 = 7 cm.
2. Für die Luftmaschenkette die Maschenanzahl in 7 cm feststellen und eine zusätzliche Masche häkeln.
3. Rechteck wie in der Anleitung beschrieben häkeln und 1 Runde weiterhäkeln (an Ecken zunehmen wie vorgegeben), bis das Rechteck die gewünschte Größe hat.

IN REIHEN GEARBEITETE FORMEN

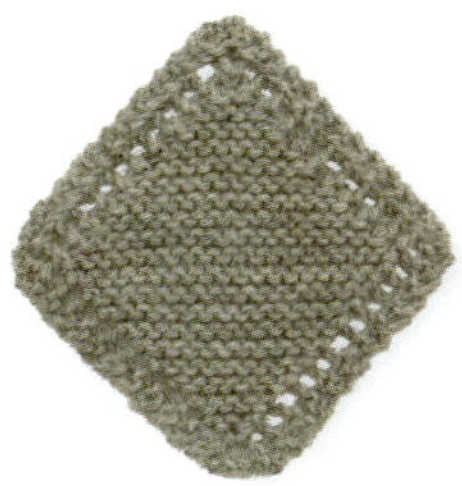

Einige in Reihen gearbeitete Stücke können leicht angepasst werden.
Für eine kleinere Rauten: Weniger Zunahmereihen arbeiten (eine gerade Zahl wählen, um sie von den Reihen abzuziehen) und entsprechend weniger Abnahmereihen.
Für eine größere Rauten: Mehr Zunahmereihen arbeiten und dementsprechend auch mehr Abnahmereihen.

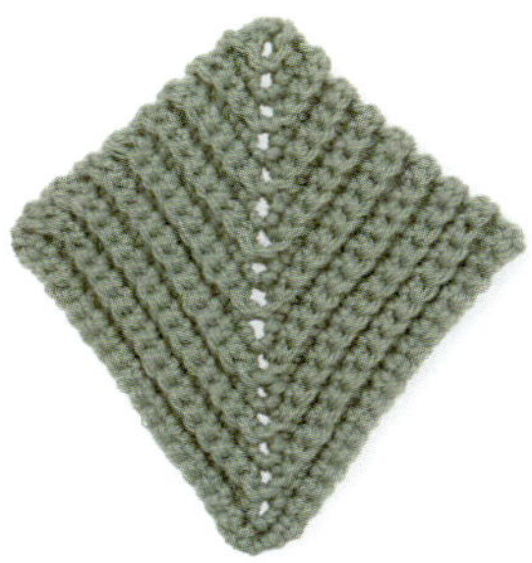

Für eine größere Rauten: Mit 2 oder mehr Maschen die Luftmaschenkette verlängern. Dann das Motiv mit jeweils der Hälfte der Extramaschen auf beiden Seiten der mittleren Abnahme arbeiten. Weitere Reihen wie benötigt, um den Abschluss zu erreichen.
Für eine kleinere Rauten: Mit kürzerer Luftmaschenkette beginnen.

HALB- ODER VIERTELMUSTER

Um Verbindungselemente zu gestalten oder auch um Lücken an den Kanten der Arbeit zu schließen, ist es hilfreich, Formen nur bis zur Hälfte oder bis zu einem Viertel anzufertigen.

Um die Hälfte oder ein Viertel einer Form zu erhalten, beschäftigen Sie sich mit dem Muster näher, indem Sie ein Probemuster arbeiten und das Muster aufzeichnen. Umriss um den gewünschten Teil plus eine Randmasche entlang der neuen Kante aufzeichnen. Das Zeichnen kann mühsam sein, doch es ist weit leichter, als immer mit einer Anleitung, in der sich die Maschenanzahl ständig ändert, zu arbeiten.

- Wenn in Reihen gearbeitet wird, ist es oft leicht, die Zahl der benötigten Maschen zu bestimmen und zu ermitteln, wie die Form und das Muster zu häkeln oder zu stricken sind.
- Wenn rund gearbeitet und in jeder Runde gewendet wird, ist es ebenso leicht, einen Teil der Runde zu erkennen und einen neuen Wendepunkt festzulegen.
- Wenn jedoch ein Häkelstück in eine Richtung ohne Wenden gearbeitet wird, dann erscheint beim Arbeiten des entsprechenden Abschnitts dieses ganzen Stückes ein leicht abweichendes Maschenbild. Dies kann verhindert werden, indem man das Garn am Ende einer jeden Runde abschneidet und das Garn an der rechten Oberkante wieder einhäkelt. Allerdings steht die Masse all der Garnenden nicht immer im Verhältnis mit dem verbesserten Erscheinungsbild.
- Wenn ein Motiv rund gestrickt wird, wenden Sie die Arbeit wo benötigt und stricken Sie Ihr Muster von links nach rechts und zurück mit Blick auf das Zählmuster.

All dies klingt gut in der Theorie und funktioniert für gewöhnlich auch auf Anhieb, wenn Sie schon einmal mit Probemuster und selbst gezeichneten Mustern gearbeitet haben. Doch wie so oft, wenn es ums Stricken und Häkeln geht (seien Sie gewappnet!), können die Bruchteile eines Musters nicht immer die gleiche Wirkung wie das ganze Muster haben, sodass ein paar Anpassungen notwendig werden.

TIPP

Bei flachen Formen aus einfachen Häkelmaschen werden in jeder Runde etwa 6 Maschen zugenommen, während bei Stücken in Glatt-Rechts oder mit festen Maschen in jeder Runde etwa 12 Maschen zugenommen werden.

EINZELNE MUSTER KOMBINIEREN

Einige Muster gehen in eine Richtung – wenn sie vor dem Zusammennähen in verschiedene Richtungen gedreht werden, kann man größere Muster erhalten.

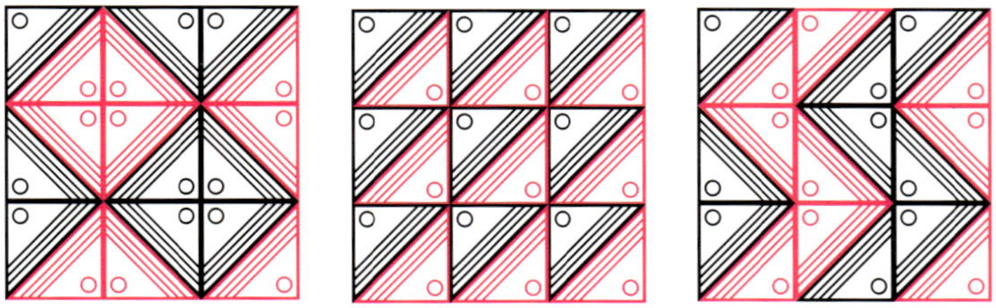

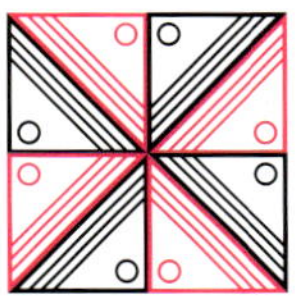

Das gestrickte Noppen-Dreieck (Muster Nr. 55, S. 60) ist ein Beispiel dafür. Größere Muster entstehen, wenn Dreiecke in verschiedene Richtungen gedreht werden und in verschiedenen Farben gestrickt sind.

ANDERE MUSTER ZU GROSSFLÄCHIGEN FORMEN ZUSAMMENSTELLEN

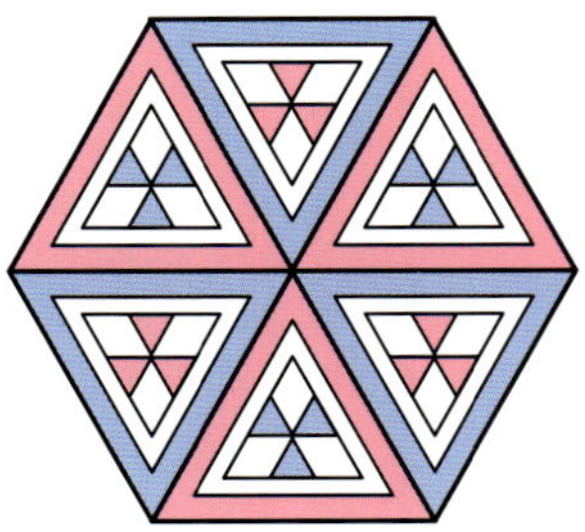

Sechs gleichseitige Dreiecke können zu einem Sechseck zusammengesetzt werden, die, wie gezeigt (S. 132), angeordnet werden können.

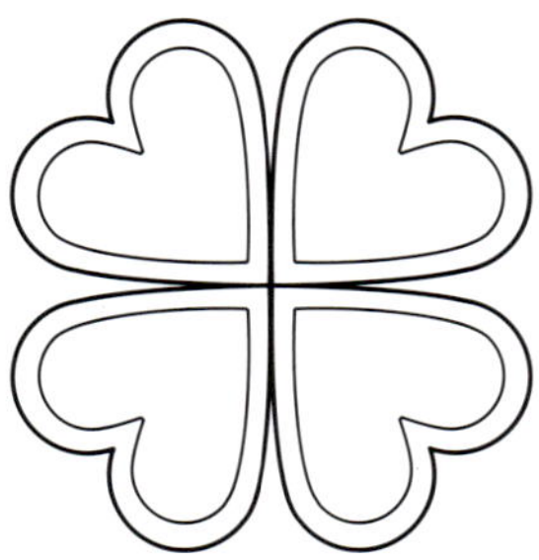

Vier Herzen können eine Blume bilden (S. 129), die dann als großer Kreis behandelt werden kann (S. 133).

ANDERE IN EINE RICHTUNG GERICHTETE STÜCKE

Solche Stücke sind das Quadrat im Kraus-Rechts-Muster (Muster Nr. 39, S. 49) und das Verlängerte Granny-Dreieck (Muster 147, S. 124). Versuchen Sie, die verschiedenen Anordnungsmöglichkeiten aufzuzeichnen, wie auf Seite 136 gezeigt.

FARBWAHL

Die gewählten Farben können das Erscheinungsbild des Musters und so das Flair Ihres Entwurfs völlig verändern. Wenn Sie sich nicht sicher sind, wie Sie bei der Farbwahl vorgehen sollen, stellen Sie sich selbst folgende Fragen:

Wo wird sich das Design befinden? Wenn Sie eine Tagesdecke für Ihr Zimmer machen, wählen Sie Farben, die zu den bereits vorhanden Farben und Möbeln im Raum passen. Wenn Sie eine Babydecke in Angriff nehmen, bedenken Sie, ob Sie leuchtende, fröhliche Farben oder lieber traditionelle Pastellfarben verwenden möchten. Wenn Sie ein Kleidungsstück für eine/n Freund/in machen wollen, wählen Sie Farben, die diese Person gerne trägt.
Sollten die Farben kräftig oder dezent sein? Mit stark kontrastierenden Farben (wie etwa leuchtendes Pink mit Türkis und Schwarz) lässt sich ein lebendiges, auffallendes Muster gestalten. Dezente Farbabstufungen einer Farbe (wie etwa Grautöne) oder Farben, deren Nuancen nah beieinander liegen (wie etwa Pink- und Lilatöne) sehen ruhiger aus und lassen die Gestaltung einheitlicher wirken.

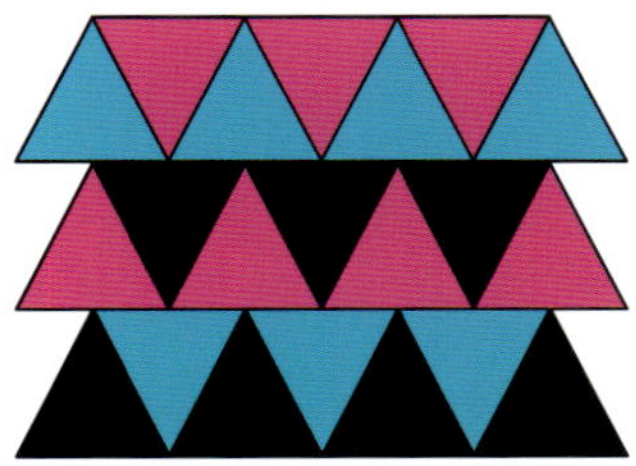

Stark kontrastierende Farben

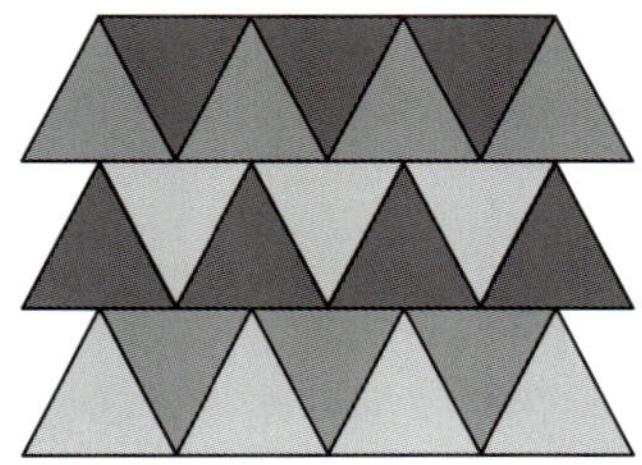

Dezente Töne einer Farbe

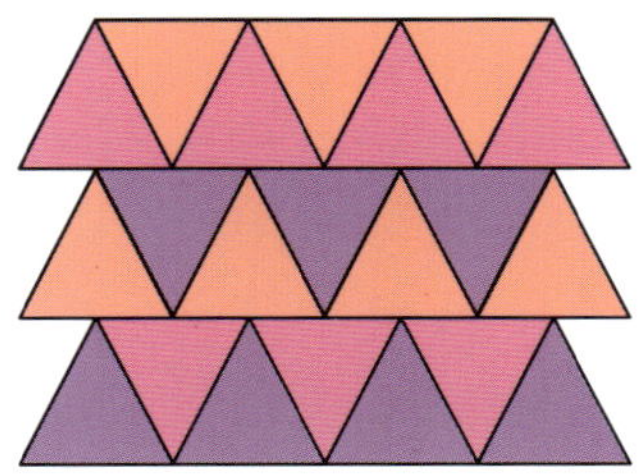

Farbunterschiede in Nuancen

Es ist eine gute Idee, vor dem Kauf des gesamten Garns, einige Garnknäuel zur Probe zu kaufen und die gewählten Farben für ein großes Projekt auszuprobieren – manchmal nämlich haben Farben, wenn sie miteinander kombiniert werden, einen anderen Effekt als erwartet. Wenn möglich, arbeiten Sie zuerst ein paar Probemuster in verschiedenen Farbkombinationen und notieren Sie sich, welche Kombinationen Sie mögen. Sie können auch Fotos machen, um die verschiedenen Farbeffekte miteinander zu vergleichen.

ENTWERFEN IHRES DESIGNS

Ein farbiger Designentwurf macht endgültige Größe und Erscheinungsbild sichtbar und ermöglicht zu erheben, wie viele Mosaikstücke von jeder Art und/oder Farbe benötigen werden.

1. Probestück(e) abmessen und entscheiden Sie über die passende Größe für Ihr Projekt: Wie viele Mosaikstücke werden in jeder Längs- und Querreihe benötigt?
2. Zeichnen Sie jedes einzelne Mosaikstück in einer Größe von etwa 2,5 x 2,5 cm oder in einer angemessenen Größe (nur nicht zu klein zeichnen). Große Bögen Millimeterpapier sind hilfreich, wenn Sie Formen wie Quadrate, Rauten, Blätter oder Dreiecke zeichnen. Andere Formen sind komplizierter zu zeichnen – wenn Sie die Möglichkeit haben, mit einer passenden Software am Computer zu arbeiten, können Sie Formen wie Kreise oder Herzen auch so zeichnen, kopieren und einfügen, wie Sie es brauchen. Sie können auch Ihr Probemuster auf dünnen Karton zeichnen, ausschneiden und so eine Vorlage machen. Zeichnen Sie entlang der Kanten der Vorlage, sodass Kante an Kante gezeichnet wird.
3. Malen Sie die einzelnen Stücke in ihrem Entwurf grob in den ausgewählten Farben an.
4. Schreiben Sie neben Ihren Entwurf eine Liste von jedem Muster und seiner Farbgestaltung und zählen Sie ab, wieviele Mosaikstücke Sie in welchem Design benötigen.
5. Um die Garnmenge zu berechnen, trennen Sie ein Probestück auf und messen Sie in jeder Farbe die Länge des jeweiligen Garnfadens und vergleichen Sie diese Länge mit jener eines ganzen Knäuels (diese Information ist für gewöhnlich auf der Banderole des Garns angegeben). Wenn Sie sich nicht sicher sind, kaufen Sie immer ein wenig mehr Garn!

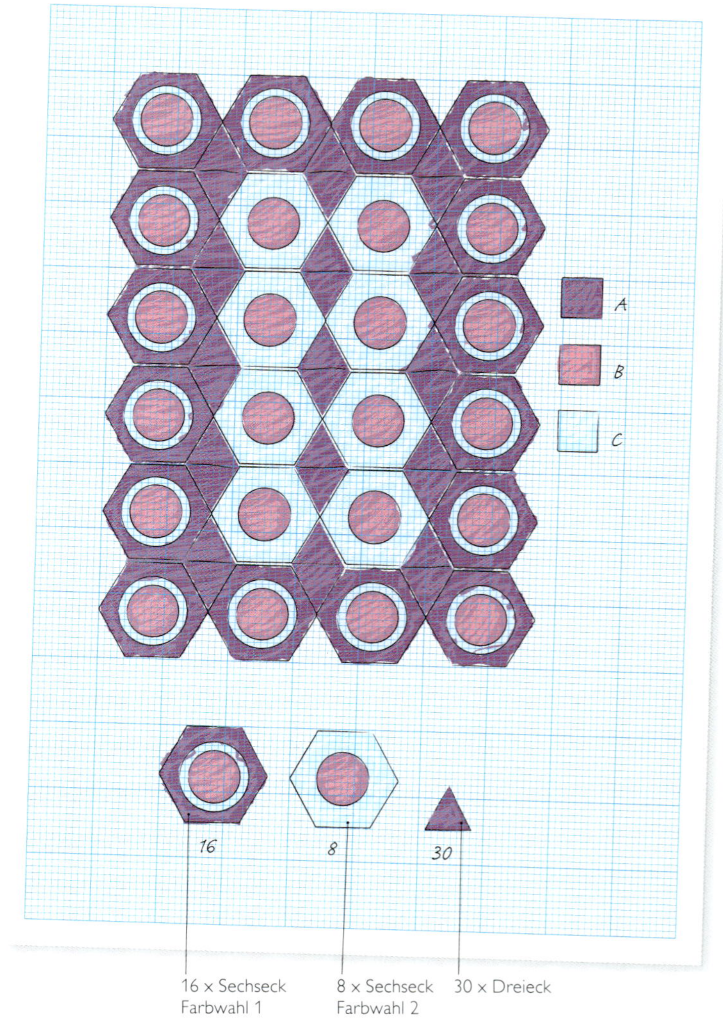

Skizze für ein Decken-Design mit Sechsecken

DIE WAHL DES RICHTIGEN GARNS

Auch wenn jedes Muster in diesem Buch mit Kammgarn gearbeitet worden ist, kann jedes einzelne Mosaikstück auch mit dem Garn hergestellt werden, das am besten für Ihr Projekt geeignet ist. Aber wenn Sie nun im Wollgeschäft stehen, wie entscheiden Sie sich dann angesichts der Fülle an Farben für das richtige Garn?

Farbe, Zusammensetzung des Garns und die Elastizität des Garns sind entscheidend für den Erfolg Ihres Projekts. Beginnen Sie, indem Sie Ihre Möglichkeiten eingrenzen und sorgfältig über die Eigenschaften nachdenken, die für das fertige Strick- oder Häkelstück erforderlich sind:

■ Sollte das Stück elastisch sein oder eher nicht?

■ Wäre es besser, ein leicht gedrehtes Garn oder ein unelastisches Garn zu kaufen?

Wenn Ihr Projekt eine Tagesdecke ist, dann ist wahrscheinlich ein weiches, kuscheliges Material, das formstabil ist, das passendste. Manche Leute meinen, wenn man eine Tagesdecke oder ein anderes, großes Stück häkelt, dass reine Wollgarne vorzuziehen seien, da Wolle leichter als Baumwolle ist und bei Häkelarbeiten die Form hält, aber manchmal sind Synthetik-Garne einfach besser– vor allem bei Babysachen, die häufiges Waschen erfordern. Für eine Tasche wären starke, widerstandsfähige Fasern ideal und für ein Kissen … Nun ja, die Wahl liegt bei Ihnen! Der nächste Schritt ist, Ihrer Leidenschaft zu frönen! Wählen Sie eine Palette einzelner Knäuel oder Garnstränge aus dem Wollgeschäft oder bei sich daheim aus und stricken oder häkeln Sie ein paar Probemuster. Mit ein wenig Erfahrung werden Sie dazu in der Lage sein, zu prüfen, wie sich ein Garn verhält, aber es gibt immer wieder Überraschungen. Bedenken Sie, dass Nadelgröße und die Art und Weise, wie das gewählte Mosaikstück gearbeitet wird, das Endergebnis beeinflussen; also Garne und Nadelgrößen ausprobieren und die Muster mit mehr oder weniger Zug spannen.

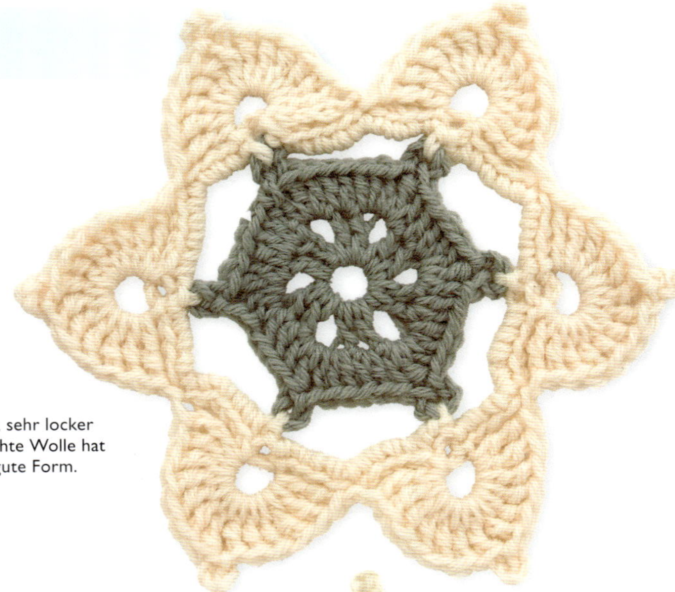

Feine, sehr locker gedrehte Wolle hat eine gute Form.

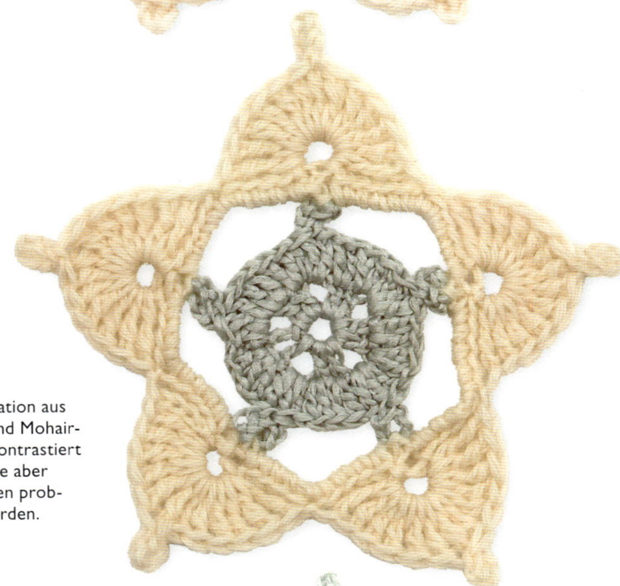

Eine Kombination aus Bändchen- und Mohair-Kammgarn kontrastiert schön, könnte aber beim Waschen problematisch werden.

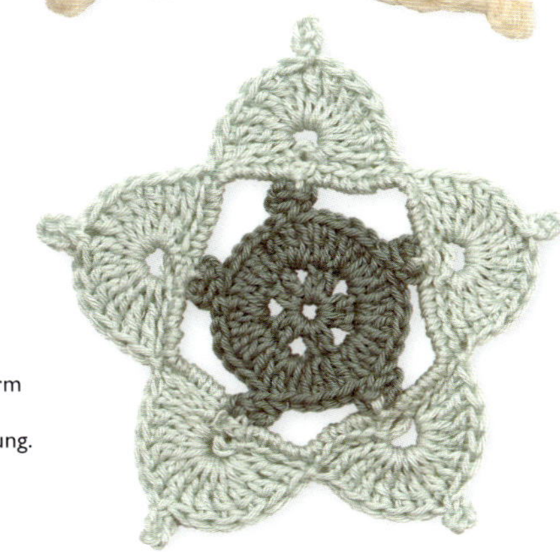

Baumwolle erhält die Form und bringt die einzelnen Maschen schön zur Geltung.

Die Probemuster zeigen die Große Doppel-Schneeflocke (Muster Nr. 95, S. 87) in verschiedenen Garn-Materialien und -Stärken. Die Verwendung verschiedener Garne verändert das Stück erheblich.

ABMESSUNGEN

Wenn Sie ein Muster arbeiten, dann ist es notwendig, das Muster den angegebenen Abmessungen anzupassen.

Um dies zu erreichen, stricken oder häkeln Sie ein Probemuster mit der empfohlenen Garnstärke und der empfohlenen Nadelgröße, spannen Sie das Stück und messen Sie es ab. Als Regel im Kopf behalten: Wenn das Stück kleiner als gewünscht ausfällt, können Sie eine Nadelstärke größer verwenden. Ist Ihr Stück größer als erwartet, stricken oder häkeln Sie erneut ein Probemuster mit einer dünneren Nadel.

Die Spannung kann einerseits von der Farbe und der Zusammensetzung des Garns beeinträchtigt werden, andererseits aber auch von Größe und Marke Ihrer Nadel abhängen, weshalb es empfehlenswert ist, verschiedene Probemuster mit verschiedenen Nadelstärken auszuarbeiten, bis Sie die Spannung erhalten, die zu Ihrem Muster passt.

Wenn Sie Ihr eigenes Projekt gestalten, müssen Sie bestimmen, welche Spannung gewünscht ist. Stricken oder häkeln Sie wieder ein Probemuster mit dem Garn Ihrer Wahl und den hierfür empfohlenen Nadeln und spannen Sie das Stück. Auch hier gilt die Regel: Ist Ihr Muster kleiner als gewünscht, stricken Sie mit größeren Nadeln. Fühlt sich die Struktur Ihres Musters fest und hart an, stellen Sie ein zweites Probemuster mit einer Nadelstärke größer her. Ist die Struktur eher locker und schlaff, verwenden Sie im nächsten Probemuster eine Nadelgröße kleiner. Arbeiten Sie so lange an den Probemustern, bis Sie mit Größe und Beschaffenheit Ihres Musters zufrieden sind!

BERECHNUNG DER GARNMENGE

Der zuverlässigste Weg, herauszufinden, wie viel Garn Sie für ein eigenes Projekt kaufen müssen, ist es, je ein Knäuel der Garnarten, die Sie verwenden möchten, zu kaufen und ein paar Probemuster zu häkeln oder zu stricken.

Die Fadenlänge ein und desselben Garns auf einem Knäuel kann aufgrund der verschiedenen Färbemittel je nach Farbe erheblich abweichen, deshalb ist es empfehlenswert, die Probemuster in den Farben anzufertigen, mit denen Sie tatsächlich arbeiten möchten.

1. Stricken oder häkeln Sie mit dem Garn Ihrer Wahl und passenden Nadeln drei Probemuster in jedem Muster, das Sie verwenden möchten und stellen Sie sicher, dass mindestens 8 cm Garn bei jedem Farbwechsel stehen bleiben. Dies ersetzt zusätzliches Garn zum Verbinden der Ränder.
2. Trennen Sie die drei Stücke wieder auf und messen Sie die Längen der verwendeten Garne in jeder Farbe ab.
3. Berechnen Sie die Durchschnittslänge und multiplizieren Sie diese mit der Anzahl an Mosaikstücken, die Sie fertigen möchten. Vergessen Sie nicht, zusätzliches Garn einzukalkulieren, um die Stücke zusammenzunähen oder Bordüren zu gestalten.

SPANNEN

Beim Spannen werden die einzelnen Mosaikstücke in der richtigen Größe festgesteckt und, abhängig von der Beschaffenheit des Garns, mit Dampf gebügelt oder mit kaltem Wasser befeuchtet.

Orientieren Sie sich immer an den Informationen auf der Banderole Ihres Garns und wählen Sie im Zweifel lieber die Spannmethode mit kaltem Wasser.
1. Um ein Muster zu spannen, basteln Sie sich ein Spannbrett, indem Sie ein oder zwei Lagen Steppwolle gemeinsam mit einem Baumwollstoff auf ein Brett mit den Maßen 60 x 90 cm befestigen.
2. Stecken Sie mehrere Stücke gleichzeitig mit kurzen Metallstecknadeln fest. Ziehen Sie die Muster vorsichtig in Form, bevor Sie die Nadeln anbringen.
3. Um Wollgarne mit Dampf zu spannen, ein Dampfbügeleisen mit der richtigen Temperatur etwa 2 cm entfernt über der Oberfläche des Stückes halten und vom Dampf für einige Sekunden befeuchten lassen.
4. Brett flach hinlegen und die Muster vollständig trocknen lassen, bevor Sie die Nadeln entfernen.
5. Um Acrylgarn oder Acryl- Wollgemische zu spannen, heften Sie die Stücke wie oben beschrieben an das Brett und benutzen dann eine Sprühflasche, um das Gehäkelte oder Gestrickte mit kaltem Wasser zu benetzen, bis es feucht, aber nicht nass ist.
6. Klopfen Sie leicht auf das Stück, damit die Feuchtigkeit leichter eindringen kann. Legen Sie das Brett flach hin und lassen Sie die Stücke vollständig trocknen, bevor Sie die Nadeln entfernen.

Muster mit der Vorderseite zum Spannen auflegen und Picots oder Noppen so zurechtzupfen, dass sie schön ausschauen.

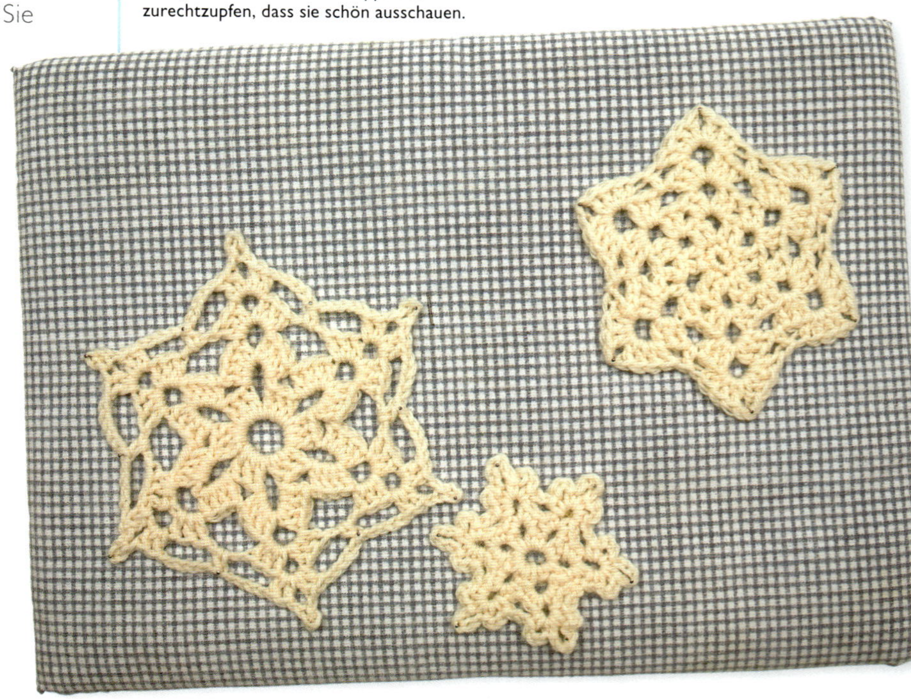

DAS VERBINDEN DER EINZELNEN MOSAIKSTÜCKE

Mosaikstücke können miteinander verbunden werden, indem Sie zusammengenäht oder -gehäkelt werden.

Spannen Sie die Motive immer vor dem Zusammenfügen! Verwenden Sie hierfür dasselbe Garn wie für die Arbeit oder ein passendes, festeres Garn.

Beginnen Sie, indem Sie sich die Mosaikstücke in der richtigen Reihenfolge und mit Vorder- oder Rückseite nach oben je nach Methode, zurechtlegen. Die einzelnen Stücke miteinander horizontal in Reihen verbinden und dabei in der oberen Reihe anfangen. Wiederholen Sie dies so lange, bis alle horizontalen Kanten verbunden sind. Die Arbeit wenden, sodass die verbleibenden Kanten der Mosaikstücke nun horizontal liegen und nun diese Kanten miteinander verbinden.

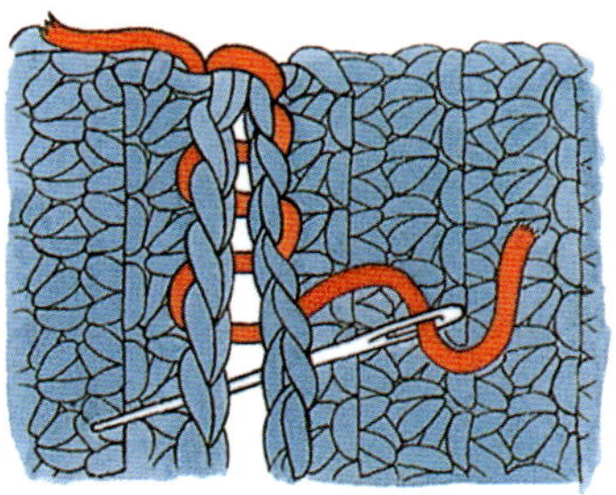

MIT HÄKELSAUM VERBINDEN

Legen Sie die Mosaikstücke mit der Rückseite nach oben Kante an Kante zurecht. Mit passendem Garn in einer Sticknadel wie gezeigt, um die Mittelpunkte der Maschen nähen, ohne zu fest zu ziehen.

MATRATZENSTICH FÜR STRICKMUSTER

Legen Sie die Mosaikstücke mit der Vorderseite nach oben Kante an Kante zurecht. Mit passendem Garn in einer Sticknadel an den Randmaschen entlang in den inneren Faden wie gezeigt hin- und hernähen.

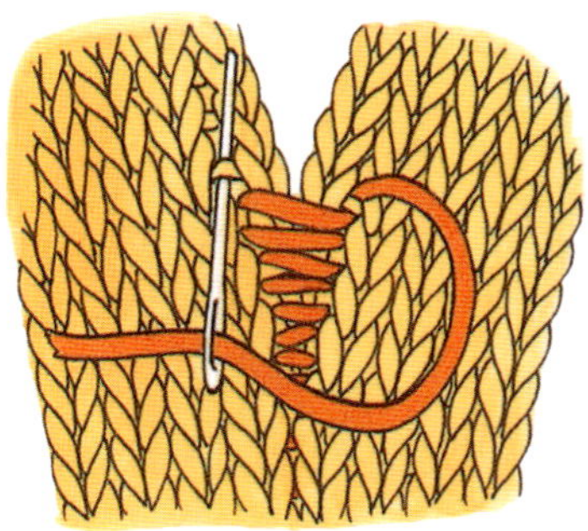

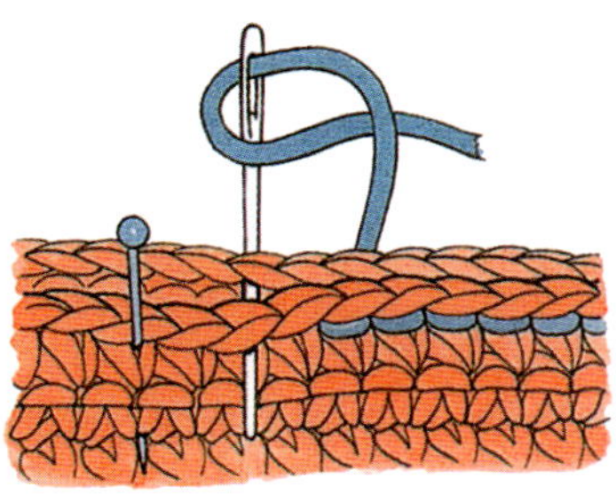

STEPPSTICHSAUM

Halten Sie die Mosaikstücke mit den Vorderseiten gegeneinander, wenn notwendig mit Stecknadeln befestigen. Mit passendem Garn in einer Sticknadel entlang der Kante im Steppstich verbinden.

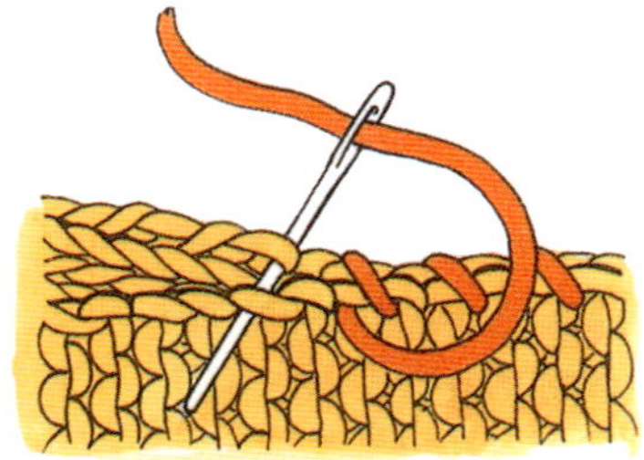

ÜBERWENDLINGSSTICH

Halten Sie die Mosaikstücke mit den Vorderseiten aneinander; wenn notwendig, Stecknadeln befestigen. Eine Reihe diagonaler Stiche von vorne nach hinten, unter den Schlinge der Randmaschen durchnähen.

HÄKELSAUM AUS KETTMASCHEN

Das Verbinden der Einzelteile mit der Rückseite gegeneinander ergibt einen festen Saum mit einer hübschen Rippe auf der Vorderseite. Soll die Rippe unsichtbar bleiben, die Stücke einfach Vorderseite auf die Vorderseite legen, sodass die Rippe auf der Rückseite erscheint. Häkeln Sie eine Reihe Kettmaschen durch beide Schlingen von jedem Mosaikstück. Soll der Saum nicht zu knapp werden, achten Sie bei in Reihen gehäkelten Mustern darauf, ausreichend gleichmäßig verteilte Maschen entlang der Randmaschen zu häkeln.

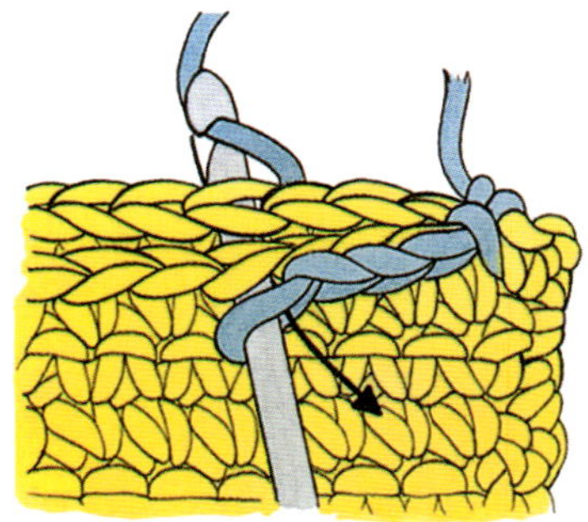

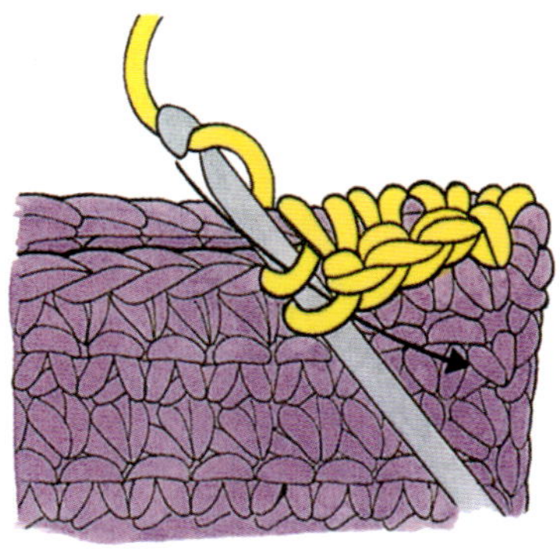

HÄKELSAUM AUS FESTEN MASCHEN

Wie beim Kettmaschen-Saum arbeiten, jedoch in Reihen feste Maschen auf Vorder- oder Rückseite häkeln – je nach Ihren Präferenzen.

MUSTER UND DIAGRAMME LESEN

Muster entstehen durch die Kombination verschiedener Maschen. Um deren Handhabung zu erleichtern, folgen Sie den verwendeten Abkürzungen. Hat man die Abkürzungen einmal verstanden, ist es leichter und weniger frustrierend, einem Muster mit speziellen Abkürzungen zu folgen. Setzen Sie sich unbedingt vor *Ihrer Arbeit* mit den in Ihrem Muster vorkommenden Abkürzungen auseinander; das erspart Ihnen Zeit und Arbeit.

ABKÜRZUNGEN FÜR STRICKMUSTER

Diese Liste beinhaltet einige geläufige Abkürzungen für das Stricken. Spezielle Abkürzungen werden in den entsprechenden Strickmustern selbst beschrieben.

*	Wiederholung
[]	Beginn und Ende der Wiederholung
abh	abheben
abk	abketten
Abn	Abnahme
abn	abnehmen
abschn	abschneiden
ajN	auf jeder Nadel
anschl.	anschlagen
Dop U	doppelter Umschlag
GhA	Garn hinter der Arbeit führen
GvA	Garn vor der Arbeit führen
hSchl	nur in hintere Schlinge str
li	links stricken
M	Masche(n)
MM	Maschenmarkierer
M li zn	1 Masche links zunehmen
M re zn	1 Masche rechts zunehmen
1 abgeh M übz	1 abgehobene Masche über die nächste ziehen
2 abgeh M übz	2 abgehobene Maschen über die nächste ziehen
2 M li verschr zus str	2 Maschen links verschränkt zusammenstricken
2 M li zus str	2 Maschen links zusammenstricken
2 M re verschr zus str	2 Maschen rechts verschränkt zusammenstricken
2 M re zus str	2 Maschen rechts zusammenstricken
N	Noppe wie in der Anleitung beschrieben
re	rechts stricken
restl	restliche, übrig gebliebene
RS	Rückseite oder Rückreihe
SSN	Strumpfstricknadel/n (Nadelspiel)
str	stricken
übz	überziehen
U	Umschlag
verschr	verschränkt (durch die hintere Maschenschlinge str)
vSchl	nur in vordere Schlinge str
VS	Vorderseite oder Hinreihe
wdh	wiederholen, Wiederholung
Z4M	nach rechts verkreuzter Zopf mit 4 Maschen
Zv4M	nach links verkreuzter Zopf mit 4 Maschen
zn	zunehmen
Zun	Zunahme: 2 Maschen vorne und hinten aus 1 M herausstricken
zus	zusammen

STRICKDIAGRAMME UND JACQUARD-HÄKELMUSTER

Manchmal werden Diagramme verwendet, um komplizierte Muster zu erklären. Oft ist es einfacher, einem Muster zu folgen, wenn man sieht, welches Verhältnis es zu den anderen Maschen gibt und was zu tun ist.

Diagramme brauchen weniger Platz. Um ein Diagramm lesen zu können, beginnen Sie ganz unten. Achten Sie darauf, auf welcher Seite des Diagramms Reihe oder Runde 1 angegeben ist. Steht es links, beginnt das Muster mit der Rückreihe, steht es rechts, wird mit der Hinreihe begonnen. Jedes Kästchen im Diagramm entspricht einer Masche. Arbeiten Sie von unten nach oben und lesen Sie die Angaben zur Hinreihe von rechts nach links, Angaben zur Rückreihe von links nach rechts. In diesem Buch finden Sie zwar keine Jacquard-Häkelmuster; aber es ist gut zu wissen, dass manche Dinge für beide Handarbeitstechniken gelten.

STRICKSYMBOLE

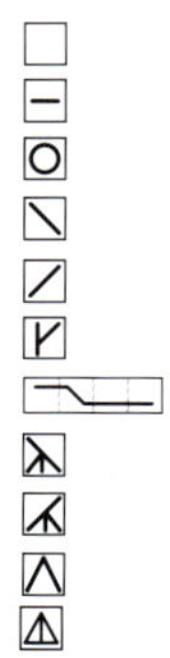

re str auf VS, li str auf RS
li str auf VS, re str auf RS
U
2 M re verschr zus str
2 M re zus str
Zun
Zv4M
Dopp Abn n li (1 M abh, 2 M re zus str, abgeh M übz)
3 M re zus str
2 M li zus str
3 M li zus str

ABKÜRZUNGEN UND SYMBOLE FÜRS HÄKELN

Diese Liste beinhaltet die üblichen Abkürzungen fürs Häkeln. Spezielle Abkürzungen werden bei den entsprechenden Anleitungen selbst beschrieben.

Symbol	Abkürzung	Bedeutung
▲		Garn/e verwahren
△		neues Garn einhäkeln
←		Arbeitsrichtung
*		Beginn der Wiederholung
[ ]		in Klammern stehende Angaben entsprechend wiederholen
-		Gruppierung, zusammengehörig
	abn	abnehmen
	AnfLm	Anfangsluftmasche
	Beg	Beginn
	Bm	Büschelmasche
	DStb	Doppelstäbchen
	2 DStb zus	2 Doppelstäbchen zusammenhäkeln
	3 DStb zus	3 Doppelstäbchen zusammenhäkeln
	drStb	dreifaches Stäbchen
+	**fM**	feste Masche
	2 fM zus	2 feste Maschen zusammenhäkeln
	HN	Häkelnadel
	hSchl	hintere Schlinge
	hStb	halbes Stäbchen
	jd	jede, jeder, jedes
•	**Km**	Kettmasche
	Lm-Bg-3	Luftmaschenbogen mit 3 Maschen
	MG	Maschengruppe
	N	Noppe wie in Anleitung häkeln
	nä	nächste, nächster, nächstes
	PN	Popcorn-Noppe wie in Anleitung häkeln
	R	Reihe
	Rd	Runde
	restl	restliche, übrig gebliebene
	RS	Rückseite
	RStbh	Reliefstäbchen hinten: in hSchl häkeln
	RStbv	Reliefstäbchen hinten: in vSchl häkeln
	Stb	Stäbchen
	2 Stb zus	2 Stäbchen zusammenhäkeln
	U	Umschlag
	überspr	überspringen
	VS	Vorderseite
	vSchl	vordere Schlinge
	wdh	Wiederholung, wiederholen
	zw	zwischen
	Zwr	Zwischenraum

HÄKELDIAGRAMME LESEN

Häkeldiagramme sehen abschreckender aus als das Häkelmuster ist, aber was Sie sehen, das bekommen Sie auch, denn einmal verstanden, sind Diagramme schnell und leicht zu lesen.

Mit Garn A 9 Lm häkeln und mit Km zum Ring schließen. Gegen den Uhrzeigersinn von innen nach außen lesen.

Runde 1 (VS): 10 Lm (zählt als 1 Stb und ½ Picot) vom Ring aus, *Km in 5. Lm von der Nadel (vervollständigt Picot), 2 Lm, 3 Stb in Ringmitte, 7 Lm; ab * 5-mal wdh, Km in 5. Lm von der Nadel, 2 Lm, 2 Stb in Ringmitte und Km in 3. Lm vom Anfang verbinden. Garn abschn.

Runde 2: Garn B in einen Picot einhäkeln, 10 Lm (zählt als 1 Stb und ½ Picot), Km in 5. Lm von der Nadel, 2 Lm, 3 Stb in Picot, *1 Lm, 3 Stb in nä freie M, 7 Lm, Km in 5. Lm von der Nadel, 2 Lm, 3 Stb in Picot (ergibt Sternspitze), ab * 4-mal wdh, 2 Stb in nä. Picot, 1 Km in 3. AnfLm verbinden. Garn abschn.

Runde 3: Garn C in einer Spitze einhäkeln, 10 Lm (zählt als 1 Stb und ½ Picot), Km in 5. Lm von der Nadel, 2 Lm, 3 Stb in Picot, *Lm, 3 Stb in nä freie M, 7 Lm, Km in 5. Lm von der Nadel, 2 Lm, 3 Stb ins Picot (ergibt Sternspitze), ab * 4-mal wdh, Lm, 2 Stb in nächstes Picot, 1 Km in 3. AnfLm verbinden. Garne verwahren.

In diesem Buch entsprechen die Farben im Diagramm den verwendeten Garnfarben.

ABB.
- Lm in Gelb
- Lm in Hellblau
- Lm in Blau
- Km in Gelb
- Km in Hellblau
- Km in Blau
- Stb in Gelb
- Stb in Hellblau
- Stb in Blau

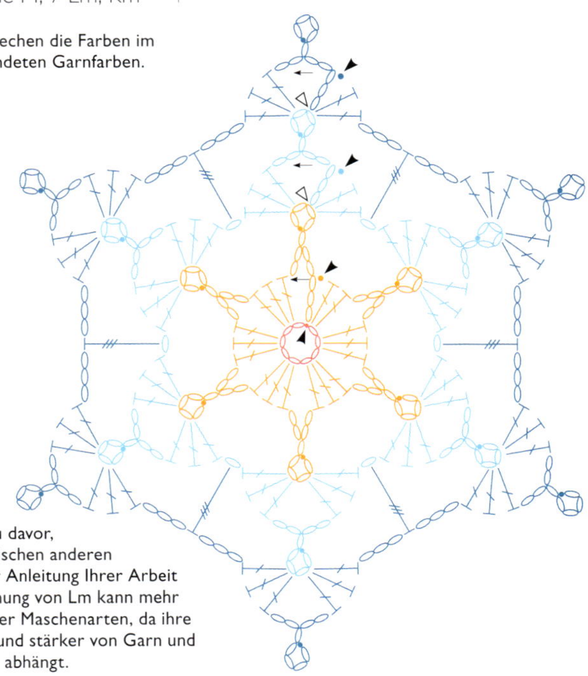

Haben Sie keine Scheu davor, die Anzahl der Lm zwischen anderen Maschenarten in einer Anleitung Ihrer Arbeit anzupassen. Die Spannung von Lm kann mehr variieren als die anderer Maschenarten, da ihre Struktur anfälliger ist und stärker von Garn und Stärke der Häkelnadel abhängt.

REGISTER

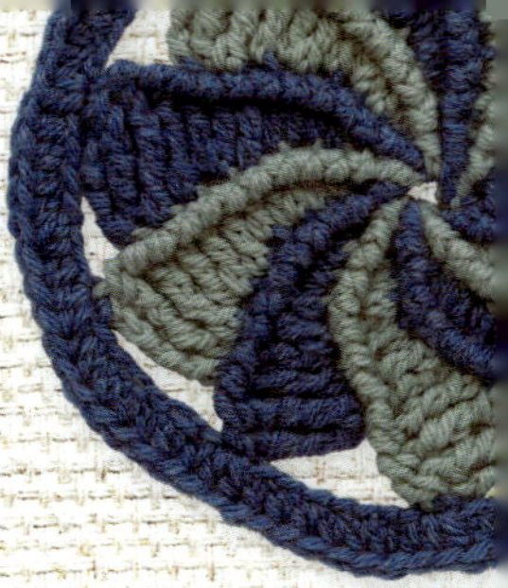

DANKESWORTE

Es gibt so viele Menschen, die zu diesem Buch beigetragen haben; ihnen allen bin ich dankbar: von Buffalo/New York bis nach London.

Ich möchte mich vor allem beim Quarto Verlag in London bedanken, im Speziellen bei Victoria Lyle, Kate Kirby, Sorrel Wood und den vielen engagierten Leuten dort, die geholfen haben, dieses Buch zu realisieren. Außerdem möchte ich mich bei allen hilfreichen Mitarbeitern/-innen von Lion Brand Yarn in New York für ihre Unterstützung bei diesem Projekt und für die Zurverfügungstellung des Garns bedanken, das wir in den 150 Mustern dieses Buches verwendet haben.

Mein ganz besonderer Dank gilt Rebecca Lennox, die viele der Werkstücke in diesem Buch gestrickt hat. Ihre Virtuosität und ihr Können werden mich immer faszinieren!

Meine Dankbarkeit und meine Liebe gehen an meine Familie und meine Freunde, die mich unterstützt haben, vor allem aber an meinen Mann Greg und unsere Töchter Lizzie und Caroline.

Ein Dankeschön geht auch an alle meine Schüler im Elmwood-Yarn-Shop in Buffalo. Ihre Begeisterung für dieses Buch hält noch immer an; sie sind diejenigen, die mir helfen, mich als Lehrerin und Designerin zu verbessern.

Letztlich ist dieses Buch aber meiner ganz persönlichen Stricklehrerin gewidmet, nämlich meiner Mutter Ramona Dunn.

BILDNACHWEIS

Der Quarto Verlag möchte Luise Roberts für all ihre Hilfe und für die Zurverfügungstellung der Muster und Bilder auf den Seiten 137 und 141 danken. Bei allen anderen Abbildungen und Illustrationen liegt das Copyright bei Quarto Inc.

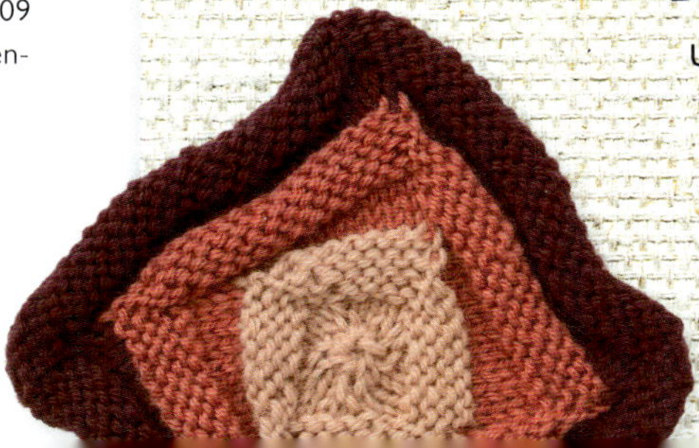